POVO, PODER E LUCRO

JOSEPH E. STIGLITZ

POVO, PODER E LUCRO

CAPITALISMO PROGRESSISTA PARA UMA ERA DE DESCONTENTAMENTO

Tradução de
ALESSANDRA BONRRUQUER

4ª edição

EDITORA RECORD
RIO DE JANEIRO • SÃO PAULO
2022

CIP-BRASIL. CATALOGAÇÃO NA PUBLICAÇÃO
SINDICATO NACIONAL DOS EDITORES DE LIVROS, RJ

S874p
4ª ed.

Stiglitz, Joseph E.
 Povo, poder e lucro: capitalismo progressista para uma era de descontentamento / Joseph E. Stiglitz; tradução Alessandra Bonrruquer. – 4ª ed. – Rio de Janeiro: Record, 2022.

 Tradução de: People, power and profits: progressive capitalism for an age of discontent
 Inclui índice
 ISBN 978-85-01-11921-6

 1. Economia. 2. Desenvolvimento econômico - Aspectos sociais - Estados Unidos. 3. Política econômica - Estados Unidos - Séc. XXI. I. Bonrruquer, Alessandra. II. Título.

20-64475

CDD: 330.973
CDU: 330(73)

Meri Gleice Rodrigues de Souza – Bibliotecária – CRB-7/6439

Copyright © Joseph E. Stiglitz, 2019

Título original em inglês: People, power and profits: progressive capitalism for an age of discontent

Todos os direitos reservados. Proibida a reprodução, armazenamento ou transmissão de partes deste livro, através de quaisquer meios, sem prévia autorização por escrito.

Texto revisado segundo o novo Acordo Ortográfico da Língua Portuguesa.

Direitos exclusivos de publicação em língua portuguesa para o Brasil adquiridos pela
EDITORA RECORD LTDA.
Rua Argentina, 171 – 20921-380 – Rio de Janeiro, RJ – Tel.: (21) 2585-2000, que se reserva a propriedade literária desta tradução.

Impresso no Brasil

ISBN 978-85-01-11921-6

Seja um leitor preferencial Record.
Cadastre-se em www.record.com.br
e receba informações sobre nossos
lançamentos e nossas promoções.

Atendimento e venda direta ao leitor:
sac@record.com.br

Para meus netos.

E para meus queridos amigos Tony Atkinson e Jim Mirrlees, que partiram deste mundo cedo demais.

SUMÁRIO

Prefácio   9

PARTE I
PERDENDO O RUMO

1. Introdução   27
2. Em direção a uma economia mais sombria   55
3. Exploração e poder de mercado   71
4. Os Estados Unidos em guerra contra si mesmos a respeito da globalização   103
5. Finanças e a crise americana   125
6. O desafio das novas tecnologias   141
7. Por que governo?   161

PARTE II
RECONSTRUINDO A POLÍTICA E A ECONOMIA AMERICANAS: O CAMINHO A SEGUIR

8. Restaurando a democracia   181
9. Restaurando uma economia dinâmica com trabalho e oportunidades para todos   201

10. Uma vida decente para todos	231
11. Recuperando os Estados Unidos	245
Agradecimentos	271
Notas	277
Índice	379

PREFÁCIO

Eu cresci na era de ouro do capitalismo, em Gary, Indiana, na margem sul do lago Michigan. Foi somente mais tarde que fiquei sabendo que aquela fora uma era de ouro. Na época, não parecia: testemunhei intensa discriminação e segregação racial, grande desigualdade, conflitos trabalhistas e recessões episódicas. Era impossível não ver seus efeitos tanto em meus colegas de classe quanto na cidade.

Gary seguiu a história da industrialização e desindustrialização nos Estados Unidos, tendo sido fundada em 1906 como sede da maior aciaria integrada do mundo e nomeada em homenagem ao fundador da US Steel, Elbert H. Gary. Tratava-se, inquestionavelmente, de uma cidade operária. Quando retornei para o 55º aniversário de formatura de minha turma de ensino secundário, em 2015, antes que Trump tivesse se tornado parte fixa do cenário, as tensões eram palpáveis, e por uma boa razão. A cidade seguira a trajetória do século em direção à desindustrialização. A população era somente metade do que fora em minha infância. Gary se exaurira e se tornara uma locação para filmes de Hollywood que retratam zonas de guerra ou mundos pós--apocalípticos. Vários de meus colegas haviam se tornado professores; alguns poucos, médicos e advogados; e muitos, secretários. Mas as histórias mais comoventes eram as daqueles que, ao se formar, haviam esperado conseguir emprego nas fábricas. Como o país passava então por outra retração episódica, eles acabaram no serviço militar, alterando sua trajetória de vida para uma carreira policial. Ler os nomes dos colegas que haviam morrido e ver a condição física de muitos dos que ainda estavam vivos foi um lembrete sobre as desigualdades em expectativa de vida e saúde no país. Iniciou-se uma discussão entre dois colegas, com um deles, ex-policial, criticando violentamente o governo, e o outro, ex-professor, indicando que a seguridade social e a pensão por invalidez das quais o ex-policial dependia tinham origem no mesmo governo.

Quando deixei Gary em 1960 para estudar na Faculdade Amherst, em Massachusetts, quem poderia prever o curso da história e o que aconteceria a minha cidade e a meus colegas? A cidade me modelara: as perturbadoras memórias de desigualdade e sofrimento haviam me induzido a abandonar a paixão pela física teórica e abraçar a economia. Eu queria entender por que nosso sistema econômico falhava com tantas pessoas e o que poderia ser feito a respeito. Mas, enquanto estudava o assunto — passando a entender melhor por que os mercados muitas vezes não funcionam bem —, os problemas pioraram. A desigualdade aumentou e chegou a um ponto inimaginável em minha infância. Anos depois, em 1993, quando participei da administração do presidente Bill Clinton primeiro como membro e depois como presidente do Conselho de Assessores Econômicos, essas questões começavam a entrar em foco; em algum ponto entre meados dos anos 1970 e o início dos anos 1980, a desigualdade aumentara de modo terrível e, em 1993, era muito mais acentuada que em qualquer outro momento de minha vida.

Estudar economia me ensinara que a ideologia de muitos conservadores estava errada; sua crença quase religiosa no poder dos mercados — tão grande que poderíamos simplesmente confiar neles para dirigir a economia — não tinha base na teoria ou em evidências. O desafio não era apenas persuadi-los desse fato, mas também criar programas e políticas que pudessem reverter o perigoso crescimento da desigualdade e o potencial de instabilidade gerado pela liberalização financeira iniciada sob o governo de Ronald Reagan na década de 1980. De modo preocupante, a fé no poder dos mercados se disseminara de tal maneira nos anos 1990 que a liberalização financeira era promovida por meus colegas na administração e, por fim, pelo próprio Clinton.[1]

Minha preocupação com a desigualdade crescente se intensificou enquanto trabalhava no Conselho de Assessores Econômicos de Clinton, mas, de 2000 em diante, o problema chegou a níveis ainda mais alarmantes, com a desigualdade aumentando, aumentando e aumentando. Desde a Grande Depressão, nunca os cidadãos mais ricos do país capturaram uma fração tão grande da receita nacional.[2]

Vinte e cinco anos após iniciar minha participação na administração Clinton, eu me pergunto: como chegamos até aqui, para onde estamos indo e o que podemos fazer para mudar o rumo? Abordo essas questões como economista e, sem surpresa, vejo ao menos parte da resposta em nossos fracassos econômicos: o fracasso em lidar com a transição de economia manufatureira para economia de serviços, em domesticar o setor financeiro, em gerenciar adequadamente a globalização e suas consequências e, ainda mais importante, em responder à crescente desigualdade, uma vez que parecemos estar nos transformando em uma economia e uma democracia dos 1%, para os 1% e pelos 1%.[3] Tanto minha experiência quanto os estudos realizados me convenceram de que economia e política não podem ser separadas, especialmente na política americana, movida a dinheiro. Assim, embora o maior foco deste livro seja a economia atual, seria negligente nada dizer sobre a política.

Atualmente, muitos elementos desse diagnóstico são familiares, incluindo a financeirização excessiva, a globalização mal gerenciada e o crescente poder de mercado. Demonstro como eles estão relacionados e como, juntos, explicam por que o crescimento tem sido tão anêmico e seus frutos, tão desigualmente partilhados.

No entanto, este livro é não somente um diagnóstico, mas também uma prescrição: o que podemos fazer, qual é o caminho a seguir? Para responder a essas perguntas, preciso explicar qual é a verdadeira fonte da riqueza das nações, distinguindo entre criação e extração de riqueza. A última é qualquer processo pelo qual um indivíduo toma riqueza dos outros através de uma ou outra forma de exploração. A verdadeira fonte da "riqueza de uma nação" está na primeira, na criatividade e na produtividade de seus habitantes e em suas interações produtivas uns com os outros. Ela repousa sobre os avanços científicos, que nos ensinam como descobrir as verdades ocultas da natureza e usá-las para aprimorar nossas tecnologias. Além disso, repousa sobre a maior compreensão da organização social, descoberta através do discurso racional, levando a instituições como as geralmente chamadas de "estado de direito, sistema de freios e contrapesos e devido processo legal". Apresento os contornos de uma agenda progressista que representa a antítese da agenda de Trump e de seus apoiadores. Trata-se, em certo sentido, de uma mistura do século XXI entre Teddy Roosevelt e Franklin D. Roosevelt (FDR). O argumento central é que seguir essas reformas levará a uma economia em rápido crescimento, com prosperidade partilhada, em que o tipo de vida à qual a maioria dos americanos aspira será não um sonho impossível, mas uma realidade alcançável. Em resumo, se realmente entendermos as fontes da riqueza de uma nação, poderemos gerar uma economia mais dinâmica, com maior prosperidade partilhada. Isso exigirá que o governo desempenhe um papel diferente, e provavelmente mais amplo, que o atual: não podemos nos esquivar da necessidade de ação coletiva no complexo mundo do século XXI. Também demonstro que existem políticas extremamente acessíveis que podem transformar a vida de classe média — que nos parecia possível em meados do século passado e agora parece fora de alcance — novamente em norma, e não exceção.

Reaganomia, trumponomia e o ataque à democracia

Ao refletirmos sobre a situação atual, é natural voltarmos quarenta anos no tempo, quando a direita parecia novamente triunfante. Também naquela época ela parecia um movimento global: Ronald Reagan nos Estados Unidos e Margaret Thatcher no Reino Unido. A economia keynesiana, que enfatizava como o governo podia manter o pleno emprego através do gerenciamento da *demanda* (com a implementação de políticas monetárias e fiscais), foi substituída pela *economia pelo lado da oferta*, que enfatiza como a desregulamentação e os cortes tributários podem liberar e incentivar a economia ao aumentar a oferta de mercadorias e serviços e, consequentemente, a renda dos indivíduos.

Déjà vu: economia vodu

A economia pelo lado da oferta não funcionou para Reagan e não funcionará para Trump. Os republicanos dizem a si mesmos e ao povo americano que a redução de impostos energizará a economia de tal maneira que a perda de arrecadação será menor do que afirmam os céticos. Esse é o argumento da economia pelo lado da oferta e, a essa altura, deveríamos saber que ele não se verifica. A redução da carga tributária promovida por Reagan em 1981 deu início a uma era de enormes déficits fiscais, crescimento mais lento e maior desigualdade. Com a lei fiscal de 2017, Trump, ainda mais que Reagan, está nos dando uma dose de políticas fundamentadas não na ciência, mas em uma superstição egoísta. O próprio presidente George H. W. Bush chamou a economia pelo lado da oferta de Reagan de *economia vodu*. A economia de Trump é uma economia vodu sob efeito de esteroides.

Alguns apoiadores de Trump admitem que suas políticas estão longe de ser perfeitas, mas o defendem dizendo que, ao menos, ele presta atenção àqueles que durante muito tempo foram ignorados e lhes concede a dignidade e o respeito de serem ouvidos. Eu colocaria as coisas de maneira diferente: ele é sagaz o suficiente para detectar a descrença dessas pessoas e avivar as chamas de seu descontentamento a fim de explorá-las implacavelmente. O fato de estar disposto a piorar a vida da classe média, removendo a assistência médica de 13 milhões de americanos em um país já abalado pelo declínio da expectativa de vida, mostra que sente por eles não respeito, mas desdém, e o mesmo se dá em relação à redução dos impostos para os ricos, acompanhada do aumento real da carga tributária para a maior parte da classe média.[4]

Para aqueles que viveram sob Ronald Reagan, há notáveis similaridades. Como Trump, Reagan explorou o medo e o preconceito: foram criação sua as rainhas da seguridade social que roubavam o dinheiro suado dos americanos. A mensagem não dita, é claro, era o fato de elas serem afro-americanas. Ele também não demonstrou simpatia pelos pobres. Reclassificar a mostarda e o ketchup como os dois vegetais necessários para almoços escolares nutritivos teria sido engraçado, se não fosse tão triste.

Ele também foi hipócrita, combinando a retórica de livre mercado com fortes políticas protecionistas. Sua hipocrisia deu origem a eufemismos como "restrições voluntárias à exportação": o Japão teve a escolha entre restringir suas exportações ou ter suas exportações restringidas. Não foi por acidente que o representante de Comércio de Trump, Robert Lighthizer, recebeu treinamento como vice-representante de Comércio dos Estados Unidos sob Reagan, quarenta anos antes.

Há outros pontos de similaridade entre Reagan e Trump: um deles é a clara disposição de servir aos interesses corporativos; em alguns casos, aos mesmos interesses. Reagan vendeu nossos recursos naturais a preços de liquidação e permitiu que as grandes petrolíferas se apoderassem da abundância de petróleo do país por uma fração de seu valor. Trump chegou ao poder prometendo "drenar o pântano", dando voz aos que acreditavam que os detentores do poder em Washington os ignoravam. Mas o pântano jamais foi tão profundo quanto após sua posse.

E, todavia, apesar de todas as similaridades, há algumas diferenças profundas que levaram ao rompimento com alguns anciões do Partido Republicano. Reagan, é claro, cercou-se de alguns mercenários partidários, como seria de se esperar, mas também contou com vários servidores públicos de grande distinção, como George Shultz, em posições-chave de poder (em diferentes momentos, Shultz foi secretário de Estado e do Tesouro).[5] Eram pessoas para as quais a razão e a verdade eram importantes; que viam as mudanças climáticas, por exemplo, como ameaças existenciais; e que acreditavam na posição dos Estados Unidos como líder global. Como membros de todas as administrações anteriores e posteriores, elas ficariam constrangidas ao serem flagradas mentindo. Embora pudessem tentar mascará-la, a verdade significava algo. O mesmo não pode ser dito do atual ocupante da Casa Branca e daqueles que o cercam.

Reagan manteve ao menos uma fachada de razão e lógica. Havia uma teoria por trás de seus cortes tributários, a economia pelo lado da oferta à qual me referi. Quarenta anos depois, essa teoria foi refutada muitas vezes. Trump e os republicanos do século XXI não precisaram de teoria: fizeram o que fizeram porque podiam.

É o desdém pela verdade, pela ciência, pelo conhecimento e pela democracia que separa a administração Trump e líderes similares de Reagan e de outros movimentos conservadores do passado. De fato, como explicarei, Trump é, de várias maneiras, mais revolucionário que conservador. Podemos entender as forças que fazem com que suas ideias distorcidas encontrem ressonância entre tantos americanos, mas isso não as torna mais atraentes ou menos perigosas.

A "reforma" tributária implementada por Trump em 2017 ilustra o quanto o país se afastou das tradições e das normas anteriores. Tipicamente, uma reforma tributária significa simplificar, eliminar as brechas legais, garantir que ninguém deixe de pagar sua parte e assegurar que os impostos sejam suficientes para cobrir as despesas do país. Mesmo Reagan, em sua reforma tributária de 1986, tentou simplificar os impostos. A lei fiscal de 2017, em contraste, gerou todo um conjunto de novas complexidades e deixou a maioria das brechas legais intactas, incluindo aquela através da qual os que trabalham em fundos privados de ações conseguem pagar um máximo de 20%, em vez do imposto quase duas vezes mais alto pago pelos trabalhadores norte-americanos.[6] Ela anulou o imposto mínimo criado para assegurar que indivíduos e corporações não fizessem uso *excessivo* das brechas da lei e pagassem ao menos uma porcentagem mínima de imposto sobre a renda.

Dessa vez, não houve pretensão de que não haveria déficit; a única pergunta era o quanto ele cresceria. No fim de 2018, estimava-se que o governo teria de emprestar mais de 1 trilhão de dólares no ano seguinte.[7] Mesmo como porcentagem do PIB, foi um recorde, em uma época na qual o país não estava em guerra nem atravessando uma recessão. Com a economia se aproximando do pleno emprego, os déficits eram claramente contraproducentes, uma vez que o Federal Reserve teria de aumentar as taxas de juros, desencorajando os investimentos e o crescimento; e, mesmo assim, apenas um republicano objetou (Rand Paul, senador pelo Kentucky). Fora do sistema político americano, no entanto, houve críticas de todos os lados. Mesmo o Fundo Monetário Internacional, que sempre evitou criticar os Estados Unidos, cuja voz há muito é dominante na entidade, manifestou-se sobre essa irresponsabilidade fiscal.[8] Os observadores políticos ficaram chocados com a magnitude da hipocrisia: quando a economia realmente precisou de estímulo, de um empurrão fiscal, após a crise de 2008, os republicanos disseram que o país não podia arcar com ele, pois levaria a déficits intoleráveis.

A lei fiscal de Trump nasceu do mais profundo cinismo político. Mesmo as ninharias que o plano criado pelos republicanos concedeu aos cidadãos comuns, pequenas reduções tributárias nos próximos anos, são temporárias. A estratégia do partido parece baseada em duas hipóteses que, se verdadeiras, são maus presságios para o país: a de que os cidadãos comuns são tão míopes que focarão na pequena redução de impostos, ignorando sua natureza temporária, e a de que aquilo que realmente importa para a democracia americana é o dinheiro. Mantenha os ricos felizes e eles cobrirão o Partido Republicano de contribuições que comprarão os votos necessários para sustentar suas políticas. Ela demonstrou o quanto os Estados Unidos se afastaram do idealismo sobre o qual foram fundados.

As claras tentativas de supressão de eleitores e desenfreado *gerrymandering*, um barateamento da democracia, também separam a atual administração das anteriores. Não é que essas coisas não fossem feitas no passado — infelizmente, elas quase que fazem parte das tradições americanas —, mas jamais foram feitas com tal inclemência, precisão e descaramento.

No que talvez seja o ponto mais importante, os líderes do passado, de ambos os partidos, tentaram unir o país. Afinal, juraram defender a constituição, que começa com "Nós, o povo..." Subjacente a essa sentença está a crença no princípio do bem comum. Trump, em contraste, decidiu explorar e ampliar as divisões.

A civilidade requerida para fazer com que a civilização funcione foi colocada de lado, juntamente com qualquer pretensão de decência, seja em linguagem, seja em ação.

É claro que o país e o mundo se encontram em uma posição muito diferente daquela em que estavam há quatro décadas. Na época, estávamos apenas no início do processo de desindustrialização e, se Reagan e seus sucessores tivessem adotado as políticas certas, talvez a devastação no interior americano não fosse a que vemos hoje. Também estávamos nos primeiros dias do Grande Abismo, a longa distância entre 1% da população e o restante do país. Aprendemos que, quando um país atinge certo estágio de desenvolvimento, a desigualdade diminui, e os Estados Unidos já foram um exemplo dessa teoria.[9] Nos anos após a Segunda Guerra Mundial, todos os segmentos de nossa sociedade prosperaram, mas a renda daqueles na base cresceu mais rapidamente que a daqueles no topo. Criamos a maior sociedade de classe média que o mundo já viu. Durante as eleições de 2016, em contraste, a desigualdade chegara a níveis inéditos desde a Era Dourada, no fim do século XIX.

Observar onde o país está e onde estava há quatro décadas deixa claro que, por mais disfuncionais e ineficazes que as políticas de Reagan tenham sido em sua época, a trumponomia é ainda menos adequada ao mundo de hoje. Não pudemos, naquela época, voltar aos aparentemente idílicos dias da administração Eisenhower; mesmo então, já estávamos nos movendo de uma economia industrial para uma economia de serviços. Hoje, quarenta anos depois, tais aspirações parecem totalmente desligadas de qualquer senso de realidade.

As mudanças demográficas dos Estados Unidos, no entanto, colocaram esse olhar voltado para o passado "glorioso" — um passado de cuja prosperidade amplas parcelas da população, incluindo mulheres e pessoas não brancas, foram excluídas — em um dilema democrático. A questão não é apenas que em breve a maioria dos americanos não será branca ou que o mundo e a economia do século XXI não podem ser reconciliados com uma sociedade dominada por homens. É que os centros urbanos, no norte ou no sul, nos quais vive a maioria dos americanos, aprenderam o valor da diversidade. Aqueles que vivem nesses lugares de crescimento e dinamismo descobriram o valor da cooperação e o papel que o governo pode e deve desempenhar se quisermos chegar à prosperidade partilhada. Eles se livraram dos xiboletes do passado, às vezes quase que da noite para o dia. Assim, a única maneira de uma sociedade democrática voltada para a minoria — seja ela composta de grandes corporações tentando explorar os consumidores, bancos tentando explorar os correntistas ou pessoas atoladas no passado tentando recriar um mundo já extinto — manter sua dominância econômica e política é suprimir a democracia, de uma maneira ou de outra.

Não precisa ser assim. Os Estados Unidos não precisam ser um país tão rico com tantas e tantas pessoas pobres lutando para sobreviver. Embora haja forças — entre elas, mudanças causadas pela tecnologia e pela globalização — que pioram a desigualdade, os padrões marcadamente diferentes em vários países demonstram que as políticas fazem diferença. A desigualdade é uma escolha. Não é inevitável. Mas, a menos que alteremos nosso curso atual, é provável que a desigualdade aumente e nosso crescimento permaneça nos baixos níveis atuais — o que é um enigma, dado que supostamente somos a economia mais inovadora da era mais inovadora da história mundial.

Trump não tem um plano para ajudar o país; ele tem um plano para dar continuidade ao roubo da maioria por parte daqueles que estão no topo. Este livro mostra que a agenda de Trump e do Partido Republicano tende a piorar os problemas enfrentados por nossa sociedade, aumentando a divisão econômica, política e social, diminuindo ainda mais a expectativa de vida, prejudicando as finanças nacionais e conduzindo o país a uma era de crescimento ainda mais lento.

Trump não pode ser responsabilizado por muitos dos problemas de nosso país, mas ajudou a cristalizá-los: as divisões estavam lá, prontas para serem exploradas por qualquer demagogo. Se ele não tivesse entrado em cena, em alguns anos algum outro demagogo teria. Há um amplo estoque deles no mundo: Le Pen na França, Morawiecki na Polônia, Orbán na Hungria, Erdogan na Turquia, Duterte nas Filipinas e Bolsonaro no Brasil. Embora esses demagogos sejam diferentes entre si, eles partilham o desdém pela democracia (Orbán falou orgulhosamente sobre as virtudes das democracias *não liberais*), com seu estado de direito, sua mídia livre e seu poder judiciário independente. Todos eles acreditam em "homens fortes" — em si mesmos —, um culto à personalidade que saiu de moda no restante do mundo. E todos culpam os outsiders pelos problemas; todos são nacionalistas nativistas que defendem as virtudes

PREFÁCIO

inatas de seus povos. Essa geração de autocratas e pretensos autocratas parece partilhar amplamente de certa crueza e, em alguns casos, claro preconceito e misoginia.

A maioria dos problemas que discuto aqui atormenta outros países desenvolvidos; mas, como veremos, os Estados Unidos estão na liderança, com maior desigualdade, piores condições de saúde e divisões mais amplas que qualquer um deles. Trump serve como importante lembrete, para os outros, do que pode acontecer se essas feridas permanecerem sem tratamento por muito tempo.

Mas, como diz o velho ditado, não se pode substituir algo por coisa nenhuma. O mesmo se dá com a economia: a única maneira de derrotar um plano ruim é demonstrar que há alternativas. Ainda que não estivéssemos atolados no pântano atual, haveria necessidade de uma visão alternativa àquela que o país, e grande parte do mundo, adotou durante as três últimas décadas. Essa visão da sociedade coloca a economia no centro e a vê através das lentes dos mercados "livres". Ela finge ser baseada no avanço de nosso entendimento do mercado, mas a verdade é exatamente o oposto: os avanços da economia nos últimos setenta anos identificaram os limites do livre mercado. Qualquer um que mantenha os olhos abertos consegue ver isso: desemprego episódico, às vezes maciço, como na Grande Depressão, e poluição tão grave que, em alguns locais, o ar se tornou irrespirável foram somente duas das mais óbvias "provas" de que os mercados, sozinhos, não necessariamente funcionam bem.

Meu objetivo aqui é, primeiro e acima de tudo, ampliar nosso entendimento sobre as fontes reais de riqueza de uma nação e sobre como, ao fortalecermos a economia, podemos garantir que seus frutos sejam distribuídos equitativamente.

Apresento uma agenda alternativa às propostas por Reagan, de um lado, e Trump, de outro; uma agenda baseada em insights sobre a economia moderna e que, acredito, nos levará à prosperidade partilhada. Ao fazer isso, pretendo esclarecer por que o neoliberalismo, as ideias baseadas em mercados sem restrições, falhou, e por que a trumponomia, a peculiar combinação entre baixos impostos para os ricos, desregulamentação financeira e ambiental, nativismo e protecionismo — um regime altamente regulamentado de globalização — também falhará.

Antes de embarcar nessa jornada, pode ser útil resumir o entendimento moderno da economia do qual grande parte dessa agenda depende.[10]

Primeiro: os mercados, sozinhos, não conseguirão chegar à prosperidade partilhada e sustentável. Eles desempenham papel inestimável em qualquer economia funcional, mas muitas vezes deixam de apresentar resultados justos e eficientes, produzindo excesso de algumas coisas (poluição) e escassez de outras (pesquisa básica). Como demonstrou a crise financeira de 2008, os mercados não são estáveis. Há mais de oitenta anos, John Maynard Keynes explicou por que as economias de mercado frequentemente apresentam desemprego persistente e nos ensinou como os governos podem manter a economia em pleno emprego ou perto disso.

Se existem grandes discrepâncias entre os retornos sociais — os benefícios para a sociedade — e os retornos privados — os benefícios para um indivíduo ou empresa — de uma atividade, os mercados sozinhos não dão conta do recado. As mudanças climáticas são o exemplo *par excellence*: os custos sociais da emissão de carbono são enormes — a emissão excessiva de gases de efeito estufa é uma ameaça ao planeta — e excedem em muito os custos incorridos por qualquer empresa ou mesmo país. Seja através da regulamentação ou da taxação, a emissão de carbono precisa ser reduzida.

Os mercados tampouco funcionam bem quando a informação é imperfeita e alguns mercados-chave estão ausentes (para evitar alguns riscos importantes, como o de desemprego) ou quando a competição é limitada. Mas essas "imperfeições" são disseminadas e especialmente importantes em certas áreas, como as finanças. Os mercados tampouco produzem um número suficiente dos chamados "bens públicos", como proteção contra incêndios e defesa nacional, cujo uso é facilmente partilhado por toda a população e que são difíceis de cobrar de qualquer maneira que não os impostos. Para chegar a uma economia e uma sociedade mais funcionais, com cidadãos que se sentem mais prósperos e seguros, os governos precisam investir — fornecendo garantias em caso de desemprego e financiando a pesquisa básica — e regulamentar —

impedindo que as pessoas prejudiquem umas às outras. As economias capitalistas sempre envolveram uma mistura de mercados privados e governo; a questão não é um *ou* outro, mas como combinar os dois do modo mais vantajoso. Em relação ao tema deste livro, há necessidade de ação governamental para promover uma economia eficiente e estável com crescimento rápido e assegurar que os frutos desse crescimento sejam partilhados de modo justo.

Segundo: precisamos reconhecer que a riqueza de uma nação repousa sobre dois pilares. As nações se tornam mais ricas — alcançando padrões de vida mais elevados — ao se tornarem mais produtivas, e a fonte mais importante de aumento da produtividade é o aumento do conhecimento. Avanços tecnológicos repousam sobre fundações científicas fornecidas pela pesquisa básica financiada pelo governo. E as nações se tornam mais ricas como resultado da organização geral da sociedade, que permite que as pessoas interajam, negociem e invistam com segurança. O projeto de uma boa organização social é fruto de décadas de raciocínio e deliberação, além de observações empíricas sobre o que funciona ou não. Elas levaram a visões sobre a importância das democracias com estado de direito, devido processo legal, freios e contrapesos e uma miríade de instituições envolvidas na descoberta, avaliação e divulgação da verdade.

Terceiro: é preciso não confundir a riqueza da nação com a riqueza dos indivíduos da nação. Algumas pessoas e empresas obtêm sucesso com novos produtos que os consumidores passam a desejar. Essa é uma boa maneira de enriquecer. Outras obtêm sucesso usando seu poder de mercado para explorar consumidores ou trabalhadores. Isso nada mais é que redistribuição de renda, e não incrementa a riqueza geral da nação. O termo técnico em economia é *rent* [renda econômica]: o *rent-seeking* está associado à tentativa de conseguir uma fatia maior da torta econômica, em contraste com a criação de riqueza, que tenta aumentar o tamanho da torta. Os estrategistas políticos deveriam focar em qualquer mercado que apresente renda econômica excessiva, pois ela é sinal de que a economia poderia apresentar resultados mais eficientes: a exploração inerente à renda econômica excessiva enfraquece a economia. Uma luta bem-sucedida contra o *rent-seeking* resulta no redirecionamento dos recursos para a criação de riqueza.

Quarto: uma sociedade menos dividida, com uma economia mais igualitária, apresenta desempenho melhor. Particularmente odiosas são as desigualdades baseadas em raça, gênero e etnia. Trata-se de uma guinada brusca em relação à visão previamente dominante em economia, que afirmava a existência de um *trade-off*, de que só era possível obter mais igualdade com o sacrifício do crescimento e da eficiência. Os benefícios de reduzir a desigualdade são especialmente grandes quando ela chega aos extremos a que chegou nos Estados Unidos e é criada da maneira como foi, através da exploração do poder de mercado ou da discriminação. Como consequência, o objetivo de conseguir maior igualdade de renda não vem com uma etiqueta de preço.

Também precisamos abandonar a errônea fé na economia de gotejamento, a noção de que, se a economia cresce, todo mundo se beneficia. Essa noção escorou as políticas econômicas pelo lado da oferta de todos os presidentes republicanos desde Ronald Reagan. Os registros deixam claro que os benefícios do crescimento simplesmente não gotejam. Veja a grande parcela da população, nos Estados Unidos e em outros lugares do mundo desenvolvido, vivendo em meio à raiva e ao desespero após décadas de quase estagnação de sua renda causada por políticas pelo lado da oferta, mesmo com crescimento do PIB. Deixados por conta própria, os mercados não necessariamente auxiliam essas pessoas, mas há programas governamentais que podem fazer a diferença.

Quinto: os programas governamentais para promover a prosperidade partilhada precisam focar tanto na distribuição — que às vezes é chamada de pré-distribuição — quanto na redistribuição, a renda dos indivíduos após impostos e transferências. Os mercados não existem em um vácuo; eles precisam ser estruturados, e a maneira como os estruturamos afeta tanto a distribuição de renda quanto o crescimento e a eficiência. Assim, leis que permitem abusos de poder dos monopólios corporativos ou que os CEOs tomem para si grandes parcelas da renda corporativa levam a maior desigualdade e menor crescimento. Chegar a uma sociedade mais justa exige igualdade de oportunidades, mas isso, por sua vez, exige maior igualdade de renda e riqueza. Sempre haverá alguma transmissão de vantagens entre as gerações, de modo que a desigualdade excessiva de renda e riqueza de uma geração se traduzirá em níveis mais altos de desigualdade na geração seguinte. A educação é parte da solução, mas apenas parte. Nos Estados Unidos, há maior desigualdade de oportunidades educacionais que em muitos outros países, e fornecer melhor educação para todos poderia reduzir a desigualdade e melhorar o desempenho econômico. Piorando os efeitos da desigualdade de oportunidades educacionais, os atuais impostos sobre a herança, excessivamente baixos, significam que os Estados Unidos estão criando uma plutocracia herdada.

Sexto: como as regras do jogo e tantos outros aspectos de nossa economia e sociedade dependem do governo, o que o governo faz é vital; política e economia não podem ser separadas. Mas a desigualdade econômica inevitavelmente se traduz em poder político, e aqueles com poder político o usam para obter vantagens. Se não reformarmos as regras de nossa política, transformaremos nossa democracia em paródia e viveremos em um mundo mais caracterizado por "cada dólar, um voto" que por "cada pessoa, um voto". Se nós, como sociedade, quisermos um sistema efetivo de freios e contrapesos para evitar os potenciais abusos dos muito ricos, teremos de criar uma economia com maior igualdade de riqueza e renda.

Sétimo: o sistema econômico para o qual caminhamos desde o início da década de 1970 — o capitalismo de estilo americano — está modelando nossas identidades individuais e nacionais de maneira desagradável. O que emerge está em conflito com nossos valores mais elevados; a ganância, o egoísmo, a torpeza moral, a disposição de explorar os outros e a desonestidade que a Grande Recessão expôs no setor financeiro estão evidentes em outros lugares, e não somente nos Estados Unidos. As normas, aquilo que vemos como comportamento aceitável ou não, estão mudando de maneiras que minam a coesão social, a confiança e até mesmo o desempenho econômico.

Oitavo: embora Trump e outros nativistas tentem culpar terceiros — os migrantes e os acordos comerciais prejudiciais — por nossos problemas, especialmente os resultantes da desindustrialização, o fracasso pertence a nós mesmos: poderíamos ter gerenciado melhor os processos de mudança tecnológica e globalização, permitindo que os indivíduos que ficaram desempregados encontrassem emprego em outros locais. De agora em diante, teremos de fazer um trabalho melhor, e mostrarei como. O mais importante, no entanto, é que o isolacionismo não é uma opção. Vivemos em um mundo altamente interconectado e temos de gerenciar nossas relações internacionais — tanto econômicas quanto políticas — melhor que no passado.

Nono: existe uma agenda econômica abrangente capaz de restaurar o crescimento e a prosperidade partilhada. Ela combina a remoção dos impedimentos ao crescimento e à igualdade apresentados pelas corporações com excessivo poder de mercado e a restauração do equilíbrio ao fornecer mais poder de barganha aos trabalhadores, por exemplo. Inclui também mais apoio à pesquisa básica e mais encorajamento para que o setor privado se engaje na criação de riquezas, e não no *rent-seeking*.

A economia é um meio para atingir um fim, e não um fim em si mesma. E a vida de classe média, que parecia um direito inato dos americanos após a Segunda Guerra Mundial, parece estar saindo do alcance de ampla parcela da população. Somos hoje um país muito mais rico do que então. Podemos garantir que esse padrão de vida seja alcançável para a vasta maioria da população. Este livro mostra como.

Por fim, esta é uma época de grandes mudanças. O incrementalismo — pequenos ajustes no sistema político e econômico — é inadequado para as tarefas à frente. Precisamos de mudanças drásticas como as apresentadas aqui. Mas nenhuma dessas mudanças econômicas será possível sem uma forte democracia para compensar o poder político da riqueza concentrada. Antes da reforma econômica, será necessária uma reforma política.

PARTE I
PERDENDO O RUMO

Uma casa dividida contra si mesma não pode subsistir.

— MARCOS 3:25; ABRAHAM LINCOLN

CAPÍTULO I

Introdução

Dizer que as coisas não vão bem nos Estados Unidos e em muitos outros países desenvolvidos é minimizar o problema. Há descontentamento por toda parte.

Não deveria ser assim, de acordo com o pensamento dominante na economia e na ciência política americanas do último quarto de século. Após a queda do Muro de Berlim em 9 de novembro de 1989, Francis Fukuyama declarou *O fim da história*, uma vez que a democracia e o capitalismo haviam, enfim, triunfado. Uma nova era de prosperidade global, com crescimento mais acelerado do que nunca, supostamente chegara, e os Estados Unidos supostamente estavam na liderança do processo.[1]

Em 2018, essas ideias tão altaneiras parecem finalmente ter voltado à Terra. A crise financeira de 2008 mostrou que o capitalismo não era tudo aquilo que se esperava: ele não parecia nem eficiente, nem estável. Então, uma onda de estatísticas mostrou que os principais beneficiários do crescimento nos últimos 25 anos haviam sido aqueles no topo. E, por fim, os votos antiestablishment em ambos os lados do Atlântico — o Brexit no Reino Unido e a eleição de Donald Trump nos Estados Unidos — suscitaram questões sobre a sabedoria das democracias eleitorais.

Nossos gurus forneceram uma explicação fácil — e correta, dentro de suas limitações. As elites ignoraram o sofrimento de muitos americanos enquanto pressionavam por globalização e liberalização, inclusive dos mercados financeiros, prometendo que todos se beneficiariam com as "reformas". Mas, para a maioria, os benefícios prometidos jamais se materializaram. A globalização apressou a desindustrialização e deixou para trás a maioria dos cidadãos, especialmente os menos instruídos e, entre eles, especialmente os homens. A liberalização do mercado financeiro levou à crise de 2008, a pior retração econômica desde a Grande Depressão de 1929. Não obstante, enquanto dezenas de milhares em todo o mundo perdiam seus empregos e milhões nos Estados Unidos perdiam suas casas, nenhum dos grandes financistas que levaram a economia global à beira da ruína foi responsabilizado. Nenhum deles foi preso; em vez disso, foram recompensados com bônus gigantescos. Os banqueiros foram socorridos, mas não suas vítimas. Embora as políticas econômicas tenham conseguido evitar outra Grande Depressão, não surpreende que esse resgate desequilibrado tenha tido consequências políticas.[2]

O fato de Hillary Clinton ter chamado de "deploráveis" aqueles que, nas partes desindustrializadas do país, apoiavam seu oponente pode ter sido um erro político fatal (e em si mesmo deplorável): para eles, essas palavras refletiam a atitude indiferente das elites. Uma série de livros, incluindo *Era uma vez um sonho: A história de uma família da classe operária e da crise da sociedade americana*,[3] de J. D. Vance, e *Strangers in Their Own Land: Anger and Mourning on the American Right* [Estranhos em sua própria terra: raiva e luto na direita americana],[4] de Arlie Hochschild, documentaram os sentimentos daqueles que experimentaram a desindustrialização e de muitos outros que partilham de seu descontentamento, mostrando como estão distantes das elites do país.[5]

Um dos slogans de campanha de Bill Clinton em 1992 foi "É a economia, idiota". Essa é uma simplificação excessiva, e esses estudos sugerem a razão: as pessoas querem ser respeitadas e sentir que estão sendo ouvidas.[6] De fato, após ouvirem os republicanos afirmarem durante mais de trinta anos que o governo não pode solucionar nenhum problema, as pessoas não esperam que ele faça isso. Mas querem que seu governo as "apoie", o que quer que isso signifique. E, quando o governo as apoia, não querem que ele as repreenda por serem "aquelas que ficaram para trás". Isso é degradante. Elas fizeram escolhas difíceis em um mundo injusto. E esperam que algumas das desigualdades sejam corrigidas. Todavia, durante a crise de 2008, criada por políticas de liberalização do mercado financeiro defendidas pelas elites, o governo pareceu apoiar somente as elites. Ou, ao menos, essa foi a narrativa na qual se passou a acreditar e, como deixarei claro, há nela mais que um grão de verdade.[7]

Embora o slogan do presidente Clinton possa ter simplificado as coisas ao sugerir que a economia era *tudo*, talvez a simplificação não tenha sido assim tão excessiva. Nossa economia não tem funcionado para grandes parcelas do país. Mas tem sido enormemente recompensadora para aqueles no topo. De fato, essa divisão cada vez mais profunda está na raiz do dilema atual do nosso e de muitos outros países desenvolvidos.

Evidentemente, não é apenas a economia que tem se mostrado falha, mas também a política. A divisão econômica levou a uma divisão política, e a divisão política reforçou a divisão econômica. Aqueles que têm dinheiro usam seu poder para escrever as regras do jogo econômico e político de maneiras que aumentem suas vantagens.

Os Estados Unidos têm uma elite muito pequena controlando uma parte cada vez maior da economia e uma base cada vez mais ampla com quase nenhum recurso:[8] 40% dos americanos não podem arcar com uma calamidade de 400 dólares, seja uma criança doente ou um carro quebrado.[9] Os três americanos mais ricos, Jeff Bezos (Amazon), Bill Gates (Microsoft) e Warren Buffet (Berkshire Hathaway), valem mais que a metade inferior de toda a população americana, demonstrando quanta riqueza há no topo e como há pouca na base.[10]

Buffett, o lendário investidor e milionário, tinha razão ao dizer: "Realmente existe um conflito de classes, mas foi minha classe, a classe rica, que criou o conflito, e estamos vencendo."[11] Ele disse isso não de modo beligerante, mas porque achava que essa era uma descrição acurada da situação nos Estados Unidos. E deixou claro que a achava errada e mesmo antiamericana.

Nosso país começou como democracia representativa, e os pais fundadores se preocuparam com a possibilidade de a maioria oprimir a minoria. Desse modo, implementaram salvaguardas na constituição, incluindo limites ao que o governo podia fazer.[12] Nos mais de duzentos anos subsequentes, entretanto, as coisas evoluíram. Hoje, os Estados

Unidos têm uma minoria política que, embora não oprima a maioria, no mínimo a domina, impedindo-a de fazer coisas que seriam do interesse do país como um todo. A vasta maioria do eleitorado gostaria de ter maior controle sobre as armas, salário mínimo mais alto, regulamentações financeiras mais estritas e melhor acesso à assistência médica e à educação superior, sem dívidas opressivas. A maioria dos americanos votou em Al Gore, não em George Bush; em Hillary Clinton, não em Donald Trump. A maioria dos americanos votou repetidamente nos democratas para a Câmara dos Representantes e, mesmo assim, em parte por causa do *gerrymandering*, os republicanos mantiveram o poder — até que, em 2018, em uma votação suficientemente assimétrica, os democratas retomaram o controle. A imensa maioria dos americanos votou em senadores democratas,[13] mas, como estados com poucas pessoas, como Wyoming, contam com os mesmos dois senadores que nossos estados mais populosos, Nova York e Califórnia, os republicanos mantiveram o controle do Senado, de grande importância por causa do papel que desempenha na aprovação dos juízes da Suprema Corte. Lamentavelmente, a Suprema Corte deixou de ser um árbitro justo e um intérprete da constituição e se tornou apenas outro campo de batalha político. Nossas salvaguardas constitucionais já não funcionam para a maioria, uma vez que a minoria passou a dominar.

    As consequências dessa economia e dessa política deformadas vão além da economia: elas afetam não somente nossa política, mas a natureza de nossa sociedade e identidade. Uma economia e uma política desequilibradas, egoístas e sem visão levam a indivíduos desequilibrados, egoístas e sem visão, reforçando as fraquezas do sistema econômico e político.[14] A crise financeira de 2008 e suas consequências expuseram o que só pode ser chamado de torpeza moral de muitos banqueiros, que exibiram altos níveis de desonestidade e a disposição de tirar vantagem dos vulneráveis. Esses lapsos são ainda mais chocantes em um país cujo discurso político há décadas se mostra tão obcecado com os "valores".

Para entender como podemos restaurar o crescimento partilhado, precisamos primeiramente entender as verdadeiras fontes da riqueza de nossa

— ou de qualquer outra — nação. As verdadeiras fontes de riqueza são a produtividade, a criatividade e a vitalidade de nosso povo; os acentuados avanços científicos e tecnológicos dos últimos 250 anos; e os avanços em economia, política e organização social que ocorreram no mesmo período, incluindo estado de direito, mercados competitivos e regulados, instituições democráticas com freios e contrapesos e uma ampla variedade de instituições "divulgadoras da verdade". Esses avanços forneceram as bases para a enorme elevação do padrão de vida que ocorreu nos dois últimos séculos.

Porém, o próximo capítulo descreve duas mudanças perturbadoras que ocorreram nas últimas quatro décadas e já foram mencionadas: o crescimento desacelerou e a renda de grandes parcelas da população estagnou ou mesmo entrou em declínio. Surgiu um grande abismo entre o topo e os demais.

Descrever a trajetória assumida pela economia e pela sociedade não basta. Precisamos entender melhor o poder das ideias e dos interesses que tanto nos desviaram do caminho nas últimas quatro décadas, por que eles atraem tantas pessoas e por que são tão fundamentalmente errados. Permitir que a agenda econômica e política fosse estabelecida pelos interesses corporativos levou à maior concentração do poder econômico e político, e continuará a ser assim. Entender por que nossos sistemas econômico e político falharam é o primeiro passo para demonstrar como outro mundo é possível.

Eis uma fonte de esperança: existem reformas fáceis — econômica, embora não politicamente fáceis — que podem levar a maior prosperidade partilhada. Como veremos, podemos criar uma economia mais adequada ao que acredito serem valores básicos e amplamente partilhados; não a cobiça e a improbidade evidenciadas pelos banqueiros, mas os valores elevados tão frequentemente expressados pelos líderes políticos, econômicos e religiosos. Tal economia nos modelará, tornando-nos mais parecidos com os indivíduos e a sociedade a que aspiramos. E, ao fazer isso, nos permitirá criar uma economia mais humana, capaz de fornecer à vasta maioria dos cidadãos a vida de "classe média" que eles desejam, mas que se mostrou cada vez mais fora de seu alcance.

A riqueza das nações

O famoso livro de Adam Smith, *A riqueza das nações*, publicado em 1776, é um bom ponto de partida para entendermos como as nações prosperam. Ele costuma ser considerado o início da economia moderna. Smith criticou, com razão, o mercantilismo, a escola de pensamento econômico que dominou a Europa durante o Renascimento e o início do período industrial. Os mercantilistas defendiam a exportação de mercadorias para conseguir ouro, acreditando que isso tornaria suas economias mais ricas e suas nações politicamente mais poderosas. Hoje, podemos rir dessas tolas políticas: ter mais ouro guardado em um cofre não gera padrões de vida mais elevados. Contudo, prevalecem percepções similarmente errôneas, em especial entre aqueles que argumentam que as exportações devem ser maiores que as importações e defendem políticas equivocadas a fim de atingir esse objetivo.

A verdadeira riqueza de uma nação é mensurada por sua capacidade de garantir, de modo sustentável, padrões de vida elevados para todos os cidadãos. Essa garantia está relacionada a aumentos constantes da produtividade, baseados parcialmente no investimento em instalações, equipamentos e, ainda mais importante, *conhecimento* e na manutenção da economia em níveis de pleno emprego, assegurando que os recursos de que dispomos não sejam desperdiçados ou permaneçam ociosos. Certamente não existe relação com a acumulação de riqueza financeira ou ouro. De fato, mostrarei que o foco na riqueza financeira tem sido contraproducente: seu crescimento ocorreu à custa da riqueza real do país, ajudando a explicar a desaceleração do crescimento nessa era de financeirização.

Smith, escrevendo no início da revolução industrial, não poderia compreender integralmente aquilo que dá origem à real riqueza das nações hoje. Grande parte da riqueza da Grã-Bretanha naquela época e no século seguinte derivava da exploração das colônias. Mas Smith não focou nem na exportação, nem na exploração das colônias, mas sim no papel da indústria e do comércio. Ele falou sobre as vantagens que os grandes mercadores tinham em função da especialização.[15] Isso era verdade, em certa extensão, mas ele não tratou da base da riqueza de uma nação em uma economia moderna; não falou sobre pesquisa e desenvolvimento ou mesmo sobre os avanços em conhecimento como resultado da experiência, que os economistas chamam de "aprender fazendo".[16] A razão é simples: avanços tecnológicos e aprendizado desempenharam papel muito pequeno na economia do século XVIII.

Durante séculos após Smith, os padrões de vida permaneceram estagnados.[17] Um pouco depois dele, o economista Thomas Robert Malthus descreveu como o crescimento da população manteria os salários no nível de subsistência. Se os salários subissem, a população se expandiria, reduzindo-os novamente ao nível de subsistência. Simplesmente não havia perspectiva de elevação dos padrões de vida. Mas Malthus estava errado.

O Iluminismo e seus efeitos

O próprio Smith fazia parte de um grande movimento intelectual ocorrido no fim do século XVIII, chamado de Iluminismo. Muitas vezes associado à revolução científica, o Iluminismo foi construído sobre desenvolvimentos dos séculos anteriores, com início na reforma protestante. Antes da reforma do século XVI, inicialmente conduzida por Martinho Lutero, a verdade era revelada, ou seja, decretada pelas autoridades. A reforma questionou a autoridade da igreja e, durante uma guerra de trinta anos iniciada em 1618, os europeus lutaram por paradigmas alternativos.

Esse questionamento da autoridade forçou a sociedade a se perguntar: como podemos conhecer a verdade? O que podemos aprender sobre o mundo à nossa volta? E como podemos e devemos organizar nossa sociedade?

Surgiu uma nova epistemologia, que passou a governar todos os aspectos da vida, com exceção do mundo espiritual: a epistemologia da ciência, com seu sistema de confiança com verificação, no qual cada avanço repousava sobre pesquisas e progressos anteriores.[18] Com o passar dos anos, começaram a surgir universidades e outras instituições de pesquisa, a fim de julgar a verdade e descobrir a natureza do mundo. Assim, muitas das coisas que consideramos normais — eletricidade, transistores, computadores, smartphones, lasers, medicina moderna — são resultado de descobertas científicas reforçadas por pesquisas básicas. E não falo apenas de avanços hi-tech: mesmo estradas e edifícios repousam sobre avanços científicos. Sem tais avanços, não teríamos arranha-céus nem rodovias de alta velocidade; sem eles, não teríamos a cidade moderna.

A ausência de autoridade monárquica ou eclesiástica para ditar como a sociedade deveria ser organizada significou que a própria sociedade teve de encontrar as respostas. Não era possível se apoiar na autoridade — terrestre ou celestial — para garantir que as coisas funcionariam bem, ou tão bem quanto possível. Foi preciso criar sistemas de governança. Descobrir as instituições sociais capazes de garantir o bem-estar da sociedade se mostrou mais complicado que descobrir as verdades da natureza. De modo geral, não era possível controlar os experimentos. Mas o estudo atento de experiências passadas podia ser informativo. Foi necessário se basear no raciocínio e no discurso, reconhecendo que nenhum indivíduo tinha o monopólio do entendimento da organização social. Desse reconhecimento veio a apreciação da importância do estado de direito, do devido processo legal e dos sistemas de freios e contrapesos, sustentados por valores fundacionais como a justiça para todos e a liberdade individual.[19]

Nosso sistema de governo, que tinha o compromisso de fornecer tratamento justo a todos, exigia a determinação da verdade.[20] Com sistemas de boa governança, era mais provável que decisões boas e justas fossem tomadas. Elas podiam não ser perfeitas, mas era mais provável que fossem corrigidas no caso de se mostrarem falhas.

Com o tempo, surgiu um rico conjunto de instituições de descoberta, verificação e divulgação da verdade, e devemos a elas boa parte do sucesso de nossa economia e democracia.[21] Central entre elas é a mídia ativa. Como todas as instituições, ela é falível, mas suas investigações são parte do sistema geral de freios e contrapesos de nossa sociedade, fornecendo um importante serviço público.

Os avanços tecnológicos e científicos[22] e as mudanças na organização social, política e econômica associados ao Iluminismo levaram a aumentos da produção mais rápidos que o crescimento da população, de modo que a renda *per capita* começou a subir. A sociedade aprendeu a refrear o crescimento populacional e, nos países desenvolvidos, mais e mais pessoas decidiram limitar o tamanho de suas famílias, especialmente depois que os padrões de vida subiram. A maldição malthusiana foi anulada. Assim começou a imensa elevação dos padrões de vida dos últimos 250 anos (ilustrada na figura 1: após séculos de estagnação dos padrões de vida, eles começaram a subir rapidamente, primeiro na Europa, perto do fim do século XVIII e início do século XIX, e depois em outras partes do mundo, em especial após a Segunda Guerra Mundial)[23] e o aumento da longevidade dos quais nos beneficiamos tanto.[24] Foi uma mudança dramática no destino da humanidade. Ao passo que no passado a maioria dos esforços servia apenas para atender às necessidades básicas da vida, a partir de então elas puderam ser atendidas com apenas algumas horas semanais de trabalho.[25]

Figura 1: Padrões de vida históricos

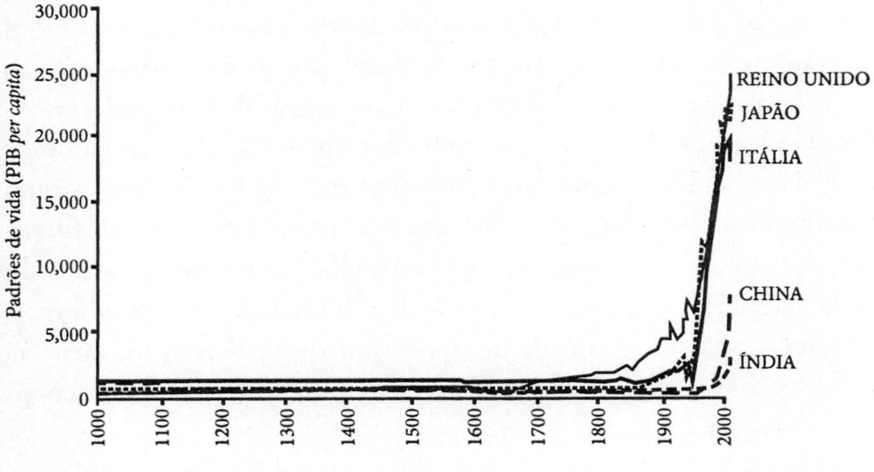

Gráfico mostrando Padrões de vida (PIB per capita) de 1000 a 2000, com linhas para REINO UNIDO, JAPÃO, ITÁLIA, CHINA e ÍNDIA.

Fonte: INET

No século XIX, todavia, os frutos desse progresso foram partilhados de modo desigual.[26] De fato, para muitos, a vida parecia estar ficando pior. Como Thomas Hobbes afirmara mais de um século antes, "a vida era suja, brutal e curta"[27] e, para uma grande parcela, a revolução industrial pareceu piorar as coisas. Os romances de Charles Dickens descrevem vividamente o sofrimento na Inglaterra em meados do século XIX.

Nos Estados Unidos, a desigualdade atingiu novos picos no fim do século XIX, na Era Dourada e nos "Loucos Anos 1920". Felizmente, houve resposta governamental a essas graves desigualdades: a legislação da Era Progressista e o New Deal refrearam a exploração do poder de mercado e tentaram consertar certas falhas, incluindo níveis inaceitáveis de desigualdade e insegurança.[28] Sob o presidente Franklin D. Roosevelt, os Estados Unidos aprovaram o programa público de idade avançada e invalidez (Seguridade Social, oficialmente chamada de OASDI, a sigla em inglês da pensão para idosos, sobreviventes e inválidos). Mais tarde no mesmo século, o presidente Lyndon B. Johnson forneceu assistência médica aos idosos e iniciou uma guerra contra a pobreza. No Reino Unido e na maior parte da Europa, o Estado passou a garantir que todos teriam acesso à assistência médica, e os Estados Unidos se tornaram o único país desenvolvido de grande porte a não reconhecer o acesso aos cuidados com a saúde como direito humano básico. Em meados do século passado, os países desenvolvidos criaram as chamadas "sociedades de classe média", nas quais os frutos do progresso eram partilhados, em nível razoável, pela maioria dos cidadãos — e, se não fossem as políticas trabalhistas discriminatórias, baseadas em raça e gênero, um número ainda maior de pessoas teria partilhado desse progresso. Os cidadãos passaram a ter vidas mais longas e saudáveis e acesso a roupas e residências melhores. O Estado fornecia educação às crianças, com a promessa de vidas ainda mais prósperas e maior igualdade de oportunidades. Além disso, fornecia certa segurança na velhice e proteção social contra outros riscos, como desemprego e invalidez.

O progresso do mercado e das instituições políticas que evoluíram a partir do século XVIII nem sempre foi sereno. Houve crises econômicas episódicas, com a pior sendo a Grande Depressão de 1929, da qual os Estados Unidos só se recuperaram durante a Segunda Guerra Mundial. Antes da guerra, o governo fornecia seguro aos temporariamente desempregados. Depois da guerra, os países desenvolvidos também assumiram a obrigação de manter suas economias em pleno emprego.

As tentativas de garantir que os frutos do progresso fossem distribuídos igualmente tampouco foram estáveis. Como vimos no início do capítulo, as coisas pioraram muito na última parte do século XIX e na década de 1920, mas melhoraram significativamente nas décadas após a Segunda Guerra Mundial. Embora a renda de todos os grupos tenha aumentado, a renda na base aumentou mais rapidamente que a renda no topo. Então veio uma virada negativa no fim da década de 1970 e início da década de 1980. A renda dos grupos na base começou a estagnar e mesmo declinar, ao passo que a renda dos outros grupos disparou. Para os ricos, a expectativa de vida continuou a aumentar, mas, para aqueles com menos instrução, começou a diminuir.

O contra-ataque

O progresso associado ao Iluminismo sempre teve inimigos. A lista incluía conservadores religiosos, que não gostavam de ideias como a da evolução, e aqueles que se sentiam desconfortáveis com a tolerância e o liberalismo pregados pelo Iluminismo.* A eles se somaram aqueles cujos interesses econômicos conflitavam com as descobertas da ciência, como os donos e funcionários de companhias de carvão, que enfrentaram a perspectiva de serem forçados a fechar em face das esmagadoras evidências de que contribuíam de modo importante para o aquecimento global e as mudanças climáticas. Mas essa coalizão entre conservadores religiosos e sociais e aqueles cujos interesses eram diretamente contrários às descobertas científicas não era ampla o bastante para obter poder político. Obter poder exigia o apoio de uma comunidade empresarial mais ampla. E essa ajuda foi oferecida com um *quid pro quo*: desregulamentação e redução de impostos. Nos Estados Unidos, o cimento para essa aliança foi um presidente improvável, Donald Trump. Tem sido doloroso observar o silencioso apoio a um presidente preconceituoso, misógino, nativista e protecionista — tão contrário aos valores que muitos na comunidade empresarial dizem defender —, simplesmente para que os empresários possam obter um ambiente mais favorável aos negócios, com regulações mínimas e, especialmente, redução de impostos para si mesmos e suas corporações. Dinheiro no bolso — ganância —, é evidente, vale mais que qualquer outra coisa.

---

* Devo enfatizar que a associação entre conservadorismo e não liberalismo não é inevitável. Mas, de modo geral, foi assim que as coisas aconteceram, embora muitos conservadores de destaque sejam balizas de tolerância.

Desde o início da campanha, e especialmente depois de se tornar presidente, Donald Trump foi muito além da tradicional agenda econômica "conservadora". De algumas maneiras, como vimos, ele é um revolucionário: atacou vigorosamente as instituições sociais através das quais tentamos adquirir conhecimento e determinar a verdade. Seus alvos incluem as universidades, a comunidade científica e o poder judiciário. Seus ataques mais brutais foram contra a mídia, que ele rotulou de *fake news*. A ironia é que, para a mídia, a verificação dos fatos desempenha papel central, ao passo que Trump mente descaradamente em bases regulares.[29]

Esses ataques são não apenas inéditos nos Estados Unidos, como também corrosivos, minando a democracia e a economia. Embora cada peça do ataque seja bem conhecida, é crítico compreender o que o motiva e a amplitude de seus alvos. Também é importante reconhecer que a questão vai além de Trump: se ele não tivesse tocado um acorde tão ressonante, seus ataques contra as instituições divulgadoras da verdade não teriam tanta influência. Também vemos ataques similares em outros lugares. Se Trump não tivesse iniciado essa guerra, alguma outra pessoa teria.

É especialmente nesse contexto que o apoio da comunidade empresarial ao presidente Trump parece tão cínico e desencorajador, em especial para aqueles que têm lembranças, mesmo esmaecidas, da ascensão do fascismo na década de 1930. O historiador Robert O. Paxton estabeleceu paralelos entre os favores de Trump para os ricos e as estratégias por trás da ascensão nazista na Alemanha.[30] Assim como os principais apoiadores de Trump formam uma minoria distinta, os principais apoiadores do fascismo não tinham condições de obter o poder democraticamente, pois jamais obteriam maioria. O sucesso de Trump teve por base a formação de uma coalizão com a comunidade empresarial, do mesmo modo que naquela época: os fascistas só chegaram ao poder por causa do apoio de uma ampla aliança conservadora que incluía a comunidade empresarial.

Ataques às universidades e à ciência

Os ataques às universidades não receberam a mesma atenção que os ataques à mídia, mas são igualmente perigosos para o futuro da economia e da democracia. Nossas universidades são a fonte da qual tudo jorra. O

Vale do Silício — o centro da economia da inovação no país — é o que é por causa dos avanços tecnológicos saídos de duas das nossas maiores universidades, Stanford e Berkeley. MIT e Harvard, de modo similar, deram origem a um grande centro de biotecnologia em Boston. Toda a reputação de nosso país como líder em inovação repousa sobre fundações de conhecimento emanado das universidades.

Nossas universidades e centros de pesquisa científica também fizeram mais que ampliar o conhecimento: eles atraíram para cá alguns de nossos principais empreendedores. Muitos foram atraídos pela oportunidade de estudar nessas grandes universidades. Entre 1995 e 2005, por exemplo, imigrantes fundaram 52% de todas as empresas do Vale do Silício.[31] Imigrantes também fundaram mais de 40% das empresas na lista das quinhentas maiores da *Fortune* em 2017.[32]

E, no entanto, Trump tentou cortar o financiamento governamental para a pesquisa básica no orçamento de 2018.[33] Além disso, provavelmente pela primeira vez *na história*, em 2017 a reforma fiscal republicana taxou algumas universidades privadas sem fins lucrativos, muitas das quais foram centrais para avanços do conhecimento essenciais tanto para a elevação dos padrões de vida quanto para a criação da vantagem competitiva americana.

Alguns republicanos criticaram nossas universidades por serem politicamente corretas e intolerantes com o preconceito e a misoginia. É verdade que os acadêmicos ensinam, de modo quase universal, que as mudanças climáticas são reais, e muitos lançam dúvidas sobre a economia pelo lado da oferta. As universidades tampouco dão muito peso à teoria de que a Terra é plana, às teorias do flogisto em química ou aos bugs de ouro em economia. Algumas ideias merecidamente não recebem o mesmo peso que outras na educação superior.[34] Seria má prática ensinar ideias ultrapassadas que foram repetidamente desbancadas pelo método científico.

Até agora, as universidades resistiram ao cerco. Mas podemos imaginar o que acontecerá à economia americana e à nossa posição mundial se Trump e os outros conduzindo essa guerra tiverem sucesso. Nossa posição na vanguarda da inovação cairá rapidamente. Outros já tiram vantagem da posição de Trump contra a imigração e a ciência: o Canadá e a Austrália, por exemplo, estão recrutando estudantes talentosos e criando instituições e laboratórios de pesquisa para fornecer alternativas viáveis ao Vale do Silício.

Ataques ao judiciário

Em qualquer sociedade, há disputas e, quando as partes discordam, sejam elas dois indivíduos, duas corporações ou indivíduos e seu governo, a tarefa dos tribunais é determinar a verdade, dentro dos limites possíveis. Quase que por definição, a resolução de tais disputas não é fácil: se fosse, as partes chegariam a ela por conta própria e não recorreriam aos caros e demorados tribunais. Quando os tribunais publicam decisões das quais Trump não gosta, ele se refere aos "assim chamados juízes". Seu desdém pelo judiciário é demonstrado majoritariamente por sua disposição em indicar juízes desqualificados: um dos indicados para o tribunal distrital de Colúmbia, Matthew Spencer Petersen, nem sequer tinha experiência com julgamentos. Petersen recusou a indicação após um humilhante questionamento durante a audiência de confirmação, mas foi apenas o menos qualificado das muitas indicações profundamente inadequadas de Trump.

Explicando os ataques: autodefesa

Há um padrão aqui. De sua perspectiva, o perigo de todas essas instituições divulgadoras da verdade é que elas disseminam visões que contradizem os preconceitos de Trump, daqueles que o cercam e de seu partido. Tais ataques, e a tentativa de criar outra realidade, sempre fizeram parte do fascismo, desde a Grande Mentira de Goebbels.[35] Em vez de adaptar suas visões para torná-las condizentes com a realidade (sobre, digamos, mudanças climáticas), Trump prefere atacar aqueles que trabalham para revelar a verdade. O fato de esses ataques terem tanta ressonância é testemunho, em parte, do fracasso de nosso sistema educacional. Mas não podemos colocar a culpa pelo que está acontecendo somente nesse fracasso. Sabemos, através dos avanços em economia comportamental e marketing, que é possível manipular percepções e crenças. As companhias de cigarro usam esses métodos para lançar dúvidas sobre as revelações científicas de que fumar faz mal à saúde e empresas de todo tipo convencem indivíduos a comprar produtos que, de outro modo, não teriam comprado e que, se refletissem a respeito, perceberiam que não querem nem precisam. Se é possível vender produtos ruins e mesmo perigosos, então é possível vender ideias ruins e mesmo perigosas, e há fortes interesses econômicos tentando fazer isso. Esses insights foram captados e usados intensivamente por Steve Bannon e pela Fox News para mudar as percepções sobre uma variedade de tópicos, das mudanças climáticas às ineficiências e injustiças do governo.

Vendendo à maioria políticas que são contrárias a seus próprios interesses

Que Trump e sua turma têm interesse em subverter a verdade não é surpresa. Mas é preciso perguntar, com tanta coisa em jogo, incluindo nossa democracia e os avanços nos padrões de vida que marcaram os últimos 250 anos, por que esse ataque orquestrado contra instituições e ideias que fizeram tanto por nossa civilização parece encontrar ressonância entre tantas pessoas. Parte de minha motivação para escrever este livro é a esperança de que, com maior entendimento sobre a importância dessas instituições, haja mais mobilização em torno delas quando forem atacadas.

Mas esse não é o único mistério relacionado à política atual. Também podemos nos perguntar por que, em uma sociedade democrática, há tanta tolerância em níveis tão elevados de desigualdade. É claro, há alguns no topo — um grupo cuja riqueza e influência política são desproporcionais a seus números — que, falando de modo claro, são simplesmente gananciosos e sem visão. Eles querem estar no topo da pirâmide, qualquer que seja o custo para a sociedade. Muitos deles estão deslumbrados com o pensamento de soma zero, que afirma que a única maneira de enriquecer é tirar algo daqueles que estão abaixo.

Mas mesmo aqueles no topo — se realmente compreendessem seus próprios interesses — deveriam apoiar políticas mais igualitárias, e isso é ainda mais verdadeiro para os 99% abaixo, que são prejudicados pelas desigualdades. Mesmo os 10% do topo, que obtiveram um crescimento módico, temem cair alguns degraus. E muitos entre os 1% do topo foram prejudicados: em outros países, os ricos são forçados a viver em comunidades cercadas e se preocupam constantemente com a possibilidade de seus filhos serem sequestrados.[36] O crescimento geral do país está sendo prejudicado, e isso também prejudica os 1% no topo, cuja riqueza, em muitos casos, deriva de dinheiro que vem de baixo; quando há menos riqueza na base, há menos riqueza para chegar ao topo. Um dos insights da economia moderna é o fato de que países com grande desigualdade (especialmente quando a desigualdade é tão intensa quanto nos Estados Unidos, e tão engendrada como ocorre aqui) apresentam desempenhos piores.[37] A economia não é um jogo de soma zero; o crescimento é afetado pela política econômica, e ações que aumentam a desigualdade desaceleram o crescimento, especialmente no longo prazo.

Em resumo, é difícil encontrar uma explicação *racional* para a tolerância à desigualdade. O mesmo se dá com vários outros aspectos da política econômica americana, para os quais é difícil fornecer uma boa explicação se acreditamos que, de modo geral, os indivíduos são racionais e apoiam políticas benéficas a seus interesses e se acreditamos contar com uma democracia funcional, na qual as políticas refletem os interesses da maioria. Por exemplo: com exceção dos proprietários de companhias de carvão, gás e petróleo, a maioria do país deveria estar fazendo algo a respeito das mudanças climáticas.

No entanto, o dinheiro contaminou não somente a política americana, mas também as crenças mais gerais. Os irmãos Koch, as companhias de petróleo e carvão e outros interesses conseguiram persuadir muitos americanos a se tornarem céticos climáticos, assim como, há cinquenta anos, os primeiros fabricantes de cigarro persuadiram muitos americanos a se tornarem céticos em relação aos malefícios do fumo. As companhias de carvão não gostam de evidências relacionadas ao papel dos gases de efeito estufa nas mudanças climáticas, assim como os fabricantes de cigarro não gostavam das evidências de que fumar causa câncer, além de doenças respiratórias e coronárias.[38] No caso dos cigarros, centenas de milhares de pessoas morreram precocemente como resultado.

Do mesmo modo, os ricos parecem ter persuadido grande parte dos americanos de que o país ficaria melhor sem impostos sobre a herança, mesmo que isso nos transforme em uma plutocracia herdada, tão contrária a nossos ideais, e muito embora haja pouquíssimas chances de a maioria dos americanos ser atingida pelos impostos sobre herança e propriedades, que para todos os efeitos isenta os casais casados que possuem até 11 milhões de dólares.

A ciência e a argumentação foram substituídas pela ideologia. E a ideologia se tornou o novo instrumento da cobiça capitalista. Em alguns segmentos do país, criou-se uma cultura que, de modo geral, é antitética à razão científica. A melhor explicação para isso é a fornecida no parágrafo anterior: aqueles que ganham dinheiro de maneiras questionadas pela ciência — produzindo cigarros, produtos químicos ou carvão — têm motivos para lançar dúvidas sobre qualquer empreitada científica. Se isso continuar, e se os republicanos que apoiam tais perspectivas continuarem no poder, é difícil ver como a máquina de criação de riqueza dos Estados Unidos, fundamentada como está na ciência, poderá continuar funcionando.

O fracasso de nossas elites

Embora seja difícil entender por que tantos apoiam ataques às instituições que estão no âmago de nosso progresso econômico e nossa democracia, é fácil entender por que amplas parcelas do país se voltam contra o "establishment" e sua visão da globalização, da financeirização e, de modo mais amplo, da economia. As elites (de ambos os partidos) fizeram promessas sobre as reformas das últimas quatro décadas, e o que prometeram jamais foi cumprido.

As elites prometeram que a redução dos impostos para os ricos, a globalização e a liberalização do mercado financeiro levariam a um crescimento mais rápido e estável do qual todos se beneficiariam. A disparidade entre o que foi prometido e o que realmente aconteceu foi evidente. Assim, quando Trump rotulou as eleições de "fraude", isso encontrou ressonância.

Não surpreende que, após os fracassos econômicos que descrevemos — a liberalização e a globalização trouxeram riqueza para alguns poucos, mas estagnação, insegurança e instabilidade para o restante —, tenha se desenvolvido ceticismo contra as elites e as instituições de conhecimento das quais elas supostamente derivaram suas decisões. Foi uma conclusão errônea: os bons acadêmicos indicaram que a globalização poderia levar a salários mais baixos para os trabalhadores não qualificados, mesmo considerando-se os preços reduzidos das mercadorias que compravam, a menos que o governo tomasse fortes medidas de contenção. Eles indicaram que a liberalização financeira levaria à instabilidade. Mas os animadores de torcida da globalização e da liberalização do mercado financeiro suplantaram sua voz.[39]

Qualquer que tenha sido a razão,[40] negligenciamos aqueles que sofriam enquanto o país passava pelo processo de desindustrialização. Ignoramos a estagnação dos salários e da renda e o crescente desespero. Achamos que o "tapa-buraco" — uma bolha imobiliária que criou trabalhos temporários no setor de construção civil para alguns dos que haviam perdido empregos industriais — era uma solução real.

Em resumo, as elites de ambos os partidos acharam que o foco no PIB podia substituir o foco nas pessoas. De fato, elas desrespeitaram grandes parcelas do país. Esse desrespeito talvez tenha sido quase tão doloroso quanto a tragédia econômica que as atingiu.

Teorias alternativas para a fonte da riqueza das nações

Descrevi a fonte real de riqueza das nações: as fundações da ciência, do conhecimento e das instituições sociais que criamos para nos ajudar não somente a viver em paz uns com os outros, mas também a cooperar para o bem comum. Descrevi também a ameaça a essas fundações, representada por Trump e sua turma. Com um rudimentar conjunto de crenças, desconectadas de qualquer realidade que não os interesses econômicos de alguns caçadores de recompensa (*rent-seekers*) sem visão, seu sucesso exigiu o ataque a nossas instituições divulgadoras da verdade e à própria democracia.

Há uma teoria alternativa, mais antiga e muito mais disseminada, sobre o que dá origem à riqueza das nações que, infelizmente, exerceu muita influência no país durante os últimos quarenta anos: a visão de que a

INTRODUÇÃO

economia se sai melhor quando é deixada inteiramente, ou ao menos em grande parte, a cargo dos mercados livres. Os defensores dessa teoria não destroçaram os princípios da verdade, como Trump. Como um mágico experiente, eles se concentraram em modelar aquilo no que focamos. Como a globalização deixou muitos para trás e as reformas de Reagan levaram mais pessoas à pobreza e à estagnação de renda, o truque foi deixar de reunir dados sobre a pobreza e parar de falar sobre a desigualdade. Em vez disso, focar na competição que sempre permanece em um mercado, em vez de no poder retido por cada uma das poucas empresas dominantes nesse mercado.

Pense em um livro didático de economia. A palavra *competição* é salpicada em todos os capítulos, mas a palavra *poder* é reservada a apenas um ou dois. O termo *exploração* provavelmente está ausente, há muito expurgado do vocabulário econômico convencional. Ao nos voltarmos para a história econômica do sul americano, será mais provável encontrarmos uma discussão sobre o mercado (competitivo) de algodão ou mesmo de escravos que sobre o uso do poder por um grupo para extrair os frutos do trabalho de outro, ou sobre o uso do poder político para garantir que esse grupo continuaria a fazer isso após a Guerra Civil. As imensas disparidades de salário entre gêneros, raças e etnias — uma característica central da economia americana que discutiremos no próximo capítulo —, se mencionadas, são discutidas usando um termo brando como *discriminação*. Só recentemente epitáfios como *exploração* e *poder* passaram a ser usados para descrever a situação.

Pouca competição — poder demais em poucas mãos — é apenas uma das razões pelas quais os mercados muitas vezes não funcionam bem. Que não funcionam bem deveria ser óbvio: há gente demais com uma renda limitada demais para ter uma vida decente; os Estados Unidos gastam mais com saúde *per capita* que qualquer outro país do mundo e, mesmo assim, a expectativa de vida, já mais baixa que em outros países desenvolvidos, está declinando; nossa economia é marcada simultaneamente por casas vazias e pessoas sem ter onde morar. Os mais dramáticos fracassos ocorrem quando há grande desemprego, mesmo com trabalho a ser feito e pessoas querendo fazê-lo. A Grande Depressão da década de 1930 e a Grande Recessão que teve início em

2007 são dois dos exemplos mais vívidos, mas, desde o início do capitalismo, as economias de mercado foram caracterizadas por períodos episódicos de desemprego significativo.

Nesses períodos, as políticas governamentais, mesmo que não funcionem perfeitamente, podem melhorar as coisas. Durante as retrações econômicas, por exemplo, o estímulo do governo, através de políticas monetárias e fiscais, diminui o desemprego.[41]

Para além de assegurar pleno emprego, ainda há um papel a ser desempenhado pelo governo, ou os mercados deveriam ser deixados por conta própria? O primeiro passo para responder a essa pergunta é reconhecer que os mercados não são um fim em si mesmos, mas meios para um fim: uma sociedade mais próspera. Como consequência, a questão central é: quando é que os mercados geram prosperidade não somente para os 1% do topo, mas para a sociedade como um todo? A mão invisível de Adam Smith (a noção de que a busca dos interesses particulares leva, como que por uma mão invisível, ao bem-estar da sociedade) talvez seja a ideia mais importante da economia moderna e, no entanto, mesmo Smith reconheceu o poder limitado dos mercados e a necessidade de ação governamental. A pesquisa econômica moderna — tanto teórica quanto prática — aumentou nosso entendimento sobre o papel fundamental do governo em uma economia de mercado. Ele é necessário tanto para fazer o que os mercados não fazem quanto para garantir que ajam como *deveriam* agir.

Para que os mercados funcionem bem, várias condições precisam ser satisfeitas: há necessidade de robusta competição, a informação precisa ser perfeita e as ações de um indivíduo ou empresa não podem impor dano a outros (não pode, por exemplo, haver poluição). Na prática, essas condições jamais são atendidas — e muitas vezes ficam bem longe disso —, o que significa que os mercados não cumprem seus objetivos. Antes das regulamentações ambientais, nosso ar era irrespirável e nossa água era imprópria para consumo e banho, como ocorre hoje na China, na Índia e em outros países nos quais as regulamentações ambientais são muito débeis ou debilmente impostas.

De modo ainda mais importante para uma dinâmica economia de inovação, o setor privado, por iniciativa própria, gasta muito pouco em pesquisa básica. O mesmo é verdade para outras áreas de investimento que geram amplos benefícios públicos (infraestrutura e educação, por exemplo). Os benefícios gerados pelo investimento governamental nesses objetivos excedem em muito os custos. Esse investimento precisa ser financiado e isso, é claro, exige impostos.[42] (Como não é de surpreender, o setor privado apregoa aos quatro ventos aquilo que faz: suas pesquisas aplicadas são importantes, mas repousam sobre fundações de pesquisa básica financiada pelo governo.)

Certa vez perguntei ao ministro das Finanças sueco por que a economia de seu país estava se saindo tão bem. A resposta: impostos altos. O que ele quis dizer é que a Suécia sabe que um país próspero exige alto nível de investimento público em infraestrutura, educação, tecnologia e proteção social, e o governo precisa de receita para financiar essas despesas de modo sustentável. Muitas dessas despesas públicas complementam despesas privadas. Os avanços tecnológicos financiados pelo governo podem ajudar a apoiar o investimento privado. Os investidores sabem que seus esforços são mais lucrativos quando existe força de trabalho qualificada e boa infraestrutura. Central para o crescimento rápido é o aumento do conhecimento, e a pesquisa básica subjacente precisa ser custeada pelo governo.

Esses insights nada significam em face das políticas "pelo lado da oferta" no estilo Reagan, baseadas na hipótese de que a desregulamentação liberará a economia, impostos mais baixos a incentivarão e as duas medidas levarão ao crescimento econômico. Todavia, após as reformas de Reagan, o crescimento desacelerou. A desregulamentação, especialmente do mercado financeiro, levou a retrações econômicas em 1991, 2001 e, de modo mais grave, durante a Grande Recessão de 2008. E os impostos mais baixos não tiveram o efeito energizante alegado pelos defensores da oferta. Thomas Piketty e seus colegas documentaram que reduções das tarifas fiscais foram acompanhadas de crescimento igual ou menor em todo o mundo.[43] Como previsto pelos críticos, nem os cortes de Reagan para os ricos nem, posteriormente, os cortes de George W. Bush levaram a maior oferta de emprego ou mais poupança[44] — e, do mesmo modo, nenhum deles levou a um crescimento mais rápido.[45]

Evidentemente, a economia "pelo lado da oferta" não é tudo que parece; tampouco sua fé nos mercados livres como caminho para o crescimento. O bom desempenho econômico exige muito mais que impostos baixos e pouca regulamentação.

Os perigos do retorno à reaganomia

Muitos conservadores estão quase tão chocados com Trump e seu ataque às normas e instituições quanto aqueles na esquerda. Eles estiveram na vanguarda da luta pela globalização, e vê-la sendo derrotada no interior de seu próprio partido é uma abominação. Mas o que eles (um grupo frequentemente chamado de "Never Trumpers") têm a oferecer ao país é apenas outra dose das políticas fracassadas do passado: impostos ainda mais baixos para os ricos e as corporações, ainda menos regulamentação, um papel ainda menor para o Estado; enfim, uma versão da reaganomia para o século XXI.

A economia americana de hoje é caracterizada, em grande extensão, por mercados monopolistas e sub-regulamentados nos quais a criação de riqueza foi substituída pela exploração. Entrementes, o perigo real do crescimento do populismo* e do nativismo nos Estados Unidos consiste no fato de que eles são piores que somente uma distração. Nossos problemas não surgem de acordos comerciais injustos ou dos imigrantes, e o que Trump propôs nessas arenas pode piorar esses problemas, incluindo o sofrimento daqueles que foram atingidos pela desindustrialização. Do mesmo modo, nenhum país jamais conquistou crescimento rápido e sustentável simplesmente ignorando as restrições orçamentárias, como Trump parece ter feito com a lei fiscal de dezembro de 2017 e o aumento dos gastos em janeiro de 2018.

Os problemas reais dos Estados Unidos, como explicarei, foram criados por nós mesmos: baixo investimento em pessoas, infraestrutura e tecnologia; fé demais na habilidade dos mercados de solucionarem todos os problemas; pouca regulamentação em instâncias nas quais ela é

---

* Embora demagogos como Trump muitas vezes sejam chamados (de maneira negativa) de populistas, evitei usar esse termo. Em alguns casos, os populistas são simplesmente políticos honestos que tentam responder às demandas populares (por educação ou assistência médica, por exemplo) dentro dos limites impostos pela economia. Muitas vezes, no entanto, qualquer um que critique as doutrinas elitistas relacionadas à desregulamentação, liberalização e privatização é rotulado de populista.

necessária, às vezes combinada à regulamentação excessiva em instâncias nas quais não é. O show diário de Trump nos distrai dessas importantes e profundas questões.

O verdadeiro risco é para nossa democracia

Este livro trata principalmente de economia, mostrando que nossa situação atual é a consequência previsível de escolhas ruins feitas no passado e que há alternativas para melhorar as coisas. Mas um tema recorrente é que política e economia estão interligadas. As desigualdades econômicas são traduzidas em desigualdades políticas, gerando regras que as exacerbam ainda mais. Do mesmo modo, os fracassos econômicos reverberam no sistema político. Trump é uma manifestação disso. Eis minha maior preocupação com o futuro:

Aqueles verdadeiramente gananciosos e sem visão entre os 1% do topo chegaram à conclusão de que a globalização, a financeirização e outros elementos da atual convenção econômica não são apoiados pela maioria dos americanos, por razões fáceis de compreender. Para eles, isso tem uma implicação profundamente perturbadora: se deixarmos a economia seguir seu curso e acreditarmos que os eleitores tenham um mínimo de racionalidade, esses eleitores escolherão um rumo alternativo. Na defesa de seus interesses, os super-ricos formularam uma estratégia em três partes: fraude, privação de direitos e desempoderamento.[46] Fraude: eles dizem que políticas como a lei fiscal de 2017, criadas para enriquecer ainda mais os ricos, ajudarão os americanos comuns, ou que a guerra comercial com a China reverterá, de algum modo, a desindustrialização. Privação de direitos: eles trabalham duro para garantir que aqueles que podem votar por políticas mais progressistas não consigam votar, dificultando o registro e o acesso ao voto. E, por fim, desempoderamento: eles impõem grandes restrições ao governo, de modo que, se todo o restante der errado e um governo mais progressista for eleito, ele não poderá fazer o que precisa ser feito para reformar a política e a economia. Um exemplo: as restrições impostas por uma Suprema Corte cada vez mais tendenciosa e ideológica.

O prognóstico — se não mudarmos de rumo — é mais do mesmo: uma economia, uma política e uma sociedade cada vez mais disfuncionais.

O ataque à ciência e às instituições que foram a base de nosso progresso durante séculos,[47] incluindo, de modo fundamental, nossas instituições de avaliação e divulgação da verdade, continuará ocorrendo, levando a crescimento ainda mais desacelerado e maior desigualdade.

Guerra em curso ou terceira via?

A época atual parece muito distante do momento em que o presidente John F. Kennedy disse: "Não pergunte o que seu país pode fazer por você, mas o que você pode fazer por seu país."[48] Reagan redirecionou a economia do país, mas também cristalizou um redirecionamento de valores na direção de mais materialismo e egoísmo. O fracasso dessa abordagem em gerar os frutos prometidos não resultou em uma correção de curso, como seria de se esperar. Levou apenas à insistência em um conjunto falho de ideias.

Enquanto pensamos em como consertar nosso sistema econômico, precisamos superar a visão de que, como os Estados Unidos venceram a Guerra Fria, o sistema econômico americano triunfou. A questão não foi tanto que o capitalismo de livre mercado demonstrou sua superioridade,[49] mas sim que o comunismo fracassou.

Enquanto os Estados Unidos competiam com o comunismo pelo coração e pela mente das pessoas em todo o mundo, tínhamos de demonstrar que nosso sistema econômico funcionava para todos. Após o colapso da União Soviética, pareceu que já não havia competição e o sistema perdeu seu incentivo para funcionar para todos.

Para muitas dos bilhões de pessoas no mundo em desenvolvimento e nos mercados emergentes, a China, usando sua distintiva "economia de mercado socialista com características chinesas", forneceu uma dinâmica visão alternativa à dos Estados Unidos, cuja posição sofreu um grande golpe com a crise de 2008 e, agora, um golpe ainda maior com a ascensão de Trump. E a consciência global de que o capitalismo de estilo americano parece beneficiar principalmente o topo e deixa grande número de pessoas sem assistência médica adequada não ajuda o *soft power* americano.

Aqueles que acreditam na democracia deveriam achar isso profundamente perturbador. Há uma batalha de ideais em curso, em relação a sistemas sociais, políticos e econômicos alternativos, e deveríamos nos preocupar com o fato de que amplas parcelas do mundo estão dando as costas para as virtudes de nosso sistema.

Felizmente, o estilo americano de capitalismo é apenas uma das muitas diferentes formas de economia democrática de mercado, como vimos com referência à Suécia. Outras democracias usam outras formas, e parecem estar obtendo um crescimento econômico tão acelerado quanto o nosso e maior bem-estar para a maioria de seus cidadãos.

Precisamos abandonar a arrogância em relação a nosso sistema econômico. Deveria estar claro, a essa altura, que ele apresenta falhas sérias, especialmente quando se trata de assegurar prosperidade partilhada. Há todo um cardápio de opções interessantes que deveríamos considerar, reconhecendo que muitas das formas alternativas de economia de mercado têm pontos fortes com os quais poderíamos aprender.

Uma economia deformada cria indivíduos deformados e uma sociedade deformada

Tudo isso significa que essa guerra de interesses — disfarçada de guerra de ideias sobre a melhor maneira de organizar a sociedade — não terminará no futuro próximo, com as corporações, por exemplo, continuando a tentar conseguir mais para si mesmas à custa do restante.

Essa batalha de ideias não é somente uma competição esportiva. A razão pela qual deveríamos estar buscando uma maneira de remediar nossas falhas e criar uma economia mais sintonizada com nossos valores não é o fato de que isso aumentará a probabilidade de nossas ideias sobre os mercados e a democracia prevalecerem globalmente, mas o que isso fará por nós, tanto como indivíduos quanto como país.

Os cursos tradicionais de economia começam com a suposição de que os indivíduos têm preferências fixas e inatas; eles são quem são, com suas preferências e aversões. Mas a ideia de que gostos e preferências são imutáveis é puro *nonsense*. Como pais, tentamos moldar nossos filhos e, embora nem sempre sejamos totalmente bem-sucedidos, acreditamos sê-lo em ao menos parte do tempo. O marketing tenta moldar aquilo que compramos. Moldamos nossa sociedade e nossa cultura e somos moldados por elas. E a maneira como estruturamos nossa economia desempenha papel central nessa moldagem, porque grande parte de nossas relações com os outros são econômicas. As pesquisas de economia comportamental comprovaram isso. Não foi por acidente que os banqueiros exibiram tal extensão de torpeza moral: os experimentos mostram que banqueiros — especialmente quando são lembrados de que são banqueiros — agem de maneira mais desonesta e egoísta.[50] Eles são modelados por sua profissão. O mesmo ocorre com os economistas: aqueles que escolhem estudar economia podem ser mais egoístas que os outros e, quanto mais estudam economia, mais egoístas se tornam.[51]

O tipo de economia de mercado que os Estados Unidos criaram resultou em indivíduos egoístas e materialistas que muitas vezes diferem dos ideais que mantemos para nós mesmos e para os outros. Outras formas de organização econômica geram mais cooperação. Todos os indivíduos combinam interesse pessoal e comportamento altruísta (como observou o próprio Smith[52]), e a natureza de nosso sistema econômico e social modifica o equilíbrio entre os dois.[53] Com mais indivíduos egoístas, materialistas, sem visão e com um compasso moral menos eficiente, nossa sociedade ecoa esses mesmos traços.

As consequências podem ser ainda mais severas quando se trata de política. Uma atitude de "o vencedor leva tudo" invadiu nossa política, destruindo as normas e minando a habilidade de chegarmos ao compromisso e ao consenso. Se não for corrigida, ela destruirá a coesão nacional.

Somos melhores do que aquilo em que estamos nos transformando. Podemos diferir, nos detalhes, em relação àquilo pelo que lutamos — como enfatizam os economistas, os compromissos são sempre necessários —, mas, nos fundamentos essenciais, há consenso. Chegar a essa visão alternativa exigirá ação coletiva. Na economia, será preciso regulamentar o mercado e fazer aquilo que ele não pode fazer. Teremos de superar os xiboletes de que os mercados são autorregulatórios, eficientes, estáveis ou justos e de que o governo é inevitavelmente ineficiente. Em certo sentido, temos de salvar o capitalismo de si mesmo. O capitalismo — juntamente com uma democracia orientada para o dinheiro — cria uma dinâmica autodestrutiva que ameaça destruir qualquer possibilidade de um mercado justo e competitivo e de uma democracia significativa. É preciso mais que apenas uma ligeira correção do sistema. Avançamos demais no caminho errado para que isso seja possível. Precisamos escrever um novo contrato social que permita que todo mundo, em nosso rico país, tenha uma vida decente, de classe média.

Este livro é sobre essa maneira alternativa de seguir adiante. Outro mundo é possível, baseado não na crença fundamentalista do mercado e na economia de gotejamento, que gerou toda essa bagunça; nem na economia nativista e populista de Trump, que repudia o estado de direito internacional e o substitui pela "globalização com porrete na mão", uma abordagem que, na verdade, deixará os Estados Unidos em situação ainda pior. Espero que, no longo prazo, a verdade vença: as políticas de Trump fracassarão e seus apoiadores, tanto as corporações no topo quanto os trabalhadores cujos interesses ele afirma estar defendendo, verão isso. Ninguém sabe o que acontecerá então. Se houver uma maneira alternativa de seguir em frente, como a apresentada aqui, talvez eles a adotem.

CAPÍTULO 2

Em direção a uma economia mais sombria

Algo começou a falhar no poderoso motor econômico americano por volta de 1980: o crescimento desacelerou e, muito mais importante, a renda deixou de aumentar e muitas vezes declinou. Isso aconteceu praticamente sem que notássemos. De fato, mesmo enquanto a economia falhava em fornecer prosperidade a amplas parcelas da população, os defensores de uma nova era de financeirização, globalização e avanços tecnológicos se gabavam da "nova economia" destinada a gerar ainda mais prosperidade, com o que pareciam querer dizer simplesmente um PIB maior. Alguns de nossos líderes econômicos — incluindo sucessivos diretores do Federal Reserve — falaram da "grande moderação"; da maneira como, finalmente, havíamos domado o ciclo comercial, as flutuações na produção e no emprego que marcaram o capitalismo desde seu início.[1]

A crise financeira de 2008 mostrou que nossa aparente prosperidade fora construída sobre um castelo de cartas ou, mais precisamente, sobre uma montanha de dívidas. Quando novas informações começaram a criar um retrato mais profundo de nossa economia, ficou claro que havia problemas profundos e de longa data. O crescimento proclamado se revelou muito mais lento que nas décadas anteriores à Segunda Guerra Mundial. Ainda mais perturbador, beneficiou somente algumas pessoas no topo. Se o PIB sobe porque a renda de Jeff Bezos sobe — mas a de todos os outros cai —, então a economia não está de fato bem. Mas essa é uma situação próxima da que nos encontramos hoje, e é assim que as coisas têm sido há quatro décadas, um período durante o qual a renda média de 90% dos americanos quase não mudou, ao passo que a renda média dos 1% no topo disparou. (Ver figura 2, na qual a linha inferior é a renda bruta média de 90% da população e a linha superior é a renda bruta média dos 1% no topo.)

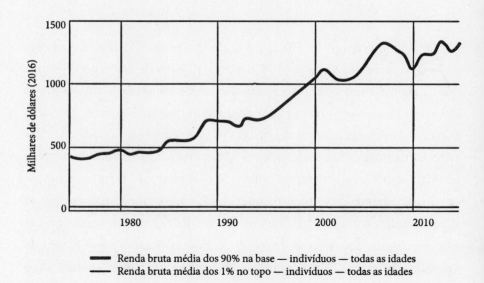

Figura 2: Histórico da renda bruta média nos EUA, 1974-2014

▬▬ Renda bruta média dos 90% na base — indivíduos — todas as idades
— Renda bruta média dos 1% no topo — indivíduos — todas as idades

Fonte: World Inequality Database

Alguns economistas até mesmo se negam a discutir a desigualdade.[2] O trabalho do economista, dizem eles, é aumentar o tamanho da torta. Se isso for feito, todos se beneficiarão; como disse o presidente Kennedy, será uma maré que carregará todos os barcos. Eu gostaria que isso fosse verdade. A maré crescente, se ocorre muito rapidamente, pode destruir — e muitas vezes destrói — os barcos menores.

A economia também não está indo bem se o PIB cresce, mas o meio ambiente se deteriora e os recursos são exauridos. Um país que vive no passado e não investe no futuro — ou destrói o legado ambiental de suas crianças — é um país no qual a geração atual se dá bem à custa de seus descendentes.

Em cada uma dessas dimensões, os Estados Unidos não estão se saindo bem, em relação seja ao passado, seja a seus competidores. Para muitos americanos, isso pode ser surpresa, pois simplesmente sempre se presumiu que os Estados Unidos eram maiores, melhores e mais fortes, de todas as maneiras, que os outros países. É isso que nossos políticos repetem incansavelmente. Mas, a menos que você esteja comprometido com o mundo alternativo de Trump, os dados são consistentes: não somos o país com melhor desempenho, e por uma longa margem, embora algumas informações sugiram que a extensão em que os Estados Unidos estão longe dos melhores marcadores é mais ampla que a sugerida por outras.

Entre as muitas explicações para essa doença da economia, há uma fundamental: não aprendemos as lições do capítulo anterior em relação à verdadeira fonte da riqueza de uma nação. Muitas pessoas foram convencidas de que aquilo que é lucrativo é necessariamente bom, sem perceber que os lucros podem ser ampliados através da exploração, e não da criação de riquezas.[3] Especulação imobiliária, apostas em Las Vegas e Atlantic City ou colégios com preços exploratórios podem produzir uma fortuna para alguns, mas não podem fornecer a base para o bem-estar prolongado da sociedade como um todo. Nas quatro últimas décadas, não investimos em infraestrutura, em nosso povo ou em tecnologia. Até mesmo a taxa de investimento foi baixa, tão baixa que nem mesmo acompanhou a produção nacional.[4]

Os capítulos subsequentes explorarão as várias manifestações assumidas por essa passagem da criação de riqueza para a exploração, em termos de globalização, financeirização e monopolização. Primeiro, no entanto, devemos entender melhor o que deu errado e por que a promessa de Trump de "tornar os Estados Unidos grandes novamente" parece ter tanta ressonância.

Crescimento em desaceleração

Durante um terço de século após a Segunda Guerra Mundial, entre 1947 e 1980, os Estados Unidos cresceram a uma taxa anual de 3,7%; ao passo que, no terço final, entre 1980 e 2017, a taxa de crescimento médio foi de somente 2,7%, um ponto percentual abaixo.[5] Trata-se de uma grande queda, de quase 30%. A crise de 2008 mostrou que grande parte do crescimento registrado nos anos anteriores não foi sustentável. Ele foi baseado em investimentos imprudentes, talvez mais bem exemplificados pela construção excessiva no mercado imobiliário.

Comparações internacionais de padrões de vida

Parte do que torna os Estados Unidos excepcionais é o fato de termos um padrão de vida e uma taxa de crescimento mais elevados que os outros países — ou foi nisso que fomos levados a crer. Somos (ou acreditamos ser) mais eficientes e produtivos. Essa crença apresenta um corolário imediato. Deveríamos superar todo mundo, ou seja, eles deveriam comprar mais mercadorias nossas e nós deveríamos comprar menos mercadorias deles. A implicação é que, se nossas mercadorias não estão "dominando" os mercados, nossos rivais devem estar trapaceando. CQD. As recomendações políticas derivam de um axioma simples: vamos pôr fim à trapaça. Se as regras internacionais de comércio não permitem que ponhamos fim à trapaça, então elas devem ser tendenciosas. Essa é a linha de raciocínio que levou à imposição de barreiras comerciais, como tarifas, que são impostos sobre as importações, ou cotas, que são limites à quantidade de mercadorias que pode ser importada. O espírito do protecionismo, blindando os produtores domésticos da competição estrangeira, obviamente está vivo e passa bem.

O único problema com essa linha de raciocínio é o fato de que todos os passos são falhos. Tratamos aqui da premissa subjacente, a de que os Estados Unidos são a economia mais produtiva com o maior padrão de vida. (Exploraremos os outros passos dessa lógica no capítulo 5, que trata da globalização.)

A realidade é que, usando o Índice de Desenvolvimento Humano, uma medida mais ampla dos padrões de vida, os Estados Unidos estão em 13° lugar, logo atrás do Reino Unido. Quando a desigualdade é levada em consideração, descem para o 24° lugar.[6]

Em 2018, o Banco Mundial lançou seu próprio "índice de capital humano", refletindo a força do investimento de uma sociedade em seu povo, combinando educação, saúde e habilidade de sobrevivência.[7] Os Estados Unidos ficaram em 24° lugar, abaixo de líderes asiáticos como Singapura, Japão, Coreia do Sul e Hong Kong, e bem abaixo de nosso vizinho ao norte, o Canadá (na 10ª posição), e da maioria dos competidores europeus. Baixos investimentos em capital social hoje levarão, é claro, a baixos padrões de vida no futuro.

A OCDE (Organização para a Cooperação e o Desenvolvimento Econômico), o *think tank* oficial dos países desenvolvidos, realiza a cada poucos anos testes padronizados com estudantes de todo o mundo. Em tais testes, também administrados em alguns países em desenvolvimento, os americanos estão abaixo da média em matemática — no 40° lugar entre os 72 países que participam do teste — e só um pouco melhor em leitura (24ª posição) e ciências (25ª).[8] Esse péssimo desempenho tem sido consistente e, embora os Estados Unidos possuam uma fração maior que a média de participantes que não atingem o desempenho mínimo, possuem uma fração abaixo da média de estudantes com desempenho máximo. Canadá, Coreia, Japão, Reino Unido, Noruega, Lituânia e Austrália estão à nossa frente em taxas de graduação no ensino superior para estudantes entre 25 e 34 anos, o Canadá por mais de 25% e a Coreia do Sul por quase 50%.[9]

O baixo investimento em capital humano e físico naturalmente se traduz em taxas mais baixas de crescimento da produtividade. Ao comparar a produção entre os países, é importante levar em consideração as diferenças nas horas trabalhadas. Os americanos trabalham mais horas que os outros países desenvolvidos (uma média de 1.780 horas por trabalhador ao ano, comparadas a 1.759 em outros países e ainda menos horas em alguns países europeus como França [1514] ou Alemanha [1356]).[10] Não se trata tanto de semanas de trabalho mais curtas, mas sim de férias mais longas. São essas horas mais longas que respondem por grande parte da renda *per capita* mais alta. De fato, em termos de produtividade — produção por hora —, o crescimento americano tem sido menos da metade da média dos países desenvolvidos no período após a Grande Recessão, 2010 – 2016.[11]

Crescemos tão mais lentamente que a China durante os últimos trinta anos que a China não apenas é a maior economia do mundo[12] nas medidas-padrão através das quais essas comparações são feitas como também poupa, produz e vende mais que os Estados Unidos.[13]

Costumo dar palestras na China e, quando relato as estatísticas sobre o que está acontecendo à maioria dos americanos, e não somente àqueles no topo, as plateias me encaram com descrença. Quarenta anos atrás, a China era um país pobre e, sessenta anos atrás, muito pobre, com uma renda *per capita* anual de cerca de 150[14] dólares, considerada "extrema pobreza" pelo Banco Mundial. Em somente quarenta anos, enquanto a renda de todos, com exceção do topo, nos Estados Unidos permaneceu estagnada, a renda na China aumentou em mais de dez vezes[15] e mais de 740 milhões de pessoas saíram da pobreza.[16]

Desigualdade crescente

Embora os Estados Unidos não se destaquem em termos de crescimento, eles o fazem em termos de desigualdade: o país tem maior desigualdade que qualquer outro país desenvolvido e, em termos de desigualdade de oportunidades, também está bem perto do último da lista. Não deveria ser necessário dizer que isso contraria sua identidade como terra das oportunidades.[17]

Os trabalhadores americanos estão recebendo uma fatia menor de uma torta que está crescendo mais devagar; tão menor que sua renda está estagnando. A parte salarial, especialmente se excluímos os 1% do topo — que incluem banqueiros e CEOs, tratados como "trabalhadores" para propósitos estatísticos, mas que não correspondem ao que a maioria de nós quer dizer quando usa esse termo —, tem declinado de modo acentuado e sem precedentes, de 75% em 1980 para 60% em 2010, um declínio de 15 pontos percentuais no curto período de trinta anos.[18]

Em contraste, alguns poucos, os 10%, 1% e, principalmente, os 0,1% no topo, estão ficando com uma fatia cada vez maior da torta nacional. A parte dos 1% no topo mais que dobrou; a parte dos 0,1% no topo cresceu quase quatro vezes nos últimos quarenta anos.[19]

Muitos entre os abastados afirmaram que todos se beneficiariam das riquezas concedidas ao topo: os benefícios gotejariam para todos. Mas quase nunca foi assim, e certamente não no período a partir da década de 1980. Anteriormente, falamos sobre como a renda dos 90% na base basicamente estagnou. Outras estatísticas corroboram isso. O descontentamento nos Estados Unidos parece particularmente agudo entre os homens, e isso é compreensível: ajustada pela inflação, a renda média (metade acima, metade abaixo) de um trabalhador do sexo masculino em tempo integral — e aqueles que conseguem trabalho em tempo integral têm sorte, uma vez que cerca de 15% dos homens no auge da vida produtiva não estão trabalhando — mudou muito pouco em quatro décadas.[20] Na base da pirâmide, as coisas são ainda piores, com salários ajustados pela inflação praticamente no mesmo nível em que estavam há sessenta anos.[21] Não é que a renda geral nos Estados Unidos tenha estagnado: o PIB *per capita* mais que dobrou nesse período. E não é que a produtividade dos trabalhadores americanos tenha estagnado: ela cresceu ainda mais, sete vezes no mesmo período. De fato, algo aconteceu ao país em algum momento entre meados dos anos 1970 e meados dos anos 1980: ao passo que antes a remuneração crescia em paralelo à produtividade, com 1% de aumento da produtividade sendo seguido de 1% de aumento da remuneração, após esse período surgiu uma brecha cada vez maior, com a remuneração subindo menos que um quinto do aumento na produtividade, o que significa que uma parcela maior está indo para alguém que não os trabalhadores.[22]

Também entre os trabalhadores as disparidades de salário são maiores, manifestadas de todas as maneiras possíveis: salários estagnados ou em declínio na base, uma classe média eviscerada e salários de elite que crescem cada vez mais. No interior das empresas, o salário do CEO cresceu enormemente em relação ao salário do trabalhador médio. As diferenças em salário médio entre as empresas também cresceram. Há múltiplas causas, em geral relacionadas, para a desigualdade crescente, muitas das quais discutiremos a seguir: a globalização e as mudanças tecnológicas diminuíram a demanda por trabalhadores não qualificados; os sindicatos, que ajudavam a equalizar os salários, estão cada vez mais debilitados. Houve aumento da concentração de poder de mercado, com consequente aumento da dispersão da rentabilidade corporativa entre aqueles com e sem poder, com as empresas de alta rentabilidade partilhando parte do que recebem com seus trabalhadores.[23]

Já aviso há muitos anos que o grande abismo — entre ricos e pobres — não é sustentável, e que, no longo prazo, a distribuição mais justa de renda é de interesse mesmo dos ricos.[24] Eruditos como o falecido Sir Anthony Atkinson em Oxford,[25] Thomas Piketty em Paris, Emmanuel Saez em Berkeley e Raj Chetty em Harvard forneceram ampla documentação dos fatos e, em muitos locais, essas ideias encontraram ressonância. O presidente Barack Obama, em um de seus importantes discursos, descreveu a desigualdade como problema mais urgente do país.[26]

> As tendências combinadas de desigualdade crescente e mobilidade decrescente consistem em uma ameaça fundamental ao sonho americano, nosso modo de vida e aquilo que representamos em todo o globo. E não estou simplesmente fazendo uma alegação moral. Há consequências práticas para a crescente desigualdade e reduzida mobilidade.

Todavia, na política e na economia americanas, parecia haver questões ainda mais urgentes: a recuperação da Grande Recessão ocorreu de forma mais lenta do que Obama e sua equipe econômica esperavam, e os republicanos no Congresso assumiram a recalcitrante posição que tornou quase impossível aprovar qualquer legislação para além de simplesmente manter o governo funcionando. Durante seu mandato, Obama não lidou, ou talvez não tenha conseguido lidar, com a questão da desigualdade, mesmo reconhecendo sua importância. Mas merece crédito pela Lei de Cuidados de Saúde Acessíveis ("Obamacare"), que ajudou a lidar com uma das mais cruéis manifestações da desigualdade, a falta de acesso à assistência médica de qualidade. Sem surpresa, o problema da desigualdade não se resolveu sozinho, nem poderia. Exatamente o contrário. As coisas pioraram.

Desigualdades de raça, etnia e gênero

As desigualdades mencionadas não descrevem integralmente as profundas divisões no país, tomado por desigualdades baseadas em raça, etnia e gênero, muitas das quais surgem da brutal discriminação. Isso mais de cinquenta anos depois de o país ter aprovado a legislação de direitos civis que pretendia eliminar tal discriminação. Dada nossa história, tratar dessas divisões é crítico para que o país seja *uma nação*. (De muitas maneiras, a exclusão por raça e gênero e a reação às tentativas de criar mais inclusão são centrais para entender a desigualdade nos mercados de trabalho americanos.)

Houve alguma melhora após a aprovação da legislação de direitos civis, mas então as forças que haviam levado à segregação e à discriminação iniciaram um contra-ataque e o progresso foi interrompido e, de algumas maneiras, revertido.

Há cinquenta anos, em 1968, após tumultos raciais em todo o país, o presidente Johnson nomeou uma comissão para determinar as causas subjacentes. Infelizmente, as conclusões da comissão ainda são verdadeiras: "Nossa nação está se movendo na direção de duas sociedades, uma negra, uma branca, separadas e desiguais."[27] A comissão retratou um país no qual os afro-americanos enfrentavam discriminação sistemática, com educação e habitação inadequadas e total ausência de oportunidades econômicas; para eles, não havia sonho americano. Subjacente a tudo isso estava o diagnóstico "da atitude e do comportamento racial dos americanos brancos em relação aos americanos negros [como causa]. O preconceito racial modelou decisivamente nossa história e agora ameaça afetar nosso futuro".[28]

Meio século depois de termos iniciado a luta para eliminar a discriminação, o salário das mulheres ainda representa somente 83% do salário dos homens, o salário dos negros representa 73% do salário dos brancos e o dos hispânicos, 69%.[29]

Há muitas outras dimensões de desigualdade nos Estados Unidos, incluindo saúde, riqueza e, mais importante, oportunidades. As desigualdades em cada uma dessas áreas são maiores que as desigualdades de renda.

Desigualdade na saúde

Nenhuma estatística resume melhor a difícil situação em que muitos americanos se encontram que as estatísticas da área de saúde. Os americanos têm uma expectativa de vida mais baixa que a dos cidadãos da maioria dos outros países desenvolvidos[30] — mais de cinco anos menor que a dos japoneses — e estão morrendo mais jovens: os Centros para o Controle de Doenças relataram decréscimo da expectativa de vida em todos os anos a partir de 2014.[31] Essa redução ocorre a despeito de avanços na medicina que, na maior parte do mundo, levaram ao declínio das taxas de mortalidade[32] e a expectativas de vida mais altas. Além disso, há grandes disparidades em expectativa de vida entre americanos ricos e pobres, e elas estão se tornando dramaticamente maiores. Gary Burtless, da Instituição Brookings, descreveu o que aconteceu à expectativa de vida de uma mulher de 50 anos entre 1970 e 1990: "Nessas duas décadas, a distância, em termos de expectativa de vida, entre as mulheres com os dez menores salários e as mulheres com os dez maiores salários cresceu de pouco mais de 3,5 anos para mais de 10 anos."[33]

A existência de tais disparidades na área da saúde entre os Estados Unidos e os outros países desenvolvidos e entre os americanos ricos e pobres era esperada, uma vez que, até o Obamacare, os EUA não reconheciam o direito de todo americano de ter acesso à assistência médica, um direito reconhecido por praticamente todos os outros países desenvolvidos.

Anne Case e Angus Deaton (ele ganhador do prêmio Nobel de economia em 2015) analisaram atentamente as estatísticas públicas e demonstraram algo que chocou a nação: entre os homens brancos de meia-idade sem ensino superior, as taxas de mortalidade aumentaram marcadamente entre 1999 e 2013 (o último ano revisado pelo estudo). Isso reverteu uma tendência de mortalidade decrescente para esse corte e se mostrou contrário à tendência da maioria dos grupos etários e étnicos americanos, assim como da maioria dos outros países industrializados.[34]

Ainda mais perturbadoras são as causas de morte, que Case e Deaton chamaram de doenças do desespero: alcoolismo, overdose de drogas e suicídio. Dada a estagnação de renda nas classes baixa e média — piorada pela imensa perda de empregos e casas que marcou a Grande Recessão —, nada disso deveria ser surpresa.[35]

Um declínio da expectativa de vida dessa magnitude, não relacionado à guerra ou a uma pandemia (como HIV), só ocorreu uma vez na memória recente: entre os cidadãos da União Soviética depois do colapso, quando a economia e a própria sociedade quebraram e o PIB encolheu em quase um terço.

Obviamente, um país no qual ocorre tanto desespero, no qual tantas pessoas estão se drogando ou bebendo demais, não terá uma força de trabalho saudável. Uma boa medida de quão bem a sociedade está se saindo na geração de bons empregos e trabalhadores saudáveis é a fração da população em idade produtiva que participa da força de trabalho e está empregada. Nesse aspecto, os Estados Unidos se saem pior que muitos países. Ao menos parte da baixa participação na força de trabalho pode ser relacionada diretamente às estatísticas da área de saúde. Um estudo recente de Alan Krueger, ex-presidente do Conselho de Assessores Econômicos, revelou que quase metade dos "homens no auge da vida produtiva" que não participam da força de trabalho sofre de alguma condição séria, dois terços dos quais tomam alguma medicação contra a dor.[36] Mas a saúde deficiente dos americanos não é resultado de um clima pouco saudável nem se deve ao fato de pessoas doentes terem migrado para cá. Não há epidemia que possa explicar por que os americanos estão morrendo mais cedo e são menos saudáveis que as pessoas da Europa e de outros lugares. A causalidade está, ao menos em parte, na direção oposta: como nossa economia não conseguiu produzir bons empregos, com salários decentes, os indivíduos essencialmente desistiram, e esse desespero levou a doenças sociais como alcoolismo e dependência química.[37]

Desigualdade de riqueza

A desigualdade de riqueza nos Estados Unidos é ainda maior que a desigualdade de renda: os 1% no topo concentram mais de 40% da riqueza americana, quase duas vezes a taxa de partilha de renda.[38] (A renda se refere àquilo que os indivíduos recebem em determinado ano; a riqueza se refere à posse de ativos; para a maioria dos americanos, esses ativos consistem basicamente em casa e carro, descontado o valor do financiamento e da hipoteca.) A riqueza é particularmente importante porque é crucial para determinar a influência e o acesso às oportunidades.

No restante do mundo, o retrato do topo é ainda pior. Todos os anos, a Oxfam publica estatísticas sobre os extremos da desigualdade: o modo como aqueles no topo possuem tanta riqueza quanto a metade inferior da população mundial, cerca de 3,9 bilhões de pessoas. O número de pessoas decresceu rapidamente: em 2017, o topo era composto por apenas 26 indivíduos.[39] Há alguns anos, seriam necessários dois ônibus grandes para transportar aqueles com tanta riqueza quanto a metade inferior da população. Agora, de maneira quase inimaginável, um pouco mais de duas dúzias de indivíduos, quase todos homens, têm tanto peso econômico quanto todas as pessoas da China, da Índia e da África juntas.

Descrevemos duas maneiras-chave de ficar rico: criar mais riqueza ou pegar mais riqueza dos outros. Eis uma terceira maneira: herdá-la.

Muitos daqueles que estão no topo — incluindo a família Walton (herdeira da fortuna Walmart) e os irmãos Koch — obtiveram sucesso não através do trabalho árduo, mas, ao menos em parte, tendo a sorte de receber grandes heranças.[40] Os americanos gostam de pensar que a desigualdade de riqueza aqui é diferente da desigualdade na velha Europa, baseada na aristocracia rural de eras passadas. Mas estamos nos transformando em uma plutocracia herdada do século XXI.

Desigualdade de oportunidades

As estatísticas sobre desigualdade de renda, saúde e riqueza são bastante deprimentes. Ainda pior é a desigualdade de oportunidades no país, parcialmente por ser tão contrária à imagem que temos de nós mesmos e à nossa crença em uma sociedade justa.

Renda e riqueza em uma geração se traduzem em riqueza na geração seguinte, como ilustrado pelos Walton e pelos irmãos Koch. Vantagens — e desvantagens — são transmitidas entre as gerações. E, com quase uma em cada cinco crianças americanas crescendo na pobreza, isso pode facilmente levar a armadilhas de pobreza. Aqueles nascidos na pobreza têm baixa probabilidade de escapar. Nos Estados Unidos, cada vez mais nascer na família certa e crescer na vizinhança certa são os ingredientes mais importantes para o sucesso na vida.[41] O sonho americano de igualdade de oportunidades é um mito: as perspectivas de um jovem dependem mais da renda e da educação de seus pais que em quase qualquer outro país desenvolvido. Eu digo a meus alunos que eles precisam tomar uma decisão crucial na vida: escolher os pais certos. Se escolherem os pais errados, suas perspectivas serão ruins.

É claro que algumas pessoas saem da base e chegam ao topo, mas o fato de isso ser tão alardeado pela imprensa reforça o argumento: essas são as exceções, não a regra. De fato, muito mais que em outros países, os Estados Unidos apresentam uma *armadilha de baixa renda*. Aqueles cujos pais estão na base da distribuição de renda tendem a terminar na base. O filho de alguém no topo que se sai mal nos estudos tende a terminar em uma posição melhor que o filho de alguém perto da base que se sai bem.[42]

A combinação entre baixo crescimento e baixa mobilidade tem sido devastadora: como indicou o Opportunity Insights, um projeto de pesquisa da Universidade de Harvard, no artigo intitulado "O desvanecimento do sonho americano", "as perspectivas de os filhos ganharem mais que os pais [...] caiu de aproximadamente 90% para as crianças nascidas em 1940 para cerca de 50% para as crianças que entram no mercado de trabalho hoje".⁴³ E o Pew Mobility Project, um projeto de pesquisa financiado pela Pew Foundation, revelou similarmente que apenas metade dos americanos tem mais riqueza que os pais no mesmo estágio da vida.⁴⁴

Conclusões

A economia americana, e a de muitos outros países desenvolvidos, não está funcionando bem, e isso é especialmente verdade se por "funcionando bem" queremos dizer elevando os padrões de vida da maioria dos cidadãos. Baixo crescimento, renda estagnada e maior desigualdade estão profundamente relacionados e são, ao menos em parte, resultado de políticas iniciadas sob o presidente Reagan há quatro décadas, baseadas em enganos profundos e disseminados sobre o que gera uma economia forte. Sem surpresa, desigualdades extremas e surgidas da falta de oportunidades são particularmente prejudiciais ao desempenho econômico. A falta de oportunidades significa que os filhos de pais pobres não estão atingindo todo seu potencial. Isso é moralmente errado, mas também significa que os Estados Unidos estão desperdiçando seu recurso mais precioso: o talento dos jovens.

O slogan "Deixe por conta do mercado" jamais fez sentido: é preciso estruturar os mercados, e isso exige política. Os partidários da direita compreenderam isso e, a partir de Reagan, reestruturaram os mercados para servir àqueles no topo. Mas cometeram quatro erros fundamentais: não entenderam os efeitos destrutivos de uma desigualdade ainda maior, a importância do planejamento de longo prazo, a necessidade de ação coletiva — o importante papel que o governo desempenha na aquisição do crescimento equitativo e sustentável — e, principalmente, a importância do conhecimento — embora nos apresentássemos como economia de inovação — e da pesquisa básica, que são a fundação sobre a qual repousa nossa tecnologia. Assim, ignoraram quatro fatores que foram essenciais para o sucesso do capitalismo nos últimos duzentos e tantos anos. O resultado é aquele que se poderia esperar: crescimento mais lento e maior desigualdade.

Com uma boa noção da profundidade do problema, exploraremos nos próximos capítulos dois fatores essenciais para esses resultados desanimadores: o fato de termos confundido duas maneiras de os indivíduos obterem riqueza — através da criação, aumentando o tamanho da torta nacional, ou através da exploração — e o fato de não termos reconhecido as várias facetas da exploração, começando com o poder de mercado. Uma parte excessiva da energia da nação foi devotada à exploração, e uma parte insuficiente à verdadeira criação de riqueza.

CAPÍTULO 3

Exploração e poder de mercado

Os manuais convencionais de economia — e grande parte da retórica política — focam na importância da competição. Nas últimas quatro décadas, a teoria econômica e as evidências desbancaram as alegações de que a maioria dos mercados é competitiva e a crença de que alguma variante do "modelo competitivo" fornece uma boa, ou mesmo adequada, descrição de nossa economia.[1] Há muito tempo, talvez o retrato de uma competição inovadora, ainda que selvagem, entre empresas brigando para servir melhor aos consumidores fornecesse uma boa descrição da economia americana. Hoje, porém, vivemos em uma economia na qual poucas empresas amealham grandes lucros e permanecem durante anos e anos, sem controle, em posição dominante.

Nossos novos líderes tecnológicos deixaram de fazer elogios da boca para fora à competição. Peter Thiel, que durante um breve período foi conselheiro de Trump e um dos grandes empreendedores do Vale do Silício, foi claro: "A competição é para perdedores."[2] Warren Buffet, um dos homens mais ricos e um dos investidores mais espertos do país, também entendeu isso. Em 2011, ele disse à Comissão de Inquérito sobre a Crise Financeira:[3]

> A decisão mais importante ao avaliar um negócio é o poder de precificação. Se tem o poder de aumentar os preços sem perder oportunidades para um competidor, você tem um negócio muito bom. Se tem um negócio muito bom, se tem um jornal monopolista ou uma rede de televisão, até seu sobrinho idiota pode dirigi-lo.[4]

Em uma ocasião anterior, ele explicou aos investidores que uma barreira de entrada era como estar cercado por um fosso:

> Pensamos em termos de um fosso e da habilidade de mantê-lo profundo e impossível de atravessar. Dizemos a nossos administradores que queremos que o fosso seja ampliado todos os anos.[5]

Buffett está correto em suas avaliações, e o mundo não competitivo que descreveu com tanta franqueza é má notícia. O problema é que as barreiras à competição estão por toda parte. Como explicarei a seguir, houve muita inovação na criação, alavancagem e preservação do poder de mercado, em ferramentas que os administradores usam para aumentar o fosso que os cerca e empregar o poder resultante para explorar os outros e assim aumentar seus lucros. É fácil compreender por que os líderes empresariais não gostam de competição: ela diminuiu os lucros, a ponto de uma empresa receber somente retorno de capital suficiente para manter o investimento no negócio, considerando-se os riscos. Eles buscam lucros mais elevados que aqueles que o mercado competitivo pode suportar, o que gera a necessidade de construírem fossos maiores para evitar a competição e a enorme inovação empregada para fazer isso.

Agora se faz necessária inovação para contrabalançar essas inovações, restaurando a competição e criando uma economia mais equilibrada. Na última parte deste capítulo, mostrarei como isso pode ser feito.

Retrato geral

Comecemos com uma pergunta simples: existe alguma razão para os preços das telecomunicações, incluindo a internet de banda larga, serem tão mais elevados nos Estados Unidos que em muitos outros países, e o serviço tão inferior?[6] Grande parte da inovação foi feita aqui. Nossas pesquisas e instituições educacionais financiadas com verbas públicas forneceram as fundações intelectuais. As telecomunicações são hoje uma tecnologia global que exige pouco trabalho, de modo que a explicação não pode ser os altos salários. A resposta para esse enigma é simples:

poder de mercado. O crescimento do poder de mercado representa grande parte da resposta ao enigma apresentado no último capítulo:[7] como a economia aparentemente mais inovadora do mundo cresceu tão pouco e como uma parte tão pequena desse crescimento gotejou para benefício dos cidadãos comuns. O poder de mercado permite que as empresas explorem os consumidores ao cobrar preços mais altos e tirem vantagem deles de muitas outras formas. Os preços mais altos prejudicam tanto os trabalhadores quanto os baixos salários. Na ausência de poder de mercado, as forças da competição reduziriam o lucro excessivo a zero, mas, como veremos, esse lucro excessivo está na raiz da crescente desigualdade nos Estados Unidos.[8]

O poder de mercado também permite que as empresas explorem os trabalhadores diretamente, pagando salários mais baixos e tirando vantagem de seu trabalho. O poder de mercado é traduzido em poder político. Os grandes lucros gerados pelo poder de mercado permitem que as corporações — em nossa economia movida a dinheiro — comprem influências que aumentam ainda mais seu poder e seus lucros; por exemplo, ao enfraquecer os sindicatos e a política de competição, dando rédeas aos bancos para explorar os cidadãos comuns e estruturando a globalização de maneiras que diminuem ainda mais o poder de barganha dos trabalhadores.

Criar riqueza versus tomar riqueza

Há duas maneiras de um país enriquecer: tomando riqueza de outros países, como fizeram as potências coloniais, ou criando riqueza através da inovação e do conhecimento. A última é a única fonte verdadeira de criação de riqueza para o mundo como um todo.

O mesmo se dá com os indivíduos. Os indivíduos podem obter riqueza explorando os outros: em sociedades sem estado de direito, eles tipicamente fazem isso através da força bruta ou, em um estado de direito injusto, através da escravidão. Mas, na economia americana moderna, eles o fazem de maneiras muito mais sutis. Pode ser através do exercício do poder de mercado, cobrando preços altos. Ou usando estruturas opacas de precificação, como no caso dos cuidados médicos. Podem conceder empréstimos predatórios, realizar *insider trading* ou qualquer outra das práticas abusivas que se tornaram a marca registrada do setor financeiro (e que discutiremos com mais detalhes no capítulo 5).[9] Uma das principais formas de "tomar riqueza" é a corrupção. Em países menos desenvolvidos, ela pode assumir a forma de dinheiro em envelopes brancos. Na "corrupção ao estilo americano", torna-se muito mais sofisticada, incluindo a aprovação de leis que asseguram que alguém receberá excessivamente pelos bens vendidos ao governo (defesa e produtos farmacêuticos) ou que alguém pagará um subpreço por recursos naturais que pertencem ao público (companhias petrolíferas e mineradoras ou madeireiras que exploram terras públicas).[10]

Alternativamente, os indivíduos podem obter riqueza ao inovar, criar novos produtos e, durante o curto período antes que os outros o imitem ou acrescentem valor através de inovações, obter altos lucros. Tal criação de riqueza faz aumentar a torta econômica nacional. É desse tipo de criação de riqueza que precisamos.

A maneira exploradora de tomar riqueza é somente redistribuição, em geral significando tirar dinheiro da base da pirâmide e movê-lo para o topo; nesse processo, a riqueza muitas vees é destruída. Nossos financistas fizeram isso através de empréstimos predatórios, práticas abusivas das operadoras de cartão de crédito, manipulação do mercado e *insider trading*. Adiante, veremos outras maneiras através das quais os ricos aprenderam a explorar os outros.

O poder de mercado e a divisão da torta nacional

Os economistas do mercado livre gostam de descrever a divisão da torta nacional como fruto de forças impessoais de mercado, semelhantes às forças da física que determinam nosso peso. Ninguém busca rechaçar a lei da gravidade e, se a balança mostra que um indivíduo está muito pesado, ele não coloca a culpa na gravidade, e sim em seus próprios hábitos alimentares. Mas as leis da economia são diferentes das leis da física: os mercados são modelados por políticas públicas e a maioria deles está longe de ser competitiva. As políticas públicas determinam, em particular, quem possui quanto poder.

Os defensores dos mercados livres gostam de citar Adam Smith e seu argumento de que, na busca por seus próprios interesses, indivíduos e empresas são conduzidos, como que por uma mão invisível, à promoção dos interesses da sociedade. Eles esquecem a admoestação de Smith de que "as pessoas do mesmo ramo raramente se reúnem, mesmo em momentos de alegria e diversão, sem que a conversa termine em uma conspiração contra o público ou alguma maquinação para aumentar os preços".[11] Foi o reconhecimento desse perigo sempre presente que levou o Congresso a aprovar, há 125 anos, leis antitruste que proibiam conspirações para reduzir a competição e restringiam as práticas anticompetitivas.[12]

A torta da renda nacional pode ser dividida em renda do trabalho, retorno sobre o capital e todo o restante. Os economistas se referem à maior parte desse restante como "renda econômica". O arrendamento de terras é o exemplo mais óbvio, mas retornos sobre recursos naturais, lucros com monopólios e retornos sobre a propriedade intelectual (na forma de patentes e direitos autorais) também são considerados "renda econômica". A grande diferença entre, digamos, a renda do trabalho e a renda econômica é esta: se as pessoas trabalharem mais, o tamanho da torta nacional crescerá. Nos mercados perfeitos, eles receberão como retorno de seus maiores esforços exatamente aquilo que adicionaram à torta nacional. Em contraste, o proprietário de terras ou de algum outro ativo gerador de renda econômica é pago simplesmente porque é dono das terras ou do ativo. A oferta de terras pode ser fixa — nada que o proprietário fez acrescentou algo à torta nacional — e, mesmo assim, ele pode receber uma larga renda. O que ele recebe é somente dinheiro que, de outro modo, teria ido para outros. O mesmo se dá com os monopólios: quando seu poder cresce, o monopolista obtém mais lucros com o monopólio (ou renda econômica com o monopólio). Aqui, todavia, a torta nacional pode diminuir, porque, para explorar seu poder de mercado, o monopolista limita a produção, a fim de tornar suas mercadorias mais escassas.

Assim, no melhor dos casos, a renda econômica não é útil para o crescimento e a eficiência e, no pior, é prejudicial. Ela pode ser prejudicial porque distorce a economia e "expulsa" as atividades econômicas "boas" que são a base da verdadeira criação de riqueza. Naturalmente descrevemos a busca por rendas maiores através da obtenção de mais renda econômica como *rent-seeking*. Se indivíduos talentosos da sociedade são atraídos pelo *rent-seeking* — seja ganhando mais dinheiro através do exercício de seu poder de monopólio, fraudando outros no setor financeiro ou os induzindo a apostas ou outras atividades nefastas —, menos indivíduos talentosos estarão envolvidos com a pesquisa básica, fornecendo mercadorias e serviços que os indivíduos realmente querem e dos quais realmente precisam, e com outras atividades que aumentam a riqueza real da nação. Além disso, se aqueles que poupam pensando na aposentadoria ou na herança para seus descendentes investem em ativos geradores de renda econômica, como terras, haverá demanda mais baixa por ativos novos e verdadeiramente produtivos, como fábricas e equipamentos, que aumentam a produtividade dos trabalhadores.

Segue-se que deveríamos nos preocupar com a presença de renda econômica, especialmente se as atividades geradoras forem danosas, em função do maior poder de monopólio ou da maior exploração dos consumidores comuns. E essa é a história da economia americana hoje.

A diminuição da participação do trabalho e do capital e o aumento da participação da renda econômica

Um aspecto cruel da crescente desigualdade é a diminuição da parte da renda nacional que vai para os trabalhadores (descrita no capítulo anterior). Mas a parte que vai para o trabalho também está ficando menor.

A parte do capital é a fração da renda nacional que vai para aqueles que pouparam e acumularam riqueza na forma de, digamos, máquinas, edifícios ou propriedade intelectual (às vezes chamada de capital intangível). Embora não haja fontes claras de dados que possamos empregar, podemos fazer inferências com bastante confiança. Por exemplo, a partir das informações sobre a renda nacional, podemos traçar o aumento do capital social. Todos os anos, um país pode investir mais, mas, a cada ano, parte do antigo capital se esgota. Assim, é possível estimar a adição líquida de capital a cada ano e, a partir disso, a quantidade total de capital na economia em qualquer momento.

Para estimar o "rendimento do capital", multiplicamos o valor do capital por sua taxa de retorno. Infelizmente, tampouco existe uma fonte simples que possamos empregar para determinar a "taxa de retorno sobre o capital". As séries de dados típicas sobre retornos *observados* confundem o real retorno sobre o capital — poupança e investimentos — com retornos sobre o poder de mercado. Nosso objetivo aqui é tentar separar os dois. A lógica é simples. Podemos determinar facilmente o retorno de ativos seguros: a taxa de juros que o governo precisa pagar sobre os títulos públicos. A pergunta é: qual a quantia adicional necessária para compensar o risco, ou seja, o "prêmio de risco"? O retorno livre de risco sobre o capital decresceu como resultado da maior oferta global de poupança de países emergentes como a China, e especialmente com o advento da crise de 2008, quando as taxas de juros reais (ajustadas pela inflação) em todo o mundo foram empurradas para zero ou abaixo de zero. Além disso, de modo geral, o prêmio também foi reduzido como resultado da maior habilidade de gerenciar riscos.[13] Somando-se a taxa de retorno segura e o prêmio de risco, temos uma taxa geral de retorno sobre o capital e, com ambos os componentes mais baixos hoje que em períodos anteriores, a taxa também é mais baixa. Multiplicando o valor do capital estimado anteriormente pela taxa de retorno sobre o capital, temos o rendimento geral do capital.

A proporção dos rendimentos do capital, assim estimados, na renda nacional diminuiu significativamente. Diversos estudos confirmaram essas descobertas, alguns observando o setor corporativo, outros o setor manufatureiro e outros ainda a economia como um todo.[14]

Se a participação da renda do trabalho e a participação da renda do capital diminuíram, isso implica que a participação da renda econômica deve ter aumentado, e de modo significativo. Nos Estados Unidos, embora tenha havido algum crescimento na renda econômica obtida com terras e propriedades intelectuais, uma fonte ainda maior de seu crescimento foram os lucros: lucros excessivos em relação aos que teriam sido obtidos em uma economia competitiva.[15]

Precisamente os mesmos resultados podem ser vistos ao olharmos para o problema de uma maneira diferente. A riqueza nacional é o valor total, em um país, do capital social (descrito anteriormente, incluindo fábricas, equipamentos e imóveis comerciais e residenciais), das terras, da propriedade intelectual e assim por diante. Os estudos mostraram que, nos países desenvolvidos, a renda nacional aumentou mais que o capital. De fato, em alguns países, incluindo os Estados Unidos, a proporção riqueza-renda está crescendo e a proporção capital-renda está decrescendo.[16] A diferença crítica entre a riqueza e o valor real do capital social é o valor dos ativos geradores de renda econômica. O valor desses ativos aumentou enormemente, mesmo em relação ao PIB.[17]

Quando olhamos para as várias fontes de "riqueza de renda econômica", vemos que grande parte desse aumento se deve ao crescimento dos lucros excessivos derivados do exercício do poder de mercado. E grande parte do aumento do valor capitalizado dos lucros se deve às empresas de alta tecnologia. Mordecai Kurz, da Universidade de Stanford, demonstrou recentemente que cerca de 80% do valor patrimonial das empresas de capital aberto é atribuído à renda econômica, representando quase um quarto do valor total agregado, com grande parte concentrada no setor de tecnologia da informação. Tudo isso representa uma grande mudança em relação a trinta anos atrás.[18]

Explicando o aumento do poder de mercado e dos lucros

Esse aumento dos lucros não deveria ser surpresa. São dois lados da mesma moeda: o poder dos trabalhadores foi reduzido, com o enfraquecimento dos sindicatos e, especialmente, com a globalização, descritos no próximo capítulo.[19] E, em um mercado após o outro, o número de competidores está caindo, a fração das vendas das duas ou três empresas no topo está aumentando ou ambos. Tem havido crescente concentração de mercado[20] — 75% das indústrias passaram por um aumento de concentração entre 1997 e 2012[21] — e, com ela, aumentou também o poder de mercado.[22] As empresas usaram esse poder de mercado para elevar os preços em relação aos custos: os chamados *markups*.[23] Isso se traduziu em altos lucros. O resultado é que as grandes empresas estão ficando com fatias cada vez maiores da torta nacional e as taxas de lucro estão chegando a novos ápices, de um retorno médio de 10% para 16% em anos recentes.[24] Por uma estimativa, somente 28 empresas da S&P 500 contribuíram com 50% dos lucros corporativos em 2016, refletindo mais concentração de poder de mercado hoje que no passado.[25]

Evidências adicionais do crescimento da concentração de mercado e do poder de mercado

As evidências de que nossa economia está se tornando menos competitiva estão à nossa volta. Algumas são óbvias: nós as vemos nas escolhas limitadas que temos ao contratar serviços de TV a cabo, internet ou telefone. Três empresas concentram 89% da participação de mercado em redes sociais, 87% em lojas de decoração e reforma residencial, 89% em fabricação de marca-passos e 75% do mercado de cervejas; quatro empresas concentram 97% do mercado de ração seca para gatos, 85% do mercado de geleias e 76% do faturamento das linhas aéreas domésticas.[26] Mas também existem evidências em pequenos nichos da economia, nas rações para cães, pilhas e caixões.[27] Em alguns casos, a concentração de mercado pode não ser transparente: uma única companhia é dona de grande número de farmácias, mas opera usando nomes diferentes.

Quando existe apenas uma empresa em uma economia, dizemos que há monopólio. Quando há tantas empresas que nenhuma tem o poder de estabelecer os preços, dizemos que há competição perfeita. Na competição perfeita, se uma empresa cobrar mesmo um pouquinho acima do preço da concorrente, suas vendas se reduzem a zero. No mundo real, quase nunca existe um número suficientemente grande de empresas para que o modelo competitivo se mostre uma aproximação mesmo que remota da realidade. Em contrapartida, há poucas situações nas quais uma empresa não tem competidores. O mundo real é uma área turva entre a competição perfeita e o puro monopólio. Mesmo com poucos competidores, as empresas podem ter algum poder sobre os preços. Se aumentam seus preços acima dos custos de produção, perdem algumas vendas, mas não muitas, e ainda lucram.[28] Tipicamente, quanto menos competidores, quanto mais fraca a competição, mais altos são os preços em relação aos custos.[29] O poder de sustentar os preços acima dos custos reflete o poder de mercado.

Em resposta às críticas ao poder de mercado das gigantes tecnológicas, ouvimos a objeção de que, embora o Google possa dominar o mercado de pesquisas on-line, ele ainda precisa competir por dólares de publicidade com o Facebook e, similarmente, a Apple precisa competir com a Samsung no mercado de smartphones. Como mencionei, em um mercado, o poder quase nunca é absoluto; ele é sempre restrito. No entanto, é absurdo fingir que não há poder de mercado apenas porque existe *alguma* competição. E, havendo algum poder de mercado, há espaço para a exploração e para os lucros excessivos.[30]

O poder de mercado surge de outras maneiras além de preços e lucros mais altos, incluindo o modo como as empresas tratam seus clientes. Muitas, por exemplo, os forçam a não usar o sistema legal público para a resolução de disputas — o que deveria ser direito de todo indivíduo em uma sociedade democrática — e recorrer, em vez disso, a painéis de arbitragem que são favoráveis às empresas.[31] De fato, a maioria de nós inadvertidamente abriu mão de seus direitos ao aceitar um cartão de crédito, abrir uma conta bancária, assinar um serviço de internet ou escolher um provedor de telecomunicações, pois praticamente todos eles impõem provisões similares. A virtude de uma economia de mercado competitiva supostamente é fornecer escolhas. Na verdade, nessa e em muitas outras arenas, não existe escolha efetiva.[32]

Existem outras manifestações da existência e da profundidade do poder de mercado. Em um mercado competitivo, uma empresa não pode cobrar preços diferentes pela mesma coisa: o preço é determinado pelo custo (marginal) de produção, não pelo valor que o consumidor dá ao produto. Todavia, tal discriminação de preços se tornou comum em nossa economia digital, como discutiremos no capítulo 6.

Inovação ao criar poder de mercado

Há poucas dúvidas de que houve aumento do poder de mercado. A questão é por quê. Descrevi anteriormente a visão de Warren Buffett de que a melhor maneira de as empresas assegurarem lucros contínuos é se cercarem de fossos que criem barreiras para a entrada de concorrentes, evitando que os lucros sejam erodidos pela competição criada pelos novos participantes. Entre as "inovações" recentes mais lucrativas nos Estados Unidos estão aquelas que aprimoram a habilidade de criar e ampliar esses fossos e a habilidade de explorar o poder de mercado subsequente.

No modelo econômico padrão, criar um produto melhor não assegura lucros continuados. Outros podem entrar e competir por eles. Quando a poeira assenta, as empresas deveriam receber apenas o retorno normal sobre seu capital, o retorno requerido para compensá-las pelo uso de seu dinheiro e o risco incorrido. Não deveria haver *excesso* de retorno. Não é de surpreender que as empresas não gostem desse resultado. Assim, parte essencial da estratégia das empresas inovadoras é criar barreiras à entrada — o que Warren Buffet chamou de fossos —, de modo que outros não possam chegar e competir por seus lucros.

Empresas como a Microsoft lideram na criação de novas barreiras à entrada e maneiras espertas de excluir os competidores já presentes, com os avanços do fim do século XX aprimorando os desenvolvimentos de gigantes anticompetitivos anteriores. A saga da guerra dos navegadores na década de 1990 é instrutiva. Na época, a Netscape era uma das empresas inovadoras mais ousadas do setor. Temendo que essa arrivista pudesse de algum modo atrapalhar seu quase monopólio de sistemas operacionais para computadores pessoais, a Microsoft tentou excluir a Netscape e desenvolveu o que muitos achavam ser um produto inferior, o Internet Explorer. O navegador não podia vencer por seus próprios méritos, mas, com o poder de mercado dos sistemas operacionais, a Microsoft podia forçar sua presença em quase todo computador pessoal nos Estados Unidos. Ela incluiu seu navegador em seu sistema operacional e o distribuiu de graça. Como competir com um navegador fornecido a preço zero? Mas essa medida se provou insuficiente, então a Microsoft criou FUD — a sigla em inglês para medo, incerteza e dúvida — sobre problemas de interoperacionalidade com o Netscape. Alertas fizeram com que os usuários temessem a possibilidade de que instalar o Netscape prejudicasse o funcionamento de seu computador.[33] Através dessa e de outras práticas anticompetitivas, a Microsoft empurrou o Netscape para fora da competição. No início do século XXI, ele havia saído quase que completamente de uso. Mesmo depois que as práticas anticompetitivas da Microsoft foram barradas pelas autoridades em três continentes, sua dominância continuou até que, por fim, novos participantes (como Google e Firefox) entraram no mercado de navegadores.

Hoje, são as novas gigantes do setor tecnológico que abusam do poder de mercado, com as autoridades europeias repetidamente determinando que empresas como Google participam de atividades anticompetitivas, primeiro ao favorecer seus próprios serviços nas pesquisas feitas na internet e então ao abusar de seu poder no mercado de telefones celulares, com a Comunidade Europeia cobrando multas recordes em dois casos, de 2,8 bilhões e 5,1 bilhões de dólares.

Abusar do sistema de patentes é outra avenida para reduzir a competição. As patentes são uma barreira temporária à entrada de concorrentes. Ninguém pode produzir um produto idêntico a um produto patenteado. Quando a maioria dos americanos pensa em como as patentes supostamente são usadas, eles podem imaginar um pequeno inventor que obtém proteção legal a fim de impedir que as grandes empresas roubem sua ideia. Atualmente, a situação não é nem de perto tão simples, e as patentes muitas vezes se tornam barreiras efetivas à entrada de novos concorrentes. Muitas inovações requerem centenas, se não milhares, de patentes. E, quando uma empresa cria um produto (digamos, um novo chip), há o risco de intervir inadvertidamente com uma miríade de patentes. Somente uma empresa grande possui os recursos para pesquisar todas as patentes existentes. Além disso, as empresas grandes costumam fazer acordos umas com as outras, permitindo a partilha de patentes, sabendo que, de outro modo, ficariam atoladas em litígios intermináveis. Mas isso apresenta problemas reais para os novos participantes. Eles não fazem parte do clube. Sabem que existe o risco real de serem processados, não importando o que façam e quão inovadores ou cuidadosos sejam. Eles não contam com os recursos financeiros para vencer nos tribunais. Muitos potenciais inovadores sem dúvida são desencorajados a sequer tentar, quando consideram a ameaça de dispendiosas ações legais que os levariam à falência mesmo tendo pouco mérito.[34] Mesmo a ameaça de uma ação de patente pode causar arrepios em um jovem inovador.

Uma rápida pesquisa por "infração de patentes" mostra numerosos casos, no valor de centenas de milhões de dólares, entre Qualcomm e Apple, Apple e Samsung e assim por diante. Os únicos vencedores garantidos em todas essas ações são os advogados; os únicos perdedores garantidos são os consumidores e as empresas pequenas e incapazes de entrar na briga. Assim é o capitalismo de estilo americano no século XXI.

Mas não se resumem a isso as práticas anticompetitivas de nossas empresas "inovadoras". Elas são pioneiras em acordos contratuais para aumentar seu poder de mercado. Em se tratando de cartões de crédito, essas formas contratuais não permitem, por exemplo, que as lojas cobrem dos clientes que usam cartões de crédito com grandes recompensas — e grandes taxas para os lojistas — o alto custo por seu uso. As administradoras de cartões de crédito efetivamente interromperam a competição de preços.[35] A falta de competição significa que as empresas dominantes (Visa, MasterCard e American Express) podem cobrar dos lojistas taxas várias vezes mais altas que o custo de fornecer o serviço.[36] É claro que esse custo é repassado para as mercadorias e serviços que os indivíduos compram com esses cartões, de modo que, mesmo quando os cartões oferecem recompensas, não é óbvio que os clientes obtêm vantagens. Mas isso significa que aqueles que pagam em dinheiro e, consequentemente, não gozam dos descontos fornecidos pelos cartões de crédito terminam subsidiando indivíduos de alta renda que usam cartões premium, incluindo American Express.[37] Como porção do custo de uma transação, 1%, 2% ou 3% podem parecer pouco, mas, multiplicados pelos trilhões de dólares em transações, chegam a dezenas de bilhões de dólares, um dinheiro que vai diretamente do bolso dos consumidores para os cofres das instituições financeiras.[38]

Todas as indústrias exibiram criatividade ao encontrar uma maneira de manter seu poder de mercado. As empresas farmacêuticas foram particularmente inovadoras ao manter de fora as empresas genéricas, que baixam os preços e, como consequência, os lucros da Big Pharma. Elas costumavam simplesmente subornar as genéricas para que não entrassem no mercado, mas decidiu-se, com razão, que isso violava as leis antitruste.[39] Então, elas encontraram maneiras de estender a vida das patentes, em uma prática chamada *evergreening*.[40]

Ainda outro exemplo de criatividade na hora de manter o poder de mercado é o método empregado especialmente pelas novas gigantes tecnológicas: as fusões preventivas, que consistem em comprar os potenciais competidores antes que eles possam se tornar uma ameaça e antes que a aquisição receba escrutínio do governo em função da redução da competição. Esses jovens empreendedores estão dispostos a vender, em geral por uma quantia muito maior que seus sonhos mais desvairados, em vez de assumir o risco de entrar em conflito com o Google ou o Facebook.[41]

Razões adicionais para o aumento do poder de mercado

Há muitas outras razões para o aumento do poder de mercado, para além da inovação do setor corporativo para criar e manter esse poder. Parte do aumento do poder de mercado é simplesmente resultado da evolução de nossa economia. Isso inclui mudanças na demanda em segmentos nos quais o poder de mercado local, baseado na reputação local, é significativo. Pode haver somente uma concessionária da Ford na área, ou somente um revendedor autorizado dos tratores John Deere. Na extensão em que esses clientes levam seus veículos ou tratores ao revendedor para obter serviços, isso fornece um tipo de poder de mercado local do qual empresas como John Deere retiram grande parte de seus lucros, mesmo que a competição tenha reduzido os lucros e os preços de fabricação.

Do mesmo modo, indústrias nas quais existe o chamado monopólio "natural" estão adquirindo importância cada vez maior. Monopólios naturais surgem quando é possível obter redução de custos ao permitir que uma única empresa domine um mercado; por exemplo, situações nas quais os custos médios caem em função da escala de produção.[42] Em qualquer localidade, vale a pena ter apenas uma empresa fornecendo eletricidade ou água. Cem anos atrás, muitas das indústrias-chave, como aço e automóveis, eram dominadas por somente algumas empresas gigantescas. A competição era limitada porque os novos participantes simplesmente não conseguiam atingir a escala requerida para baixar os custos. Mas a globalização expandiu tanto a escala do mercado que mesmo que seja difícil ser, digamos, um fabricante automotivo competitivo produzindo menos de várias centenas de milhares de carros, o mercado global é tão grande que ainda existem muitas empresas que podem chegar à escala requerida.[43]

Hoje, é na "nova economia" que a competição é limitada. Em grande parte da nova economia de inovação, o custo básico consiste em pesquisa e desenvolvimento iniciais. O custo extra de servir um cliente adicional é nulo.[44]

Mudando as regras do jogo

Grande parte do aumento do poder de mercado, no entanto, surge da mudança nas regras implícitas do jogo. Entre as regras importantes, estão aquelas designadas para garantir que os mercados permaneçam competitivos, as leis antitruste já mencionadas. Padrões antitruste novos e mais baixos facilitaram a criação, o abuso e a alavancagem do poder de mercado.[45] E nossas leis antitruste não acompanharam as mudanças na economia.

A frouxa imposição das regras existentes também desempenha certo papel:[46] a administração do presidente George W. Bush teve o número mais baixo de ações antitruste já registrado, e a administração Obama não se saiu muito melhor. Em 2015, as fusões e aquisições — empresas se unindo para se tornarem ainda maiores e mais poderosas — chegaram ao recorde de 4,7 trilhões de dólares, e, embora nem todas tenham prejudicado a competição, muitas o fizeram. Políticas inadequadas de competição permitem que aqueles com algum poder de mercado, como Google, Facebook e Amazon, alavanquem esse poder, aumentando-o, expandido seu alcance e tornando-o mais durável.

Crescimento e poder de mercado

É fácil ver como o poder de mercado leva a mais desigualdade. Mas ele também desempenha um papel no lento crescimento da economia e no pobre desempenho econômico. O poder monopólico é uma distorção do sistema de mercado e leva a uma economia menos eficiente.[47] Estimativas recentes de David Baqaee, da Escola Londrina de Economia e Ciência Política, e de Emmanuel Farhi, de Harvard, mostram quão alto é o custo para a economia: eliminar os *markups* aos quais a falta de competição dá origem aumentaria a produtividade da economia americana em cerca de 40%.[48]

A criação de barreiras à entrada é parte integral do poder de mercado. Em contraste, uma economia dinâmica e competitiva é marcada pela entrada (e saída) de empresas, com a fração de novas empresas sendo tipicamente alta. A porcentagem de empresas jovens na economia americana é muito menor que em outros países, superada de longe tanto pela "velha Europa" (Espanha, Suécia e Alemanha) quanto por países emergentes como o Brasil, e mais baixa que em nosso passado. Isso é consistente com a visão de uma economia na qual a competição está em declínio e as empresas de sucesso conseguem construir grandes barreiras à entrada, cercando-se de fossos largos e profundos.[49]

O aumento acentuado do poder de mercado prejudica a produtividade econômica. Mas também pode ter efeitos significativos sobre a demanda dos consumidores. Conforme o dinheiro se move da base para o topo da pirâmide econômica, o consumo agregado diminui simplesmente porque aqueles no topo consomem uma fração menor de sua renda que aqueles abaixo, que têm de gastar quase toda sua renda apenas para sobreviver.

Além disso, o investimento decresce, porque o retorno *extra* da produção adicional diminui quando o poder monopólico aumenta. Com os monopólios, quando a produção aumenta, os preços têm de cair, de modo que o aumento do lucro pode ser muito menor que nos mercados competitivos, nos quais os preços permanecem essencialmente inalterados pelo nível de produção de qualquer empresa. Isso ajuda a explicar uma anomalia em anos recentes: embora as taxas de lucro tenham sido muito altas, as taxas de investimento (como porcentagem do PIB) caíram de 17,2% nas décadas de 1960 e 1970 para uma média de 15,7% entre 2008 e 2017. E essa queda do investimento privado antecipa resultados sombrios para o futuro crescimento.[50]

Há um efeito adicional que já foi mencionado: a inovação que deveria ser dirigida para a criação de maneiras mais eficientes de produzir produtos melhores é dirigida para maneiras melhores de criar e manter o poder de mercado e explorar os consumidores. Embora nossas empresas financeiras tenham tido excelente desempenho nessa última arena, elas não estão sozinhas, como demonstraram vigorosamente os vencedores do prêmios Nobel George Akerlof e Robert Shiller em seu livro de 2015, *Phishing for Phools: The Economics of Manipulation and Deception* [Phishing os tolos: a economia da manipulação e da trapaça].[51] Descrevemos, por exemplo, como as empresas fabricantes de cigarros, medicamentos e alimentos lucraram ao produzir produtos viciantes e que não apenas não são necessários como, na verdade, se mostraram prejudiciais.

Costumávamos pensar que altos lucros eram sinal do bom funcionamento da economia americana, de produtos ou serviços melhores. Mas agora sabemos que eles também podem surgir de maneiras melhores de explorar consumidores, discriminar preços, extrair "excedente do consumidor" (o excedente do que os indivíduos estariam dispostos a pagar por um produto em relação ao que teriam de pagar em um mercado competitivo). O principal efeito de tal exploração é redistribuir a renda dos consumidores para os novos super-ricos e para as empresas que eles possuem e controlam.

Menor poder de mercado dos trabalhadores

A exploração do poder de mercado por parte das empresas é somente metade da história. Enfrentamos agora o problema cada vez maior do poder monopsônico, a habilidade das empresas de usarem seu poder de mercado contra aqueles dos quais compram mercadorias e serviços, em particular os trabalhadores.[52] Monopsônio se refere a uma situação na qual há um único comprador ou empregador no mercado. Assim como há poucos mercados nos quais existe apenas um vendedor (um monopólio), há poucos mercados nos quais existe apenas um comprador. Quando me referi anteriormente ao poder monopólico, eu falava das empresas que têm poder de mercado significativo, suficiente para elevar lucrativamente seus preços bem acima do nível competitivo. Argumentei que as mudanças na economia levaram ao maior poder de mercado, ao menos em muitos setores importantes da economia. Aqui ocorre algo similar: estou preocupado com a diminuição do poder de barganha e do salário dos trabalhadores.

O modelo competitivo padrão tem mercados "atomísticos" nos quais os salários são estabelecidos para adequar a demanda e a oferta de trabalho. Ninguém tem poder de mercado. A demissão de um trabalhador não tem consequências para a empresa: ela simplesmente busca no mercado um trabalhador com as mesmas características pelo mesmo salário. Ainda mais importante, a demissão de um trabalhador não tem consequências para o trabalhador, que simplesmente encontra um emprego equivalente pelo mesmo salário.

Mas esse não é o mundo em que vivemos. A empresa pode facilmente encontrar um trabalhador substituto, talvez não tão bom, mas quase. Em contrapartida, o trabalhador costuma ser incapaz de rápida e facilmente encontrar um emprego alternativo equivalente, em especial quando a taxa de desemprego é alta. Se houver um emprego disponível, ele pode ser em outra cidade, exigindo que o indivíduo se mude. A mudança é custosa para o trabalhador e para a família. Qualquer longo período sem emprego simplesmente não é uma opção. Há a hipoteca, a prestação do carro e outras grandes despesas todos os meses. Em resumo, há uma enorme assimetria de poder de mercado em favor do empregador.[53]

Assim como o poder de mercado no mercado de produtos (o mercado de mercadorias e serviços) permite que as empresas cobrem preços mais altos do que normalmente cobrariam e bem acima do custo de produção, no mercado de trabalho, o poder de mercado permite que as empresas empurrem os salários para mais baixo do que seriam normalmente.

Embora tal prática seja ilegal, muitas de nossas principais empresas se reuniram, usualmente em segredo, para manter os salários baixos; e é somente através do litígio que esses delitos são trazidos à luz. Sob Steve Jobs, a Apple se uniu ao Google, à Intel e à Adobe em um acordo para não "roubar" os funcionários uns dos outros, ou seja, eles concordaram em não competir. Os trabalhadores afetados moveram uma ação contra essa conspiração anticompetitiva e o acordo custou 415 milhões de dólares. De modo similar, Disney e vários outros estúdios cinematográficos pagaram um grande acordo em uma ação por conspiração para evitar a intercontratação. Até mesmo as franquias de fast-food fazem acordos para não contratar funcionários umas das outras. Elas sabem que a competição faria subir os salários. Muitos contratos proíbem que um indivíduo aceite emprego em um competidor, com o efeito de reduzir a competição e os salários.[54]

Assim como estava consciente dos perigos de as empresas conspirarem para aumentar os preços, Adam Smith também estava preocupado com a conspiração para diminuir os salários:[55]

> Os patrões estão sempre e por toda parte em um tipo de acordo tácito, mas constante e uniforme, para não elevar os salários acima de seu valor real [...] Os patrões às vezes também fazem acordos particulares para reduzir os salários a níveis abaixo desse valor. Eles sempre são conduzidos em total silêncio e segredo.

Ele parece ter previsto integralmente as ações dos líderes empresariais do século XXI, estejam eles no Vale do Silício ou em Hollywood.

Evidências adicionais sobre o poder de mercado dos empregadores

Vemos evidências do poder de mercado dos empregadores todos os dias, com os funcionários sendo obrigados a trabalhar em turnos descontínuos (quatro horas pela manhã, três horas de folga, quatro horas à noite), trabalhando apenas em meio período quando gostariam de trabalhar em horário integral, a fim de não terem direito a seguro-saúde, ou trabalhando em turnos que oscilam de uma semana para a outra e sendo notificados somente ao fim de cada semana (o chamado regime de sobreaviso). Vemos evidências do poder de mercado dos empregadores nas demandas que eles impõem aos trabalhadores para fazerem hora extra, muitas vezes sem remuneração.[56] Essas políticas prejudicam a vida familiar e fazem com que os indivíduos se sintam impotentes.[57]

Várias mudanças nas instituições (o enfraquecimento dos sindicatos[58]), regras, normas e práticas diminuíram o poder de barganha dos trabalhadores. Por exemplo, quando os sindicatos conseguem um acordo melhor, todos os trabalhadores de uma fábrica se beneficiam, incluindo aqueles que não pertencem ao sindicato. Mas alguns trabalhadores gostariam de "pegar carona", de gozar dos benefícios de um sindicato sem pagar por eles. É por isso que os sindicatos frequentemente negociam a contribuição obrigatória, exigindo que todos os trabalhadores participem de seu financiamento. Todos então podem participar das votações sobre, por exemplo, qual deve ser a posição de barganha do sindicato e o que é mais importante para os trabalhadores.

Naturalmente, as empresas querem conseguir os trabalhadores mais baratos possíveis e, portanto, não gostam dos sindicatos. Elas querem ser capazes de contratar e demitir trabalhadores à vontade, assegurando um local de trabalho dócil e forçando os trabalhadores a arcarem com o custo das flutuações econômicas. Elas sabem que qualquer trabalhador individual não tem poder de barganha ao negociar com a empresa e sua administração, mas, coletivamente, os trabalhadores podem obter poder de barganha.[59] Assim, é natural que os empregadores queiram enfraquecer os sindicatos de todas as maneiras. Uma maneira fácil de fazer isso é dificultar a coleta de contribuições, encorajando os trabalhadores a pegarem carona, a gozarem dos benefícios do sindicato, como salários mais altos, sem contribuir para seu custeio. E, é claro, sem recursos, os sindicatos se tornam menos eficientes na hora de conseguir o que os trabalhadores desejam e precisam. Assim, em muitos estados, as empresas se voltaram para o governo a fim de tornar ilegal a contribuição obrigatória, nas chamadas leis de direito ao trabalho, mas que são mais adequadamente chamadas de leis de direito à carona.[60]

O enfraquecimento dos sindicatos levou não apenas a salários mais baixos para os trabalhadores,[61] como também eliminou a habilidade dos sindicatos de impedir os abusos da administração no interior das empresas, incluindo administradores que pagam a si mesmos salários exorbitantes, à custa não somente dos trabalhadores, mas dos investimentos da empresa, ameaçando seu futuro. O que John K. Galbraith descreveu em meados do século XX como economia baseada no poder compensatório se tornou uma economia baseada na dominância de grandes corporações e instituições financeiras e, ainda mais, no poder dos CEOs e outros executivos no interior das corporações.[62]

Restringindo o poder de mercado: atualizando as leis antitruste para o século XXI

No fim do século XIX, os Estados Unidos enfrentaram uma situação similar à de hoje, com crescimento do poder de mercado e da desigualdade. O Congresso respondeu aprovando grande número de leis para limitar o poder de mercado e seu abuso. Ele aprovou a Lei Antitruste Sherman em 1890. Ela foi seguida, nos 25 anos subsequentes, por leis que tentavam assegurar a competição no mercado. É importante notar que essas leis foram baseadas na crença de que a concentração de poder econômico inevitavelmente levaria à concentração de poder político. As políticas antitruste não foram baseadas em análises econômicas refinadas. Elas estavam relacionadas à natureza de nossa sociedade e nossa democracia.[63]

Durante algum tempo, as leis antitruste funcionaram. Os grandes monopólios foram destruídos. Fusões que teriam resultado em novos monopólios foram restringidas. Mas, nas décadas seguintes, o antitruste foi tomado por um exército de advogados e economistas conservadores que estreitaram seu escopo. Eles não estavam preocupados com as consequências mais amplas do poder de mercado para a economia ou a democracia. Simplesmente queriam dar livre vazão aos interesses corporativos e empresariais.

Alguns economistas tentaram fornecer uma defesa intelectual a essa pura tomada de poder. Na Universidade de Chicago, Milton Friedman reuniu um grupo de economistas que argumentou que não era preciso se preocupar com os monopólios, porque as economias eram naturalmente competitivas.[64] Em uma economia inovadora, o poder monopólico seria temporário, e a competição para se tornar monopolista levaria à inovação e ao bem-estar dos consumidores.[65] Seu preceito central era de que o governo é ruim e o setor privado é bom. As tentativas do governo de interferir com o maravilhoso funcionamento do mercado — mesmo ao restringir os monopólios — eram tanto desnecessárias quanto provavelmente contraproducentes. Assim, os fiscais das leis antitruste estavam mais preocupados com o risco de encontrar uma prática não competitiva que na realidade era reflexo das complexas maneiras pelas quais os mercados eficientes frequentemente funcionavam do que com o risco de permitir que uma prática não competitiva persistisse.[66]

A Escola de Chicago teve influência desproporcional em nossa política e em nossos tribunais. Ela levou ao enfraquecimento do antitruste, com os tribunais simplesmente presumindo que os mercados eram competitivos e eficientes e que qualquer comportamento que pareceria anticompetitivo era, na verdade, uma resposta eficiente a novas complexidades do mercado. O enorme ônus da prova passou a caber a qualquer um que tentasse alegar que uma empresa estava envolvida em práticas anticompetitivas. Como disse um ex-membro da Comissão Federal de Comércio (a agência governamental encarregada de assegurar um mercado competitivo): "Temos de devotar todas as nossas energias a provar que a água é molhada e não temos recursos para atacar os problemas reais de competição."

Uma forma comum de comportamento anticompetitivo é o chamado preço predatório. Uma empresa grande e próspera baixa os preços ou inicia outras ações para expulsar seus rivais do mercado. Ela perde dinheiro no curto prazo, mas mais que compensa no longo prazo. Quando uma nova companhia aérea entrava no mercado, a American Airlines aumentava o número de voos e baixava o preço na rota que queria dominar. Em geral, não demorava muito até que a recém-chegada "pedisse arrego" e desaparecesse. Uma vez que a nova companhia saía da rota, o número de voos era reduzido e os preços aumentavam. Era uma tática inteligente chamada "predação".

Na teoria de "Chicago", qualquer tentativa de aumentar os preços acima dos custos instantaneamente teria como resposta a entrada maciça de novas empresas no mercado (era isso que se afirmava). Como consequência, jamais seria vantajoso para uma empresa se engajar em precificação predatória, pois ela não seria capaz de recuperar as perdas iniciais elevando os preços acima do nível competitivo. Os tribunais, acreditando nas doutrinas de Chicago, impuseram pesados ônus de prova sobre aqueles que afirmavam que uma empresa estava engajada em predação, tão pesados que se tornou quase impossível apresentar com sucesso um caso de precificação predatória.[67]

O que precisamos agora é de uma mudança nessas *suposições*, com o associado ônus da prova, baseadas na hipótese de que os mercados são fundamentalmente competitivos. Práticas anticompetitivas — ações que reduzem a competição no mercado — deveriam ser ilegais, a menos que houvesse fortes evidências de que a) há significativos ganhos em eficiência e uma proporção significativa dos benefícios desses ganhos em eficiência atinge outros que não a empresa e b) esses ganhos em eficiência não poderiam ser obtidos de maneira menos anticompetitiva.[68] Discutiremos algumas dessas mudanças a seguir.

O governo terá de ser mais ativo e recorrer a um número mais amplo de ferramentas, e não apenas limitar as fusões e certas práticas anticompetitivas. Faz muito tempo desde que o governo interveio em uma empresa dominante como a Standard Oil, mas talvez esteja na hora de decidir se o Facebook não deveria se desfazer do Instagram e do WhatsApp. Fusões que levam a grandes conflitos de interesses deveriam ser proibidas (como quando um provedor de internet adquire uma empresa que cria conteúdo de entretenimento) e, se já tiverem sido autorizadas, deveria haver alienação. Similarmente, empresas com poder de mercado deveriam ser proibidas de participar de atividades comerciais nas quais há conflito de interesse com seus atuais clientes.[69] Essas novas políticas às vezes são chamadas de reformas estruturais.

Como comentado, os efeitos do poder de mercado, uma vez estabelecidos, podem ser prolongados, de modo que, até que o mercado competitivo seja restaurado, o governo pode precisar regular, assegurar que não haverá abuso do poder de mercado. A Emenda Durbin à lei de regulamentação financeira Dodd-Frank, por exemplo, deu ao conselho do Federal Reserve autoridade para regulamentar as taxas que os cartões de crédito cobram dos comerciantes, embora tenha deixado outras taxas, ainda mais altas, sem regulamentação.[70]

Inspecionando o poder de mercado onde quer que surja

Precisamos do compromisso renovado de restringir os excessos do poder de mercado, onde quer que existam e como quer que surjam, para tentar restaurar a competição na economia. Deveria ser uma violação das leis antitruste engajar-se em abuso do poder de mercado, não importando como foi adquirido. Práticas anticompetitivas, tenham surgido do poder monopsônico ou monopólico, deveriam ser ilegais.

Nos Estados Unidos, uma empresa que obteve o domínio do mercado de modo legítimo, sem se engajar em práticas anticompetitivas, tem grande liberdade para usar seu poder de mercado, impondo não somente preços mais altos, mas também contratos anticompetitivos. Em contraste, na Europa, tal empresa ainda pode ser acusada de abuso do poder de mercado.

A Valeant, uma grande empresa farmacêutica, única fabricante aprovada pelo FDA da droga não patenteada Syprine, uma droga fundamental para a sobrevivência daqueles com uma rara condição que afeta o fígado chamada doença de Wilson, usou seu poder de mercado em 2015 para aumentar os preços de uma pílula vendida por 1 dólar em alguns países, até que a dosagem necessária para um ano passou a custar 300 mil dólares.[71] Esse é apenas um item em uma longa lista de abusos nesse setor.[72]

A doutrina antitruste padrão, da maneira como evoluiu, costuma focar nos consumidores, com uma perspectiva de curto prazo e, como comentei, com a forte suposição de que os mercados são naturalmente competitivos. Como consequência, ao analisarem as ações predatórias, que expulsam competidores para estabelecer uma posição dominante com base na qual a empresa pode subir os preços, os tribunais olharam para os benefícios de curto prazo representados pelos preços mais baixos ao consumidor, com pouca preocupação com o prejuízo de longo prazo.

Essa perspectiva voltada para o consumidor no curto prazo também encontra problemas quando se trata do monopsônio. O tamanho do Walmart lhe concede tal poder que ele pode baixar o preço que paga a seus fornecedores. Especialmente naqueles locais dos Estados Unidos onde há alto desemprego e poucos empregadores, ele tem o poder de estabelecer os salários e as condições de trabalho em níveis abaixo do que seriam em uma economia competitiva. Isso é ruim para a economia, mesmo que o Walmart divida alguns dos ganhos com seu poder de mercado (monopsônio) com seus clientes. Assim, olhar para o poder de mercado somente através do prisma do impacto sobre os consumidores é errado. O Walmart está distorcendo a economia em sua busca implacável por lucros, e o que ele ganha (incluindo o que divide com os clientes) é menos do que aquilo que o restante da economia perde.

Fusões

Nossa economia em evolução levou a outros desafios para a prática antitruste padrão. Tradicionalmente, as leis antitruste focavam na criação de poder de mercado através de fusões e aquisições. Mas, em um setor após o outro, as fusões foram autorizadas mesmo com a concentração de mercado chegando a níveis perigosos — as companhias aéreas e de telecomunicações fornecem bons exemplos —, sugerindo que as restrições precisam ser intensificadas.

As empresas alegam, é claro, que as fusões e aquisições que propõem beneficiarão a economia como resultado de economias de escala e escopo: elas afirmam que empresas maiores são mais produtivas. Mas a razão real de muitas fusões — tanto horizontais (entre empresas em linhas concorrentes de negócios) quanto verticais (quando a empresa se une a um fornecedor ou cliente de seus serviços) — é aumentar o poder de mercado. As empresas deveriam ser obrigadas a apresentar argumentos mais convincentes sobre os ganhos em eficiência de uma fusão proposta. Se o preço das mercadorias sobe após a fusão, esse é um sinal de alerta de que a fusão está sendo motivada pelo aumento do poder de mercado.[73]

Os conflitos de interesse que surgem com as fusões também precisam ser analisados com maior circunspecção: quando, por exemplo, uma empresa de internet se une a um provedor de entretenimento on-line, é de se esperar que ela use seu poder de mercado na internet para dar a si mesma vantagens sobre os fornecedores de entretenimento concorrentes, mesmo que prometa ser "neutra". Teremos uma economia mais dinâmica e competitiva se proibirmos fusões que dão origem a conflitos de interesse inerentes; os alegados ganhos em eficiência estática são minimizados pelos efeitos anticompetitivos de longo prazo.[74]

Além disso, a regulamentação das fusões deve levar em conta o provável formato futuro dos mercados. Hoje, as fusões só são impedidas quando há diminuição significativa da competição *no mercado como existe hoje*. Mas, em um setor dinâmico, o que importa é o efeito da fusão no mercado como provavelmente será. As gigantes tecnológicas entenderam as regras e vêm jogando com o sistema. Elas se engajam no que chamei anteriormente de fusões preventivas, adquirindo empresas enquanto ainda são pequenas o bastante para serem isentas de escrutínio antitruste, eliminando, assim, futuros desafios a seu domínio. O Facebook adquiriu o Instagram (por 1 bilhão de dólares em 2012) e o WhatsApp (por 19 bilhões de dólares em 2015 — mais de 40 dólares por usuário da plataforma). O Facebook tinha o conhecimento técnico necessário para construir plataformas análogas. Se não tivesse, poderia ter contratado engenheiros que tinham. Havia somente uma razão real para que estivesse disposto a pagar tanto: evitar a competição.

Tais fusões preventivas precisam ser proibidas. Uma fusão com chances razoáveis de reduzir a competição no futuro próximo deveria ser proibida.[75]

Novas tecnologias e novos desafios

Mesmo que não houvesse nada errado com as leis antitruste como evoluíram na segunda metade do século XX, está claro que elas não são capazes de responder aos desafios apresentados pela evolução da economia, pelas novas tecnologias, novos contratos e inovações na criação e extensão do poder de mercado.

Agora entendemos melhor, por exemplo, como uma variedade de práticas e provisões contratuais mina a competição: a garantia, por uma empresa dominante, de que cobrirá o preço de qualquer competidor mina a capacidade de entrada no mercado, pois o novo participante sabe que não pode vencer. Anteriormente, discuti várias provisões em contratos de trabalho que minam a competição por trabalhadores.[76] Cláusulas de arbitragem inibem tanto trabalhadores quanto consumidores de obterem compensação adequada por comportamentos exploradores. Contratos entre lojistas e empresas de cartão de crédito e entre companhias aéreas e sistemas de reserva por computador prejudicam a competição e levam a lucros exorbitantes. Todas essas práticas deveriam ser vistas pelo que são — anticompetitivas — e proibidas.

As gigantes tecnológicas sabem como empregar seu poder em muitas arenas.⁷⁷ A Amazon usou a promessa de milhares de empregos para fazer com que cidades de todo o país competissem para abrigar sua segunda sede através de, por exemplo, impostos mais baixos — deslocando o fardo fiscal para outros, é claro. Pequenas empresas não podem fazer isso, o que concede uma enorme vantagem à Amazon contra os revendedores locais. Precisamos de uma estrutura legal para evitar essas guerras fiscais.⁷⁸

Direitos de propriedade intelectual e competição

Há uma área na qual o governo sanciona os monopólios: quando uma patente é concedida, o inovador recebe um poder monopólico temporário. Conforme nos movemos para uma economia baseada no conhecimento, os direitos de propriedade intelectual (DPI) provavelmente desempenharão papel cada vez maior.

O poder monopólico significa que o conhecimento não está sendo usado de modo eficiente e os preços são mais altos do que seriam. Um regime de DPI bem projetado equilibra esses grandes custos com os benefícios dinâmicos que surgem dos incentivos à inovação que ele deve fornecer. Mas, em anos recentes, o equilíbrio foi prejudicado quando as corporações fizeram lobbies bem-sucedidos por mudanças no DPI que fornecem a elas um poder de mercado cada vez maior — tanto que, hoje, pode-se questionar se o regime de DPI nos Estados Unidos estimula ou impede a inovação.⁷⁹ Um exemplo óbvio é a extensão da vida do copyright. Não há evidência de qualquer benefício inovador na extensão para setenta anos após a morte do autor. Essa provisão da Lei de Extensão do Copyright, de 1998, foi chamada de provisão "Mickey Mouse" — ela foi apoiada vigorosamente pela Disney, que controlava os direitos do Mickey Mouse — mas, para além disso, não houve benefício social, e sim consideráveis custos em termos do livre fluxo do conhecimento.⁸⁰

Na verdade, há evidências de que nosso atual regime de DPI não apenas leva a preços mais altos como também impede a inovação. Quando a Suprema Corte decidiu que não era possível patentear genes que ocorriam naturalmente, as consequências foram dramáticas: os testes para a presença de um gene crítico relacionado ao câncer de mama, previamente patenteado, rapidamente se tornaram muito melhores e mais baratos.[81]

Historicamente, as autoridades antitruste foram sensíveis ao poder das patentes de criar, amplificar e aumentar a duração do poder de mercado. Em 1956, elas forçaram a AT&T a colocar suas patentes em um consórcio [*patent pool*] acessível a outros. Uma das propostas apresentadas para reduzir o poder monopólico da Microsoft foi limitar a duração de suas patentes.[82] Reduzir os direitos de propriedade intelectual dessas maneiras pode aumentar não somente a competição, mas também a inovação.

Aumentando o alcance do antitruste: poder de mercado para além dos produtos — o mercado das ideias

Quando falamos de concentração de mercado, a mídia é um setor que merece consideração especial.[83] Tradicionalmente, o efeito da concentração de mídia foi simplesmente mensurado pelo poder de mercado em mercados publicitários estritamente definidos. As fusões na mídia (entre estações de televisão e jornais), levando ao acesso marcadamente reduzido a diferentes pontos de vista, foram permitidas apenas porque há competição no mercado "relevante" de publicidade. Isso está errado. Em nenhuma arena a competição é mais importante que no mercado de ideias. Cidadãos bem-informados são essenciais para uma democracia funcional.[84] Uma mídia controlada somente por algumas poucas empresas ou indivíduos abastados fará com que suas visões dominem o discurso nacional.

Não obstante, grande parcela do eleitorado recebe informação política de um pequeno número de novas fontes, em geral redes de televisão. Hoje, em muitas pequenas comunidades do país, uma perspectiva extremamente conservadora domina a mídia.[85]

A competição faz diferença. Um jornal alternativo em uma cidade pode ajudar a supervisionar tanto o conselho municipal quanto o jornal dominante. Além disso, a mídia consolidada é facilmente capturada por indivíduos abastados. Portanto, fusões de empresas de mídia e abusos do poder de mercado devem ser regulados por padrões ainda mais elevados que em outros setores.[86]

Um exemplo particularmente odioso de poder de mercado é o oligopólio das publicações acadêmicas. O capítulo 1 destacou o papel central do conhecimento no aumento do bem-estar. Avanços no conhecimento requerem disseminação de ideias. Mas, em nossa economia baseada no mercado, essa disseminação foi confiada amplamente ao mercado, e a forma que ela assumiu foi a de um oligopólio altamente concentrado e lucrativo, com cerca de cinco editores respondendo por mais da metade de todos os artigos publicados e 70% dos artigos de ciências sociais. A ironia é que os editores recebem os artigos de graça (em alguns casos, até mesmo são pagos para publicá-los), a pesquisa costuma ser financiada pelo governo, os editores fazem com que os estudantes realizem a maior parte do trabalho editorial (a revisão dos artigos) de graça e as instituições educacionais e bibliotecas (amplamente financiadas pelo governo) pagam os editores. Seus altos preços e lucros excessivos significam que há menos dinheiro para financiar as pesquisas.[87]

Conclusões

A ideia de que os mercados são uma maneira poderosa de organizar a produção de bens e serviços teve profunda influência. Ela forneceu as bases intelectuais do capitalismo. Mas dois séculos de pesquisa nos levaram a um melhor entendimento de por que a mão invisível de Adam Smith não pode ser vista: porque ela não está lá.[88] Frequentemente, os incentivos das empresas são para criar poder de mercado, e não apenas produtos melhores — e vimos que as empresas americanas se mostraram excelentes nisso. Elas usaram esse poder de mercado para explorar seus consumidores, seus funcionários e o sistema político, de maneiras que resultaram em menor crescimento, mesmo em uma economia supostamente inovadora. Ainda pior, esse crescimento beneficia apenas uma fração do país. De fato, nossos líderes corporativos até mesmo descobriram como explorar seus próprios acionistas, tirando vantagem das deficiências em nossas regras de governança corporativa para pagar a si mesmos remunerações gigantescas.[89]

Nossa economia mudou muito desde que as leis antitruste foram apresentadas e desde que as interpretações da Escola de Chicago passaram a prevalecer; nosso entendimento da economia também mudou; e hoje podemos compreender melhor as falhas do sistema legal existente. Mas as preocupações políticas e econômicas subjacentes sobre poder e exploração que motivaram a legislação original ainda estão presentes — mais que antes. A lei da competição foi excessivamente estreitada e influenciada por pressuposições relacionadas ao mercado competitivo. Hoje, nossas leis de competição e práticas antitruste precisam ser reformadas, para incorporar as realidades do século XXI e os insights da economia moderna.

Restringir o poder de mercado, porém, relaciona-se a mais que somente economia, mas também ao poder de aumentar preços ou diminuir salários ou explorar de outras maneiras consumidores e trabalhadores. O poder de mercado, como vimos repetidas vezes, é traduzido em poder político: torna-se inviável uma democracia verdadeira com o tipo de grande concentração de poder de mercado e riqueza que marca os Estados Unidos hoje.[90] Mas há uma consequência social mais ampla: o outro lado da moeda do poder é a *impotência*. Um número excessivo de americanos se sente impotente contra as administradoras de seguro-saúde, provedoras de internet, companhias aéreas e telefônicas e bancos. E eles se ressentem disso. Isso traz profundas consequências para eles como indivíduos, para nossa política e para cada aspecto de nossa sociedade.[91] Em muitas áreas, eles não têm escolha: por exemplo, como funcionários ou clientes de bancos, eles não têm opção a não ser abrir mão do direito de julgamento público em caso de disputa; como vimos, eles precisam aceitar um árbitro favorável às corporações.

Este capítulo mostrou que há maneiras fáceis de restringir o poder de mercado. Focamos nossa discussão em como tornar mais competitivos os mercados de bens e serviços. Também há importantes mudanças requeridas em nosso sistema legal para restringir o poder que as empresas têm sobre os trabalhadores, com as mais importantes sendo a facilitação da ação conjunta a fim de que eles possam defender seus interesses. Do mesmo modo, quando as empresas exploram os consumidores, como fazem com frequência, há necessidade de maneiras melhores de ação conjunta para buscar retificação — o oposto do que vem acontecendo desde que os tribunais e o Congresso limitaram o escopo das ações coletivas.[92] Também precisamos restringir o poder que os líderes corporativos possuem para defender seus próprios interesses à custa de outros interessados no futuro da corporação, incluindo acionistas, funcionários e as comunidades nas quais as empresas operam.[93] Medidas para conseguir isso incluem maior transparência e mais voz nas tomadas de decisão.[94]

Em todas essas reformas, buscamos não a perfeição, mas restringir os excessos do capitalismo americano do século XXI. Os presidentes Carter e Reagan, e aqueles que se seguiram a eles, reescreveram as regras do capitalismo de maneiras que levaram a uma economia mais instável, menos eficiente e mais desigual — uma economia marcada pelo disseminado poder de mercado.[95] Está na hora de reescrever essas regras outra vez. Fazer isso é um desafio porque envolve política, e nossa desigualdade econômica foi traduzida em desigualdade política. Falaremos sobre isso na parte 2. Primeiro, vamos analisar mais de perto como a globalização e a financeirização contribuíram para a criação do poder de mercado e a exploração e como as mudanças tecnológicas pioraram ainda mais as coisas.

CAPÍTULO 4

Os Estados Unidos em guerra contra si mesmos a respeito da globalização

A globalização está no centro da crise econômica americana. Os críticos a culpam pela situação da angustiada classe média. De acordo com o presidente Trump, nossos negociadores foram enganados pelos espertos negociadores de outros países. Assinamos acordos comerciais ruins que levaram à perda de empregos industriais nos Estados Unidos.[1] Essa crítica da globalização encontrou enorme ressonância, especialmente nas partes do país que experimentaram desindustrialização.

Em contraste, os defensores da globalização alegam que tudo isso é puro *nonsense*. Os Estados Unidos se beneficiaram da globalização. As políticas protecionistas colocam em risco tudo que foi obtido através do comércio. No fim, dizem eles, o protecionismo não ajudará nem mesmo aqueles que perderam empregos ou viram seus salários diminuírem em função da globalização. Eles, os Estados Unidos e o mundo inteiro ficarão piores. Os defensores da globalização indicam outro culpado para a desindustrialização e o mal-estar americano: a real fonte de perda de empregos e baixos salários para os trabalhadores não qualificados tem sido o desenvolvimento da tecnologia, e a globalização está sendo acusada injustamente.

Há mais de vinte anos, venho criticando a maneira como a globalização é gerenciada, mas de um ângulo completamente diferente. De minha posição como economista-chefe do Banco Mundial, era óbvio que as regras globais do jogo eram tendenciosas, não contra, mas *a favor* dos Estados Unidos e de outros países desenvolvidos, à custa dos países em desenvolvimento. Os acordos comerciais eram injustos, para benefício dos Estados Unidos e da Europa e em detrimento daqueles países.

A ideia de que nossos negociadores comerciais foram ludibriados é risível: conseguimos quase tudo que queríamos nas negociações comerciais do fim do século XX.[2] Apesar da oposição dos países em desenvolvimento, garantimos forte proteção à propriedade intelectual — nos países desenvolvidos, mas não nos países em desenvolvimento. Conseguimos forçar outros países a abrirem seus mercados para nossas empresas financeiras e até mesmo a aceitarem os derivativos de alto risco e outros produtos financeiros que desempenharam papel central em nosso próprio colapso financeiro.

É verdade que os trabalhadores americanos foram desfavorecidos: os salários, especialmente dos trabalhadores pouco qualificados, foram reduzidos, em parte por causa da globalização. Mas em parte porque os negociadores americanos conseguiram o que queriam: o problema foi a maneira como gerenciamos a globalização e aquilo que queríamos. Os acordos comerciais simplesmente defenderam os interesses corporativos à custa dos trabalhadores dos países desenvolvidos e em desenvolvimento. Nós, como país, não fizemos o que deveríamos ter feito para ajudar os trabalhadores atingidos pela globalização. Poderíamos ter assegurado que ela beneficiasse a todos, mas a cobiça corporativa era grande demais. Os vencedores não queriam dividir seus ganhos com os perdedores. Na verdade, eles gostaram quando os salários baixaram, porque os trabalhadores americanos passaram a competir com os trabalhadores dos países em desenvolvimento. Isso aumentou ainda mais os lucros corporativos.

Pode parecer que o presidente Trump e eu estamos do mesmo lado nessa batalha contra a globalização, mas não estamos. Fundamentalmente, acredito na importância do estado de direito, de um sistema baseado em regras para governar o comércio internacional. Assim como precisamos do estado de direito no interior de nossa economia — pois, sem ele, nenhuma sociedade pode funcionar —, também precisamos de um sistema internacional com base em regras.[3] Trump, em contraste, quer retornar à lei da selva: quando há disputa comercial entre dois países, eles lutam e o mais forte vence. Sua visão equivocada é de que, como somos mais fortes que qualquer outro país, venceremos todas as batalhas e poderemos criar um regime comercial internacional servil a nossos interesses. Ele ignora dois pontos críticos: por que qualquer um participaria de tal sistema, apenas para ser explorado, em vez de focar no comércio e em outras relações econômicas com parceiros que se comportam e tratam os demais com decência? E os outros países podem, e vão, se unir, e embora nosso tamanho econômico não seja muito diferente do da China e da Europa (embora, em pouco tempo, a China esteja programada para ser 30% maior que os Estados Unidos), se os dois se unirem contra nós — ou se qualquer um deles se unir a um grande número de países do "terceiro mundo" —, nosso aparente poder desaparecerá rapidamente.

Trump está errado em culpar a globalização — seja na forma de regras comerciais injustas ou imigrantes indesejados — pelas dificuldades do país, mas os defensores da globalização também estão errados ao argumentar que ela não desempenhou nenhum papel no sofrimento das grandes parcelas da população que viram sua renda estagnar ou declinar, e que a culpa cabe somente ao progresso tecnológico. O real ônus da culpa cabe a nós mesmos: gerenciamos mal as consequências tanto da globalização quanto do progresso tecnológico. Se os tivéssemos gerenciado bem, ambos poderiam ter gerado as bênçãos alardeadas por seus defensores.

Precisamos de regras internacionais melhores e mais justas. Mas aquilo de que os Estados Unidos mais precisam é de melhor gerenciamento das mudanças causadas pela globalização e pela tecnologia. Há uma alternativa: a agenda progressista que pretendo expor neste livro.

Este capítulo descreve brevemente por que a globalização não se mostrou à altura de suas promessas e por que o presidente Trump só piorou as coisas. Esboço uma alternativa, que funcionará melhor para países ricos e pobres e, em especial, para os trabalhadores desses países, mas não necessariamente para as grandes multinacionais que assumiram o controle da agenda da globalização.

A dor da globalização

A globalização afetou tanto os empregos quanto os salários. É mais simples ver seus efeitos em trabalhadores de baixa qualificação. Quando um país avançado como os Estados Unidos importa mercadorias produzidas por trabalho intensivo e pouco qualificado, a demanda por trabalho pouco qualificado nos Estados Unidos decresce, simplesmente porque produzimos menos dessas mercadorias aqui. Para haver pleno emprego, os salários dos trabalhadores pouco qualificados — ajustados pela inflação — precisam cair.[4] Se não caírem o suficiente, o desemprego aumenta. É de fato simples assim. Qualquer um que acredite na lei da oferta e da demanda deveria entender por que a globalização (na ausência de programas governamentais para amenizar seus efeitos) prejudica os trabalhadores de baixa qualificação.

O mesmo se dá com o trabalho de modo geral: os Estados Unidos importam mercadorias produzidas por trabalho intensivo e, consequentemente, a liberalização do comércio (a abertura dos mercados americanos para mercadorias estrangeiras através da redução de tarifas ou outras barreiras comerciais) reduz a demanda geral por trabalho e também os salários (reais) em equilíbrio. Novamente, se os salários não diminuírem, a oferta de emprego diminui.

De modo similar, os defensores do comércio enfatizam que ele aumenta o PIB, pois o país emprega suas vantagens comparativas (sejam resultado da especialização ou dos recursos que possui) e, de algum modo, misticamente, todos se beneficiam, em outro exemplo da crença na economia de gotejamento. Mesmo que o país como um todo se beneficie, isso apenas significa que todos *poderiam* se beneficiar: os vencedores poderiam partilhar seus ganhos com os perdedores, de modo que todos se beneficiariam, mas isso não significa que *vão* partilhar — e, no capitalismo egoísta de estilo americano, eles não o fazem.

Além disso, os defensores da globalização afirmam que as exportações criam empregos, mas não mencionam o número de empregos destruídos pelas importações. Se o comércio é mais ou menos equilibrado e as importações exigem mais trabalho intensivo que as exportações, então, de modo geral, o comércio destrói empregos.

Se a política monetária responde diminuindo as taxas de juros e as taxas de juros menores aumentam o investimento ou o consumo, o pleno emprego pode ser restaurado. Mas, às vezes, a política monetária não funciona ou, ao menos, não funciona bem o bastante para chegar ao pleno emprego. Isso ajuda a explicar por que, após a admissão da China na OMC em 2001, o desemprego americano cresceu e os salários caíram nos locais que produziam mercadorias concorrentes daquelas sendo importadas em grande volume da China.[5]

Mesmo quando, *no fim das contas*, a política monetária e fiscal consegue chegar ao pleno emprego, a globalização muitas vezes leva à destruição de empregos no curto prazo. É o que ocorre quando a perda de empregos resultante de um aumento significativo das importações ocorre mais rapidamente que a criação de empregos resultante das exportações adicionais, em especial quando os bancos não estão dispostos a fazer empréstimos para as novas empresas que buscam aproveitar as oportunidades criadas por, digamos, um novo acordo comercial.[6]

Além disso, os acordos comerciais e as leis fiscais efetivamente encorajam as empresas a mover a fabricação para o exterior, destruindo empregos locais. Não somente os impostos são mais baixos como, muitas vezes, nossos acordos comerciais dão às empresas americanas direitos de propriedade mais seguros no exterior que em solo doméstico.[7] Tais acordos geralmente protegem as empresas contra mudanças na regulamentação; uma proteção que elas não têm nos Estados Unidos. Se uma mudança na regulamentação prejudicar o equilíbrio financeiro de uma empresa, ela pode iniciar uma ação judicial, e essa ação será analisada por um painel de arbitragem favorável às corporações.[8] Historicamente, uma das razões para as empresas funcionarem nos Estados Unidos, e não em países em desenvolvimento nos quais os salários eram muito mais baixos, era o fato de elas se sentirem "mais seguras". O governo não iria simplesmente alienar suas propriedades.

A segurança dos direitos de propriedade era uma das forças do país. Os acordos comerciais mudaram isso. Um investidor americano que coloca seu dinheiro no México ou em outro país incluído em tais provisões está *mais* protegido: o governo estrangeiro não apenas não pode tomar sua propriedade sem oferecer alguma compensação como não pode sequer alterar as regulamentações. Em contraste, o governo americano pode alterar as regulamentações sem fornecer nenhuma compensação. Assim, os Estados Unidos abriram mão de uma vantagem institucional crucial, nascida do estado de direito e da segurança dos direitos de propriedade.

Por que um país desistiria tão prontamente de uma vantagem comparativa tão grande? As corporações exigiram essas provisões porque elas atendiam a seus *interesses de curto prazo*. Elas lhes deram mão de obra mais barata no exterior e em casa, porque diminuíram o poder de barganha dos trabalhadores. A ameaça das empresas de se transferirem para um país estrangeiro se tornaram mais críveis. Se queriam diminuir o poder de barganha dos trabalhadores, não poderiam ter escolhido uma maneira melhor.[9]

A globalização prejudicou os americanos comuns de outra maneira: privando o país de arrecadação. As corporações conseguiram assegurar que seus lucros não fossem taxados duas vezes, nos países estrangeiros onde operavam e nos Estados Unidos. Mas nada foi feito para assegurar que seriam taxadas ao menos uma vez. A globalização forneceu uma maneira de elas jogarem os países uns contra os outros. Elas persuadiram os governos de que, a menos que eles diminuíssem a carga tributária, elas iriam para o exterior. Algumas empresas mais independentes fizeram isso, dando credibilidade ao argumento.[10] Tendo conseguido a redução tributária em um país, elas se voltaram para os outros, dizendo que, se não reduzissem os impostos, perderiam negócios. Como não é de surpreender, as corporações amam essas guerras fiscais.[11]

O argumento de que tínhamos de reduzir a carga tributária corporativa para competir com outros países foi invocado pelos republicados quando reduziram os impostos de 35% para 21% em 2017,[12] assim como fora invocado antes, em 2001 e 2003, quando reduziram os impostos sobre ganhos de capital e dividendos. As primeiras reduções não funcionaram:

elas não levaram a maior poupança, aumento da oferta de trabalho ou maior crescimento,[13] e não há razão para esperar que a redução de 2017 funcione. Na verdade, há razões para acreditar que, em dez anos, a renda dos americanos diminuirá como resultado da redução tarifária.[14] O que realmente importa para atrair empresas são aspectos como força de trabalho qualificada e boa infraestrutura, e, para consegui-las, é preciso impostos. As corporações querem pegar uma carona com aqueles que financiam esses investimentos públicos básicos.

Como se essa guerra fiscal não fosse ruim o bastante, as corporações também tiraram proveito de provisões legais ultrapassadas — tipicamente incluídas na legislação por lobistas corporativos — para reduzirem ainda mais os impostos realmente pagos a níveis bem abaixo do "oficial", em alguns casos chegando perto do zero. A carga tributária efetiva (os impostos pagos em proporção aos lucros totais) das multinacionais despencou e, em 2012, estava logo acima da metade da faixa tributária oficial mais alta.[15] O Google e a Apple fingiram que grande parte de seus lucros vinha de alguns poucos funcionários trabalhando na Irlanda e esses lucros foram taxados em 0,005%.[16] Seria muito fácil se livrar dessas brechas legais, e essa era a promessa original da lei fiscal de 2017. Mas, com as corporações no banco do motorista escrevendo o texto da nova lei, isso não foi feito. Na verdade, as coisas pioraram. Previamente, havia uma provisão, chamada de imposto mínimo alternativo, que limitava a extensão na qual as corporações podiam fraudar o sistema tributário. Era preciso enrijecer ainda mais essa provisão; em vez disso, ela foi eliminada.

Mas, para nossas corporações e para os ultrarricos, impostos baixos e imensas brechas legais não foram suficientes. "Paraísos fiscais", refúgios secretos como o Panamá e as Ilhas Virgens Britânicas, foram criados para evadir impostos.[17] Seria fácil fechar esses paraísos fiscais. Seria necessário apenas cortar seus bancos do sistema financeiro americano, a menos que concordassem com a transparência e outras regulamentações que se aplicam a nossas instituições financeiras. A economia dessa e de outras reformas descritas aqui é fácil: como afirmei repetidamente, a dificuldade está na política, na influência dos ricos, que farão de tudo para manter seus "benefícios". Os bancos americanos e europeus ajudaram a criar esses paraísos fiscais como parte de seus "serviços" para os clientes ricos e para si mesmos.[18]

A globalização e a tecnologia são realmente culpadas?

Como comentado, os defensores da globalização culpam as mudanças tecnológicas pelo declínio dos salários e pela perda de empregos. A tecnologia pode diminuir a demanda por trabalhadores, especialmente daqueles com habilidades limitadas, e isso pode causar baixas salariais e maior desemprego.[19] Muitos economistas tentaram analisar que fração do desemprego e das baixas salariais é resultado da globalização. Com os dois tão interligados, creio que isso seja essencialmente impossível. A observação-chave é que, mesmo sem mudanças tecnológicas, a globalização teria devastado os trabalhadores americanos na ausência de ajuda governamental. Com as mudanças tecnológicas colocando os trabalhadores sob tanta pressão, a globalização simplesmente aumentou seu sofrimento.

Em vez de ajudar os trabalhadores, no entanto, o governo, em especial nos Estados Unidos, fez exatamente o contrário. A globalização diminuiu o poder de barganha dos trabalhadores, mas a legislação que afeta sindicatos e trabalhadores o diminuiu ainda mais. Aumentar o salário mínimo para acompanhar o crescimento da economia poderia ter protegido as bases, mas este não acompanhou nem mesmo a inflação.[20] Em resumo, política, tecnologia e globalização estão inextricavelmente ligadas na geração dos problemas atuais. O fato de que os sindicatos estão impotentes contra as forças da tecnologia e da globalização sem dúvida os enfraqueceu muito: por que pagar contribuições aos sindicatos se eles nem sequer conseguem impedir a baixa dos salários reais? O enfraquecimento dos sindicatos contribuiu para acordos comerciais desequilibrados e salários mínimos estagnados. Não havia ninguém para lutar pelos trabalhadores e contrabalançar a enorme influência das corporações. Os acordos comerciais foram tanto reflexo quanto causa de disparidades cada vez maiores no poder econômico. A maneira como a globalização foi gerenciada piorou as coisas, e o sofrimento causado aos trabalhadores pela desindustrialização, como resultado das mudanças tecnológicas, simplesmente aumentou.

Acordos comerciais do século XXI

Nos últimos sessenta anos, as tarifas caíram muito. Hoje, as negociações comerciais costumam focar em outras questões, incluindo regulamentações e barreiras comerciais "não tarifárias",[21] propriedade intelectual e investimento. A Parceria Transpacífica, que abarca 44% do comércio global, assinada em 2016 mas abandonada por Trump em seu primeiro dia de mandato, ilustra isso. Manter a palavra "comércio" fora do título foi uma dica de que, como convencionalmente considerado, o comércio não estava no âmago do acordo.[22] Quando totalmente implementado, o efeito líquido do acordo no crescimento americano teria sido de somente 0,15% do PIB, de acordo com estimativas do próprio governo. Outras estimativas, menos tendenciosas, mostram que mesmo esse baixo número é um grande exagero.[23]

Se a Parceria Transpacífica e outros acordos recentes não estão centrados no comércio, de que tratam? De investimentos, propriedade intelectual, regulamentação e várias outras questões relacionadas aos negócios. A luta em relação a essas questões é marcadamente diferente do conflito sobre tarifas, tradicional nas negociações comerciais. Antes, as baixas tarifas colocavam os produtores de um país (que queriam proteção) contra os produtores de outro (que queriam entrar em um novo mercado), com os consumidores sendo os maiores beneficiários dos preços mais baixos. Mais recentemente, o conflito muitas vezes não é entre os interesses comerciais de um e outro país, mas entre consumidores e interesses comerciais em ambos os países. Cidadãos comuns querem ser protegidos contra produtos inseguros ou insalubres que são ruins para o meio ambiente, as empresas em todo o mundo querem simplesmente maximizar seus lucros, e as empresas menos escrupulosas querem que o governo se una a elas em outra guerra fiscal. A busca por harmonização regulamentar ("padrões" comuns) tipicamente significa harmonização no nível mais baixo possível. Os benefícios de tal harmonização são limitados, no melhor dos casos, e os custos podem ser significativos, em especial quando as corporações conseguem se impor e o padrão comum é baixo. Muitos europeus se preocupam com organismos geneticamente modificados (OGM). Eles querem que esses alimentos sejam banidos ou, no mínimo, rotulados com clareza. Os Estados Unidos dizem que rotular desencorajará os europeus a comprarem produtos americanos, e estão certos. Assim, afirmam que rotular é uma barreira comercial, mas, nisso, estão errados: todo país deve ter o direito de proteger seus cidadãos, seu meio ambiente e sua economia da maneira que acredita ser apropriada. A *intenção* da rotulação dos OGM não é o protecionismo; ela reflete preocupações genuínas dos cidadãos. Similarmente, um dos grandes objetivos da política comercial americana no último quarto de século tem sido forçar os países a abrirem seus mercados para os derivativos (os produtos financeiros que desempenharam papel tão central no colapso de 2008), a fim de aumentar os lucros das empresas financeiras americanas, ainda que tais produtos imponham riscos significativos às economias desses países. A intenção de muitos países ao restringir os derivativos não é o *protecionismo*, mas proteger suas economias contra um produto financeiro muito perigoso. Acredito que os governos devem ter direito a tais proteções, e simpatizo com os países que se opõem a acordos comerciais que tentam restringir os governos dessa maneira.

Propriedade intelectual

Hoje, uma das mais importantes questões comerciais é a propriedade intelectual. A Big Pharma — as fabricantes de caros medicamentos de marca — tentou usar as provisões de propriedade intelectual dos acordos comerciais para bloquear os muito mais baratos medicamentos genéricos, fazendo tudo que podia para, por exemplo, forçar atraso em sua entrada na competição.

Obter um sólido acordo internacional sobre a propriedade intelectual tem sido o sonho das corporações multinacionais e, em 1995, elas conseguiram parte do que queriam no acordo "Aspectos relacionados ao comércio dos direitos de propriedade intelectual" (acordo TRIPS).[24] O objetivo do acordo não era estimular a inovação. No capítulo 3, vimos como os direitos de propriedade intelectual deram origem ao poder monopólico, aumentando os lucros, e os regimes mal projetados de DPI nem sequer incentivam a inovação. O objetivo do TRIPS era aumentar os lucros da Big Pharma e das empresas de algumas poucas indústrias.[25] Era assegurar um fluxo de dinheiro dos países pobres em desenvolvimento e dos mercados emergentes para os Estados Unidos.[26] Não surpreende, portanto, que não fosse um acordo equilibrado, mesmo no domínio da propriedade intelectual; ele não reconhecia a propriedade intelectual dos países em desenvolvimento, fosse dos recursos genéticos que residiam na rica biodiversidade que muitos deles trabalhavam tão duro para preservar, fosse em conhecimento tradicional.[27]

O protecionismo não é a resposta

Embora a globalização, especialmente a liberalização mal gerenciada do comércio, tenha contribuído para a desindustrialização, o desemprego e a desigualdade, as políticas protecionistas de Donald Trump não solucionarão nenhum desses problemas. Na verdade, a destruição irracional do sistema global baseado em regras pode piorar alguns deles. Renegociar acordos comerciais não reduzirá o déficit comercial nem levará ao retorno dos empregos industriais. Isso porque o déficit comercial é determinado amplamente por fatores macroeconômicos, não por acordos comerciais. Fatores macroeconômicos determinam a taxa de câmbio — que é simplesmente o valor de uma moeda em relação a outra —, e a taxa de câmbio é crucial na determinação de exportações e importações. Quando o valor do dólar é alto, exportamos menos e importamos mais.[28]

Quando um país, como os Estados Unidos, poupa tão pouco que mesmo seus parcos investimentos excedem sua poupança, ele tem de trazer capital do exterior para cobrir essa diferença. Quando o capital chega a um país, a taxa de câmbio sobe no momento em que os investidores convertem suas moedas para a moeda local. Ou seja, quando capital chega aos Estados Unidos, o valor do dólar sobe em relação, digamos, ao euro. Os bens e serviços americanos se tornam mais caros para a Europa, causando um comensurável declínio nas exportações americanas. Isso também significa que o custo das mercadorias europeias é mais baixo, de modo que os Estados Unidos importam mais. Eis o problema real: quando os Estados Unidos importam mais, os empregos na indústria concorrente à importação desaparecem. É isso que dá origem à demanda por "proteção" contra as importações, seja limitando a quantidade que pode ser importada ou taxando (impondo tarifas). Em mercados altamente competitivos, mesmo tarifas baixas podem impedir as vendas estrangeiras.[29]

Como o déficit comercial total é igual ao déficit da poupança doméstica em relação ao investimento doméstico, as políticas importantes na determinação do déficit comercial são aquelas que afetam a poupança ou o investimento nacional total. Assim, a lei fiscal de 2017 terá mais impacto sobre ele que qualquer acordo comercial bilateral. Eis como isso funciona: quando a lei fiscal de 2017 foi aprovada, ela aumentou enormemente o déficit futuro do governo e, simultaneamente, a quantidade de capital que os Estados Unidos terão de importar para financiá-lo. Essa importação de capital aumentará o valor do dólar (em relação ao que de outro modo seria) e, por consequência, o déficit comercial. É uma relação simples: o aumento do déficit fiscal costuma levar ao aumento do déficit comercial.[30] E isso será verdadeiro independentemente do sucesso de Trump em negociar acordos comerciais.

Os acordos comerciais são importantes, mas isso vale mais para o fluxo de comércio que para o déficit comercial. Mudanças no fluxo de comércio afetam o déficit comercial *bilateral* (o déficit comercial entre quaisquer dois países), embora o déficit comercial *multilateral* (o déficit comercial geral, a diferença entre o valor total de exportações e importações) permaneça em grande parte inalterado. Se é imposta uma tarifa de 25% sobre os produtos chineses, os Estados Unidos importam menos vestuário da China e mais de outro país, como a Malásia. Como roupas malásias de qualidade comparável são ligeiramente mais caras que as chinesas (se não fossem, estaríamos importando roupas da Malásia), o custo do vestuário nos Estados Unidos aumenta. O padrão de vida americano, por sua vez, diminui.

É importante notar que, independentemente do sucesso de Trump na renegociação de acordos comerciais, o retorno da fabricação de produtos aos Estados Unidos provavelmente será limitado.[31] Mesmo que a fabricação retorne, será em instalações de capital intensivo, usando poucos trabalhadores. Além disso, não há como saber se os novos empregos serão nos mesmos locais nos quais empregos foram perdidos. O protecionismo, portanto, não solucionará o problema daqueles que perderam empregos industriais.

Tome como exemplo o novo acordo comercial entre Estados Unidos, Canadá e México. Ele foi criado para levar a importações ligeiramente menores de peças automotivas mexicanas. Mesmo que as provisões funcionem como pretendido, os carros americanos se tornarão mais caros e menos atraentes. Podemos ganhar alguns poucos empregos na fabricação de peças automotivas, mas perderemos empregos na fabricação de carros, porque as vendas de carros americanos cairão.

Para citar outro exemplo, vamos dar uma olhada na altamente divulgada tarifa que os Estados Unidos impuseram aos painéis solares chineses em 2018. Isso não levará ao renascimento da indústria de carvão. E, provavelmente, nem sequer levará à criação de uma indústria americana de painéis solares. A China já está tão à frente em termos de produção eficiente que será difícil os Estados Unidos a alcançarem, especialmente levando-se em conta o custo do trabalho americano. O mais provável é que os painéis solares usados nos Estados Unidos continuem a ser fabricados na China, mas as tarifas os tornarão mais caros e menos atraentes para os consumidores e os negócios americanos. Isso destruirá empregos na instalação de painéis solares, um setor nascente, mas em pleno crescimento que empregava duas vezes mais americanos que as minas de carvão antes das tarifas mais altas. As previsões de que as tarifas levariam a menos empregos nessas áreas verdes parecem ter se revelado verdadeiras, o que significa que a produção de energia renovável foi reduzida.

Empregos certamente foram destruídos pelo processo de globalização, mas serão destruídos outra vez pelo negligente processo de desglobalização proposto por Trump. O mundo criou eficientes cadeias globais de fornecimento, e as nações prudentes tiram proveito delas. Afastar-se dessas cadeias de fornecimento tornará as empresas americanas menos competitivas. Ainda mais importante, haverá altos custos de ajuste. O ajuste à globalização foi duro e nós — em especial nossos trabalhadores — pagamos um alto preço. Mas pagaremos um alto preço novamente ao tentarmos nos ajustar à desglobalização.[32]

Cooperação global no século XXI

Embora o protecionismo não ajude os Estados Unidos, ou mesmo aqueles que sofreram com a desindustrialização, ele pode ter efeitos profundamente negativos para os parceiros comerciais americanos e para a economia global. Durante os últimos setenta anos, a comunidade internacional criou um sistema baseado em regras que facilita o comércio e a cooperação. Os Estados Unidos desempenharam papel central na criação desse sistema. Não por altruísmo, mas porque acreditávamos que tal sistema era melhor para todo mundo, incluindo nós mesmos. Acreditava-se que o comércio e o intercâmbio promoveriam o entendimento através das fronteiras e que isso contribuiria para a paz, tornando menos prováveis as guerras que foram o flagelo do século anterior. Também era boa economia: uma globalização baseada em regras e bem gerenciada tinha o potencial de beneficiar todos os países. E, de modo geral, a economia americana foi beneficiada; o problema é que não asseguramos que os frutos do crescimento fossem equitativamente partilhados.

Guerras comerciais e cooperação global

Agora esse sistema global de comércio baseado em regras está sob ataque. Quando o presidente Trump sugeriu pela primeira vez que iniciaria uma guerra comercial contra a China, houve incredulidade tanto nos Estados Unidos quanto lá fora. Afinal, isso parecia ir contra os interesses de ambos os lados, especialmente os interesses corporativos, que pareciam há muito ditar a política econômica internacional dos Estados Unidos. Mas Trump jamais foi conhecido por sua racionalidade ou consistência. Em 2018, os conflitos comerciais iniciais a respeito de aço, alumínio, máquinas de lavar e painéis solares se transformaram em guerra total, com os Estados Unidos impondo tarifas de mais de 200 bilhões de dólares aos produtos chineses e a China retaliando. Trump está confiante de que os Estados Unidos vencerão, simplesmente porque importam da China mais do que exportam para ela. Esse argumento é falacioso por várias razões. O que importa são os instrumentos disponíveis para cada lado, a disposição e a capacidade de prejudicar o outro lado e combater os prejuízos sofridos e o apoio no interior do país. Como a China tem uma economia mais controlada que a americana, ela não somente pode dirigir melhor aquilo que faz, como também pode fornecer medidas de compensação para os setores prejudicados. A China pretende deixar de depender das exportações, e os Estados Unidos simplesmente aceleraram o processo, aumentado a determinação chinesa de desenvolver suas capacidades tecnológicas. Além disso, a fração das exportações chinesas que realmente é "feita na China" é muito menor que a americana, de modo que o decréscimo de 1 dólar em exportações da China tem muito menos impacto na economia chinesa que o decréscimo de 1 dólar em exportações dos Estados Unidos tem na economia americana.[33]

A China também iniciou essa guerra comercial com seu povo unido em apoio ao governo, ao passo que os Estados Unidos entraram nela com amplas parcelas da população, talvez a maioria, opondo-se a ela.[34] E, finalmente, há muitas outras ações econômicas e não econômicas que a China poderia iniciar, de espremer as empresas americanas operando em solo chinês a adotar atitudes mais agressivas no mar da China Meridional.

É claro que, no fim, provavelmente todos sairão perdendo, com as repercussões negativas do protecionismo se estendendo muito além dos canais econômicos diretos. Precisamos de cooperação internacional em muitas frentes além do comércio. Por exemplo, precisamos da ajuda da Coreia do Sul e da China para lidar com a Coreia do Norte e precisamos da ajuda da Europa para lidar com a Rússia. Tal ajuda será muito menos provável se nossos países estiverem envolvidos em guerras comerciais.

Globalização em um mundo com múltiplos sistemas de valor

Subjacentes à ameaça de guerra comercial, há profundas queixas sobre o sistema global de comércio que vão além daqueles que sofrem com a maneira como ele tem sido gerenciado. Muitos defensores da globalização presumiram que teríamos um regime de livre comércio englobando países com diferentes sistemas de valores. Os valores afetam a economia — e as vantagens comparativas — de maneiras difusas e importantes. É possível que uma sociedade menos livre tivesse um desempenho melhor em uma arena importante como a inteligência artificial. Big Data é crucial, e a

China tem menos inibições na coleta e no uso de dados. Os europeus poderiam ou deveriam se queixar do fato de que o uso de mão de obra prisional (os presidiários chegam a quase 5% da força de trabalho industrial) concede aos Estados Unidos uma vantagem injusta, uma vez que os presidiários tipicamente recebem muito menos que o salário mínimo? Ou que a falha dos Estados Unidos de imporem restrições às emissões de carbono também lhe concede uma vantagem injusta? Há um quarto de século, quando os Estados Unidos e o Ocidente começaram a se envolver cada vez mais no comércio com a China, havia a esperança de que esse envolvimento acelerasse o processo chinês de democratização. Como já observado, o Ocidente, especialmente os Estados Unidos, interpretou o colapso da Cortina de Ferro como triunfo de nosso sistema econômico e político; seria apenas uma questão de tempo até que todo mundo, com exceção de alguns poucos países desgarrados como a Coreia do Norte, visse a luz e adotasse a democracia e o capitalismo de estilo americano.

Mas isso foi antes da crise financeira de 2008, que demonstrou os limites do capitalismo de estilo americano; antes da eleição de Trump, que demonstrou os limites da democracia de estilo americano; e antes que o presidente Xi, da China, abolisse o fim obrigatório de seu mandato, o que sugere que a China pode não estar se afastando do autoritarismo, como esperávamos, mas sim seguindo na direção oposta. O modelo econômico distintivo da China — alguns o chamam de loja e a China se refere a ele como "economia de mercado socialista com características chinesas" — se provou notavelmente robusto, e o país suportou a crise global de 2008 melhor que qualquer outro. Embora seu crescimento tenha desacelerado, sua taxa de crescimento foi mais de três vezes maior que o da Europa e duas vezes maior que o dos Estados Unidos. Seu sucesso, combinado com amplos programas de auxílio externo, estão se provando atraentes para muitos países do terceiro mundo que tentam escolher um modelo econômico para si mesmos.

Há quarenta anos, quando a China começou a transição para a economia de mercado, ninguém teria imaginado que em meio século aquele país empobrecido teria um PIB comparável ao norte-americano. O sucesso da China em algumas áreas avançadas, como inteligência artificial e segurança cibernética, criou preocupações não somente sobre competição econômica, mas também sobre segurança nacional. Os interesses comerciais também se tornaram menos entusiásticos: embora já tenham visto o país como mina de ouro, salários mais altos, padrões ambientais e regulatórios mais elevados e competição mais intensa das empresas locais significam que a China já não é tão lucrativa quanto antes, e as perspectivas futuras parecem ainda menos animadoras.

As empresas americanas afirmam ser injusto que a China exija joint ventures (que incluem partilha de propriedade intelectual) como condição de entrada em seu mercado. A China responde dizendo que ninguém está forçando as empresas a entrar na China; elas vão até lá sabendo das condições.[35] A China é um país em desenvolvimento — embora grande —, com renda *per capita* equivalente a um quinto da americana. E está trabalhando duro para diminuir a distância em relação aos países mais desenvolvidos, especialmente em termos de conhecimento. Em certas áreas, algumas de considerável importância, já conseguiu fazer isso. Não há lei ou mesmo norma internacional que proíba as joint ventures, com tudo que elas acarretam.[36]

Mas o sucesso da China tem bases amplas, e não depende somente das joint ventures com empresas ocidentais ou do roubo de propriedade intelectual. Em algumas áreas, como mídias sociais e inteligência artificial, ela está na vanguarda. O número de pedidos de patente que recebe tem aumentado drasticamente.[37] Em muitas outras áreas, ela superou o fosso de conhecimento que a separava dos países desenvolvidos. A administração Trump, em suas relações comerciais com a China, está tentando fechar a porta do estábulo depois de os cavalos já terem fugido.[38]

Ao deixarmos para trás a ridícula ideia de que o comércio com a China levará rapidamente a uma China democrática, eis uma questão real: como pode haver comércio de fato livre com um país com um sistema econômico tão diferente? O que significa ter um "campo nivelado", por exemplo, em relação a um país com pouco respeito pela privacidade, mas disposto a se engajar em censura e bloqueio de websites politicamente ofensivos? De forma discreta, essa questão é debatida há muito. Os mercados emergentes e os países em desenvolvimento argumentam que não pode haver um sistema de comércio justo enquanto os Estados Unidos e a Comunidade Europeia insistirem em subsidiar a agricultura, o setor do qual bilhões de pessoas pobres em todo o mundo dependem para sua subsistência. Os Estados Unidos alegam que subsídios ocultos permeiam a economia chinesa; a China alega que tais subsídios estão presentes em todas as economias, incluindo os amplos subsídios agrícolas, os auxílios maciços ao setor financeiro e os enormes gastos com pesquisa do Departamento de Defesa, cujos resultados (como os aviões Boeing) às vezes são traduzidos em produtos para consumo. A Europa também se queixou desses subsídios aéreos ocultos, da mesma forma que os Estados Unidos se queixaram da mais transparente assistência europeia ao Airbus.

Enfrentamos agora a realidade de que diferentes países organizam suas economias de maneiras fundamentalmente diferentes, refletindo seus valores e crenças. Nem todo mundo quer o capitalismo de estilo americano, com seu poder corporativo e sua desigualdade. E certamente nem todo mundo quer o nível de intrusão na economia ou a falta de preocupação com a privacidade da China. Um sistema de globalização desenfreada e sem valores não pode funcionar, mas tampouco funcionará um sistema no qual as regras do jogo sejam ditadas por um país ou outro. Teremos de encontrar uma nova forma de globalização, baseada em alguma versão de coexistência pacífica, reconhecendo que mesmo que tenhamos sistemas econômicos marcadamente diferentes, ainda há amplas áreas nas quais podemos comerciar de modo proveitoso. Precisaremos de um conjunto mínimo de normas, alguma versão de estado de direito, o que pode ser pensado como um conjunto básico de regras do jogo. Não podemos forçar os outros a adotarem nosso sistema regulatório nem deveríamos ser forçados a adotar o deles. E será muito melhor para todos se essas regras forem globais, multilaterais e aceitas por todos os países.

Consertando a globalização

O protecionismo não é a resposta para os problemas enfrentados pelos Estados Unidos e pelo mundo. Tampouco adianta insistir ainda mais na globalização como gerenciada até agora. Fazer o mesmo que fizemos nos últimos trinta anos não funcionará melhor nas próximas décadas. Isso provavelmente resultará em ainda mais sofrimento e tumulto político. Vimos como, no passado, a globalização foi gerenciada a partir de um conjunto de falsas premissas: a de que todo mundo é vencedor (sem intervenção governamental, há grandes perdedores) e a de que a globalização é *simplesmente* uma questão de boa economia (na verdade, a maneira como vem sendo gerenciada promoveu uma agenda política que diminuiu o poder de barganha dos trabalhadores e aumentou o poder corporativo, especialmente em certos setores). Em nome da globalização — para manter os países competitivos —, os trabalhadores ouviram que deveriam aceitar salários mais baixos, piores condições de trabalho e reduções em serviços governamentais essenciais dos quais dependiam. Como tais políticas poderiam levar à elevação do padrão de vida dos trabalhadores? Agora sabemos que os benefícios do crescimento nos países desenvolvidos e industrializados foram exagerados e os efeitos distributivos foram subestimados.

Mercados emergentes, como a China, que gerenciaram bem a globalização, conheceram enorme sucesso. A China evitou a instabilidade associada aos fluxos de capital de curto prazo, o *hot money* que entra e sai da noite para o dia. Ela encorajou o investimento estrangeiro de uma maneira que permitiu diminuir o fosso de conhecimento que a separava dos países mais desenvolvidos. E encorajou a exportação ao garantir uma taxa de câmbio estável e, nos estágios iniciais de seu desenvolvimento (embora não recentemente), ao manter o valor da moeda um pouco mais baixo do que normalmente seria. Ainda mais importante, embora tenha permitido que a desigualdade crescesse, fez com que quase todo mundo se beneficiasse da globalização (retirando, como já comentei, 740 milhões de pessoas da pobreza).

É tentador dizer que seu crescimento ocorreu à custa dos países desenvolvidos, mas isso seria equivocado. O argumento padrão de que o comércio pode ser benéfico *para ambos os países* é, de modo geral, correto (se os governos gerenciarem bem os riscos e oportunidades), mas grandes grupos no interior de um país podem se ver em situação difícil, a menos que o governo inicie medidas compensatórias. Nos Estados Unidos, o governo não tomou as medidas necessárias e o resultado foi o que se poderia esperar.[39]

O impacto da globalização vai muito além da economia. Deu-se muito destaque ao aumento da expectativa de vida conforme o conhecimento médico se disseminava globalmente ou ao reconhecimento dos direitos de gênero conforme as ideias se disseminavam globalmente. Vimos como a evasão fiscal em nível global roubou países da arrecadação necessária para fornecer serviços públicos básicos. Ao mesmo tempo, a maneira como a globalização foi gerenciada muitas vezes prejudicou comunidades e, em alguns casos, mesmo Estados-nação. Lojistas locais frequentemente são os pilares de uma comunidade. Mas essas lojas agora são expulsas do mercado por grandes cadeias, com sua distintiva vantagem de comprar mercadorias baratas no exterior. Os gerentes dessas lojas são leais à empresa, não à comunidade, e não costumam ficar tempo suficiente no mesmo lugar para fincar raízes.

As regras da globalização estiveram longe de ser ideais. Elas protegeram os interesses corporativos à custa dos trabalhadores, dos consumidores, do meio ambiente e da economia. A Big Pharma recebeu mais proteção para suas drogas dispendiosas, à custa de vidas em todo o mundo. As grandes corporações obtiveram um regime de propriedade intelectual que as beneficiou em detrimento dos pequenos negócios e colocou os lucros acima das vidas humanas e do meio ambiente, e mesmo acima do crescimento e da inovação de longo prazo. Ao facilitarmos a evasão fiscal das multinacionais, uma parte maior do fardo tributário recaiu sobre os trabalhadores e pequenos negócios. Do mesmo modo, fornecer, através de acordos, direitos de propriedade mais seguros para investimentos no exterior que para investimentos domésticos não faz sentido.

Eis uma lista de reformas fáceis: nossos acordos de investimentos deveriam focar em garantir que as empresas americanas não serão discriminadas.[40] As provisões de propriedade intelectual de nossos acordos comerciais também deveriam focar em garantir o acesso a medicamentos genéricos, não em garantir grandes lucros para a Big Pharma. Além disso, deveríamos nos preocupar mais com o uso da globalização para a evitação e a evasão fiscal. Quase certamente, teríamos melhores acordos internacionais se chegássemos até eles através de um processo mais aberto e democrático. Atualmente, os acordos são negociados pelo Escritório do Representante de Comércio dos EUA (USTR) atrás de portas fechadas — mas não totalmente fechadas. Representantes corporativos estão efetivamente na mesa de negociação, e o USTR discute com eles sobre o que negociar, embora membros do Congresso muitas vezes sejam excluídos, com o USTR se recusando a sequer divulgar sua posição.[41]

O mais importante, porém, é que quaisquer que sejam as regras, precisamos ajudar os cidadãos comuns a se ajustarem às mudanças econômicas, venham elas da globalização ou da tecnologia.[42] Sozinhos, os mercados não são bons em fazer transições, em transformar a economia. Os países que ajudaram seu povo com essa transição, como alguns dos países escandinavos (Suécia e Noruega, por exemplo), têm uma economia mais dinâmica, uma política mais aberta à mudança e um padrão de vida mais alto para oferecer aos cidadãos. Isso exige políticas ativas em relação ao mercado de trabalho, que ajudem as pessoas a receber treinamento e encontrar novos empregos; e políticas industriais que assegurem que os novos empregos sejam criados tão rapidamente quanto os antigos são destruídos e ajudem os locais atingidos por grandes perdas de emprego a encontrar novas oportunidades econômicas.[43] Isso também exige bons sistemas de proteção social, de modo que ninguém escape por entre as brechas. Mas aqueles que gerenciam a globalização e nossas economias demandaram cortes nesses programas — supostamente para competir em um mundo globalizado — exatamente quando mais precisamos deles.

É fácil — ao menos da perspectiva econômica — reescrever as regras da globalização e gerenciá-la melhor. No capítulo 9, explicarei algumas maneiras pelas quais tanto a globalização quanto as mudanças tecnológicas podem ser mais bem gerenciadas, de modo que todos os cidadãos — ou, ao menos, a maioria deles — possam se beneficiar e poucos sejam deixados para trás.

CAPÍTULO 5

Finanças e a crise americana

As finanças foram centrais na criação do mal-estar econômico, social e político de hoje: na crise econômica que os Estados Unidos suportaram por quase uma década, no aumento da desigualdade e na desaceleração do crescimento. Os recursos — incluindo alguns dos jovens mais talentosos — foram para as finanças, e não para o fortalecimento da economia *real*. Um setor que deveria ter sido o meio para um fim, a produção mais eficiente de bens e serviços, tornou-se um fim em si mesmo. Nenhuma economia moderna pode ter bom desempenho sem um mercado financeiro funcional servindo à sociedade. Por isso, é essencial reformar o setor financeiro de modo que ele sirva à sociedade, e não o contrário.

Desde a fundação da república, houve temor de que bancos poderosos pudessem minar a democracia popular. Foi por isso que tantos se opuseram à criação do First National Bank, e o presidente Andrew Jackson se recusou a renovar a licença de vinte anos em 1836. Esses temores se provaram mais que justificados em anos recentes, durante as tentativas de regulamentar os bancos para impedir uma recorrência da crise de 2008. Mais de três quartos dos americanos acreditavam firmemente que a regulamentação era necessária. Contudo, com cinco lobistas para cada congressista, os dez maiores bancos do país tiveram tanta ou mais influência que 250 milhões de americanos. Foram necessários dois anos para aprovar a lei que ficou conhecida como Dodd-Frank (finalmente assinada em 2010), que pretendia retificar os problemas que haviam levado à crise e ainda estava muito longe do que era realmente necessário. A tinta mal secara no papel quando um exército de lobistas começou a trabalhar para diminuir seu impacto — obtendo enorme sucesso em 2018, quando a vasta maioria dos bancos foi removida da supervisão mais estrita anteriormente aprovada.[1]

O próprio resgate de 2008 demonstrou o poder dos bancos. Eles haviam causado a crise e, mesmo assim, o governo lhes ofereceu imensa generosidade, sem qualquer senso de responsabilidade pela crise que haviam criado e com mesquinho auxílio aos trabalhadores e proprietários de imóveis, que pareciam ser somente dano colateral na guerra de cobiça dos financistas. O diário daqueles que se reuniram com Obama e seu secretário do Tesouro, Tim Geithner, enquanto desenvolviam um plano para ressuscitar a economia demonstra quem estava na mesa de negociações e quem não estava. Proprietários de imóveis comuns, que lutavam para não perder tudo, não estavam; as grandes financeiras estavam.[2]

Era necessário salvar os bancos para manter o fluxo de crédito (equivalente à força vital da economia). Mas era possível salvá-los sem salvar banqueiros, acionistas e detentores de títulos; era possível jogar pelas regras do capitalismo, que exigem que acionistas e portadores de títulos de qualquer empresa, incluindo bancos, que não possa pagar suas dívidas percam tudo antes que os contribuintes sejam chamados a pagar a conta.[3]

Além disso, enquanto despejávamos dinheiro nos bancos, salvando seus acionistas e detentores de títulos, poderíamos ter imposto a condição de que usassem o dinheiro para ajudar proprietários de residências e pequenos negócios, não para conceder grandes bônus aos banqueiros. Não fizemos isso. Obama e sua equipe confiaram nos banqueiros, que, nas décadas anteriores, haviam fornecido todas as razões para *não* se confiar neles; eles acreditaram que, se dessem dinheiro suficiente aos bancos, acionistas e detentores de títulos, esse dinheiro de algum modo gotejaria e todos se beneficiariam. Não foi assim. Nos primeiros três anos da recuperação, 91% do crescimento foi para os 1% no topo. Milhões perderam casas e empregos enquanto os banqueiros, que haviam causado todo o problema, aproveitavam seus bônus milionários. O que conseguimos não foi eficiente nem justo, mas foi o que se poderia esperar em uma democracia na qual os pratos da balança pendem para o lado dos bancos.

Impedindo que o setor financeiro prejudique a sociedade

A maioria dos esforços de reforma financeira em ambos os lados do Atlântico foi na direção de impedir que os bancos prejudicassem o restante da sociedade, o que haviam feito em grande escala através de empréstimos imprudentes ou predatórios, práticas abusivas em relação aos cartões de crédito e exploração do poder de mercado. Nos anos após a crise de 2008, descobrimos que eles se comportaram pior do que imaginávamos: o Wells Fargo, o terceiro maior banco americano em valor de ativos, abriu contas para indivíduos sem seu consentimento; vários bancos participaram da manipulação dos mercados de moeda estrangeira e taxas de juros; e as agências de classificação de risco e a maioria dos bancos de investimento cometeram fraudes maciças.

Essa disseminada torpeza moral apresenta o mais importante e difícil desafio para seguirmos adiante: modificar as normas e a cultura das finanças.[4] Os banqueiros sabiam que nosso sistema legal não estava à altura de lidar com fraudes ou quebras de contrato maciças, nas quais os bancos simplesmente se recusaram a honrar os contratos que haviam assinado.[5] "Nos processem", pareciam dizer eles. Os bancos sabiam que aqueles que buscassem justiça encontrariam um processo lento; no pior dos casos, esperavam que seus argumentos especiosos prevalecessem junto a um juiz favorável. Se perdessem, simplesmente teriam de pagar o que era devido. Mas talvez pudessem vencer. Talvez aqueles que haviam enganado, com bolsos mais rasos que os dos grandes bancos, acabassem desistindo e aceitassem uma fração do que era devido. Para os banqueiros, era uma aposta garantida. Para aqueles que haviam acreditado em suas garantias contratuais, era muito diferente: justiça postergada é justiça negada.

O ponto mais importante é que nosso sistema econômico não pode funcionar se não houver confiança, e isso é especialmente verdadeiro no caso dos bancos. Confiamos neles para devolver nosso dinheiro quando o quisermos e para não nos enganar quando compramos seus complexos produtos financeiros. Vezes sem conta, os banqueiros demonstraram que não são confiáveis, minando o funcionamento de toda a economia. Sua falta de visão os levou a abandonar qualquer pretensão de "reputação". Mas, assim como Peter Thiel declarara que competição é para perdedores, Lloyd Blankfein, diretor do Goldman Sachs, deixou claro que a reputação de honestidade e confiabilidade — tradicionalmente vista como ativo mais importante de um banco — era uma exótica relíquia do passado. O Goldman Sachs criou um título destinado a dar prejuízo. Enquanto vendiam esse produto, eles apostaram que daria prejuízo (uma aposta chamada de "venda a descoberto"), mas, é claro, não disseram aos clientes que daria prejuízo e que estavam usando esse conhecimento para apostar contra ele. Se você acha que isso é imoral, então faz parte dos 99% da humanidade que pensam de maneira evidentemente anacrônica, mais adequada a um mundo já extinto. Blankfein pôs fim à noção de que os banqueiros devem ser confiáveis ao dizer (literalmente) que qualquer um que confia em um banqueiro é um tolo.[6]

A falta de visão do setor financeiro — quase nunca olhando para além do próximo trimestre — também enfraqueceu a economia.[7] Ela permitiu que os bancos sacrificassem sua reputação de longo prazo durante a busca por lucros de curto prazo, enganando investidores (Goldman Sachs) ou correntistas comuns (Wells Fargo). Foi a mesma falta de visão (ou a expectativa de que conseguiriam se safar) que levou muitos bancos de investimento e agências de classificação de risco de crédito a cometerem fraude.

Um setor financeiro disfuncional, uma economia disfuncional

Uma das funções centrais do setor financeiro é a chamada intermediação, a aproximação entre aqueles que têm excesso de fundos e aqueles que precisam de fundos. Esse é um processo consagrado: em uma simples e primitiva economia agrária, um fazendeiro com excesso de sementes poderia oferecê-las a um vizinho. Em uma economia moderna, a intermediação consiste em pegar dinheiro dos domicílios que estão poupando para a aposentadoria, para quitar parte da hipoteca ou para financiar o ensino superior dos filhos e levá-lo para ser investido no setor corporativo.

Com a evolução do serviço bancário, a intermediação se afastou cada vez mais do relacionamento entre poupadores e empresas querendo se expandir e criar empregos. Em vez disso, os bancos intermediam entre domicílios poupadores e domicílios que querem gastar mais do que ganham, através, por exemplo, do uso de cartões de crédito. A concessão de cartões de crédito era tão lucrativa porque era muito fácil tirar vantagem dos consumidores, cobrando juros usurários, taxas por atraso (mesmo quando não havia atraso), taxas sobre os gastos acima do limite e muitas outras. Isso foi especialmente verdadeiro após a desregulamentação, que eliminou as restrições ao comportamento predatório dos bancos. Eles podiam ganhar de todos os lados, usando seu poder de mercado para impor altas taxas a consumidores e lojistas *simultaneamente*. Além disso, os consumidores eram mais fáceis de explorar que as empresas; havia mais dinheiro fácil a ser ganho com eles que com pequenas e médias empresas (PME). Desse modo, as PMEs encontraram cada vez mais dificuldade para emprestar dinheiro, especialmente dos grandes bancos. Em 2016, anos após a crise, os empréstimos às PMEs (*não ajustados* pela inflação) ainda estavam 14% abaixo do nível de 2008. Em alguns países europeus, a queda foi ainda maior.[8]

Do mesmo modo, os bancos fizeram um péssimo trabalho em uma das áreas centrais nas quais a intermediação é necessária: entre poupadores de longo prazo e investidores de longo prazo. Em todo o mundo, muitos são poupadores de longo prazo: fundos de pensão, dotações para universidades e fundações e fundos de riqueza soberana, que guardam o dinheiro de um país para as gerações futuras. Muitas das mais importantes necessidades de investimento também são de longo prazo, como infraestrutura e o aperfeiçoamento do sistema energético mundial para refletir a realidade das mudanças climáticas. Mas, entre os investidores de longo prazo e os poupadores de longo prazo, estão os mercados financeiros sem visão. Os banqueiros simplesmente não estão à altura da tarefa de tomar decisões sobre a alocação de recursos no longo prazo.

Eles querem projetos de curto prazo com retornos rápidos. E não estão à altura de criar produtos financeiros que ajudem a gerenciar riscos de longo prazo.

Cada vez mais, os bancos de desenvolvimento multinacionais *públicos*, como o Banco Mundial, o Banco Asiático de Investimento em Infraestrutura, o Novo Banco de Desenvolvimento (também chamado de Banco BRICS[9]) e o Banco Africano de Desenvolvimento, que focam no desenvolvimento de longo prazo, preenchem essa brecha. Mas eles estão subcapitalizados e não podem solucionar integralmente os problemas causados por um sistema financeiro privado disfuncional.

Menos intermediação e mais apostas, mais esforços para criar poder de mercado

Os bancos também se voltaram para atividades muito mais lucrativas que a intermediação: por exemplo, aceitando grandes apostas. O que em Las Vegas pode ser chamado simplesmente de aposta, em Wall Street assume nomes mais elegantes: "derivativo" (que é apenas uma aposta no que acontecerá a taxas de juros, taxas de câmbio ou preços do petróleo) ou "credit default swap" (CDS), uma aposta sobre se uma empresa ou outro banco vai falir ou quase falir. Essas apostas não são como aquelas feitas nos caça-níqueis; costumam ser apostas de milhões e milhões de dólares. Esse mercado de apostas existe porque é parcialmente garantido pelo governo. Se as perdas forem muito grandes, o governo socorre o banco. É outra maneira de os bancos participarem de apostas garantidas: se as coisas derem certo *para eles*, eles ficam com os lucros; se não derem, o governo os garante. E é somente porque o governo os garante que o outro lado está disposto a participar, porque sabe que o contrato será honrado, aconteça o que acontecer.

A Lei Dodd-Frank tentou pôr fim a essas apostas subscritas pelo governo, que se provaram muito custosas. Esse tipo de especulação resultou no auxílio de 180 bilhões de dólares a uma única empresa, a AIG — mais auxílio corporativo em um único ato do que o fornecido a todos os pobres americanos em mais de uma década de programas infantis de bem-estar.[10]

O descaramento da resposta dos bancos às tentativas de restringir suas apostas à custa do dinheiro público foi de tirar o fôlego: em 2014, lobistas do Citigroup escreveram a provisão que restaurava o direito de aposta, com o governo efetivamente subscrevendo as perdas, e fizeram com que fosse transformada em emenda de uma lei (a lei de financiamento do governo) que acabara de ser aprovada.[11]

Espantosamente, os bancos se recusaram a garantir sequer os riscos associados à concessão de hipotecas. Dez anos após a crise financeira e doze anos após o estouro da bolha imobiliária, o governo ainda precisa subscrever a vasta maioria das hipotecas. Os banqueiros querem as comissões geradas pelas hipotecas, mas não a responsabilidade por suas próprias falhas de julgamento. Eles querem que o governo arque com as perdas causadas por empréstimos ruins. É irônico que, em um país que supostamente adora o capitalismo, o setor privado diga que a simples tarefa de criar hipotecas e arcar com o risco associado a elas está além de sua capacidade. Toda proposta de reforma do mercado de hipotecas falhou em função da insistência dos bancos de que não são capazes ou não estão dispostos a arcar com os riscos associados.

Outro desvio lucrativo para os bancos é a facilitação das "fusões e aquisições": ajudar as grandes empresas a se tornarem ainda maiores, assim exacerbando os já altos níveis de concentração e poder de mercado. Uma única fusão ou aquisição pode gerar centenas de milhares de dólares em comissão para os bancos. No capítulo 3, discutimos as implicações econômicas e sociais dessas aglomerações de poder, e os bancos foram cúmplices, se não instigadores, dessa transformação da economia.

Uma terceira e muito lucrativa linha de negócios para os bancos é particularmente improdutiva para a sociedade: ajudar corporações multinacionais e indivíduos ricos a não pagarem os impostos devidos, movendo o dinheiro de jurisdições com alta taxação para jurisdições com baixa taxação e contornando, se não descumprindo, as leis.[12] Ao mesmo tempo, os bancos resistem aos esforços para reformar o sistema tributário e financeiro global. Dezenas de bilhões de dólares fogem da taxação todos os anos.

Eis um exemplo de como os bancos facilitam a elisão fiscal. A Apple, trabalhando em conjunto com o setor financeiro, usou sua engenhosidade não apenas para produzir produtos cobiçados, mas também para elidir impostos. Alguns de seus acionistas, vendo o baú do tesouro sobre o qual estavam sentados, quiseram o dinheiro imediatamente. De acordo com a antiga (pré-2017) lei fiscal, se o dinheiro permanecesse no exterior, a Apple não teria de pagar impostos; mas, se fosse trazido para casa, impostos corporativos teriam de ser pagos sobre os lucros. Assim, a Apple se voltou para o mercado financeiro. Ao emprestar dinheiro para pagar os dividendos, ela pôde comer o bolo e ainda ficar com ele, evitando repatriar os lucros e os impostos que incidiriam sobre eles. Mas seus acionistas receberam o que queriam: dinheiro no bolso.

Aqui, como no exemplo anterior de elisão fiscal no qual descrevi como a Apple moveu seus lucros para a Irlanda, houve total ausência de consciência corporativa: embora seu próprio crescimento repousasse sobre tecnologias desenvolvidas ou financiadas pelo governo americano, a Apple, como os bancos, estava disposta a tomar, mas não a dar em troca, mesmo enquanto fazia uma grande exibição de sua pretensa responsabilidade corporativa. Para mim, o primeiro elemento da responsabilidade social corporativa é pagar impostos.

Mais desintermediação

Para além de não estar desempenhando seu tradicional papel de intermediação, trazendo dinheiro do setor domiciliar para o setor corporativo, o setor financeiro está fazendo o oposto, pegando dinheiro *do* setor corporativo e levando-o para o setor domiciliar, a fim de que os ricos possam gozar de sua riqueza agora. Uma maneira de os bancos fazerem isso, com óbvias vantagens tarifárias,[13] é emprestar dinheiro para que as empresas possam recomprar suas ações no mercado, como ilustrado pelo exemplo da Apple. O dinheiro flui *das* empresas. Elas têm menos dinheiro para investir no futuro. Menos empregos são criados. Os recipientes, é claro, são os proprietários de ações, desproporcionalmente os muito ricos.[14] Essas recompras são tão amplas que, em anos recentes, excederam de modo consistente o investimento não financeiro das empresas (sua formação de capital), diferente dos anos após a Segunda Guerra Mundial, quando as recompras de ações eram negligíveis.¹⁵ Depois que a lei fiscal dos republicanos foi aprovada em dezembro de 2017, houve uma onda de recompras, com 2018 a caminho de bater o recorde.¹⁶

Do sistema bancário tradicional para o sistema financeiro disfuncional

O setor financeiro nem sempre foi disfuncional. Ao crescer de 2,5% do PIB em 1945 para 8% na época da crise, a economia não teve melhor desempenho. Na verdade, o crescimento desacelerou e a economia se tornou mais instável, culminando na pior crise dos últimos 75 anos.

As deficiências do setor financeiro surgiram gradualmente no último quarto de século, conforme ele evoluía a partir do sistema bancário tradicional. O sistema bancário, como comentei, permitia que os indivíduos entregassem sua poupança aos bancos, que a emprestavam às empresas, as quais, por sua vez, usavam o dinheiro para contratar mais trabalhadores ou comprar mais máquinas. O dinheiro ia para aqueles mais capazes de fazer bom uso dele. O banco não tentava espremer o último centavo do mutuário, pois sabia que cobrar juros altos desencorajaria os mutuários responsáveis e encorajaria os riscos excessivos.¹⁷ Além disso, mantinha um relacionamento de longo prazo com o mutuário, podendo ajudar a empresa em épocas boas e más. Esse tipo de relacionamento é chamado de relacionamento bancário.

O sistema bancário moderno mudou isso de várias maneiras. No sistema bancário tradicional, os banqueiros eram pessoas tediosas, mas altamente respeitáveis, pilares da comunidade que queriam assegurar aos outros sua probidade. Eles queriam convencer as outras pessoas de que eram suficientemente confiáveis para cuidar de seu dinheiro. E arcavam com as consequências dos empréstimos ruins: se não fizessem um bom trabalho e aqueles para quem emprestavam não pudessem pagar, eles perdiam capital.

No novo modelo "gerar para distribuir", que passou a dominar o sistema bancário no século XXI,¹⁸ os bancos geram empréstimos, mas os repassam para outros, que arcam com os riscos. Eles lucram não com a diferença entre os juros que os mutuários pagam e os juros que eles mesmos pagam aos depositantes, mas com as taxas cobradas em todos os estágios do processo.

Empréstimos garantidos pelo governo

A quantidade de empréstimos que um banco pode ceder não é limitada pela quantidade de depósitos que recebeu. Nisso, o sistema é obviamente diferente da situação agrícola simples descrita mais cedo. Na época, um "banco de sementes" só podia emprestar a um fazendeiro querendo plantar mais se outro fazendeiro tivesse cedido suas sementes ao banco. Mas, há várias centenas de anos, os bancos perceberam que podem criar contas e somente uma fração delas será empregada em algum momento. Evoluímos para o chamado sistema de reservas fracionárias, no qual a quantidade que os bancos mantêm em reserva é somente uma fração daquilo que possuem. Hoje, esse sistema funciona porque se baseia no governo para garantir que as reservas serão suficientes, que aquilo que não está em reserva foi administrado com prudência, e para intervir se a reserva não for suficiente.

Mesmo que os empréstimos não fossem a atividade mais lucrativa dos bancos, os banqueiros ganhariam bastante, não só porque emprestam a juros mais altos do que aquele que pagam aos depositantes, mas também porque podem criar empréstimos praticamente a partir do nada. O banco pode simplesmente registrar em seus livros que um indivíduo tem um crédito (um direito de gastar dinheiro) de, digamos, 100 mil dólares. Em certo sentido, o banco deve esse dinheiro ao mutuário. Mas emprestar esse dinheiro ao mesmo tempo significa que o banco cria um ativo de igual valor, o próprio empréstimo. O mutuário valoriza o crédito porque outros aceitarão um cheque escrito por ele. A razão pela qual outros estão dispostos a aceitar esse cheque, no entanto, é o fato de o banco ser garantido pelo governo americano. Na verdade, os bancos ganham dinheiro tirando vantagem da confiança no governo americano. Isso significa que, quando eles quebram, os contribuintes arcam com as despesas. Como o sistema bancário é tão lucrativo e como quanto mais os banqueiros emprestarem, mais eles ganham, eles têm um incentivo para persuadir o governo de que não precisam de muitas reservas.[19] Essa foi uma das grandes batalhas do mundo pós-crise de 2008. Quanto menores as reservas, maiores os lucros dos bancos e o risco para os contribuintes. Do ponto de vista da sociedade, no entanto, trata-se de mais que apenas uma questão de passar o risco dos banqueiros e bancos para o governo. Com exigências mais altas de reserva e os bancos com mais a perder, os banqueiros se mostrarão mais prudentes, empréstimos melhores serão concedidos e nossa economia terá um desempenho melhor.

O desalinhamento entre os interesses privados e os interesses sociais

É claro que os banqueiros não estão interessados no desempenho geral da economia; eles estão interessados em lucrar. Aqui, novamente, os interesses privados e sociais não estão em alinhamento. Como consequência, ao testemunhar perante o Congresso sobre as origens da crise financeira, o ex-presidente do conselho do Federal Reserve, Alan Greenspan, disse ter assumido que os banqueiros gerenciariam melhor os riscos. Essa foi a grande "falha" de seu argumento, uma falha que custou trilhões de dólares à economia global.[20] Ele ficou surpreso. Eu fiquei surpreso por ele ficar surpreso: qualquer um que entenda de economia e dos incentivos a bancos e banqueiros compreenderia facilmente que eles tinham todos os incentivos para correr riscos excessivos. Greenspan deveria saber disso.[21]

O próprio setor financeiro se tornou vítima de um conjunto de doutrinas que entrou na moda na era Reagan: as empresas devem perseguir os interesses de seus acionistas porque fazer isso levará ao bem-estar de todos os interessados e da economia em geral.[22] E os acionistas passaram a significar não investidores de longo prazo, que se importam com o destino da empresa em um período de anos ou décadas, mas especuladores de curto prazo, que se importam apenas com o valor das ações hoje, espremendo cada dólar de lucro imediato, com pouca consideração pelas consequências futuras. Estruturas de incentivo foram criadas para encorajar essa perspectiva de curto prazo, e elas funcionaram, levando ao maior fiasco financeiro dos últimos 75 anos.

Contágio do restante da economia

O mal-estar do setor financeiro, em si mesmo, já é bastante ruim. Infelizmente, muitos outros imitam o que ele faz. Eles tentam emular seus altos ganhos e as estruturas de recompensa que contribuem para o comportamento sem visão, valorizando o desempenho do mercado de ações hoje acima do crescimento de longo prazo. Além disso, as empresas são inevitavelmente sensíveis às perspectivas de seus fundadores; se os fundadores são destituídos de visão, elas também serão. Como consequência, o setor financeiro desempenhou importante papel na disseminação de uma das maiores pragas do capitalismo de estilo americano: é impossível fazer investimento de longo prazo em pessoas, tecnologia e fábricas com base em um horizonte trimestral. Uma economia com um horizonte de curto prazo é uma economia com baixa taxa de crescimento.

Conclusões

O setor financeiro exemplifica de muitas maneiras tudo aquilo que há de errado com nossa economia. Esse setor tem sido exemplo *par excellence* de *rent-seeking*: os banqueiros aumentaram sua riqueza à custa do restante da sociedade, no que claramente se revelou um jogo de soma negativa no qual as perdas da sociedade foram muito maiores que os ganhos dos banqueiros. Eles exploraram os financeiramente pouco sofisticados, mas não há honra entre ladrões: também exploraram uns aos outros. A economia foi prejudicada de muitas maneiras: recursos que poderiam ter ido para a criação de riqueza foram destinados à exploração conforme o setor financeiro crescia, atraindo alguns dos indivíduos mais talentosos do país. Mas tudo que o país ganhou com isso foi crescimento mais lento e maior volatilidade e desigualdade. O setor financeiro também ilustra o que há de errado com os mercados irrestritos: a desabrida defesa dos interesses dos banqueiros não levou ao bem-estar da sociedade, mas à maior crise financeira dos últimos 75 anos.

Na política movida a dinheiro dos Estados Unidos, os banqueiros usaram sua riqueza para conseguir regras que lhes permitissem ganhar ainda mais dinheiro à custa dos outros através da desregulamentação e, quando isso falhou miseravelmente, usaram sua influência para obter o maior resgate financeiro da história mundial, ao mesmo tempo que deixaram suas vítimas, os donos de imóveis e os trabalhadores, se virarem.

O amor pelo dinheiro pode não estar na raiz de todos os males, mas as finanças certamente estão na raiz de muitas das aflições do país. A falta de visão e a torpeza moral dos banqueiros focados no dinheiro se disseminaram, infectando nossa economia, política e sociedade. De muitas maneiras, isso mudou quem somos, tornando muitos americanos mais materialistas, egoístas e sem visão de longo prazo.

Ao longo de todo o espectro político, os eleitores americanos estão fartos dos grandes bancos e do mau comportamento do setor financeiro. A falha de Obama em responsabilizar os bancos por seus delitos — ao mesmo tempo lhes oferecendo um resgate de quase 1 trilhão de dólares — contribuiu para a desilusão com o governo e para a ascensão do movimento Tea Party e, por fim, de Trump.[23] O slogan de Trump sobre "drenar o pântano" supostamente se referia também à influência de Wall Street, mesmo que ele tenha incluído em seu gabinete um número inédito de ricos financistas.

O furor público contra os grandes bancos é justificado. Os bancos usaram seu poder de mercado para prejudicar a sociedade, transformando a economia em refém. Na ausência de poder político ou de mercado, eles não teriam se safado. Em um mercado eficiente e competitivo, as empresas que impugnam sua reputação da maneira como todos os nossos grandes bancos fizeram não sobreviveriam. Contudo, eles não somente sobreviveram como agora recolhem lucros recordes.[24] E em vez de punir os banqueiros por seus delitos, nós os resgatamos e, em alguns casos, até mesmo os recompensamos. Tem de haver consequências, tanto para instituições quanto para indivíduos, para comportamentos tão imprudentes e repreensíveis quanto o exibido pelo setor financeiro nas últimas décadas. Pode-se argumentar que nosso sistema político está pagando o preço pela falha em lidar efetivamente com os delitos do setor financeiro: ele exibiu políticos de ambos os partidos mais sintonizados com os banqueiros do que com aqueles que o sistema político e financeiro deveria servir.

Mesmo assim, as finanças têm importância vital para a economia. Precisamos de crédito para iniciar e expandir negócios e para gerar empregos. As finanças são cruciais, mas não há nada inerente a seu funcionamento que exija que o setor financeiro seja tão gigantesco quanto se tornou. Hoje, temos um setor financeiro grande demais, empenhado demais em coisas que não deveria estar fazendo e de menos nas coisas que deveria estar. Ele usou seu poder não para servir à sociedade, mas para obter lucros para si mesmo.

Listamos a grande variedade de métodos empregados pelo setor para nos prejudicar, embora quase todos os dias surjam novas formas de engenhosidade e novos exemplos de depravação moral. Há consenso sobre o conjunto de regulamentações que reduziriam eficientemente o prejuízo que o setor financeiro impõe ao restante de nós, através tanto da exploração direta quanto dos empréstimos imprudentes. Fazer isso não é tão difícil.[25] Precisamos de regulamentações abrangentes que impeçam os bancos de se tornarem tão grandes e interconectados que não podemos deixá-los falir, e que os impeçam de assumir riscos excessivos, manipular o mercado, explorar seu poder de mercado e assumir comportamentos abusivos e predatórios.

A mais importante falha dos bancos, todavia, não está nas múltiplas maneiras pelas quais trapaceiam e exploram os outros ou nos riscos excessivos que deixaram a economia global de joelhos, mas no fato de não fazerem aquilo que deveriam fazer: fornecer estrutura financeira, em termos razoáveis, aos negócios que buscam fazer investimentos que levariam ao crescimento da economia. Muitos desses projetos são de longo prazo, mas o foco no curto prazo leva os bancos a focarem sua atenção em fontes mais fáceis de lucro. Os muitos esforços para evitar que os bancos causem danos ignoraram uma questão crítica: assegurar que o setor financeiro realmente faça o que deveria fazer.

Ao circunscrever as maneiras mais arriscadas e abusivas através das quais o setor financeiro obtém lucro, nós o encorajaremos a fazer aquilo que deveria estar fazendo. Mas isso não será suficiente. Também precisamos tornar o setor financeiro mais competitivo.

Em países de todo o mundo, o governo precisa assumir papel ativo no financiamento dos novos e pequenos negócios que pretendem investir no longo prazo, incluindo infraestrutura, projetos tecnológicos de alto risco e em comunidades necessitadas — mesmo com as leis antidiscriminação, os bancos ainda discriminam. Até no mais capitalista dos países, os Estados Unidos, o governo há muito é participante ativo da oferta de financiamento. E pode ter de assumir um papel ainda mais ativo. Quão ativo dependerá de quão bem conseguiremos reformar nossa regulamentação e quão bem os bancos conseguirão reformar a si mesmos. Fornecer financiamento através do setor público — como hipotecas, por exemplo — também criará competição para o setor privado, e isso pode ser mais efetivo para diminuir a exploração do que as tentativas de forçar comportamentos competitivos e responsáveis através da regulamentação.

A dificuldade não é econômica, mas política: em um sistema político movido a dinheiro, a fonte de dinheiro — as finanças — inevitavelmente terá grande poder político. Infelizmente, os bancos lutarão com unhas e dentes contra a regulamentação para inibir más práticas e encorajar o bom comportamento, de modo que, embora a economia seja fácil, a política não será. Ao mesmo tempo, isso ilustra a preocupação expressada nos dias iniciais da república em relação à influência política excessiva de um grande setor financeiro — e é também um dos temas centrais da parte final deste livro: para realizarmos as reformas econômicas necessárias, precisamos reformar nossa política.

CAPÍTULO 6

O desafio das novas tecnologias

O Vale do Silício e os avanços tecnológicos associados a ele se tornaram o símbolo da inovação e do empreendedorismo americano. Figuras icônicas como Steve Jobs e Mark Zuckerberg levaram produtos a consumidores de todo o mundo; produtos que eles amam e que permitem que se conectem melhor uns aos outros. A Intel produziu chips que fazem com que nossos produtos "pensem" mais rapidamente — calculem mais rapidamente — que os melhores cérebros do mundo. A inteligência artificial (IA) agora pode derrotar humanos não somente em jogos simples como xadrez, mas mesmo nos mais complicados, como Go, no qual o número possível de jogadas é maior que os átomos do universo.[1] Bill Gates, ao que parece, ilustra o melhor do espírito americano: tendo acumulado estimados 135 bilhões de dólares, ele começou a fazer doações gigantescas para caridade e usou suas energias para lutar contra doenças em todo o mundo e tentar melhorar a educação nos Estados Unidos.

Não obstante todas essas virtudes, há um lado sombrio em todos esses avanços. Eles criam preocupações legítimas com a perda de empregos. Além disso, as novas indústrias são suscetíveis a numerosos abusos, do poder de mercado e das invasões de privacidade à manipulação política.

Pleno emprego em um mundo hi-tech

O mercado de trabalho gera muita angústia. No século XX, criamos máquinas mais fortes que os seres humanos. Agora, somos capazes de criar máquinas mais eficientes que nós em tarefas rotineiras. A IA apresenta um desafio ainda maior. Podemos criar máquinas que não somente realizam as tarefas programadas melhor que os seres humanos, mas também *aprendem* melhor, ao menos em certos domínios.

Assim, as máquinas podem superar o desempenho humano em muitos empregos importantes. Melhor educação e treinamento profissional para os trabalhadores pode ser um paliativo de curto prazo para muitos, mas os computadores estão substituindo radiologistas, de modo que nem mesmo um diploma em medicina fornece porto seguro. É previsto que, em alguns anos, carros e caminhões autoguiados substituirão os motoristas; se isso for verdade, será uma preocupação especial, porque dirigir caminhões representa hoje uma grande fonte de emprego para homens com diploma de ensino secundário ou inferior.

A preocupação é que essas máquinas que substituem o trabalho façam baixar os salários, especialmente dos trabalhadores pouco qualificados, e aumentem o desemprego. A resposta natural é aprimorar as habilidades dos trabalhadores. Mas, em muitas áreas, isso não será suficiente: com a IA, robôs podem aprender tarefas complicadas mais depressa e se sair melhor que seres humanos com alto nível de instrução.

Há aqueles que dizem para não nos preocuparmos: basta olhar para o passado. Os mercados sempre criaram empregos conforme a economia se reestruturava. Além disso, alegam esses tecno-otimistas, a velocidade da mudança foi exagerada. De fato, ela nem sequer surge nos dados macroeconômicos: o aumento de produtividade em anos recentes é significativamente menor que na década de 1990 e nas décadas após a Segunda Guerra Mundial. Robert Gordon, da Universidade do Noroeste, em seu best-seller *The Rise and Fall of American Growth: The US Standard of Living Since the Civil War* [Ascensão e queda do crescimento americano: o padrão de vida nos EUA desde a Guerra Civil], argumenta que a velocidade da inovação na verdade diminuiu.[2] Sim, temos Facebook e Google, mas tais inovações empalidecem se comparadas com o papel que a eletricidade, o banheiro interno e a água limpa desempenharam na promoção da saúde e da longevidade.

Todavia, essas experiências passadas podem não ser um bom guia para o futuro. Há mais de meio século, John von Neumann, um dos principais matemáticos de meados do século XX, sugeriu que podemos chegar a um ponto[3] no qual se tornará mais barato produzir uma máquina para substituir um ser humano que contratá-lo e treiná-lo. Essas máquinas, por sua vez, serão produzidas por outras máquinas. O que importa para a decisão das empresas de usar máquinas e não seres humanos não é somente o aumento de produtividade, mas também a relativa facilidade e baixo custo com que a máquina certa pode ser projetada, produzida e gerenciada. Máquinas não entram em greve, por exemplo. Não é preciso um departamento de recursos humanos para garantir que não ficarão insatisfeitas. Máquinas não são perturbadas por emoções. A previsão de Von Neumann já se realizou em relação a certas tarefas; como comentado, as máquinas já podem se sair melhor que radiologistas. Mas a variedade de tarefas e a substituição de empregos podem crescer rapidamente, dados os avanços em IA dos últimos cinco anos.[4]

Alguns desses avanços levarão não à substituição do trabalho, mas à melhoria do desempenho humano. Essas inovações são às vezes chamadas de inteligência assistida. Elas podem aumentar tanto a demanda por mão de obra quanto os salários, como ocorreu algumas vezes no passado. Mas eu não contaria com isso. Por mais grave que tenha sido o problema do emprego no passado, ele pode piorar. A tecnologia pode evoluir de uma maneira que a literatura econômica chama de "polarizante", com aumento relativo dos empregos que exigem níveis muito, muito altos de habilidade e o restante do crescimento sendo de empregos que exigem baixíssimas habilidades e oferecem salários correspondentemente baixos.[5]

Quando as máquinas substituem o trabalho, o desemprego aumenta, em uma situação capturada muito bem por uma história apócrifa, mas muitas vezes repetida, sobre diretores da Ford Motor e representantes do sindicato olhando para o piso de operações de uma nova fábrica, no qual grande parte do trabalho estava sendo feita por robôs. "Como vocês vão fazer com que os robôs paguem contribuição?", alfinetou um executivo da Ford. "Os robôs não vão se filiar ao sindicato." A que o chefe do sindicato respondeu: "E como vocês vão fazer com que eles comprem seus carros?"[6]

A falta de empregos dará origem à falta de demanda, e a economia pode (sem forte intervenção governamental) chegar a um estado chamado de estagnação secular (de longo prazo). A grande ironia é que, se isso acontecer, os avanços tecnológicos terão levado ao sofrimento econômico, e não ao aumento esperado da prosperidade. Alguns argumentam que foi precisamente isso que aconteceu nos Estados Unidos e levou à Grande Depressão.[7] Rápidas inovações na agricultura levaram à rápida queda do preço de algumas commodities.[8] Como resultado, a renda agrícola líquida (após dedução dos custos) caiu mais de 70% em termos reais entre 1929 e 1932.[9] O rápido declínio da renda e a correspondente diminuição da riqueza dos trabalhadores conforme o valor de suas terras e propriedades decrescia teve graves consequências: os fazendeiros desempregados não tinham condições de se mudar para as cidades e, com a queda de sua renda, passaram a trabalhar e produzir mais, o que teve o efeito perverso de baixar ainda mais os preços. Além disso, com rendas reduzidas, eles não podiam comprar as mercadorias produzidas nas cidades, como carros.[10] Desse modo, o sofrimento dos fazendeiros foi rapidamente sentido nas cidades, e as consequências reverberaram no sentido contrário: rendas mais baixas nas cidades significaram menor demanda por produtos agrícolas, preços mais baixos e mais sofrimento nas fazendas. A economia ficou presa em uma armadilha de baixo equilíbrio da qual só emergiu após a Segunda Guerra Mundial, durante a qual a intervenção governamental maciça — o esforço de guerra — resultou na movimentação dos indivíduos da área rural para as cidades, onde receberam treinamento para os novos empregos urbanos e ajudaram a construir uma nova era de prosperidade.

A lição dessa experiência é que, se não for bem gerenciada, em vez de trazer prosperidade para todos, a inovação pode ter o efeito oposto. Hoje, como resultado dos avanços econômicos, sabemos melhor como gerenciar a economia em face da inovação. A chave é manter o pleno emprego. Podemos fazer isso usando políticas fiscais (reduzindo impostos ou aumentando os gastos, uma vez que o investimento público pode ser uma maneira particularmente efetiva de estimular a economia) quando as políticas monetárias (baixar as taxas de juros ou aumentar o crédito) não são suficientes. Tanto a política monetária quanto a fiscal estimulam a demanda agregada e, com estímulo suficiente, a economia sempre pode ser restaurada ao pleno emprego.[11]

Assim, o problema "empregatício" das novas tecnologias é um problema político. A ideologia cega, ainda mais se combinada a política ruim, pode tornar politicamente difícil fornecer suficiente estímulo fiscal.[12] Vimos isso durante a Grande Recessão. O Federal Reserve baixou as taxas de juro para zero, mas isso não foi o bastante para restaurar o pleno emprego. Mesmo assim, os republicanos e outros políticos se recusaram a fazer esforços para fornecer o estímulo fiscal adequado. A recusa foi particularmente irritante porque o governo podia obter fundos a uma taxa de juros *negativa* (levando-se em conta o aumento de preços) e, portanto, aquela era uma época especialmente boa para se realizar os investimentos públicos de que o país tanto necessitava.

Há outro problema em se apoiar excessivamente na política monetária: com o custo do capital tão baixo, é compensador para as empresas investirem em máquinas que substituem o trabalho humano. As empresas precisam decidir onde alocar os escassos dólares para pesquisa e investimento, e fazem isso focando nos fatores que representam uma ampla parcela dos custos. Com o Federal Reserve mantendo os juros tão baixos por tanto tempo, o custo do capital em relação ao trabalho se torna especialmente baixo, e não surpreende que a atenção se volte para reduzir o custo do trabalho. A demanda por mão de obra, já insuficiente para manter o pleno emprego, baixa ainda mais.[13]

Baixos salários e desigualdade crescente

Até mesmo chegar ao pleno emprego pode não ser suficiente. Se as máquinas *substituem* o trabalho humano, então, por definição, a demanda por mão de obra em qualquer nível salarial é reduzida. Para restaurar a economia ao pleno emprego, os salários precisam baixar. Essa é somente uma aplicação direta da lei de oferta e demanda. Mas significa que, sem intervenção governamental, grandes parcelas da economia ficarão em situação pior.[14]

Em princípio, os avanços tecnológicos devem ser capazes de melhorar a situação de todos, como também é verdadeiro para a globalização. O tamanho da torta nacional aumentou; há mais para dividir e, portanto, todos recebem uma fatia maior. Mas, com as máquinas substituindo o trabalho humano, isso não acontece: a menor demanda por mão de obra, especialmente a não qualificada, faz baixarem os salários, de modo que a renda dos trabalhadores diminui mesmo que a renda nacional aumente. A economia de gotejamento não funciona, assim como não funciona no caso da globalização.

Mas o governo pode assegurar que a situação de todos, ou ao menos da maioria, melhore. Há ao menos quatro conjuntos de políticas que podem se fazer necessários. 1) Assegurar que as regras do jogo econômico sejam mais justas, que o jogo não esteja viciado contra os trabalhadores e, ainda mais importante, que as grandes companhias tecnológicas não usem as novas tecnologias para aumentar seu poder de mercado da maneira descrita adiante. Aumentar o poder de barganha dos trabalhadores e diminuir o poder monopólico das empresas criará uma economia mais eficiente e equânime. 2) Os direitos de propriedade intelectual devem ser projetados de modo que os frutos dos avanços, a maioria dos quais repousa sobre a fundação da pesquisa básica financiada pelo governo, sejam distribuídos de modo mais amplo. 3) As políticas de gastos e de impostos progressivos podem ajudar a redistribuir a renda.

Finalmente, 4) precisamos reconhecer o papel do governo na reestruturação econômica, na passagem de economia industrial para economia de serviços. Essa passagem é paralela às mudanças estruturais que ocorreram há um século, quando a economia passou de agrícola para industrial. Na transformação estrutural atual, o governo pode ter de fazer ainda mais do que fez na época, porque, em muitos dos setores de serviço em expansão, como saúde e educação, o financiamento governamental é compreensivelmente central. Se, por exemplo, o governo contratar mais trabalhadores para cuidar de nossos idosos, doentes e deficientes e para educar nossos jovens, além de pagar a esses trabalhadores salários decentes,[15] isso elevará os salários em toda a economia. Se nós, coletivamente, valorizamos nossas crianças, doentes e idosos, então desejaremos gastar mais dinheiro com eles. Se queremos que as crianças recebam uma educação melhor, precisamos de mais professores, e mais bem pagos. Os salários mais altos atrairão mais pessoas qualificadas para as profissões de ensino. Fazer isso exigirá mais arrecadação tributária, mas a torta maior e a renda mais alta promovidas pelos avanços tecnológicos assegurarão que poderemos impor tal aumento de impostos e, mesmo assim, nossos capitalistas e inovadores estarão em melhor situação que hoje.

Em resumo, o desemprego, os salários mais baixos e as dificuldades enfrentadas pelos trabalhadores em função dos avanços tecnológicos podem ser facilmente gerenciados, desde que haja políticas para isso. Veremos a melhor maneira de implementá-las na parte II.

Poder de mercado e inteligência artificial

Os capítulos anteriores mencionaram o aumento do poder de mercado em muitos setores, ao qual podem ser ligados tanto o mau desempenho da economia quanto o aumento da desigualdade. Esses problemas, e suas consequências, são especialmente severos nas novas indústrias tecnológicas, pelas razões explicadas no capítulo 3.

A Big Data — a imensa quantidade de dados que empresas como Amazon, Google e Facebook podem reunir sobre os indivíduos — e a inteligência artificial suscitam a possibilidade de um aumento ainda maior do poder de mercado. Se uma empresa (como Google, Facebook ou Amazon) tem uma posição forte ou mesmo dominante em uma área na qual pode coletar dados, então ela sabe mais sobre os indivíduos que as outras, desde que não partilhe esses dados — e não tem incentivo para fazer isso. Os defensores da Big Data argumentam que esses dados podem ser usados para projetar produtos que atendam melhor às necessidades e aos desejos dos consumidores. Também há a esperança de que as informações fornecidas tragam enormes benefícios para a assistência médica personalizada. Os motores de busca afirmam poder usar os dados para melhorar seus anúncios, de modo que as informações recebidas sejam mais úteis.[16] Essas são as possibilidades positivas da Big Data. Mas as empresas dominantes também podem usar os dados, através da inteligência artificial, de maneiras que aumentem seu poder de mercado e seus lucros à custa dos consumidores.

As consequências potenciais do poder de mercado das novas gigantes tecnológicas são maiores e mais perniciosas que qualquer coisa que tenhamos visto até a virada do século XX. Na época, o poder de mercado de empresas como Swift, Standard Oil, American Tobacco, American Sugar Refining Company ou US Steel permitiam que elas aumentassem o preço que cobravam por comida, aço, tabaco, açúcar ou petróleo. Agora, estamos falando de mais que preço.

O poder de mercado das novas gigantes tecnológicas se torna dramaticamente visível todas as vezes que o Facebook altera seus algoritmos, determinando o que os indivíduos veem e em que ordem. Um novo algoritmo pode causar o rápido declínio de um veículo de mídia ou criar, e possivelmente destruir, novas maneiras de alcançar grandes audiências (como o Facebook Live).

Por causa de seu poder de mercado, as gigantes tecnológicas merecem a atenção total das autoridades competentes, que precisarão não somente empregar as ferramentas-padrão, mas também criar ferramentas para combater suas maneiras inovadoras de estender e exercitar esse poder. No mínimo, como já comentei, devemos pensar em separar o WhatsApp e o Instagram do Facebook. E precisamos restringir o escopo dos conflitos de interesse, como os surgidos quando o Google abre uma loja on-line para competir com aquelas que anunciam em sua plataforma.

Mas quase certamente teremos de ir mais longe, restringindo o acesso aos dados e às maneiras como são usados. Nos parágrafos seguintes, descrevo algumas ideias promissoras.

Big Data e seleção de clientes

Como a inteligência artificial e a Big Data permitem que as empresas avaliem quanto cada indivíduo valoriza e está disposto a pagar por diferentes produtos, elas lhes concedem o poder de discriminar seus preços, ou seja, cobrar mais dos consumidores que valorizam mais o produto ou têm menos opções.[17] Isso não só é injusto como mina a eficiência da economia: a teoria econômica padrão é baseada na ausência de discriminação de preços.¹⁸ Todo mundo paga a mesma coisa. Mas, com a inteligência artificial e a Big Data, pessoas diferentes podem pagar preços diferentes.

Assim, a inteligência artificial e a Big Data permitem que as empresas tecnológicas extraiam para si mesmas uma fração maior do valor daquilo que a sociedade produz, deixando o restante — os consumidores comuns — em situação pior. Demonstrou-se que a Staples, por exemplo, sabe se indivíduos que vivem em certa região têm por perto uma loja que vende produtos comparáveis; se não, ela cobra um preço mais alto nos pedidos feitos pela internet.¹⁹ Seguradoras sabem onde seus clientes vivem e podem cobrar não de acordo com o risco oferecido por determinado endereço, mas em função de seu poder de mercado e habilidade de cobrar mais. Na prática, em ambos os exemplos, produtos de escritório e seguros, as regiões nas quais preços mais altos são cobrados abrigam predominantemente minorias; com isso, a inteligência artificial e a Big Data provaram ser novos instrumentos de discriminação racial.

A economia digital do século XXI aumentou também de outras maneiras a habilidade das empresas de selecionarem aqueles de quem podem tirar vantagem.²⁰ Elas podem se aproveitar das fraquezas dos indivíduos. A inteligência artificial pode detectar alguém com personalidade adictiva, capaz de cair nas garras de um cassino, e incentivá-lo a ir a Las Vegas ou ao cassino mais próximo. Como o sociólogo Zeynep Tüfekçi gosta de repetir, elas podem explorar cada uma de nossas fraquezas, nosso desejo irracional por sapatos, bolsas ou viagens para praias ensolaradas, e fornecer informações que nos levem a dissipar nossa renda, com nosso self emocional prevalecendo sobre o self deliberativo.²¹ Pesquisas realizadas pelo vencedor do prêmio Nobel Richard Thaler descreveram a guerra entre essas diferentes identidades no interior de muitos indivíduos. As novas tecnologias intervêm nessa guerra em benefício da parte menos racional de nossa personalidade. O medo é que a Big Data e a inteligência artificial permitam que as empresas tenham um *insight* quase perfeito dessas dinâmicas e ajustem suas práticas para maximizar seus lucros.

A Big Data também é inestimável em muitas áreas de pesquisa. Quanto mais dados uma empresa de genética tem, melhor ela é capaz de analisar o DNA de um indivíduo e detectar a presença de certos genes. Assim, as empresas maximizadoras de lucros querem reunir — mas não partilhar —

tantos dados quanto possível. Nessa busca por lucros, vidas perdidas são somente outra forma de dano colateral, como ilustra a história a seguir. De 1990 em diante, houve grande esforço internacional para decodificar a sequência de nosso DNA, no Projeto Genoma Humano. Esse esforço foi bem-sucedido: em 2003, a tarefa estava completa. Mas algumas empresas privadas perceberam que, se saíssem na frente, poderiam terminar antes do projeto e obter uma patente para qualquer gene que decodificassem, e isso seria uma mina de ouro. A Myriad, por exemplo, uma empresa de Utah, obteve a patente de dois genes, chamados de BRCA1 e BRCA2, e desenvolveu um teste para identificar seus portadores. Esse conhecimento era valioso porque uma mulher com esses genes tinha alta probabilidade de desenvolver câncer de mama. A Myriad cobrou preços ultrajantes: entre 2.500 e 4 mil dólares, o preço de toda a sequenciação do genoma. Isso colocou o teste fora do alcance de muitos indivíduos. E não somente os preços da Myriad eram altos como, do mesmo modo que todos os outros, seus testes eram imperfeitos. Entrementes, cientistas da Universidade de Yale desenvolveram um teste supostamente mais acurado, que estavam dispostos a oferecer por preços muito mais baixos. A Myriad, como "dona" da patente, recusou-se a permitir. A razão não foi apenas a perda de lucros: ela queria os dados. Essa história tem final feliz: a Associação de Patologias Moleculares moveu uma ação contra a Myriad, argumentando que genes que ocorrem naturalmente não deveriam ser patenteáveis. Em 13 de junho de 2013, em uma decisão histórica, a Suprema Corte dos Estados Unidos concordou. Desde então, os preços dos testes baixaram e a qualidade aumentou, em uma notável evidência dos efeitos adversos do patenteamento de inovações.[22]

Para realizar esse tipo de exploração, as empresas precisam de enormes quantidades de dados sobre cada um de nós, o que significa perda de privacidade. Alguns dizem que somente as pessoas que fizeram algo de errado se preocupam com a perda de privacidade. Isso não é verdade. Qualquer um com um grande conjunto de dados sobre outra pessoa pode ser capaz de realizar uma liberação parcial de informações e sugerir, no mínimo, um problema de integridade. Ditadores e autocratas entenderam há muito o poder da informação. É por isso que os serviços secretos, da Stasi da Alemanha Oriental à polícia secreta da Síria, tornaram prioridade a obtenção de extensos dossiês sobre qualquer um que tivesse relevância política. Para isso, precisaram de vastas redes de espiões. A Big Data e a tecnologia da informação permitem que empresas e governos criem, com facilidade, dossiês eletrônicos muito mais extensos que os sonhados pela Stasi. Elas aumentam a habilidade de qualquer governo autoritário de se tornar totalitário.

Alguns se sentem reconfortados em saber que a Big Data está não nas mãos do governo, mas nas mãos privadas do Google, do Facebook ou da Amazon. Eu não me sinto. Quando pensamos nos problemas de segurança cibernética, os limites entre público e privado se tornam menos distintos. As revelações de Edward Snowden mostraram a imensa quantidade de dados que o governo já coleta sobre nós e deixaram claro que a NSA pode se apossar de qualquer informação detida pelas empresas privadas.[23] As revelações sobre como o Facebook vem usando e permitindo que outros (como a Cambridge Analytica) usem seus dados e as medidas de segurança que tomou para protegê-los tampouco deveriam nos reconfortar.

O romance distópico de George Orwell, *1984*, e o mais recente *O círculo*, de Dave Eggers, ilustram nosso medo de que um governo Big Brother exerça controle sobre nós, e a Big Data lhe fornece uma habilidade de controle que vai muito além da imaginação de Orwell.[24]

A privacidade é uma questão de poder. As empresas de Big Data entendem isso, mas não está claro se suas vítimas também entendem.

Esse poder pode ser usado e abusado de diversas maneiras. Aqueles como Facebook, Amazon e Google, com acesso a uma vasta quantidade de informações, podem usar essa vantagem para fortalecer sua posição de mercado *vis-à-vis* seus rivais e alavancar seu poder de mercado em outras arenas. A grande vantagem de ter mais dados significa que a entrada competitiva de concorrentes será ainda mais difícil, se não impossível. Tanto a teoria quanto a história econômica nos dizem que um monopolista entrincheirado tem menos incentivo para inovar. Ele devota uma parte maior de suas energias a assegurar que seu poder de mercado seja estendido e aprimorado do que a descobrir como servir melhor a seus clientes.[25]

Ainda mais perturbador tem sido o uso desses dados pelo Facebook com o objetivo de manipulação política, e não somente pela Rússia nos Estados Unidos.

Regulamentando os dados e seu uso

Essa imensa quantidade de informação nas mãos de relativamente poucas empresas tem grandes consequências sociais para o poder de mercado, a privacidade e a segurança. Deveríamos estar preocupados. Ao pensar nas maneiras de reagir, o governo poderia desempenhar certo número de papéis; por exemplo, atribuindo a posse dos dados e regulamentando seu uso.[26]

A Europa deu os primeiros passos.[27] As gigantes tecnológicas, claro, dizem que os oficiais europeus agem assim porque são antiamericanos. Estão erradas. A Europa age assim porque a lei exige a manutenção de um mercado competitivo e porque lá existe uma preocupação saudável com a privacidade. Os Estados Unidos estão demorando para seguir esses passos, parcialmente em função da influência política das gigantes tecnológicas.[28]

Um conjunto de propostas para diminuir tanto o poder quanto os abusos das atuais gigantes tecnológicas é conceder a posse dos dados pessoais de um indivíduo ao próprio indivíduo. Isso significa que qualquer empresa que quisesse usar esses dados pode obtê-los, por um preço, e o indivíduo poderia proibir os usos exploratórios. Também significa que ao menos parte do valor dos dados caberia ao indivíduo, e não às empresas tecnológicas. Houve algumas tentativas de dar aos indivíduos ao menos algum controle sobre seus próprios dados. Na Europa, o Google precisa de permissão explícita para usar dados pessoais. Os defensores do mercado livre apoiam tal solução: deixe que o próprio indivíduo decida. Consequentemente, algumas empresas de internet oferecem pequenos descontos nos preços cobrados se os clientes autorizarem o uso de seus dados, e a maioria autoriza. O diretor de uma delas se vangloriou para mim, revelando quão pouco sua empresa pagava por dados tão valiosos e tão facilmente monetizados.

Alguns dizem: que assim seja. O indivíduo decidiu livremente que outros podem usar seus dados. Mas há muitas áreas nas quais nós, como sociedade, decidimos intervir nas decisões individuais. Há situações nas quais proibimos que os indivíduos adotem comportamentos que ferem apenas a si mesmos, como participar de pirâmides ou vender orgasmos. Os mesmos argumentos se aplicam aos dados, e de maneira ainda mais intensa, porque, em combinação com os dados de outras pessoas, eles podem aumentar a habilidade de uma empresa de explorar todos em uma economia. Os indivíduos não compreendem de fato o que é feito ou pode ser feito com seus dados, especialmente se terminarem em mãos erradas. Eles não sabem em que extensão as empresas que têm seus dados adotam medidas adequadas de segurança. A maioria nem sequer sabe o que são leis de responsabilidade ou quais são as consequências de um vazamento de dados. Dado o tendencioso sistema legal americano, obter justiça seria no mínimo caro. E o escândalo Equifax ilustra quão desonesto é o setor corporativo nos Estados Unidos. Essa empresa, que coletara dados de muitos indivíduos, em geral sem sua permissão, sofreu um maciço vazamento em 2017, permitindo que informações sobre 150 milhões de americanos fossem roubadas em um único golpe. A Equifax não somente falhou em garantir a segurança dos dados, como também, mais tarde, tentou ganhar dinheiro com o vazamento, forçando os indivíduos a assinarem uma renúncia de direitos somente para descobrir se seus dados haviam sido vazados.[29]

A regulamentação do uso de dados pelas empresas pode assumir várias formas. Uma regulamentação branda exigiria simplesmente transparência e revisão da acurácia das políticas de privacidade e segurança das empresas. Uma regulamentação mais severa incluiria mais supervisão e a proibição de certos usos e da venda de dados. Poderíamos, no mínimo, assegurar que os indivíduos saibam o que está sendo feito com seus dados. Pode haver restrições à união ("aglomeração") de conjuntos de dados, reconhecendo que os perigos de invasão de privacidade e exploração dos indivíduos cresce com a quantidade de informação detida por uma empresa. Todo indivíduo seria solicitado a oferecer "consentimento informado" sobre o uso de seus dados. O problema é definir o que isso significa e assegurar que as intenções do indivíduo serão honradas. Muitos ficaram chocados com o uso extensivo de seus dados pelo Facebook, muito embora pensassem ter estabelecido configurações de alta privacidade.

O governo poderia ir ainda mais longe, designando um preço mínimo como compensação pelo uso de dados pessoais ou mesmo proibindo as empresas de guardarem dados pessoais por mais tempo que o necessário para a transação atual.[30]

Poderíamos ter um processo em que qualquer empresa detentora de grande quantidade de dados individuais teria de informar a um painel de revisão como eles estão sendo usados. Dado o notável histórico de desonestidade por parte de algumas gigantes tecnológicas, teria de haver forte punição para qualquer tentativa de trapaça.

Ainda outros passos poderiam ser dados: poderíamos impor uma taxa sobre o uso ou armazenamento de dados. (As tecnologias que permitem a coleta, armazenagem e uso de dados maciços também permitem sua fácil taxação.) Poderíamos exigir que fossem armazenados somente de forma agregada, sem identificação individual (a chamada anonimização de dados), permitindo que os pesquisadores obtivessem informações sobre padrões comportamentais, mas não que selecionassem indivíduos específicos.[31]

E poderíamos ir ainda mais longe, tratando os dados como bem público e exigindo que qualquer dado armazenado (de forma processada ou não) estivesse disponível para todos, reduzindo a habilidade das gigantes tecnológicas de usarem essa vantagem para entrincheirar ainda mais seu poder monopólico. Mas, aqui, as questões de privacidade geram um dilema: o controle da Big Data por algumas poucas empresas tecnológicas reforça seu poder de mercado. Se quisermos acabar com esse poder de mercado tornando os dados disponíveis para todos, então teremos um grande e compartilhado reservatório de dados. Mas um reservatório maior significa maior perda de privacidade e mais oportunidades de exploração, com os novos participantes do mercado competindo sobre como usar essas informações para extrair mais valor, o que inclui usá-las para tirar vantagem dos consumidores das maneiras já descritas. Isso gera a possibilidade de mais abuso. Quase certamente, a solução envolverá limitar o uso e a aglomeração de dados.

Novas tecnologias e a ameaça à democracia

Ainda mais preocupante que a potencial ameaça a nossa economia e privacidade é a ameaça a nossa democracia representada pelas novas tecnologias. Elas são uma espada de dois gumes. Seus proponentes destacam o lado positivo: a criação de um espaço público mais amplo no qual todas as vozes podem ser ouvidas. Mas vimos um lado muito mais sinistro quando, por exemplo, a Rússia interferiu repetidas vezes nas eleições, aparentemente na tentativa de minar a confiança na democracia ocidental. As novas tecnologias podem ser usadas para a manipulação, não somente aumentando os lucros econômicos, mas também promovendo certas visões e lançando dúvidas sobre outras. Aqueles com mais dinheiro podem fazer isso melhor, e a família de Robert Mercer e outros que fundaram a Cambridge Analytica em sua tentativa secreta e subversiva de manipular a eleição de 2016 demonstraram que isso pode ser feito. Assim, as novas tecnologias abriram uma nova via através da qual poder e dinheiro geram mais poder e dinheiro.

Várias reformas foram propostas, nenhuma convincentemente à altura da tarefa. Algumas aumentaram o ônus para as plataformas. A Alemanha, talvez sem surpresa, dada sua história, assumiu uma posição mais dura sobre a disseminação de discursos de ódio. Em alguns casos, simplesmente introduzir atrasos — tornar a internet mais lenta, reduzindo as chances de a informação errônea se tornar viral — pode funcionar. Enquanto isso, processos de verificação dos fatos podem ser colocados em ação; rotular os itens que estão sendo reenviados como verificados ou não pode ajudar.

Exigir que fossem divulgados os anúncios pagos que tentam circular como notícias reais também ajudaria, assim como proibir os anúncios com financiamento estrangeiro voltados para nossas eleições. Isso deveria ser feito mesmo que o Facebook e o Twitter perdessem algum lucro. Para evitar que os bancos sejam usados como conduíte de fundos ligados ao terrorismo ou à lavagem de dinheiro, exigimos que eles "conheçam seus clientes". Deveríamos fazer imposições similares ao Facebook, ao Twitter e a outras plataformas tecnológicas. Essa única mudança de política, se adequadamente imposta, faria muito para impedir a interferência da Rússia nas eleições nos Estados Unidos e em outros países.

As plataformas de mídia social são efetivamente como jornais: elas distribuem notícias e publicam anúncios. Os jornais respondem pelo que publicam, mas as gigantes tecnológicas usaram sua influência política para escapar da responsabilidade correspondente.[32] Se fossem comparavelmente responsabilizáveis, elas tomariam mais cuidado com a informação que distribuem, investiriam mais em triagem e nós teríamos uma internet mais segura e honesta.[33]

Também podemos tentar fornecer mais discernimento aos consumidores de informação. Alguns países, como a Itália, estão ampliando a educação em mídias públicas (incluindo as sociais), tornando os indivíduos mais conscientes sobre afirmações descaradamente falsas.[34]

Uma mídia ativa e financiada pelo poder público também pode desempenhar um papel ao divulgar as tentativas da Rússia de interferir com a política americana, por exemplo. A Rússia talvez tenha sido tão efetiva simplesmente porque não foi vista. Não existe arena mais importante para a ação coletiva que assegurar a integridade dos processos através dos quais tomamos decisões coletivas e das informações que fundamentam racionalmente essas decisões. Esse é um bem público, e exige financiamento público. Muitos países (como a Suécia e o Reino Unido) contam com uma mídia ativa e independente, mas financiada pelo poder público, que ganhou a confiança das pessoas; mesmo assim, muitos na direita querem reduzir essa mídia bem-sucedida, talvez porque tenham medo da verdade e prefiram uma mídia controlada pelos ricos (como Murdoch e sua Fox News), mais suscetível de concordar com eles. Devemos resistir a esses esforços, e aqueles países que não têm uma mídia pública efetiva, independente e bem-fundamentada deveriam pensar na criação dessas instituições.

Infelizmente, aqueles que gostariam de usar as novas tecnologias para manipular entendem as limitações de nossa estrutura regulatória e trabalham duro para explorar suas falhas. Trata-se de uma guerra e, neste momento, aqueles que gostariam de minar a democracia parecem estar vencendo.

A razão, em grande parte, são as algemas que colocamos em nós mesmos em nossa tentativa de proteger a livre expressão. Mesmo a Suprema Corte, sintonizada com o princípio da liberdade de expressão, decidiu que não se pode gritar "fogo" em um teatro lotado (*Schenck v. Estados Unidos*, 1919). Nessa guerra por um público informado, para bloquear os efeitos corrosivos daqueles que gostariam de usar a desinformação para enfraquecer nossas democracias, as medidas que descrevi aqui são pequenos compromissos. Ações adicionais podem ser necessárias.

No fim, o poder de mercado e o potencial de abuso de uma plataforma como o Facebook podem simplesmente ser grandes demais para o bem-estar da sociedade. Quando a Standard Oil se tornou grande e poderosa demais, nós a dividimos. Mas, naquele caso, não havia uma economia de escala significativa, de modo que o custo econômico de fazer isso foi limitado. O Facebook, em contrapartida, pode ser um monopólio natural.[35] Pode ser difícil dividi-lo e regulamentar o que ele faz. Além disso, dividi-lo pode tornar a regulamentação ainda mais difícil. Pode não haver alternativa senão declarar o Facebook uma utilidade pública, com toda a estrita supervisão pública que isso implica.[36]

Os críticos de tais medidas se preocupam com o impacto sobre a inovação. Embora eu acredite que podemos simultaneamente ter forte regulamentação e fornecer incentivo à inovação, temos de nos perguntar o quanto precisamos nos preocupar com os possíveis efeitos adversos dessa regulamentação e de outras medidas sobre a inovação. Como comentei, o valor social dessas inovações pode ser muito menor do que os empreendedores do Vale do Silício gostariam que acreditássemos. A supervisão pública mais estrita (ou mesmo a propriedade) pode nos permitir redirecioná-las para algo mais construtivo. Descobrir a melhor maneira de selecionar consumidores para anúncios ou extrair mais excedente de cada consumidor pode ser importante para as empresas, pois é uma fonte potencial de lucro. Mas esse é outro caso no qual o retorno social e o retorno privado não estão alinhados. O retorno social do preço discriminatório e de outras formas de exploração do consumidor é negativo.[37]

Nos Estados Unidos e em outros países com forte tradição democrática, acredito que a intensa supervisão judicial e congressional das ações necessárias para domar as mídias sociais — para impedir a perda de privacidade, a manipulação política e a exploração de mercado —, com participação da sociedade civil em um processo aberto e transparente, pode funcionar, mesmo que, nos países com instituições mais fracas e menor comprometimento com a democracia, possa haver abuso. Além disso, poderíamos desenvolver um regime regulatório efetivo para apoiar a inovação onde ela importa.[38] Essas podem ser questões existenciais para nossa democracia e nossa sociedade nos anos vindouros.

Globalização na era da inteligência artificial

Diferenças de opinião sobre privacidade e segurança cibernética em todo o mundo podem representar o mais importante impedimento à globalização no futuro. Alguns sugerem que estamos nos movendo na direção de uma *splinternet*, com a China, os Estados Unidos e a Europa adotando diferentes estruturas legais.[39] Se a inteligência artificial e a Big Data são tão importantes quanto se afirma, a China, com sua desconsideração pela privacidade, pode ter uma grande vantagem. As empresas americanas argumentarão que, como as empresas chinesas estão recebendo um empurrão, elas precisam de alguma forma de proteção. Pelo mesmo critério, as empresas europeias podem exigir proteção contra as empresas americanas por causa de nossas leis mais brandas sobre privacidade e segurança.

Sob a influência das gigantes tecnológicas, os americanos podem exigir (e, sob Trump, estão exigindo) que todos se comportem de acordo com os padrões americanos e que a Europa abra mão da regulamentação destinada a proteger a privacidade.[40] Mas essa é uma perspectiva provinciana. Há boas razões para os europeus se preocuparem com sua privacidade. Não há razão para a Europa ceder aos desejos do governo americano, seja ele motivado por preocupações genuínas dos cidadãos ou pelo poder da tecnologia em nossa política "pague para jogar". Seguir na direção que a China está seguindo é (e deveria ser) inaceitável. Eu tenho medo do Big Brother. É melhor nos unirmos à Europa e adotarmos proteções mais intensas à privacidade e, se necessário, descobrirmos maneiras de contrabalançar quaisquer vantagens que outros possam ter em função do acesso desimpedido à Big Data.[41]

Conclusões

Este capítulo mostrou como algumas das novas tecnologias podem exacerbar todos os problemas apresentados nos capítulos anteriores, especialmente aqueles associados a empregos e salários, desigualdade e poder de mercado. Elas também introduziram vários problemas novos, incluindo os relacionados à privacidade e à segurança cibernética. Embora não haja "soluções" definidas, está claro que a questão não pode ser deixada aos cuidados do mercado.

Os capítulos anteriores discutiram as maneiras pelas quais a economia de mercado — nosso sistema capitalista — está nos moldando. Ele está tornando muitas pessoas mais egoístas e menos morais. Do mesmo modo, um dos aspectos mais problemáticos das novas tecnologias é a maneira pela qual elas estão mudando quem somos, tanto como indivíduos quanto como sociedade.

Há cada vez mais evidências dos diversos modos pelos quais as novas tecnologias estão afetando os indivíduos e suas interações. O limiar de atenção está se tornando mais curto. E os problemas mais difíceis não podem ser solucionados com limiares de atenção curtos. A interação pessoal se tornou menos comum e, quando interagimos, o fazemos com aqueles com quem somos mais parecidos. Assim, nossa sociedade se torna mais polarizada, com cada um de nós vivendo em sua própria câmara de eco. Em tal mundo, encontrar um terreno comum está cada vez mais difícil, assim como, consequentemente, a cooperação social. Há mais espaço para o bullying, despertando o pior em nós e permitindo que ele ocorra em caráter privado, sem espaço para os mecanismos de correção social. Assim, embora possamos estar mais conectados de modo superficial, a profundidade e a qualidade de nossas interações sociais podem estar se deteriorando.

Até mesmo os membros da comunidade tecnológica já começaram a se preocupar. Ninguém sabe para onde isso nos levará. Mas algo já está claro: a divisão dos Estados Unidos em campos combatentes, vendo o mundo através de lentes totalmente diferentes e até mesmo defendendo a validade de "fatos alternativos", dificulta cada vez mais a construção de políticas viáveis e consensuais.[42]

O tema central deste livro é mostrar que não precisa ser assim, ao menos não nessa extensão. Os avanços tecnológicos *deveriam* ser uma bênção. *Deveriam* ajudar a assegurar que todos tenham acesso aos requisitos básicos para uma vida decente. Mas esses avanços podem levar, e provavelmente levarão, à pauperização de grandes parcelas da população, a menos que iniciemos uma grande ação coletiva. O próximo capítulo explica por que temos de agir *juntos*. Os problemas não podem ser e não serão resolvidos pelo mercado ou por indivíduos agindo por conta própria.

CAPÍTULO 7

Por que governo?

O princípio básico de que indivíduos trabalhando juntos podem fazer muito mais que indivíduos trabalhando sozinhos foi reconhecido há muito tempo. Talvez a necessidade de "ação coletiva" em larga escala tenha sido percebida pela primeira vez nas sociedades produtoras de arroz, que dependem da irrigação. Todo mundo se beneficiava da construção e manutenção dos canais de irrigação, que tinham de ser organizados e financiados coletivamente. Além disso, nos muitos locais em que a água era limitada, eram necessárias regras para a divisão justa da água disponível; outra vez, algo que tinha de ser feito coletivamente. Em outros lugares, foi a defesa, a proteção da comunidade contra saqueadores, que levou às formas iniciais de ação coletiva. A comunidade, trabalhando em conjunto, podia fornecer uma espécie de proteção que os indivíduos não podiam obter por si mesmos.

A constituição dos Estados Unidos mostra que os cidadãos do recém-independente Estado compreendiam a necessidade de ação coletiva. A introdução declara:

> *Nós, o povo* dos Estados Unidos, a fim de formar uma união mais perfeita, estabelecer a justiça, assegurar a tranquilidade doméstica, garantir a defesa comum, promover o bem-estar geral e assegurar as bênçãos da liberdade para nós mesmos e para a posteridade, ordenamos e estabelecemos esta constituição para os Estados Unidos da América.

Todas essas coisas precisavam ser feitas *em conjunto*. Havia um bem comum em se unir, e fazer isso através não somente das associações voluntárias, mas também do *governo*, com todos os poderes que isso implicava. O bem-estar social era defendido não só pelos fazendeiros e mercadores buscando seus próprios interesses em um sonho libertário, mas por um governo forte, com poderes claramente especificados, mas limitados.

Essa necessidade de agir coletivamente às vezes pareceu em conflito com o áspero individualismo americano, a noção de que nós (ou, ao menos, os mais bem-sucedidos entre nós) chegamos até aqui sozinhos e iríamos ainda mais longe se não fôssemos restringidos pelo governo. Essa noção é amplamente um mito. Em sentido literal, ninguém se faz sozinho; o processo biológico simplesmente não permite. Mas mesmo nossos maiores gênios percebem que aquilo que fazem é construído a partir do trabalho de outras pessoas.[1] Um simples experimento mental deveria induzir a um pouco de humildade: o que eu teria conseguido se tivesse nascido em um vilarejo remoto de Papua-Nova Guiné ou do Congo? Todo negócio americano se beneficia do estado de direito, da infraestrutura e da tecnologia criados através dos séculos. Steve Jobs não poderia ter criado o iPhone sem a miríade de invenções que fazem parte dele, muitas baseadas em pesquisas financiadas pelo poder público no meio século anterior.

Uma sociedade funcional requer equilíbrio entre a ação individual e a ação coletiva. Nas primeiras décadas após suas revoluções, a União Soviética e a China comunista perderam esse equilíbrio. O que preocupa hoje é que estamos perdendo o equilíbrio para o outro lado.

Neste capítulo, pretendo explorar a necessidade e os limites da ação coletiva. Os capítulos anteriores explicaram o que deu errado com a globalização e a financeirização. Descrevi as consequências do poder crescente das corporações e a situação cada vez mais instável dos trabalhadores. Vimos como isso levou a um crescimento mais lento, à crescente desigualdade e à piora das condições de vida de grandes parcelas da população. E vimos como os avanços tecnológicos têm o potencial de piorar as coisas. Mas vimos também que nada disso era inevitável. Essas mudanças poderiam ter sido gerenciadas de outro modo e, se o tivessem, haveria mais ganhadores e menos perdedores. Os mercados fizeram o que as regras do jogo permitiam que fizessem e os incentivavam a fazer. Agora são necessárias regras diferentes; precisamos de ação coletiva para *reformar* a economia de mercado. Os capítulos anteriores forneceram sugestões específicas. Este capítulo tenta uni-las e articular os princípios que deveriam nos guiar ao pensarmos no papel da ação coletiva. Após a apresentação dos princípios gerais, veremos como, em nossa economia em evolução, há necessidade cada vez maior de governo, em vez da redução buscada por tantos na direita.

A necessidade de ação coletiva

No último meio século, os economistas chegaram a um entendimento mais profundo das circunstâncias nas quais alguma forma de ação coletiva é necessária para assegurar a obtenção dos objetivos sociais e nas quais os mercados falham em produzir resultados eficientes ou justos.[2] Este livro enfatizou repetidamente as várias discrepâncias entre retorno social e retorno privado. Na ausência de regulamentação, por exemplo, os indivíduos não levam em conta o custo da poluição no cálculo econômico. Os mercados produzem poluição, desigualdade e desemprego demais e pesquisa básica de menos.

Há certas coisas, como a defesa nacional, das quais todos nos beneficiamos; essas coisas são chamadas de "bens públicos"[3] e precisam ser fornecidas coletivamente. Se contarmos com o fornecimento privado de um bem público, haverá subfornecimento. Pessoas ou empresas pensam somente em seu próprio ganho, não nos benefícios sociais mais amplos.[4]

Embora a defesa seja o exemplo mais óbvio, há muitos outros: assim como as economias baseadas no cultivo do arroz se beneficiam da infraestrutura de um bom sistema de canais, todos nós nos beneficiamos da infraestrutura de alta qualidade de estradas, aeroportos, eletricidade, água e saneamento.

Os avanços no conhecimento também são bens públicos. O capítulo 1 enfatizou como esses avanços são as fontes mais importantes de elevação dos padrões de vida. Todos nós nos beneficiamos de inovações como transistores e lasers. É por isso que a pesquisa básica precisa ser financiada pelo governo.

Um dos mais importantes bens públicos é o governo eficiente e justo, algo de que todos nós nos beneficiamos.[5] O apoio público a indivíduos e instituições engajados no interesse público — incluindo mídia e *think tanks* independentes — é necessário para se conseguir um bom governo.

Há muitas outras áreas nas quais os mercados falham em fazer o que deveriam e nas quais a ação coletiva pode aumentar o bem-estar. A razão pela qual temos uma variedade de programas de previdência social (aposentadorias, assistência médica aos idosos, seguro-desemprego) é simples: esses são riscos importantes, com grande impacto no bem-estar individual, mas, antes que o governo chegasse, o mercado não fornecia proteção contra eles, ou fazia isso somente a preços muito altos, com significativos custos transacionais.[6]

Economias dinâmicas estão sempre em transição, e os mercados não gerenciam bem essa situação. Estamos nos movendo de uma economia industrial para uma economia de serviços e de inovação, globalizada e urbanizada, com claras mudanças demográficas.

Do mesmo modo, é difícil coordenar uma economia ampla e complexa. Antes que políticas governamentais ativas governassem a macroeconomia, costumava haver longos períodos de desemprego. As políticas keynesianas tornaram as retrações mais curtas e as expansões mais longas. Hoje, todo grande país tem um banco central dirigido pelo governo, e a maioria deles leva a sério a noção de que é tarefa do governo estabilizar a economia.

Ainda que os mercados fossem eficientes e estáveis, os resultados poderiam ser (e muitas vezes são) socialmente inaceitáveis, com pessoas demais em risco de passar fome e riqueza demais indo para alguns poucos. Um dos papéis fundamentais do governo é assegurar oportunidade e justiça social para todos. Deficiências nos mercados de capital significam que aqueles desafortunados o bastante para nascerem em famílias pobres jamais serão capazes, com base nos recursos de seus próprios pais, de atingir todo seu potencial. É injusto e ineficiente.

O envolvimento do governo em todas essas atividades é essencial. Isso não deveria ser controverso. Contudo, a maneira como o governo *organiza* essas atividades é uma questão mais complicada. Em algumas áreas, ele provou ser um produtor muito mais eficiente que o setor privado, como no fornecimento de pensões através da previdência social ou de assistência médica através do Medicare.[7]

Em alguns casos, parcerias público-privadas, como no caso da infraestrutura, provaram ser uma maneira efetiva de fornecer serviços. O parceiro privado fornece capital para construir a estrada em terras públicas, gerenciando-a por, digamos, trinta anos, e depois a entregando ao público. Frequentemente, porém, essas parcerias fazem com que o governo arque com os riscos e o setor privado fique com os lucros. Quando a empresa oferece menos, ela consegue o contrato; quando oferece mais que o custo, mantém os lucros. É uma aposta garantida.[8]

O princípio por trás desses exemplos é que precisamos que nosso governo se mantenha de mente aberta em relação à melhor maneira de organizar a produção e o fornecimento de serviços. Aqui, como em outros casos, a ideologia é inútil. A crença quase religiosa de que as empresas privadas são sempre e por toda parte melhores que o governo é errada e perigosa.[9]

Regulamentação e estabelecimento das regras do jogo

Há muitas áreas nas quais é melhor deixar a produção para o setor privado. Mas isso não significa que o setor privado deva ser capaz de fazer o que bem entender. Ele precisa ser regulamentado. Temos de entender por que e quando precisamos de regulamentação, como gerenciar o processo regulatório e por que, em muitas áreas, o problema hoje não é o excesso, mas a falta de regulamentação.

Em uma sociedade interdependente, *precisa* haver regulamentação.[10] A razão é simples: o que uma pessoa faz afeta as outras e, sem regulamentação, esses efeitos não são levados em consideração.[11] Uma empresa que polui diminui a expectativa de vida e aumenta o risco de doenças pulmonares de todos que respiram esse ar — apenas em pequena extensão, é verdade, mas, quando multiplicada por milhões de empresas, a poluição é considerável. Obviamente, uma empresa sem consciência moral e focada apenas nos lucros não quer gastar o dinheiro necessário para diminuir a poluição que causa.

Os Dez Mandamentos são um conjunto de regras criadas para uma sociedade simples, a fim de garantir que os indivíduos convivessem de modo pacífico. Semáforos são um mecanismo regulatório simples, permitindo tráfego em diferentes direções. Para ver os benefícios dessa e de outras regulamentações, simplesmente vá a qualquer grande cidade em um país em desenvolvimento e observe o caos resultante de sua ausência.

O conjunto de regulamentações necessárias para o funcionamento de uma sociedade moderna obviamente é complexo. Os bancos sabem como tirar vantagem de seus clientes através de empréstimos predatórios e enganosos. Os grandes bancos assumem riscos excessivos, sabendo que são grandes demais para quebrar e que, se tiverem problemas, serão resgatados: 2008 foi apenas a ocasião mais recente na qual o governo teve de fazer isso. É natural, portanto, tentar evitar que bancos assumam riscos excessivos ou tirem vantagem de seus clientes. Os banqueiros defendem a desregulamentação, tentando se livrar dos mecanismos que impedem que tirem vantagem dos outros ou se engajem em ações excessivamente arriscadas. Ao mesmo tempo, pediram e conseguiram leis que dizem que, em caso de falência, seus derivativos — os arriscados produtos que tiveram papel tão significativo na derrubada da economia em 2008 — devem ser pagos antes dos trabalhadores ou qualquer outra parte interessada. Ao fazer isso, conseguiram o que realmente queriam: um conjunto de leis e regulamentações que privilegia os bancos, em detrimento de todos os outros. Do mesmo modo, em 2008 e em outras crises, os bancos imploraram por resgate governamental.

Desse modo, o movimento de desregulamentaçao que conduziram com tanta ênfase pretendia, na verdade, construir uma grande estrutura regulatória pró-bancos. A questão deveria ser sempre *quais regulamentações*, e não *desregulamentação*. Nenhum país, nenhuma economia, pode funcionar sem leis ou regulamentações. Os bancos queriam direitos sem responsabilidades, um conjunto de regulamentações e políticas que lhes dava liberdade para explorar os outros e assumir riscos excessivos, sem arcar com as consequências de suas ações.

A "liberdade" de uma pessoa não pode ser a "falta de liberdade" de outra. O direito de poluir de uma pessoa conflita com o "direito" das outras de não morrerem em função da poluição. A liberalização do mercado financeiro deu aos bancos o direito de explorar os outros e, nesse sentido, o direito de extorquir dinheiro de todos nós, uma vez que a resultante crise financeira forçou o país a desembolsar algo em torno de 1 trilhão de dólares.

Todas as sociedades aprenderam, de maneira dolorosa, que existem aqueles que buscam enriquecer não inventando produtos melhores ou fazendo alguma outra contribuição, mas explorando — explorando o poder de mercado, as imperfeições da informação e, especialmente, aqueles que são vulneráveis, pobres ou menos instruídos. Para citar um exemplo clássico: os embaladores de carne tentaram tirar vantagem dos consumidores vendendo carne podre, até que em 1906 Upton Sinclair expôs a situação em seu livro *The Jungle* [A selva]. A publicação causou tanto furor que a indústria *pediu* para ser regulamentada, a fim de que a confiança na carne pudesse ser restaurada. Para citar outro exemplo, há reconhecimento quase universal de que uma pessoa faria qualquer coisa para evitar que os filhos morressem de fome ou para comprar para eles os remédios necessários — inclusive fazer empréstimos a juros usurários. É por isso que tantos países e religiões têm leis e preceitos que proíbem a usura, e é por isso que as sociedades mais ricas tentam fazer tudo que podem para impedir que as pessoas cheguem a essas posições extremas, nas quais podem ser exploradas. De modo geral, há e deveria haver preocupação quando existe uma assimetria grande demais no poder de barganha.

Os críticos da regulamentação afirmam que nosso sistema legal é suficiente para impedir a exploração, que o exemplo de criminosos condenados como Bernie Madoff, que tiraram vantagem dos outros, é suficiente. Não é o caso: precisamos de regulamentações que dificultem os comportamentos errados. É melhor prevenir essas ações que limpar a bagunça depois que ocorrem, uma vez que o dano jamais pode ser totalmente reparado, como demonstra claramente o exemplo do próprio Madoff. Do mesmo modo, devemos ter regulamentações para evitar o comportamento predatório, como as faculdades particulares que tiram vantagem do desejo natural de progredir dos indivíduos, mas não oferecem em troca nada de valor; ou os empréstimos predatórios que marcaram o mercado de hipotecas antes da crise e marcam os empréstimos consignados hoje.

Em resumo, precisamos de regulamentação para fazer com que os mercados funcionem como deveriam, de maneira competitiva, com transações entre partes bem-informadas nas quais uma delas não tenta tirar vantagem da outra. Sem a confiança de que os mercados são razoavelmente bem-regulados, eles podem desaparecer. Quem comprará ações se houver uma boa chance de que elas sejam uma fraude?

O processo regulatório

Projetar um sistema regulatório bom e eficiente é difícil, mas fizemos um trabalho notavelmente bom combinando perícia com freios e contrapesos. Queremos evitar tanto quanto possível a politização do processo regulatório. O Congresso estabelece os objetivos da regulamentação, com a responsabilidade pelos detalhes cabendo a agências independentes, mas responsabilizáveis, que implementam as intenções do Congresso tão imparcialmente quanto possível (ao menos em teoria). Temos até mesmo regulamentação para assegurar que outras regulamentações sejam criadas e impostas de maneira justa e eficiente. O sistema exige, por exemplo, que todas as principais regulamentações passem por uma análise de custo-benefício. Tipicamente, os benefícios são um múltiplo dos custos. A regulamentação tem de ser exposta a "exposição e comentários", um processo transparente no qual podem ser apresentadas objeções. Os comentadores podem sugerir melhorias e alterações. (É claro, os interesses especiais pesam muito mais que o público em geral, resultando em um esquema regulatório mais pró-negócios do que seria ideal.)[12] Então a agência que propôs a regulamentação tem de responder aos comentários e apresentar uma versão final. E aqueles que não gostam da regulamentação podem questioná-la nos tribunais, argumentando que ela não é consistente com os objetivos estabelecidos pelo Congresso, que viola alguma outra regra, regulamentação ou preceito governamental ou que o processo não foi realizado de maneira adequada. Em resumo, inserimos enormes garantias democráticas em nosso processo regulatório. Isso não significa que toda regulamentação é ideal. Muitas vezes há informação menos que perfeita sobre como um mercado está evoluindo e o mundo se revela diferente do esperado. Às vezes, o mundo muda, e uma regra que fazia sentido em certa época já não faz em outra.[13] Mas todas as instituições humanas são falíveis. Fizemos um trabalho fidedigno ao criar uma estrutura que funciona.[14]

*Restaurando regulamentações,
tanto individualmente quanto como princípio*

Neste exato momento, levando tudo em consideração, nossa economia precisa de mais regulamentação, ao menos em certas áreas-chave. A economia está mudando rapidamente, e a regulamentação precisa acompanhar o ritmo. Há vinte anos, por exemplo, não sabíamos dos perigos apresentados pelas emissões de carbono; agora sabemos, e precisamos de uma regulamentação que reflita isso. Há vinte anos, a obesidade não era um problema tão sério quanto hoje. Agora, precisamos proteger nossas crianças dos alimentos doces e salgados projetados para serem viciantes, que estão contribuindo para essa epidemia. Há vinte anos, não tínhamos a crise de opioides que foi, em parte, fabricada pela indústria farmacêutica. Nem a explosão de instituições educacionais com fins lucrativos explorando seus alunos e os empréstimos governamentais para os quais eles se qualificam.[15]

O conflito sobre a neutralidade da rede fornece um exemplo vívido da necessidade de regulamentação e das maneiras pelas quais os interesses corporativos manipulam o sistema em vantagem própria.

O princípio da neutralidade da rede diz que os controladores da internet (há três grandes provedores nos Estados Unidos — Comcast, Charter e AT&T —, o que dificilmente o torna um mercado competitivo) têm de tratar igualmente todos os que querem usá-la. Em particular, eles não têm permissão para conceder a ninguém vantagens em termos de velocidade.[16] Em 2015, esse princípio se tornou lei quando a Comissão Federal de Comunicações (FCC) emitiu a Ordem da Internet Aberta, que transformou a internet em utilidade pública e impediu a discriminação entre seus usuários (donde a expressão "neutralidade da rede"). Mas, apenas dois anos depois, em dezembro de 2017, Ajit Pai, o presidente da FCC sob Trump, revogou a ordem. Os fornecedores agora não têm limitações legais para a velocidade que fornecem a diferentes negócios on-line.[17]

O fim da neutralidade da rede é muito recente para sabermos qual será seu resultado. Mas a preocupação — partilhada intensamente por muitos consumidores e economistas que veem a internet essencialmente como utilidade pública — é que, com a lei da selva, os fortes e poderosos prevaleçam. As grandes empresas conseguirão negócios melhores com os provedores, e os provedores darão vantagens a si mesmos. Eles transformarão seu poder de mercado no controle da internet em poder de mercado no fornecimento de conteúdo (como entretenimento) pela internet.

Os serviços de streaming de vídeo fornecem um bom exemplo de como a perda da neutralidade da rede pode ferir a competição, colocando em desvantagem mesmo empresas grandes e aparentemente poderosas. A Netflix faz uso intensivo de dados: seu apelo para os consumidores está na transferência rápida e ininterrupta de vídeos, exigindo um grande e rápido fluxo de dados para suas casas. Diminuir a velocidade a que ela tem acesso diminuiria seriamente sua viabilidade como negócio. Se um provedor tivesse seu próprio serviço de streaming de vídeo, competindo com a Netflix, ele poderia conceder a si mesmo uma vantagem ao diminuir o acesso da Netflix à largura de banda.

Sem neutralidade da rede, um provedor monopólico também tem a habilidade de extrair de clientes como a Netflix uma grande parcela de seus lucros, exigindo um pagamento premium para acesso a grandes velocidades. Se a Netflix não ceder, não pagar esse resgate, o provedor pode reduzir aleatoriamente a velocidade do serviço, mesmo sem haver problema de capacidade.

Os detratores da neutralidade da rede gostam de dizer que o mercado soluciona esse tipo de problema: se os consumidores não receberem o que querem, eles passarão para outro provedor, um que transmita de modo confiável os vídeos da Netflix a grandes velocidades. Mas, com somente três grandes provedores nacionais de internet, as escolhas são limitadas; de fato, em muitas partes do país, aqueles que querem banda larga só têm uma opção.[18] Mesmo que, no longo prazo, novos competidores oferecessem um serviço mais confiável, no longo prazo estaremos todos mortos, como disse John Maynard Keynes em outro contexto: a Netflix não seria capaz de esperar. A consciência de que os provedores de internet têm tal poder de mercado desestimula a inovação em toda a indústria. O resultado é mais desigualdade, menos inovação e crescimento mais lento.[19]

Falha de governo

Explicamos por que a ação coletiva é necessária. Mas isso não significa que ela seja fácil ou sempre bem-sucedida. A ação coletiva assume muitas formas e ocorre em muitos níveis. Uma miríade de organizações não governamentais e de caridade trabalha em nome do bem comum. Nossas universidades sem fins lucrativos, como Harvard e Columbia, fortemente apoiadas por contribuições voluntárias, estão entre nossas organizações mais bem-sucedidas, produzindo conhecimento e dividindo-o com sucessivas gerações.

Mesmo assim, a mais importante instituição para ação coletiva é o governo.[20] Mas eis o problema: os poderes que permitem que o governo aumente o bem-estar social podem ser usados por grupos ou indivíduos para defender seus próprios interesses à custa dos outros. Isso às vezes é chamado de "falha de governo", em contraste com a falha de mercado. Os críticos erroneamente afirmam que recorrer ao governo para sanar as falhas de mercado é uma cura pior que a doença e que a falha de governo é generalizada. Como este livro argumentou, não há como vivermos sem governo; não podemos voltar para a selva. Precisamos de ação governamental. A questão é como assegurar que o governo sirva aos interesses de toda a sociedade. Os países mais bem-sucedidos são aqueles que encontraram boas respostas para essa questão e contam com governos fortes e efetivos. Os países da Ásia Oriental, por exemplo, que fizeram a drástica transição de países pobres em desenvolvimento para poderosos mercados emergentes no espaço de algumas décadas, têm governos que desempenharam papel central em seu desenvolvimento.[21] Similarmente, o governo desempenhou papel central no desenvolvimento da economia americana durante a história da nação.[22]

Ao estudar quando o envolvimento governamental ocorreu como desejado e quando falhou, os economistas obtiveram um entendimento muito melhor sobre como impedir as falhas de governo. Muitas delas estão associadas à chamada "captura", quando empresas e indivíduos ricos usam seu dinheiro e sua influência para fazer com que o governo defenda seus interesses. Temos de estar constantemente em guarda contra essa possibilidade e estabelecer regras e instituições para torná-la menos provável.

Os pais fundadores também reconheceram que uma mídia crítica e independente é parte essencial de uma democracia saudável. Outra característica essencial de uma democracia bem-sucedida é a transparência.

Muitos críticos das visões que expus neste livro combinam ceticismo em relação ao governo com excessiva — e injustificada — fé nos mercados. Anteriormente, falei sobre a noção de fundamentalismo de mercado (às vezes chamado de neoliberalismo): a ideia de que mercados livres são eficientes e estáveis e de que, se os deixarmos realizarem seus milagres e levarem crescimento para a economia, todos se beneficiarão (a chamada economia de gotejamento). Os capítulos anteriores desmascararam essas ideias — como se a crise de 2008, os episódicos altos níveis de desemprego e nossa maciça desigualdade não fossem provas suficientes. Todos esses problemas seriam muito piores sem amplas intervenções governamentais.

No nível mais básico, como observado, os mercados precisam ser estruturados por regras e regulamentações; no mínimo, para evitar que qualquer parte ou grupo interessado tire vantagem ou imponha custos aos outros (através da poluição, por exemplo). Tais regras e regulamentações precisam ser estabelecidas *publicamente*.

E há muitas coisas que os mercados, por si mesmos, não fazem, de preservar o meio ambiente a investir o suficiente em educação, pesquisa e infraestrutura ou, como vimos, fornecer garantias contra muitos dos importantes riscos sociais que enfrentam.

O debate atual sobre o papel do governo

A *real politik* dos Estados Unidos no século XXI é que aqueles que buscam preservar nossos padrões de vida e os valores que articulo neste livro terão de persuadir o restante do país de que há políticas alternativas mais consistentes com seus interesses e valores que nosso curso atual, ou seja, o nativismo e o protecionismo de Trump ou o "fundamentalismo de mercado" que Reagan estabeleceu há cerca de quatro décadas. Infelizmente, muitas vezes as questões sociais, como o aborto e os direitos dos homossexuais, diminuíram nossa habilidade de tratar da economia básica: como crescer com igualdade.[23]

Hoje, porém, o maior impedimento à aceitação das ideias que expus é a falta de confiança no governo. Mesmo que a ação coletiva seja desejável, aqueles na direita encorajaram uma disseminada desconfiança do governo.

Só pode haver confiança se houver a crença de que o sistema político é justo e nossos líderes não estão trabalhando apenas para si mesmos. Nada destrói tanto a confiança quanto a hipocrisia e a distância entre o que os líderes prometem e aquilo que fazem. Muito antes de Trump, as elites e os líderes políticos (de ambos os partidos) criaram as condições para a desconfiança, com políticas que pareciam ajudar somente a eles mesmos. Os reais ganhadores das políticas que implementaram nas décadas de 1980 e 1990 foram as elites: a alegação de que todos se beneficiariam era puro e autointeressado *nonsense*. Do mesmo modo, na Grande Recessão de 2008 causada por essas políticas, as mesmas elites salvaram a si mesmas: os banqueiros mantiveram seus bônus e cargos enquanto milhões perdiam casas e dezenas de milhões perdiam empregos.[24] Algo deu muito errado e não foi um desastre natural, uma enchente única em mil anos. E, mesmo assim, embora quase todo dia uma nova transgressão de bancos e banqueiros fosse revelada, quase nenhum deles foi responsabilizado. Se o que fizeram não era ilegal, deveria ser. O governo escolheu alguns casos para servir de "exemplo": um pequeno banco chinês aqui, um banqueiro de nível médio ali. Mas os líderes, aqueles amplamente recompensados pelos "sucessos" dos bancos, os lucros de bilhões de dólares, pareciam imunes. Eles reivindicaram crédito pelos lucros dos bancos, mas não por seus pecados.[25]

Criamos um sistema no qual a desigualdade em termos de justiça parece tão grande quanto as desigualdades de renda, riqueza e poder. Não surpreende que tantos americanos tenham ficado com raiva.

Mas não era inevitável que essa raiva assumisse a forma que assumiu. Ela poderia ter sido dirigida contra os maiores responsáveis pelo sofrimento da classe média em desaparecimento, aqueles que defenderam a globalização e a financeirização, mas simultaneamente se opuseram aos impostos progressivos e aos programas de transferência e auxílio para os trabalhadores que perderam empregos como resultado da globalização ou foram prejudicados pela financeirização, pela desregulamentação financeira e por suas consequências.[26] Por que ela assumiu essa forma — um ataque às pessoas que estavam *mais* alinhadas a seus interesses, embora não perfeitamente — é uma questão que com certeza será debatida durante anos. Talvez tenha sido porque os democratas "Clinton" e "Obama" pareciam hipócritas; os republicanos ao menos não fingiam se importar com os trabalhadores comuns. Talvez tenha sido azar: a chegada de um demagogo capaz de articular uma história sobre a traição dos americanos comuns pelas elites "esclarecidas" e usar essa história para planejar a tomada hostil do Partido Republicano. Mas não foi uma tomada verdadeiramente hostil, pois a vasta maioria do partido aceitou o preconceito, a misoginia, o nativismo e o protecionismo de Trump e mesmo um aumento sem precedentes, em tempos de paz e sem recessão, do déficit público, a fim de conseguir o que queria: redução de impostos para os ricos e as corporações e desregulamentação. Ao fazer esse acordo com o diabo, eles deixaram claros seus valores e prioridades.

Como as ideias se disseminam, estabelecendo-se em certo lugar ou época, é um mistério. Nada parece inevitável, mesmo que as precondições tornem certos resultados mais prováveis. Não era inevitável que a Alemanha passasse pelo pesadelo de Hitler, e em muitos momentos houve oportunidades para a elite empresarial se opor a ele. Não podemos ter certeza sobre o que teria acontecido se ela tivesse feito isso, mas há ao menos uma chance de que o curso da história tivesse sido diferente. Será que alguém, daqui a meio século, escreverá uma frase similar sobre a comunidade empresarial americana de hoje?

A crescente necessidade de governo

Nossa economia do século XXI é claramente diferente da do século XX, e ainda mais da economia sobre a qual escreveu Adam Smith no início da república. Essas mudanças tornam imperativo que o governo assuma um papel muito maior que em eras anteriores. Nos próximos parágrafos, descrevo seis maneiras pelas quais a economia mudou, cada uma das quais pede mais ação coletiva.

A economia de inovação. A produção de conhecimento é diferente da produção de aço ou outras commodities. Os mercados, por si mesmos, não investirão suficientemente em pesquisa básica, a fonte da qual surgem todos os outros avanços, e é por isso que o governo assumiu papel central, ao menos em seu financiamento.

A economia urbana. Ao nos industrializarmos e nos movermos para a era pós-industrial, nós nos urbanizamos. Há vantagens distintas nas aglomerações urbanas, mas elas são difíceis de gerenciar. Em espaços restritos, o que uma pessoa faz pode ter grandes efeitos sobre as outras. Sem regras de trânsito, haveria engarrafamentos e incontáveis acidentes; sem regulamentação ambiental e de saúde, as cidades seriam os lugares desagradáveis que costumavam ser, com expectativas de vida mais baixas e muitas doenças. A poluição sonora tornaria a vida ainda mais desagradável. Cidades "não planejadas" em mercados emergentes fornecem um retrato de como as cidades podem ser insuportáveis sem zoneamento.

Uma economia restrita pelas limitações planetárias. Na época de Smith, havia pouca consciência sobre a fragilidade ambiental. Hoje, estamos chegando aos limites de nossa biosfera. Os mercados, por si mesmos, mostraram-se capazes de tornar as cidades inabitáveis: pense no *smog* de Londres ou Los Angeles. Os mercados não limparam essas cidades sozinhos: foram as regulamentações governamentais que forçaram mudanças de comportamento. A um pequeno custo para cada indivíduo e empresa, há enormes benefícios para todos.

A economia complexa. Gerenciar uma economia no mundo de fazendas e fábricas de alfinetes de Adam Smith é diferente de gerenciar uma economia de inovação pós-industrial, globalizada e financeirizada. Naquela época, as flutuações econômicas estavam amplamente relacionadas às condições climáticas. Nos últimos duzentos anos, no entanto, houve grandes flutuações no mundo dos negócios, infligindo enormes custos sociais. A crise de 2008 não foi um ato divino; ela foi criada pelo homem, algo que nosso sistema *nos* fez. Nosso sistema falhou conosco e, de muitas maneiras, ainda estamos sentindo as consequências econômicas e políticas. Um sistema mais complexo, com mais inter-relacionamentos, com cada mercado participante tentando espremer o último dólar de lucro, é também um sistema econômico mais frágil.[27]

A economia em fluxo. Nossa economia está sempre mudando. Nós nos movemos da economia agrícola para a industrial e, em seguida, para a economia de serviços. Fomos globalizados e financeirizados. Agora, temos de aprender a gerenciar uma economia complexa e urbana, obedecendo aos limites planetários e com uma população em rápido envelhecimento, apresentando novos desafios para a distribuição de renda e o bem-estar através das gerações. Como já observei, os mercados, por si mesmos, não lidam bem com as transições, em parte porque aqueles nos setores ou lugares que estão em declínio não contam com recursos para fazer os investimentos necessários nos setores do futuro. Detroit, Michigan e Gary, em Indiana, minha cidade natal, são testemunhos do que acontece quando as coisas são deixadas a cargo do mercado. Os países que ajudaram os cidadãos comuns e os locais sob estresse a se ajustarem às mudanças econômicas, como a Suécia, têm uma economia mais dinâmica e uma política mais aberta à mudança.

Uma economia globalizada, na qual aquilo que acontece no interior de um país muitas vezes depende do que acontece fora de suas fronteiras. Nós nos tornamos mais interdependentes, mais expostos a riscos que, frequentemente, estão além da habilidade de superação da maioria dos indivíduos. Há maior necessidade de ação coletiva global para gerenciar essa interdependência, esse risco, mas a globalização econômica foi mais rápida que a globalização política, que o desenvolvimento de instituições para gerenciar a globalização econômica. O fardo permanece sendo do estado-nação, mas, ao mesmo tempo que esse fardo fica mais pesado, a capacidade de resposta do estado-nação diminui, especialmente com os conservadores argumentando que ele não deveria responder. A própria globalização desempenhou um papel nessa menor capacidade de resposta: ela forneceu novas oportunidades de elisão e evasão fiscal, e alguns argumentaram (erroneamente) que, para competir em um mundo globalizado, os impostos e os programas governamentais precisavam ser reduzidos.

Conclusões

Neste capítulo, descrevi a necessidade de ação coletiva. Quando agimos juntos e de modo coordenado, podemos atingir resultados muito melhores do que quando agimos sozinhos. As pessoas se unem para cooperar de várias maneiras. Elas formam parcerias e corporações para produzir, clubes e organizações para socializar, associações voluntárias e ONGs para trabalhar pelas causas nas quais acreditam. Elas formam sindicatos para participar de barganhas coletivas e iniciam processos coletivos — ações judiciais cooperativas iniciadas por um grupo de pessoas que foram feridas pelas ações de uma corporação, por exemplo, sabendo que nenhuma delas, agindo sozinha, seria capaz de obter reparação.[28] Uma das estratégias das corporações e da direita tem sido preservar o atual desequilíbrio de poder, criando obstáculos para tais ações coletivas ao dificultar a sindicalização dos trabalhadores, o acesso individual aos processos coletivos e o recurso aos tribunais públicos.

O governo é uma das mais importantes maneiras de se trabalhar em conjunto. A diferença entre o governo e todas as outras formas de cooperação é o poder de compulsão: ele pode forçar pessoas e instituições a não fazerem algo (como portar armas, o que poderia levar à morte de um vizinho e outros danos) ou a fazerem algo (pagar impostos, para que tenhamos um exército para nos defender). Como, na sociedade moderna, há diversas maneiras de ajudarmos e prejudicarmos uns aos outros, o governo inevitavelmente é grande e complexo. Por causa do "problema do caronista" — daqueles que gostariam de se beneficiar de bens e serviços fornecidos publicamente, como a proteção das forças armadas, da polícia e dos bombeiros, o conhecimento básico produzido pelos laboratórios e a proteção de nosso meio ambiente, sem arcar com sua parte dos custos —, as contribuições precisam ser compulsórias, ou seja, precisa haver taxação. As decisões sobre o que o governo deveria ou não fazer, como deveria fazer e quem deveria pagar por isso devem ser tomadas através de um processo político.

As instituições políticas, como as instituições de mercado, são complexas; elas têm o poder de fazer coisas boas, mas também de prejudicar. Elas podem ser usadas para redistribuir de baixo para cima, das classes baixas e médias para os ricos; elas podem ser usadas para impor, preservar e exacerbar as relações de poder existentes; elas podem aumentar as injustiças sociais, em vez de diminuí-las. Elas podem ser um instrumento de exploração, em vez de um instrumento para evitar a exploração.

Construir instituições públicas para aumentar a probabilidade de que o governo seja uma força poderosa em nome do bem tem sido o desafio enfrentado pelas democracias desde o início. É o desafio enfrentado pelos Estados Unidos hoje. O próximo capítulo descreve algumas das reformas crucialmente necessárias para assegurar que nossa democracia funcione bem para a maioria de seus cidadãos, e não somente para aqueles no topo. Os capítulos seguintes mostram como, com essa democracia reconstruída, podemos reconstruir também nossa economia, para torná-la mais competitiva, mais dinâmica, mais igual, a fim de que a vida de classe média possa novamente ser alcançável pela maioria dos americanos.

PARTE II
RECONSTRUINDO A POLÍTICA E A ECONOMIA AMERICANAS: O CAMINHO A SEGUIR

CAPÍTULO 8

Restaurando a democracia

Os Estados Unidos foram construídos como democracia representativa. De crucial importância foi a inclusão no sistema de fortes freios e contrapesos e da Carta de Direitos, para assegurar que os direitos das minorias fossem protegidos pelas maiorias. Mas, na prática, nós nos transformamos em um país no qual uma minoria parece exercer poder sobre a maioria. Temos um sistema eleitoral no qual dois dos três presidentes que assumiram o poder neste século o fizeram com distinta minoria dos votos. Além disso, temos *gerrymandering* na Câmara dos Representantes, o braço do governo que deveria refletir de modo mais fiel a população. Consequentemente, nas eleições de 2012, os democratas não conseguiram sequer a maioria na Câmara dos Representantes, apesar de terem obtido 1,4 milhão de votos a mais que os republicanos. E nosso Senado, deliberadamente projetado para dar o mesmo peso a cada estado, exacerbou, como resultado da concentração populacional, o problema do controle partidário pela minoria, ao menos quando mensurado do ponto de vista da nação como um todo. Fomos líderes mundiais na criação de uma democracia moderna e de instituições democráticas; agora parecemos ter ficado para trás. Poderia ter sido diferente se esses presidentes e corpos legislativos tivessem se conduzido com um mínimo de decoro, certa humildade refletindo o fato de que não tinham o apoio da maioria dos americanos. Em vez disso, eles chegaram a novos extremos na política de "o vencedor leva tudo". Esse domínio da maioria pela minoria é distintamente antidemocrático, desencorajou os eleitores e enfraqueceu a legitimidade do governo americano em solo doméstico e no exterior. Questões como o controle de armas, o salário mínimo e uma regulamentação financeira mais estrita tiveram o apoio da ampla maioria dos americanos, mas não foram consideradas. Este livro começa com uma breve discussão da lei fiscal de 2017; usualmente, a redução de impostos obtém apoio arrasador. Dessa vez, no entanto, os eleitores entenderam que se tratava de uma redução de impostos para os ricos, à custa da classe média e da próxima geração. Mais do que qualquer outra, a redução foi vista de modo desfavorável pela maioria.[1]

Está ficando mais claro que o objetivo do Partido Republicano é o domínio permanente da minoria sobre a maioria. Isso é imperativo para os membros do partido porque as políticas que eles defendem, da taxação regressiva (impondo aos ricos alíquotas menores que aos demais) à redução da previdência social, do Medicare e do governo em geral, são anátemas para a maioria dos eleitores. Os republicanos precisam garantir que a maioria não assumirá o controle. E, se assumir, precisam garantir que ela não poderá instaurar as políticas que gostaria para defender seus interesses. Como afirmou Nancy MacLean, professora de história da Universidade Duke,[2] eles "acorrentaram a democracia".

Analisar o quanto essa agenda já avançou fornece um retrato completo das reformas políticas que se fazem necessárias nos Estados Unidos, pré-requisitos para as reformas econômicas duradouras que defendo neste livro. Este capítulo dá ênfase a três áreas críticas: assegurar justiça eleitoral, manter um sistema efetivo de freios e contrapesos no governo e reduzir o poder do dinheiro na política.

Reformas eleitorais e o processo político

O sistema que pretendia proteger os direitos das minorias foi pervertido. Em uma democracia justa, é importante proteger os direitos das minorias. Mas também é importante proteger os direitos das maiorias.

O esforço para privilegiar a vontade política da minoria começa com o controle do voto.[3] Em nosso dividido país, a batalha política sobre o voto — quem tem permissão para votar — e a representação não é nova:

ao escrever a constituição, representantes dos estados do sul conseguiram aumentar sua própria representatividade ao exigir que os escravos fossem contados como três quintos de um homem livre, muito embora não pudessem votar.[4] Mas, com o crescimento recente do partidarismo, essa batalha ficou ainda mais feia. Os republicanos tentaram privar do direito ao voto aqueles que não os apoiam. De fato, o país tem uma longa história de privação de direitos: um dos mais vívidos exemplos é não permitir que criminosos condenados votem, o que ocorre em muitos estados. O encarceramento em massa pode ter tido muitos motivos,[5] mas, claramente, um de seus efeitos foi a privação em massa: cerca de 7,4% dos afro-americanos — 2,2 milhões no total — foram incapazes de votar nas eleições de 2016 por causa dessas leis estaduais.[6]

Em alguns estados dominados pelos republicanos,[7] também há uma tentativa de controlar o voto ao dificultar o registro dos trabalhadores ou seu acesso ao local de votação. Os republicanos não podem impor um imposto comunitário, como faziam os estados segregados do sul, mas podem aumentar os custos transacionais do registro e da votação, e isso pode ser um impedimento tão efetivo quanto a taxação. Em vez de facilitar o máximo possível o registro — para que todos possam exercitar um de seus direitos básicos como cidadãos —, permitindo que ocorra, por exemplo, durante a obtenção da carteira de motorista, eles o dificultam o máximo que podem. Entre outras coisas, exigem documentos de identificação difíceis de obter.

Historicamente, nenhum partido teve o monopólio das tentativas de privação de direitos: quando os democratas controlavam o sul, eles tentaram desencorajar o voto dos afro-americanos e dos pobres, como já comentei. Mas uma das divisões que surgiu foi sobre a visão em relação a essa privação: hoje, infelizmente, ela é amplamente a batalha de um único partido.[8]

E as eleições são realizadas de maneiras que dificultam ainda mais o voto dos trabalhadores, com os locais de votação funcionando por poucas horas (Indiana encerra a votação às 18 horas[9]), questionando registros ou tendo menos locais de votação, com localizações pouco convenientes. Os Estados Unidos são um dos poucos países a não ter votação no domingo, quando a maioria das pessoas não trabalha.

O sistema eleitoral é injusto de outras maneiras. O *gerrymandering*, por exemplo, garante que alguns eleitores contem mais que outros.[10]

Seis reformas que poderiam fazer a diferença são: 1) votações aos domingos (ou pelo correio ou transformando o dia da eleição em feriado), 2) pagar os indivíduos para irem ao local de votação (ou, alternativamente, demiti-los por não votar, como faz a Austrália), 3) facilitar o registro, 4) pôr fim à privação de direitos dos ex-presidiários, 5) pôr fim ao *gerrymandering*, e 6) assegurar um caminho à cidadania para os sonhadores: jovens que cresceram no país e não conhecem nenhum outro lar que não seja os Estados Unidos.

Tais reformas são baseadas em um conjunto simples de princípios: todo cidadão americano deveria votar e todo voto deveria ter o mesmo peso. A porcentagem de cidadãos americanos que vota é deploravelmente baixa.[11] Essas reformas mudariam a situação. Elas também diminuiriam o poder do dinheiro: uma das partes mais caras de qualquer campanha é identificar as pessoas que provavelmente apoiarão o candidato e assegurar que possam votar. Mais participação carrega consigo a promessa de um governo mais representativo. Votar é uma virtude cívica; sabemos que há um custo em comparecer ao local de votação, e esse custo muitas vezes é sentido de maneira mais aguda pelos trabalhadores comuns. Em uma sociedade na qual incentivos monetários se tornaram norma, eles parecem um pequeno preço a se pagar para incentivar os indivíduos a exercitarem seus direitos democráticos, em oposição às barreiras que construímos para desincentivá-los.

Taxação sem representação foi o mote que deu início à Revolução Americana e, todavia, criamos um sistema no qual muitas pessoas podem ser taxadas e jamais obter representação: aquelas que já cumpriram sentenças criminais, como discutido, e os migrantes temporários. Isso para não falar de nossos cidadãos no distrito de Colúmbia ou em Porto Rico. Dirija por Central Valley, na Califórnia, e veja os trabalhadores migrantes nos campos: eles vivem em trailers, bebem água poluída, sofrem com muitas doenças e são politicamente impotentes.[12] Muitos pertencem a gerações de trabalhadores que atravessam a fronteira de um lado para o outro; para eles, não há nenhum caminho que leve aos direitos políticos. Em certo nível, o retrato lembra os campos de algodão do sul antes da Guerra Civil. Ainda pior, nosso sistema político e econômico trabalha para manter esses extremos de injustiça: o encarceramento em massa fornece mão de obra barata e assegura que muitas pessoas que poderiam votar nos democratas não tenham acesso ao voto; a mão de obra migrante temporária, sem acesso à cidadania, garante que as queixas desses trabalhadores não possam ser introduzidas no processo político, ao menos não por eles mesmos. Esses indivíduos são migrantes *temporários*, muito embora venham para cá ano após ano e os Estados Unidos sejam sua única fonte de sobrevivência, porque não permitimos que eles se tornem residentes permanentes, o que levaria à cidadania e à voz política. Os empregadores também gostam desse arranjo, pois ele não somente fornece uma fonte de mão de obra dócil e barata como a baixa remuneração ajuda a diminuir os salários por toda parte.

Prevenindo o abuso do poder político: mantendo nosso sistema de freios e contrapesos

A longa experiência com a democracia demonstrou a importância dos sistemas de freios e contrapesos.[13] A democracia visa a assegurar que nenhum indivíduo ou grupo tenha poder excessivo, e a Carta de Direitos foi criada para garantir que nem mesmo a maioria possa tomar certas liberdades com uma minoria. Ela foi escrita dessa maneira porque o poder excessivo muitas vezes leva ao abuso ("O poder tende a corromper, e o poder absoluto corrompe absolutamente", nas famosas palavras de Lord Acton) e porque todos os indivíduos e instituições são falíveis. Um sistema de freios e contrapesos é central para evitar a aglomeração e o abuso de poder. Tem sido alarmante observar o presidente Trump minar nossos sistemas e nossa burocracia profissional, tão essencial para prevenir a politização excessiva dos processos públicos. Ele propôs, por exemplo, expandir a habilidade de demitir funcionários governamentais, revertendo mais de um século de esforços para despolitizar o governo. As políticas, incluindo as regras e regulamentações que governam nosso país, são estabelecidas através de um processo político, mas sua execução deve ser justa e objetiva, administrada por uma burocracia não política.

Um dos pontos fortes dos Estados Unidos tem sido a competência e a integridade de sua burocracia, e Trump está tentando miná-las.[14] A direita há muito critica a incompetência do governo; talvez essas "reformas" tenham o objetivo de transformar essas críticas em profecia autorrealizável, parte de uma agenda para minar o governo, o que realmente levará a um governo mais fraco e politizado.

Não é necessário dizer que parte fundamental de uma agenda política progressista é resistir a essas tentativas de enfraquecer nosso sistema; de fato, a lição é que precisamos fortalecer nossos sistemas de freios e contrapesos e o papel de nossos serviços públicos profissionais e de nossas agendas independentes. Precisamos pensar mais sobre como manter a responsabilidade democrática e, ao mesmo tempo, evitar a politização e aumentar a profissionalização, a eficiência e a eficácia do governo.[15] Outros países mostraram como isso pode ser feito.

O judiciário

Os ataques de Trump ao judiciário foram particularmente agressivos. Quando tribunal após tribunal decidiu que a proibição do ingresso de muçulmanos era um abuso de poder — violando direitos básicos dos indivíduos —, ele, como outros presidentes confrontados com uma decisão da qual discordavam, apelou. Mas foi além, usando um artifício de déspotas por toda parte: ele atacou os próprios tribunais, minando a confiança no judiciário e seu papel como árbitro justo.[16]

A perda do status da Suprema Corte como árbitro justo e sábio, todavia, não começou na presidência de Trump. Foi um deslize gradual, o resultado de uma estratégia de longo prazo dos republicanos para nomear juízes que tendiam a tomar decisões com base em sua ideologia e no interesse das elites do establishment. A estratégia parece ter funcionado: as últimas duas décadas viram um fluxo de decisões fortemente partidárias. É claro que os presidentes sempre quiseram que a Suprema Corte apoiasse suas perspectivas; tradicionalmente, no entanto, também perceberam a importância de que ela fosse vista como árbitro justo, equilibrado e sábio. O presidente George H. W. Bush talvez mereça receber o crédito por iniciar o ataque à Suprema Corte, com a nomeação de um juiz totalmente desqualificado, Clarence Thomas.

As descaradas tentativas dos republicanos de encher os tribunais com juízes partidários criaram outro problema, surgido de um rudimentar conjunto de "princípios" subjacentes a sua peculiar coalizão, unindo, por exemplo, libertários, protecionistas de Trump e o establishment corporativo.[17] Isso nunca fica tão claro quanto quando a Suprema Corte se manifesta sobre questões políticas e as regras políticas do jogo, como quando efetivamente escolheu George W. Bush para ser presidente, mesmo com distinta minoria dos votos populares. Em geral, os republicanos acreditam firmemente nos direitos dos estados. Mas, em *Bush v. Gore*, se os estados prevalecessem, Gore teria sido eleito. Assim, os juízes republicanos ignoraram seus valores normais para conseguir o resultado político que queriam.[18] Similarmente, quando a Suprema Corte permitiu contribuições ilimitadas de campanha em *Citizens United v. Comissão Federal Eleitoral*, reforçando o papel do dinheiro e da desigualdade econômica em nosso sistema político, ela sugeriu que o dinheiro (ainda) não havia corrompido a política americana.

O desafio enfrentado pelos juízes "conservadores" (partidários republicanos) era tomar decisões aparentemente morais e coerentes que, ao mesmo tempo, fossem leais a suas posições partidárias. Com o Partido Republicano se tornando cada vez menos moral, essa tarefa se tornou cada vez mais difícil.[19]

O resultado foi que a Suprema Corte passou a ser vista por muitos como simplesmente outro instrumento em uma vasta batalha partidária, e não a instituição salomônica cuja sabedoria deveria unir o país; uma Suprema Corte que ampliou as divisões econômicas e raciais do país e exacerbou divisões políticas e filosóficas já muito profundas.[20]

É ingênuo pensar que poderíamos ter uma Suprema Corte bem acima da política. Mas poderíamos ter uma Suprema Corte mais equilibrada, na qual os jogos políticos não ocorressem com tanta intensidade. Uma reforma institucional simples que poderia nos levar nessa direção envolveria converter o mandato vitalício em um mandato de, digamos, vinte anos. Essa proposta existe há décadas, mas recentemente ganhou mais urgência e mais apoiadores, uma vez que a Suprema Corte tem se mostrado ainda mais dividida.[21] Em média, aproximadamente dois juízes chegariam ao fim de seu mandato em qualquer presidência (de quatro anos).[22] Essa reforma também poderia reduzir o incentivo ao extremo partidarismo exibido no fim da administração Obama, quando o Congresso se recusou a sequer considerar o altamente qualificado indicado de Obama, Merrick Garland.[23]

A constituição não especifica o número de juízes da Suprema Corte. Fala-se muito que, uma vez que os republicanos violaram as normas tradicionais de tantas maneiras, particularmente se recusando a sequer revisar a indicação de Garland, os democratas deveriam reagir no mínimo dobrando o número de juízes, caso consigam o controle da presidência e de ambas as câmaras do Congresso. Por mais tentador que isso possa parecer, levaria ao enfraquecimento ainda maior das instituições democráticas americanas: cada lado ficaria tentado a acrescentar ainda mais juízes, para assegurar o controle da Suprema Corte, ao menos até que o outro partido assumisse o poder. A Suprema Corte já é vista, em grande extensão, como meramente outra arma partidária; esse ato poderia confirmar tal percepção.

Mesmo assim, não deveria ser aceitável que uma minoria, usando descaradamente todos os mecanismos que descrevi, se instalasse no poder e tomasse de assalto a Suprema Corte para garantir que, em caso de perder o poder, seus interesses e sua ideologia continuem a prevalecer através de juízes ideologicamente nomeados.

A limitação do mandato dos juízes da Suprema Corte, já mencionada, talvez seja a melhor maneira de sair desse impasse. A próxima administração democrata deveria propor formalmente tal emenda, e, como medida temporária, até que a emenda fosse aprovada e entrasse em vigor, o número de posições na Suprema Corte deveria ser ampliado.

O poder do dinheiro

Talvez a maior falha do sistema político americano seja o crescente poder do dinheiro, a ponto de nosso sistema político ser mais bem descrito como "cada dólar, um voto" do que como "cada pessoa, um voto". Todos conhecemos os componentes dessa terrível ligação entre dinheiro e política: lobistas, contribuições de campanha, dança das cadeiras em relação aos cargos e uma mídia controlada pelos ricos. Os indivíduos e corporações ricos usam seu poder financeiro para comprar poder político e propagar suas ideias, algumas vezes com verdadeiras *fake news*. A Fox News se tornou emblemática nesse sentido, e seu poder está bem documentado.[24]

Aqueles que têm dinheiro o usam para amealhar ainda mais riqueza para si mesmos através do sistema político. As petrolíferas pediram e obtiveram acesso a terras governamentais ricas em petróleo e outros minerais, pagando apenas uma fração do valor dos recursos. Essas corporações estavam na verdade roubando dos cidadãos comuns, mas foi um roubo discreto, com poucos americanos percebendo que suas carteiras estavam sendo esvaziadas. A administração Clinton tentou forçar as corporações a pagar o valor integral, e elas iniciaram uma bem-sucedida campanha para reter a habilidade de pagar barato pelos recursos do país. O outro lado da moeda de as corporações pagarem muito pouco por ativos públicos é o governo pagar demais pelo que compra do setor privado. As empresas farmacêuticas inseriram uma pequena provisão na lei que fornece medicamentos aos idosos sob o Medicare: o governo, o maior comprador de medicamentos do mundo, não pode barganhar o preço. Essa e outras provisões foram defendidas pelas empresas farmacêuticas para gerar preços mais altos e lucros maiores. Funcionou. Os medicamentos do Medicare custam muito mais do que aqueles fornecidos por outros programas governamentais, como o Medicaid para os pobres ou o programa para veteranos. *O Medicare paga 73% a mais pelos mesmos medicamentos.* O resultado é que, todos os anos, os contribuintes desembolsam dezenas de bilhões de dólares adicionais para as empresas farmacêuticas.[25]

O que se pode concluir em relação a nosso sistema político quando não só o presidente, mas alguns dos maiores financiadores políticos, especialmente do Partido Republicano, são aqueles que ganharam fortunas dirigindo cassinos, notórios pelo papel que desempenham na lavagem de dinheiro, em outras atividade ilícitas e na exploração do vício em jogo?[26] Eles sabem que suas fortunas dependem das boas graças do público. Se o governo assumisse uma posição mais agressiva em relação à lavagem de dinheiro, suas fortunas sentiriam o impacto. Do mesmo modo, as grandes construtoras sabem que uma pequena provisão inserida na lei fiscal, concedendo-lhes tratamento preferencial — como aquela aprovada no fim de 2017, que essencialmente permite que os fundos imobiliários obtenham a mesma alíquota 20% mais baixa concedida aos pequenos negócios —, pode significar fortunas.[27] E sabem também que uma pequena mudança na regulamentação — por exemplo, forçando a revelação dos verdadeiros compradores de imóveis milionários, o que inibiria ou mesmo impediria seu uso para lavagem de dinheiro[28] — pode destruir todo seu modelo de negócios. Esses exemplos provavelmente estão entre as formas mais distorcidas e desagradáveis de *rent-seeking*; mas não deveria nos surpreender que um governo dirigido por *rent-seekers* seja um governo *para* eles e que se mostre falho em termos de crescimento e justiça social.

A Suprema Corte aumenta o poder do dinheiro na política

Combater o poder do dinheiro no interior de nossa estrutura democrática, com nossa forte crença na liberdade de imprensa e de expressão, não é fácil, mas outros países, com igual comprometimento com a democracia e a liberdade de imprensa e de expressão, saíram-se melhor do que nós.

Em grande medida, nossos problemas foram criados por nós mesmos ou, mais acuradamente, pela Suprema Corte, que, em decisões às vezes tão apertadas quanto cinco a quatro, assumiu algumas posições extremas. *Citizens United* é um exemplo.[29] A decisão da Suprema Corte nesse caso permitiu contribuições ilimitadas de corporações, organizações sem fins lucrativos e sindicatos para os comitês de ação política; somente as contribuições diretas para as campanhas permaneceram restritas. O argumento de que as corporações deveriam poder gastar sem limites ou seus "direitos" estariam sendo reduzidos é tolo. Corporações não são pessoas. Pessoas têm direitos, mas corporações são criações do Estado e, como tais, podem ser "dotadas" de quaisquer características que queiramos. Não há redução de direitos individuais quando restringimos as contribuições corporativas; de fato, pode-se afirmar o oposto. Eu compro uma ação em função de meu julgamento sobre as perspectivas econômicas da corporação. Enfraquece a economia ter de fundir esse julgamento ao fato de eu concordar ou não com os julgamentos políticos do CEO. A realidade é que os acionistas têm pouca voz nas iniciativas das corporações e, quando um CEO usa dinheiro corporativo para fins políticos, isso é quase tão ruim quanto se usasse o dinheiro para fins pessoais.[30]

A Suprema Corte decidiu que, como o dinheiro não foi dado ao candidato, desde que não haja coordenação direta com ele, o gasto "não dá origem a corrupção ou aparência de corrupção". A última afirmação é obviamente falsa. Mesmo a aparência de corrupção pode destruir a confiança em nossas instituições democráticas. Uma das razões pelas quais tantos americanos acham que o sistema político é uma fraude é o fato de acreditarem, acertadamente, que ele está sendo dirigido pelo dinheiro.[31] Não há dúvida de que a maioria dos americanos vê o que está acontecendo como corrupção, pura e simples. Se um fabricante de cigarros informa publicamente que gastará dinheiro apoiando candidatos que se opõem à regulamentação dessa indústria, é inevitável que isso leve a uma influência desproporcional,[32] induzindo os candidatos a se oporem à regulamentação, por exemplo. É uma forma de corrupção quase tão crua e efetiva quanto os métodos antigos. Os cinco juízes que chegaram à decisão no caso *Citizens United* parecem estar vivendo em um mundo diferente do restante dos Estados Unidos — ou então estão fazendo tudo que podem para encontrar argumentos que apoiem os interesses endinheirados do Partido Republicano.[33]

Ainda pior foi a decisão em um caso envolvendo o Arizona, no qual o estado tentou equalizar as contribuições ou os gastos quando excedessem certo nível (se um candidato rico gastasse 100 milhões de dólares em sua campanha, muito mais do que seu rival conseguiria arrecadar, o estado daria a diferença ao rival),[34] a fim de nivelar um pouco o campo de jogo entre os candidatos. A Suprema Corte decidiu que os indivíduos têm o direito de criar um campo de jogo desigual através de contribuições monetárias e que o estado estava, na verdade, negando a eles esse direito.[35]

Uma agenda para reduzir o poder do dinheiro na política

Existe uma ampla agenda para reduzir o poder do dinheiro na política, envolvendo reduzir a necessidade de financiamento privado, promover maior transparência e diminuir as contribuições e outras fontes de influência monetária.

Criando melhores leis de divulgação de informações

A divulgação de informações deveria reduzir o poder do dinheiro: a luz do sol é um forte antisséptico, como diz o ditado. Membros do Congresso que votaram contra a regulamentação do tabaco poderiam ficar constrangidos demais para fazer isso se fosse de conhecimento público que receberam grandes pagamentos dessa indústria. A transparência não se mostrou tão efetiva quanto esperado por duas razões: primeiro, os políticos e os interesses a que servem são mais descarados do que poderíamos supor. Como a influência do dinheiro é tão disseminada, a revelação de um ou outro exemplo pode ser facilmente ignorada. "Todo mundo faz isso." E, segundo, inserimos tantas brechas em nosso sistema de transparência que o tornamos ineficaz, em especial através dos notoriamente segredistas comitês de ação política.

A transparência real e completa seria um passo na direção certa. Mesmo que não consigamos transparência total, poderíamos ter mais do que hoje, e isso ajudaria. Não há razão para os apoiadores e as ações dos comitês de ação política não serem integralmente divulgados.

Diminuindo os gastos de campanha

Mas a divulgação não é suficiente. Precisamos diminuir os gastos de campanha. E é aí que se inicia a tensão entre os princípios de liberdade de expressão e eleições justas. A melhor maneira de reconciliar os dois é reduzir a necessidade de fundos, reduzir as vantagens proporcionadas pelas contribuições e dificultar as contribuições daqueles com dinheiro e poder, principalmente em quantidades ilimitadas através dos segredistas comitês de ação política. Esta última parte é especialmente importante, dado o desequilíbrio de riqueza e poder nos Estados Unidos.

Financiar as campanhas com dinheiro público e exigir que as retransmissoras (que fazem uso de frequências públicas de transmissão e cabos instalados em terras públicas) forneçam tempo adequado de propaganda aos candidatos reduziria grandemente a necessidade de dinheiro. Assim como a obrigatoriedade do voto discutida antes: grande parte dos gastos de campanha vai para "conseguir o voto" daqueles com mais probabilidade de concordar com a posição do candidato.

A equalização pública dos gastos (compensar as grandes contribuições para um candidato ou os grandes gastos de um candidato rico ao fornecer apoio público àqueles sem recursos financeiros) também reduziria o poder do dinheiro. Isso também exigiria uma mudança na decisão da Suprema Corte, o que, por sua vez, exigiria alterar apenas um voto.

Como já argumentei, as corporações são criações do Estado e, portanto, têm somente os direitos que o Estado concede a elas. Restringir seu direito de fazer contribuições políticas não é reduzir os direitos individuais garantidos pela constituição. Os indivíduos que são donos de corporações podem fazer contribuições; sujeitos, é claro, às restrições impostas pelo Congresso. Essas restrições aos indivíduos fazem sentido: elas são uma tentativa razoável de diminuir o poder do dinheiro. Mas não faz sentido não impor restrições ainda mais intensas às corporações e aos segredistas comitês de ação política.

Em resumo, *Citizens United*, o caso da Suprema Corte que efetivamente permitiu o gasto ilimitado de dinheiro em campanhas políticas, precisa ser revertido.[36] Mas, mesmo sem a reversão, há muito que pode ser feito. As corporações só deveriam poder fazer contribuições políticas com aprovação da maioria absoluta de seus acionistas (digamos, dois terços), de modo que não fosse apenas a voz do CEO a ser ouvida. Se os acionistas quiserem contribuir por si mesmos, essa é outra questão, já regulamentada.

Evitando a dança das cadeiras

Uma das maneiras mais odiosas pelas quais a influência é exercida é a "dança das cadeiras", nas quais políticos recebem suborno, não hoje, mas no futuro, na forma de bons empregos no setor privado quando deixam o serviço público.[37] A dança das cadeiras é disseminada e corrosiva. O fato de que aqueles no Tesouro americano e em outros cargos podem passar rapidamente de servir seu país para trabalhar em Wall Street suscita questões sobre se estiveram servindo Wall Street o tempo todo. Mas a dança das cadeiras permeia todo o governo, incluindo as forças armadas, nas quais generais e outros oficiais de alta patente parecem se mover naturalmente de servir seu país para trabalhar para fornecedores militares.

Várias administrações presidenciais trabalharam para reduzir o acesso à dança das cadeiras, para limitar sua disponibilidade. Parte do problema é que, qualquer que seja a regra, os indivíduos encontram maneiras de evitá-la. Tipicamente, pode haver restrições a eles negociarem *diretamente* com a agência da qual saíram. Mas eles podem aconselhar seus colegas corporativos sobre o que dizer a quem, e fazer com que sua presença seja sentida de diversas outras maneiras.

Essa é uma arena na qual se fazem necessárias, acima de tudo, as normas e éticas certas. E a ética "a cobiça é uma virtude" do capitalismo americano do século XXI trabalha contra a criação das normas certas. Um ex-servidor público, em especial um com ambições políticas, deveria temer que aceitar um cheque polpudo do Goldman Sachs em troca de um curto discurso pudesse parecer inapropriado. E isso deveria ser especialmente verdadeiro para um ex-secretário do Tesouro, um ex-secretário de Estado ou um ex-presidente. Todo servidor deveria se preocupar ao receber dinheiro de uma instituição financeira que se beneficia de suas ações no exercício do cargo. Servidores conscienciosos, especialmente nesta era de tanto ceticismo sobre o governo, deveriam se preocupar com a aparência de corrupção, mesmo que tênue. Mas, sob as normas do capitalismo do século XXI, um ex-funcionário do governo que recusa esses pagamentos é visto como tolo.

A necessidade de um novo movimento

Refletir sobre o angustiante atoleiro político e econômico no qual os Estados Unidos se encontram pode provocar desespero e paralisia. Nossos problemas estão inextricavelmente ligados. Pode parecer impossível saber por onde começar. Mas precisamos começar, e não com pequenos passos, mas em todas as frentes. Para isso, precisamos de uma nova política. A disfunção de nossos sistemas de votação e representação ampliou as disfunções no funcionamento de nosso sistema político. Esse sistema deveria traduzir nossas visões, crenças e opiniões em políticas. Elegemos representantes para que adotem legislações e regulamentações coerentes com essas crenças. Central para esse processo são os partidos políticos. Há, porém, disseminado desencanto com nossos partidos. Se não aparentemente corruptos, eles são vistos, no melhor dos casos, como oportunistas. Além disso, em anos recentes, elementos extremistas do Partido Republicano, como o Tea Party, estiveram ativos durante as primárias, agindo como forças centrífugas que destroçam o país.[38]

O desencanto com os partidos levou alguns a sugerirem que deveríamos nos livrar deles: eles seriam desnecessários nos Estados Unidos do século XXI. Isso está errado, mas temos de reinventar nossos partidos, para' assegurar que estejam assentados, primeiro e acima de tudo, nos mais elevados valores americanos.[39]

Hoje, o que motiva as pessoas, especialmente as mais jovens, a participar da política são os *movimentos*, comprometidos com um ou outro propósito. Alguns podem se preocupar com a igualdade de gêneros, outros com as oportunidades econômicas e outros ainda com a habitação, o meio ambiente ou o controle de armas. Embora esses movimentos enfatizem coisas diferentes, há um tema comum a todos: *os arranjos atuais são injustos, deixando alguns grupos para trás e ignorando uma importante dimensão do bem-estar*. Eles serão mais efetivos se trabalharem juntos, se houver uma aliança comum entre esses movimentos progressistas: o todo é maior que a soma das partes. O Partido Democrata precisa se reinventar como voz de tal aliança.

Movimentos são importantes. Eles podem conscientizar e conseguir apoio disseminado. Mas o verdadeiro sucesso exige ação política, e ela, por sua vez, requer apoio de ao menos um dos partidos. É pouco provável que, sozinho, algum movimento consiga ser bem-sucedido. E, embora muitas questões possam ter apoio bipartidário e algumas o recebam, na prática a grande divisão dos Estados Unidos está refletida em seus dois partidos. De algumas maneiras, é pior que isso: comentei anteriormente que o Partido Republicano é uma coalizão desconfortável entre a direita religiosa, operários descontentes e indivíduos ultrarricos. Em várias questões, essas partes apresentam interesses conflitantes: os operários descontentes podem querer salários mais altos, mas as corporações e os ultrarricos querem salários mais baixos; o poder de barganha das corporações em relação aos trabalhadores é maior em mercados abertos e de alto desemprego, assim como o oposto serve aos interesses dos operários descontentes. A lei fiscal de 2017 demonstrou como isso se dá na prática: os bilionários e as corporações conseguiram grandes reduções; a classe média teve aumento da alíquota fiscal.

Entre os movimentos progressistas, não há essa tensão. Eles têm em comum a visão de uma sociedade melhor, com maior igualdade e bem-estar para todos. Quando há diferenças, elas são sobre prioridades e estratégias. Reduzir o lixo tóxico e o acesso às armas são maneiras de aumentar a expectativa de vida. Nossa qualidade de vida será maior se tivermos um meio ambiente melhor e se todas as crianças tiverem acesso a cuidados médicos e educação de qualidade.

Mesmo assim, às vezes diferentes movimentos progressistas parecem estar em conflito. Alguns argumentam, por exemplo, que o foco no empoderamento e nos direitos econômicos tira a atenção do empoderamento e dos direitos raciais e de gênero. Martin Luther King Jr. entendeu que a justiça econômica e a justiça social são inseparáveis. Ele chamou a famosa manifestação de agosto de 1963 na capital da nação de Marcha sobre Washington por Trabalho e Liberdade. Uma das razões da persistência da divisão racial da renda é a crescente divisão econômica no país.

Do mesmo modo, o crescimento econômico que é nocivo ao meio ambiente não é sustentável, e os efeitos de um meio ambiente ruim — lixo tóxico ou tintas com chumbo — são sentidos mais intensamente pelos pobres. Como consequência, há clara complementaridade entre os movimentos de justiça ambiental e os movimentos de justiça social, racial e econômica. Em resumo, os vários movimentos progressistas são complementares e podem e devem trabalhar juntos.

No passado, os partidos nacionais acreditaram estar unindo pessoas de todos os cinquenta estados. Havia diferenças de opinião entre os estados, com algumas regiões sendo mais liberais que outras. Mas, nos Estados Unidos do século XXI, a geografia oferece um *insight* político diferente. É provável que haja mais similaridades entre aqueles vivendo nas cidades de todo o país que entre as áreas rural e urbana do mesmo estado. Aqueles nas cidades enfrentam um conjunto de problemas; aqueles na área rural, outro; aqueles nos subúrbios, outro ainda. As políticas, é claro, permanecerão locais, mas precisamos redesenhar os partidos nacionais de acordo com as identidades políticas naturais do século XXI, que são muito mais que locais e estão preocupadas com as grandes questões nacionais e internacionais de nossa época.

Reduzindo a influência da riqueza em nossa democracia

Não acredito que qualquer ajuste do sistema político democrático possa ser bem-sucedido com uma divisão econômica tão grande. As reformas que descrevi neste capítulo são necessárias, mas, se a divisão de riqueza e renda for muito grande, a riqueza vencerá, de um jeito ou de outro. Mesmo com rádio e TV públicos e subsídios públicos aos jornais, uma pessoa rica como Rupert Murdoch pode usar seu dinheiro para dominar ao menos um nicho do mercado e criar um culto com visões distorcidas. Entre as pessoas instruídas, os sistemas de verificação de fatos podem ser muito efetivos: ninguém, entre os 65% a 70% que não são seus seguidores devotos, leva alguma afirmação de Trump a sério antes que os fatos sejam verificados, dado que grande parte do que ele diz é mentira e a outra parte é composta de meias-verdades.[40] Mas Trump e a Fox News podem criar um grupo de devotos aparentemente imunes à verdade; no mínimo, eles são inoculados contra a verdade com uma vacina muito forte. Além disso, se seu objetivo é minar a confiança nas instituições do Estado, eles podem fazer isso simplesmente semeando dúvidas. As pessoas podem não acreditar no que Trump diz, mas é uma vitória para ele quando essas mesmas pessoas se mostram céticas em relação a seus críticos. Assim como os fabricantes de cigarros consideram uma vitória quando os fumantes duvidam da ciência que mostra que fumar faz mal à saúde, Trump, Murdoch e outros, que gostariam de destruir as instituições do Estado, consideram uma vitória quando conseguem gerar dúvidas.

Murdoch fez de modo transparente o que os ricos sempre fizeram, de um jeito ou de outro: ele usou o poder do dinheiro para modelar a sociedade.[41] Quando há grandes disparidades de riqueza, ela inevitavelmente apresenta influência desproporcional. Mesmo com um sistema de campanhas financiadas majoritariamente com dinheiro público, aqueles que podem fornecer algum tipo de apoio material ao partido são necessários — e ouvidos.

É claro que, em qualquer sociedade, alguns cidadãos são mais articulados, mais espertos e têm melhor entendimento sobre o que fazer. Jamais haverá um campo de jogo perfeitamente nivelado. Mas disparidades de riqueza muito grandes não permitem apenas que alguns tenham uma vida mais confortável; elas também permitem que os ricos influenciem excessivamente a direção da sociedade e da política. De algumas maneiras, essa é a perversão fundamental do governo. Ele deveria ajudar aqueles que não podem ajudar a si mesmos, proteger os vulneráveis, redistribuir a renda dos ricos para os pobres e criar regras que ao menos tratem os indivíduos comuns com justiça. Mas, em uma sociedade com excessiva disparidade de renda, pode fazer exatamente o oposto. Os cidadãos comuns sentiram intensamente essa "perversão" após a crise de 2008. Mas a reação do movimento Tea Party, desempoderar o governo, é a resposta errada: sem governo, a exploração dos pobres pelos ricos seria ainda pior. São os ricos e os poderosos que vencem quando se implementa a lei da selva.

Assim, se quisermos evitar essa distopia, temos de criar uma sociedade mais igualitária, sem perigosas concentrações de poder. Mas aqui chegamos ao dilema fundamental da política democrática em sociedades com desigualdades extremas, como é o caso dos Estados Unidos. Como romper esse equilíbrio, esse círculo vicioso no qual a desigualdade econômica leva a uma desigualdade política que a mantém, preserva e mesmo aumenta?

Isso pode ser feito, mas somente se houver um poder compensatório, às vezes chamado de "poder do povo". Muitos indivíduos, verdadeiramente engajados em movimentos como os descritos e trabalhando em conjunto através de um partido político, podem ser mais importantes que dinheiro. De fato, a derrota dos generosamente financiados candidatos republicanos Mitt Romney (na eleição geral de 2012) e Jeb Bush (nas primárias de 2016) foi uma clara lembrança de que, na política, dinheiro não é tudo. Mas o dinheiro não precisa ser tudo para distorcer nossa economia e nossa sociedade. É por isso que *ambos* os conjuntos de reformas discutidos são essenciais e complementares: precisamos fazer mais para reduzir a influência do dinheiro, mas também precisamos reduzir as disparidades de riqueza. Do contrário, jamais seremos capazes de conter de modo adequado o poder do dinheiro na política.

CAPÍTULO 9

Restaurando uma economia dinâmica com trabalho e oportunidades para todos

A parte I focou no mal-estar que assola os Estados Unidos e muitos outros países desenvolvidos: crescimento lento, poucas oportunidades, ansiedade cada vez maior e uma sociedade dividida. As divisões são tão profundas que a política foi tomada pela paralisia em uma época na qual deveria haver união para encontrarmos uma maneira de sair desse atoleiro. Há uma maneira de sair dele: os capítulos anteriores demonstraram como responder aos desafios da financeirização, da globalização e da tecnologia de modo a aumentar a competição e o nível de emprego e chegar a maior prosperidade partilhada. Mas não seremos capazes de realizar essas mudanças econômicas se não mudarmos nossa política, como descrito no capítulo anterior.

Neste e no próximo capítulo, discorrerei sobre uma agenda econômica — baseada nos princípios já expostos — que pode restaurar o crescimento e a justiça social e permitir que mais cidadãos tenham a vida de classe média a que aspiram. Tudo isso só será possível se houver mais ação coletiva, um papel mais amplo para o governo. Propriamente definido, esse papel mais amplo não restringe a sociedade, mas antes a libera, ao permitir que os indivíduos que a compõem atinjam seu potencial. Além disso, ao restringir o poder de prejudicar os outros, o governo pode liberar aqueles que, de outro modo, teriam de estar sempre em guarda, adotando medidas protetivas.

Gerenciar os mercados para que sirvam nossa economia é parte da tarefa de colocar os Estados Unidos de volta no rumo. O mercado pode produzir maravilhas, mas não no capitalismo distorcido e deformado que emergiu em nosso país no século XXI. Os capítulos anteriores explicaram como fazer com que os mercados funcionem como deveriam.[1] Essas reformas, incluindo leis de competição melhores e mais rígidas e melhor gerenciamento da globalização e do setor financeiro, são necessárias, mas não suficientes. Elas são parte de uma agenda econômica progressista, mas essa agenda tem muitos elementos.

Este capítulo começa com a discussão do crescimento: como podemos restaurá-lo não eliminando as regulamentações que evitam que alguns em nossa sociedade explorem os demais, mas sim restaurando as verdadeiras fundações da riqueza descritas no capítulo 1. Então trataremos dos desafios do momento: fazer a transição de economia industrializada do século XX para uma economia de serviços, inovadora e verde do século XXI, de maneiras que mantenham os empregos e as oportunidades e forneçam melhor proteção social, melhores cuidados para nossos idosos, doentes e deficientes e melhor saúde, educação, habitação e segurança financeira para todos os cidadãos.

As agendas que promovem uma economia mais dinâmica e verde e maior justiça social, com mais inclusão e segurança, são inseparáveis. O capítulo anterior citou a crença de Martin Luther King Jr. de que era preciso tratar simultaneamente do trabalho, das oportunidades econômicas e da discriminação racial. Expandirei esse argumento, defendendo que não se pode separar segurança econômica, proteção social e justiça social da criação de uma economia mais dinâmica e inovadora e da proteção ao meio ambiente. Os economistas muito frequentemente pensam em termos de trade-off: se queremos mais de uma coisa, temos de desistir de outra. Mas, ao nos afastarmos do ponto de vista atual, de uma sociedade altamente desigual, marcada pela discriminação racial, com insegurança disseminada e maciça degradação ambiental, todos os objetivos apresentados são, na verdade, complementares.

Crescimento e produtividade

O capítulo 2 mostrou como o crescimento desacelerou nas últimas quatro décadas. O crescimento econômico depende de dois fatores: o aumento da força de trabalho e o aumento da produtividade, a produção por hora. Quando qualquer uma delas aumenta, aumenta também a produção econômica. É claro que o importante não é somente o crescimento da produção nacional, mas também a elevação do padrão de vida dos americanos comuns,[2] e isso requer não só aumento da produtividade, mas também que os cidadãos comuns obtenham uma parte justa desse aumento. O problema, em décadas recentes, é que nem a participação da força de trabalho nem a produtividade estão apresentando bons resultados, e os benefícios dos poucos ganhos obtidos foram para o topo.

Crescimento e composição da força de trabalho

O crescimento da força de trabalho está parcialmente relacionado à demografia, em relação à qual não há muito que o governo possa fazer: envelhecimento dos baby boomers e declínio da taxa de natalidade.[3] Mas o governo pode fazer algo sobre a imigração e a composição da força de trabalho. Trump está decidido a diminuir a primeira — assim desacelerando o crescimento — e não tem agenda para a última, muito embora existam opções atraentes. Poderíamos aumentar o número de mulheres na força de trabalho com políticas mais favoráveis às famílias (maior flexibilidade de horários, melhores políticas de licença familiar, mais suporte aos cuidados infantis). Com políticas ativas de mercado de trabalho, poderíamos obter bons empregos para aqueles cujas habilidades estão em descompasso com o mercado.

Nunca tratamos bem nossos idosos; no caso de muitos, conforme envelheciam e suas habilidades já não eram necessárias, agradecíamos por seus anos de serviço e os mandávamos descansar. Essas aposentadorias "forçadas", nas quais os indivíduos são capazes e estão dispostos a trabalhar, são um desperdício de recursos humanos, mas o custo para a economia como um todo era gerenciável enquanto aqueles com mais de 50 anos representavam somente uma pequena fração da força laboral.

Isso já não será verdade: a menos que façamos algo, o ritmo mais intenso das inovações pode levar à aposentadoria ainda mais precoce de um número ainda maior de pessoas. Com a população em processo de envelhecimento, os custos para a sociedade serão maiores. Assim como precisamos modificar os locais de trabalho para acomodar trabalhadores com filhos, especialmente mulheres, precisamos modificá-los para acomodar os trabalhadores mais idosos. Alguns dos esforços para aumentar a flexibilidade (por exemplo, horários mais flexíveis, mais espaço para trabalho em tempo parcial e mais oportunidades para se trabalhar em casa, o que é muito mais fácil hoje, no mundo da internet) funcionam para ambos os grupos, e isso ajuda. Infelizmente, porém, essas são reformas que o mercado tampouco fará por si mesmo. O poder das corporações sobre os trabalhadores é grande demais; elas não precisam fazer essas coisas e não se importam com os benefícios mais amplos para a sociedade. É por isso que o governo precisará ter papel ativo nessas mudanças.

A participação na força de trabalho terá de ser maior se quisermos uma população mais saudável. Não foram o clima, o ar que respiramos ou a água que bebemos que levaram os Estados Unidos a terem uma população menos saudável e vivendo por menos tempo que outros países desenvolvidos, menos capaz e disposta a participar ativamente da força laboral. Precisamos de melhor regulamentação para nos proteger da indústria alimentícia, que vem fazendo de tudo para nos encher de alimentos viciantes e pouco saudáveis. Também precisamos de um sistema melhor de cuidados médicos, discutido no próximo capítulo. Por fim, uma força de trabalho mais saudável estaria livre do desespero nascido de um terço de século de políticas econômicas ruins.[4] Mesmo que não nos importássemos com o sofrimento humano, poderíamos defender essas políticas puramente da perspectiva do crescimento econômico.

Produtividade

A produtividade também é afetada por muitas variáveis. Uma força de trabalho saudável e feliz é uma força de trabalho produtiva, e há boas razões para aqueles cuja renda está na metade inferior da escala não serem felizes nem saudáveis. Do mesmo modo, a discriminação nos mercados de trabalho americanos não apenas é injusta e desencorajante, como também significa que os trabalhadores não são alinhados aos empregos de maneira ótima.

Os capítulos anteriores mostraram como o poder de mercado distorce a economia e mina o crescimento e a eficiência. Os monopólios têm menos incentivos para inovar, e as barreiras à entrada criadas por eles na verdade dificultam a inovação. Reduzir o poder de mercado, portanto, precisa ser parte da agenda de crescimento e empregos, e não somente da agenda de poder e desigualdade. Outra importante lacuna dos anos recentes é a deficiência do investimento em infraestrutura. Embora *pareça* haver consenso sobre a importância da infraestrutura, ele é superficial. Em termos de prioridades, os republicanos demonstraram que ela é muito menos importante que oferecer reduções tarifárias às corporações ricas. No fim de 2017, semanas após a lei fiscal republicana ser aprovada, um ato de multibilionária generosidade para com os ricos,[5] um importante oficial da administração Trump disse: "A infraestrutura é nossa prioridade, mas não temos dinheiro."[6] Eles deveriam ter pensado nisso antes. De fato, a lei fiscal torna mais difícil para os estados fazerem os altos investimentos necessários para aumentar a receita,[7] e isso quase certamente levará à contração dos gastos públicos com infraestrutura. Também é fácil prever que os maciços déficits federais resultantes da lei fiscal de 2017 diminuirão os futuros gastos federais com infraestrutura.

Criando uma sociedade em processo constante de aprendizado

Este livro começou enfatizando que as verdadeiras fontes da riqueza de um país — e, consequentemente, dos aumentos de produtividade e padrão de vida — são o conhecimento, o aprendizado e os avanços em ciência e tecnologia. São eles, mais que qualquer outra coisa, que explicam por que os padrões de vida hoje são tão mais altos do que eram há duzentos anos, não só em termos de bens materiais, mas também de expectativa de vida e saúde ao longo da vida.

No centro de nossa economia de conhecimento e inovação está a pesquisa. A pesquisa básica produz conhecimento, um "bem público" do qual, se disponível, todos podem se beneficiar. O *insight* essencial dos economistas em relação aos bens públicos é que, por conta própria, o mercado os subfornece. Além disso, quando empresas privadas produzem conhecimento, elas tentam mantê-lo em segredo. Isso limita os benefícios que a sociedade pode obter e simultaneamente aumenta o risco de poder de mercado. É por isso que é essencial existirem grandes investimentos *públicos* em pesquisa, especialmente a básica, e no tipo de sistema educacional que pode apoiar o avanço do conhecimento.

A administração Trump não só não reconhece isso como é ativamente hostil a essa verdade. Como no caso da infraestrutura, Trump se mostrou disposto a gastar centenas de bilhões de dólares em uma redução de impostos para os bilionários e as corporações ricas, ao mesmo tempo que propôs grandes cortes nos gastos com pesquisa.

A nova lei fiscal passou a taxar algumas de nossas principais universidades de pesquisa, ao mesmo tempo que forneceu benefícios para os especuladores imobiliários. Que eu saiba, nenhum país taxa suas universidades, pois reconhecem o papel essencial que elas desempenham no crescimento e, por isso, fornecem-lhes apoio público. Embora o imposto Trump sobre as universidades seja pequeno, trata-se de uma significativa e perigosa expressão de valores. Nenhum país grande se tornou próspero com base na especulação imobiliária, embora alguns poucos indivíduos possam ter se saído muito bem. Evidentemente não reconhecendo a diferença entre a riqueza das nações e a riqueza dos indivíduos, a lei fiscal republicana encorajou a especulação e desencorajou a pesquisa e a educação.

Além disso, é importante entender outro erro-chave por trás da lei fiscal de 2017. A esperança republicana era que, mesmo com a diminuição das pesquisas financiadas pelo governo e a falta de investimento público em infraestrutura, impostos mais baixos encorajassem as empresas privadas a retomarem o ritmo e investirem mais. O país tentou esse experimento duas vezes antes. Esperava-se que impostos mais baixos incentivassem o crescimento, a poupança e o investimento. Mas, em ambas as vezes, o experimento falhou. Como já mencionado, o crescimento após a redução da carga tributária de Reagan foi mais baixo do que ele prometera[8] e que em décadas anteriores. Após a redução da carga tributária realizada por Bush, a poupança diminuiu, com a taxa de poupança pessoal chegando a quase zero. E, embora o investimento tenha sido retomado, isso se deveu em grande parte ao investimento em imóveis, o que, para dizer o mínimo, não funcionou muito bem.[9] Hoje, as perspectivas são ainda piores: com o Fed acreditando que estamos perto do pleno emprego, ele aumentará as taxas de juros mais rapidamente *do que faria de outro modo*, desencorajando o investimento privado. (É claro que, se a incerteza global criada pelas guerras comerciais de Trump precipitar uma desaceleração global, o Fed poderá não aumentar as taxas de juros ou até mesmo baixá-las. Isso será particularmente provável se a "animação" com o corte tributário se desvanecer depressa e se manifestarem seus efeitos adversos: as distorções e o grande aumento do déficit fiscal.)

Aumentar nossa base de conhecimento significa que temos de permanecer uma sociedade aberta — aberta às ideias e às pessoas de outros lugares. De algumas maneiras, o fluxo de conhecimento através das fronteiras é o aspecto mais importante da globalização. Não temos o monopólio da produção de conhecimento e, se nos fecharmos para os outros, todos nós sofreremos.[10] Com a redução do investimento público e privado e a distorção na alocação de investimentos, com Trump fechando nossas fronteiras para os melhores e mais brilhantes nascidos lá fora, é difícil ver como suas políticas aumentarão a produtividade e o crescimento.

Se quisermos aumentar a produtividade, eis onde realmente precisamos começar: encorajando a pesquisa, tanto através de nosso código tributário quanto através dos gastos públicos, dando mais apoio às instituições de ensino superior e mantendo o país aberto, inclusive para ideias e pessoas vindas do exterior. Além disso, precisamos ir além da reversão da lei fiscal: precisamos aumentar a taxação sobre corporações que não investem e criam empregos nos Estados Unidos e gastar parte da receita tributária em mais infraestrutura e investimentos em tecnologia e ciência.

Facilitando a transição para um mundo pós-industrial

Os Estados Unidos, como a maioria dos países da Europa, vêm lutando para se adaptar à desindustrialização, à globalização e às outras grandes mudanças em sua economia e sociedade. Essa é outra área na qual os mercados precisam da ajuda do governo. Facilitar a transição após o fato é extraordinariamente custoso e problemático. Deveríamos ter feito mais para ajudar aqueles que perderam empregos para a globalização e os avanços tecnológicos, mas a ideologia republicana disse não, deixe que eles se virem sozinhos. O governo precisa antecipar as linhas principais das futuras mudanças estruturais. Adaptar nossa economia às mudanças climáticas e demográficas é apenas outro dos muitos desafios de "transição" a serem enfrentados por nossa economia e sociedade nos anos futuros. As novas tecnologias discutidas no capítulo 6 — incluindo a robotização e a inteligência artificial — representarão desafios adicionais.

Mudanças anteriores e recentes ensinaram uma lição importante: o mercado não está à altura da tarefa. Há uma razão simples e já explicada: aqueles mais afetados, os que estão perdendo empregos, por exemplo, são os menos capazes de se virar sozinhos. As mudanças muitas vezes implicam que suas habilidades são menos valiosas. Eles podem ter de se mudar para os lugares onde empregos estão sendo criados, e os preços das casas nos lugares em crescimento costumam ser mais altos. Mesmo que, após retreinamento, suas perspectivas de emprego sejam boas, eles não têm recursos para obter esse retreinamento, e os mercados financeiros tipicamente só lhes adiantam dinheiro a taxas usurárias. Eles só emprestam a taxas normais para aqueles que têm bons empregos, boa história de crédito e boa situação hipotecária — em outras palavras, aqueles que não precisam de dinheiro.

Assim, o governo tem um papel essencial a desempenhar na transição, através do que chamamos de políticas ativas do mercado de trabalho. Tais políticas ajudam a retreinar indivíduos para os novos cargos e os auxiliam a encontrar novos empregos. Outra ferramenta disponível para o governo são as chamadas políticas industriais, que ajudam a reestruturar a economia nas direções do futuro e criar e expandir empresas, especialmente pequenas e médias, nesses novos setores.[11] Alguns países, como a Escandinávia, demonstraram que políticas ativas de mercado de trabalho e políticas industriais, quando bem projetadas, podem criar novos empregos tão rapidamente quanto os antigos são destruídos e mover as pessoas de uns para os outros. Houve falhas, mas isso porque não se prestou atenção suficiente ao que é necessário para criar políticas bem-sucedidas.[12]

Políticas baseadas na localização

Ao implementar políticas industriais e de mercado de trabalho, o governo precisa ser sensível às questões de localização. Muito frequentemente os economistas ignoram o capital social embutido em um local particular. Quando empregos deixam um local e se mudam para outro, os economistas às vezes sugerem que as pessoas também se mudem. Mas, para muitos americanos com laços familiares e de amizade, isso não é tão fácil, especialmente considerando-se que, com o alto custo dos cuidados infantis, muitas pessoas dependem dos pais para poderem ir trabalhar. Pesquisas recentes destacam a importância dos laços sociais, da comunidade, para o bem-estar dos indivíduos.[13]

De modo mais geral, as decisões sobre localização não são eficientes. Pessoas demais podem querer se aglomerar nos grandes centros urbanos, causando congestionamentos e sobrecarregando a infraestrutura local.[14] Entre as razões pelas quais as fábricas se moveram para as áreas rurais no centro-oeste e no sul estavam os baixos salários, o fato de a educação pública assegurar que os trabalhadores tinham habilidades suficientes para serem altamente produtivos e a infraestrutura ser suficientemente boa para levar matéria-prima até as fábricas e escoar as mercadorias produzidas. Mas algumas das mesmas forças que levaram a baixos salários agora contribuem para o problema da desindustrialização. Os salários são baixos parcialmente por causa da falta de mobilidade. Com perfeita mobilidade, os salários (correspondentes às habilidades) seriam os mesmos em toda parte. Mas essa falta de mobilidade é a chave para entender por que a desindustrialização é tão dolorosa.

Em resumo, precisamos de políticas focadas em certos *lugares* (cidades ou regiões sofrendo estresse), as chamadas políticas baseadas na localização, para ajudar a restaurar e revitalizar comunidades. Alguns países gerenciaram tais políticas excepcionalmente bem: Manchester, na Inglaterra, a capital têxtil do mundo no século XIX, reinventou-se — com ajuda do governo do Reino Unido — como centro educacional e cultural. Pode ainda não ser tão relativamente próspera quanto era em seu apogeu, mas é instrutivo compará-la com Detroit, que os Estados Unidos simplesmente deixaram falir.

O governo desempenhou papel central na transição de economia agrícola para industrial; agora, precisa desempenhar papel similar na transição para a nova economia do século XXI.[15]

Proteção social

Um dos mais importantes detratores do bem-estar individual é a sensação de insegurança. A insegurança também pode afetar o crescimento e a produtividade: os indivíduos, preocupados com a possibilidade de serem expulsos de suas casas ou perderem seus empregos e única fonte de renda, não conseguem focar nas tarefas como deveriam. Aqueles que se sentem mais seguros podem assumir atividades mais arriscadas, muitas vezes com remunerações melhores. Em nossa sociedade complexa, enfrentamos riscos constantemente. As novas tecnologias podem destruir empregos, mesmo enquanto criam outros. As próprias mudanças climáticas apresentam inúmeros riscos, como experimentamos recentemente com furacões e incêndios. Novamente, grandes riscos como esses e aqueles associados ao desemprego, à saúde e à aposentadoria não são bem gerenciados pelos mercados.[16] Em alguns casos, como o desemprego e a assistência médica para idosos, eles simplesmente não oferecem proteção; em outros, como a aposentadoria, fornecem pensões apenas a altos custos e, mesmo assim, sem provisões importantes, como ajustes pela inflação. É por isso que quase todos os países desenvolvidos fornecem proteção social contra muitos desses riscos. Os governos se tornaram bastante competentes no fornecimento dessas garantias: os custos transacionais do sistema americano de previdência social são uma fração daqueles associados a uma previdência privada comparável.

Precisamos reconhecer, no entanto, que há grandes falhas em nosso sistema de previdência social, com muitos riscos importantes ainda não cobertos nem pelo mercado, nem pelo governo.

Seguro-desemprego

Uma das maiores falhas de nosso sistema de proteção social é que o programa de seguro-desemprego cobre um risco relativamente pequeno — ficar desempregado por 26 semanas —, mas não o risco muito mais sério de desemprego prolongado. Uma reforma simples fortaleceria enormemente a atual composição seguro-desemprego, com melhores pagamentos, por períodos mais longos e para mais pessoas. Uma reforma mais complexa envolveria fazer com que alguns dos benefícios assumissem a forma de empréstimos condicionados à renda, ou seja, o pagamento dos empréstimos dependeria da renda futura dos indivíduos. Ao longo da vida, um pequeno período de desemprego não altera a renda média de um indivíduo; a real "falha de mercado" é que esse indivíduo não pode fazer um empréstimo consignado a sua renda futura para manter o padrão de vida de sua família hoje. Poderíamos mudar isso.[17]

É claro que queremos que os trabalhadores que perderam empregos façam uma rápida transição para novos empregos, e as políticas ativas de mercado de trabalho descritas anteriormente podem ser de grande ajuda. Assim como programas que encorajem os indivíduos a aceitarem um novo emprego, mesmo que não pague tão bem. Os indivíduos muitas vezes criam expectativas pouco realistas sobre quão elevados os salários *deveriam* ser, e subestimam o valor de se ter emprego — não somente a renda, mas as conexões sociais, com importantes consequências para o bem-estar — e o custo de não se ter emprego para a futura empregabilidade.[18]

Sempre que consideramos os programas de seguro-desemprego, é essencial lembrar que eles apresentam outro benefício macroeconômico: o fato de agirem como estabilizadores automáticos. Quando a economia está fraca e empregos não são criados com velocidade suficiente, esses programas são automaticamente ativados e a renda que fornecem ajuda a economia a se equilibrar.[19] Ter programas prontos para lidar com uma retração econômica profunda, como a que o país atravessou após a crise de 2008, faz muito sentido: tais proteções custam pouco em épocas nas quais o mercado de trabalho está firme e, a despeito da despesa, nos fazem economizar muito durante as recessões. Sem eles, a desaceleração ou o encolhimento da economia seriam muito piores. A relativa debilidade da rede americana de segurança social foi parcialmente responsável pela severidade da Grande Recessão de 2008, muito pior que na Alemanha ou em outros países do norte da Europa, alguns dos quais foram inicialmente muito mais atingidos.

Renda básica universal

Algumas pessoas, em especial na comunidade hi-tech, apresentaram a intrigante sugestão de uma renda básica universal como suplemento para as atuais redes de segurança social. Alguns até mesmo sugeriram que tal programa substituísse todos os outros programas de apoio social. A renda básica universal seria, essencialmente, um estipêndio financeiro para todos os cidadãos. Todo mundo receberia um cheque do governo no primeiro dia do mês. É claro que aqueles com bons empregos devolveriam ao governo, na forma de impostos, muito mais do que receberam. A renda básica universal serviria como rede de segurança para todos, sem os custos administrativos associados a programas seletivos como o seguro-desemprego ou os cupons de alimentação.[20]

Os apoiadores citam especificamente sua utilidade para diminuir os efeitos negativos de uma economia em crescente automatização, na qual a riqueza pode ser gerada rapidamente, mesmo enquanto as oportunidades de emprego se tornam mais escassas.

Há algumas vantagens distintas em uma renda básica universal. Ela poderia aumentar a igualdade e fornecer uma escora para aqueles que não conseguem emprego. Poderia também eliminar os processos burocráticos envolvidos no acesso a cada um dos múltiplos programas da rede de segurança e proteção social, como cupons de alimentação e Medicaid.[21]

Mas não acredito que simplesmente fornecer renda seja a abordagem correta: para a maioria das pessoas, o trabalho é parte importante da vida. Isso não significa que precisam ser quarenta horas por semana; a força de trabalho sobreviveu — e mais que sobreviveu, prosperou — quando a semana de trabalho foi reduzida de sessenta para quarenta horas, e poderá sobreviver se for reduzida novamente para, digamos, vinte e cinco horas. Menos horas, na verdade, levam a maior produtividade, e muitos encontram maneiras produtivas de usar o tempo adicional de lazer, embora muitos não o façam.

Há muito trabalho que precisa ser feito e, durante ainda algum tempo, esse trabalho não poderá ser feito por robôs. Nossas cidades podem ser embelezadas, nossos idosos mais frágeis e nossos doentes podem receber melhores cuidados e nossos jovens, melhor educação. Com pessoas que querem trabalhar e trabalho que precisa ser feito, e com o mercado se mostrando incapaz de unir os dois, o governo tem a responsabilidade de agir, através dos programas de emprego descritos na próxima seção.

Muitos da geração mais jovem dirão que esse foco no trabalho é simplesmente um modo de pensar do século XX e que a renda básica universal lhes permitiria conduzir uma vida espiritualizada ou ajudando outros, sem emprego formal. A ideia não deve ser ignorada, mas ainda não estou convencido de que poderia solucionar os problemas econômicos inerentes, os déficits de dignidade criados pelo desemprego disseminado. Os empregos permanecem sendo a espinha dorsal de uma economia saudável, e precisamos de uma agenda ampla do tipo que discuto a seguir para apoiar um forte mercado de trabalho.

Mas, antes de passarmos a isso, devemos comentar mais uma limitação da renda básica universal: é simplesmente improvável que, dada a mesquinhez da política fiscal americana, qualquer sistema de renda universal pudesse ser generoso o bastante para sequer chegar perto do nível de subsistência. O custo de fazer isso exigiria um aumento substancial dos impostos.

Empregos decentes e boas condições de trabalho

No âmago da angústia nos Estados Unidos e na Europa Ocidental — e centrais para restaurar uma economia dinâmica — estão os empregos, os bons e velhos empregos. Aqueles que os têm temem que os migrantes os tomem ou façam baixar os salários. Temem que a globalização leve os empregos para o exterior. Veem como conto de fadas o argumento-padrão dos economistas de que, quando empregos são destruídos, empregos novos e melhores são criados. Mesmo que tal destruição criativa funcione para alguns, ela obviamente não funciona para muitos.

A maioria está lutando para manter um razoável equilíbrio entre a vida e o trabalho. As mulheres querem progredir na carreira, mas também querem uma família feliz. Os homens querem fazer sua parte, mas frequentemente também se preocupam com o trade-off entre avançar na carreira e outras dimensões da vida e, o mais importante, ficar mais tempo em casa. Muitos homens e mulheres se sentem desconfortáveis trabalhando para empresas que estão destruindo o meio ambiente ou simplesmente não desempenham o papel positivo que poderiam desempenhar.

Os mercados, por conta própria, não asseguram pleno emprego nem garantem que os empregos existentes sejam bem pagos. E fazem um trabalho ainda pior na hora de lidar com o equilíbrio entre o trabalho e outras partes da vida.

Se nossa economia é mais rica como resultado da globalização ou da marcha da tecnologia, obviamente deveríamos poder usar os frutos desse progresso para melhorar a vida da maioria. Não é inevitável, não é necessário e não é bom que uma parte tão grande dos benefícios vá para somente 1% — em anos recentes, a esmagadora maioria do incremento do PIB. Dado que somos tão mais ricos do que éramos, certamente poderíamos gerenciar nosso sistema econômico de uma maneira que não cobrasse um preço tão alto de tantas famílias, ou seja, poderíamos ter uma economia que honrasse os "valores familiares". Explicarei agora o que o governo pode fazer para criar a economia que deveríamos ter.

Assegurando o pleno emprego

Nenhuma política é mais importante para a igualdade, o crescimento e a eficiência do que manter o pleno emprego. E o ingrediente mais importante em um estilo de vida de classe média é ter um emprego decente. Isso, por sua vez, exige que haja empregos: uma estrutura macroeconômica que assegure o pleno emprego. A despeito de muitos economistas conservadores acreditarem que os mercados sempre funcionam de modo eficiente, deveria ser óbvio que houve longos períodos nos quais o mercado não conseguiu chegar ao pleno emprego. O desemprego maciço é um desperdício de recursos. Muitos economistas acreditam que a política monetária — as baixas taxas de juros — é o instrumento a ser primariamente empregado. Esteja esse argumento correto ou não, está claro que há vezes — como a década passada — em que a política monetária não é suficiente para restaurar o país ao pleno emprego.[22] Nessas ocasiões, há necessidade de fortes políticas fiscais: aumentos nos gastos governamentais ou reduções de impostos, mesmo que isso resulte em déficits.

Foi necessária toda uma década, mas, dez anos após o início da Grande Recessão, os Estados Unidos finalmente chegaram perto do pleno emprego. (Em setembro de 2018, somente 3,7% da força de trabalho estava desempregada.) Mas essas estatísticas fornecem um retrato róseo demais: apenas 70% da população em idade ativa está empregada, muito menos que em países como Suíça e Islândia, com 80% e 86%, respectivamente.[23] E muitos nos Estados Unidos — cerca de 3% — trabalham involuntariamente em meio período porque não conseguem emprego em tempo integral. A taxa americana de desemprego seria ainda mais alta se não houvesse tanta gente na prisão: cerca de 1% da população em idade ativa, muito mais que em qualquer outro país.[24] Um reflexo da debilidade do mercado de trabalho é o fato de os salários reais estarem aumentando lentamente; mesmo após os anos de estagnação da Grande Recessão, em 2017 eles subiram somente 1,2% para os trabalhadores em tempo integral com mais de 16 anos e, mesmo nesse caso, ficaram abaixo dos níveis de 2006.[25]

Política fiscal

Mesmo quando a política monetária fracassa, a política fiscal pode estimular a economia. O aumento nos gastos com atividades altamente multiplicadoras (que fornecem grande estímulo à economia por cada dólar gasto, como contratar professores melhores) à custa das que não são (como pagar fornecedores estrangeiros para lutar uma guerra estrangeira)[26] pode dar um grande empurrão à economia quando há escassez de demanda, que foi o que ocorreu nos anos após a crise financeira de 2008. A transferência do fardo tributário dos pobres e da classe média para aqueles mais capazes de pagá-lo tem o mesmo efeito, porque aqueles na base gastam muito mais de sua renda que aqueles no topo. Isso, é claro, é exatamente o oposto do que fez a lei fiscal aprovada em dezembro de 2017. O sistema americano de impostos regressivos — aqueles no topo pagam uma porcentagem menor de sua renda em impostos do que aqueles na base — é não só injusto, mas também enfraquece a macroeconomia, destruindo empregos. O mesmo se dá com as várias brechas legais e desvios fiscais usados pelos super-ricos: eles não só aumentam a desigualdade, como também distorcem e enfraquecem a economia.

Alguns impostos se provam benéficos para a economia, podendo até mesmo estimulá-la. Impor um imposto sobre as emissões de carbono encorajaria as empresas a investir em tecnologias de redução; elas teriam de se aperfeiçoar para refletir o fim do maciço subsídio de carbono que, na prática, vêm recebendo.[27] E a economia contaria com um triplo benefício: melhoria do meio ambiente, arrecadações que poderiam ser usadas para responder às necessidades de longo prazo do país e maior demanda, levando a mais empregos e maior crescimento.[28]

Mesmo quando há restrições fiscais surgidas da preocupação com o déficit e a dívida nacionais, uma política fiscal adequadamente projetada pode ser usada para estimular a economia. O *princípio do equilíbrio orçamentário* diz que o aumento dos impostos que corresponde a um aumento nos gastos estimula a economia; se os impostos e os gastos são escolhidos com cuidado, o empurrão recebido pela economia — e, portanto, pelo mercado de trabalho — pode ser significativo.[29]

Uma área na qual a política fiscal pode resultar em benefícios particularmente grandes é o investimento em infraestrutura. Durante anos, tem havido subinvestimento, implicando que há grande necessidade de investimento e grandes retornos possíveis para o investimento realizado. Melhorias na infraestrutura podem aumentar o investimento privado, conforme os negócios se beneficiam do melhor acesso aos mercados. Assim, o investimento público encoraja o investimento privado. Outro benefício é a economia de recursos. Muitos recursos *privados* são desperdiçados como resultado de aeroportos e estradas congestionados.

Pode haver ainda mais benefícios em um investimento bem projetado em infraestrutura. Os indivíduos precisam ser capazes de chegar aos empregos existentes, e muitas vezes os sistemas de transporte público são inadequados ou simplesmente ausentes. Uma parte do novo programa de infraestrutura deveria ser voltado para o bom tráfego público que conecta as pessoas aos empregos.

Outra área na qual a política fiscal seletiva pode fazer diferença é a pesquisa: o setor privado floresce em função dos avanços em ciência e tecnologia financiados pelo público. De fato, uma grande parcela dos principais avanços dos últimos três quartos de século foi financiada pelo governo, incluindo a internet, os navegadores de internet, os radares e assim por diante.[30]

Essas medidas, que aumentam a demanda agregada e, como consequência, o crescimento quando há deficiência de demanda, são simultaneamente medidas pelo lado da oferta, aumentando a produção potencial da economia. Ao contrário da fracassada abordagem ao estilo Reagan de estimular a oferta (corte de impostos, desregulamentação), elas funcionam.

Outros países, mais notadamente os europeus, acharam útil ter um banco nacional de investimento em infraestrutura para ajudar a financiar essas iniciativas. O Banco Europeu de Investimento, por exemplo, investe mais de 94 bilhões de dólares ao ano em projetos que contribuíram para o crescimento da Europa e aumentaram o padrão de vida de seus povos, com trens rápidos conectando as principais cidades, uma rede elétrica confiável e uma boa malha rodoviária.[31] Os Estados Unidos terão de gastar muito para atender às necessidades de infraestrutura de nossa economia crescente, e um banco similar ajudaria a fornecer os recursos financeiros necessários.[32]

Emprego garantido para todos que estão dispostos a trabalhar

Na maior parte do tempo, as medidas descritas até agora permitem que a economia atinja o pleno emprego. Mesmo assim, não é certo que esse será o caso da economia para a qual estamos nos dirigindo. A influência da "ideologia de mercado" sobre nosso modo de pensar é tão grande que a maioria dos economistas acredita que o pleno emprego pode ser atingido com base amplamente no setor *privado*, bastando que o governo empregue corretamente as políticas fiscal e monetária. Mas o que acontecerá se não for assim?

Há uma alternativa: o governo contratar trabalhadores. Nos Estados Unidos do século XXI, precisamos reconhecer um novo direito: o direito a ter um emprego de toda pessoa capaz e disposta a trabalhar. E, se o mercado falhar e nossas políticas fiscal e monetária fracassarem, o governo precisa intervir. As pessoas se preocupam com a segurança econômica, e o aumento da segurança que essa medida forneceria teria inestimável valor. Além disso, há muito trabalho precisando ser feito. Muitas de nossas escolas estão dilapidadas, precisando de reparos ou, no mínimo, pintura. Nossas cidades poderiam ser limpas e embelezadas.[33] Como vimos, é uma vergonha que haja trabalho precisando ser feito, pessoas querendo fazê-lo e, mesmo assim, nosso sistema econômico e financeiro esteja falhando tanto com a sociedade quanto com esses indivíduos.

A Índia forneceu uma garantia assim (de cem dias de trabalho) aos cidadãos rurais dispostos a fazer trabalho manual não qualificado, e cerca de 50 milhões de indianos por ano tiram vantagem desse esquema. Se um país pobre como a Índia pode arcar com ele, os Estados Unidos também podem. Lá, há uma vantagem adicional: o sistema ajuda a aumentar os salários rurais, reduzindo a extrema pobreza; há uma boa chance de que ele pudesse ajudar a aumentar os salários de base nos Estados Unidos, o que, por sua vez, ajudaria a reduzir a desigualdade.[34]

Empregos melhores, restaurando o equilíbrio trabalho-vida e reduzindo a exploração

O mundo do trabalho e a natureza das famílias mudaram desde a Segunda Guerra Mundial: na época, era padrão ter apenas um assalariado na família (o homem), com um indivíduo (quase sempre a mulher) permanecendo em casa; agora, em uma fração muito ampla dos domicílios, ambos os adultos estão na força de trabalho. Isso significa que há necessidade de um tipo de flexibilidade que não era necessária no passado. Há necessidade, por exemplo, de políticas de licença familiar, e as empresas precisam oferecer horários mais flexíveis. E há necessidade de assistência governamental para o cuidado com as crianças.[35] Ainda mais importante, precisamos pôr fim aos abusos do poder de mercado associados ao sistema de sobreaviso e turnos interrompidos descritos no capítulo 3. Seria bom se pudéssemos conseguir tudo isso simplesmente convencendo os empregadores. Mas isso não funcionou no passado e é pouco provável que funcione no futuro. As mudanças descritas anteriormente para reequilibrar o poder entre trabalhadores e empregadores são essenciais. Também é essencial ter um mercado de trabalho mais organizado. Mas é improvável que isso baste. Precisamos de regras e incentivos, recompensas e punições. Essas mudanças trarão benefícios não somente para as famílias, mas para a economia como um todo, e os benefícios para a sociedade irão muito além de qualquer aumento do PIB: eles promoverão a inclusão e reduzirão a persistente brecha de gênero em salários e rendas.

Restaurando as oportunidades e a justiça social

Mesmo o mais ávido defensor dos mercados percebe que, sozinhos, eles não garantem justiça social e oportunidades, especialmente em locais marcados pela discriminação e em sociedades como a americana, na qual quase um quinto das crianças cresce na pobreza. Em mercados de trabalho competitivos (e, como enfatizei, eles raramente o são), os salários são determinados por oferta e demanda. A interação das forças de mercado pode deixar indivíduos pouco qualificados com salários baixos demais para sobreviver, quem dirá ter uma vida digna. Há um grande papel para o governo na promoção da justiça social e na garantia de que todos terão uma renda que permita a sobrevivência; que os jovens poderão adquirir as habilidades de que precisam para ter sucesso e terão acesso a boas oportunidades profissionais, compatíveis com suas habilidades, independentemente de renda, educação, status familiar ou outras circunstâncias parentais; e que alguns indivíduos ou empresas não usarão seu poder de mercado para ficar com uma fatia desproporcional da torta nacional.[36]

Conforme nos movemos na direção de uma economia mais dinâmica, os objetivos sociais mais amplos de oportunidade e justiça social devem fazer parte do plano. Primeiro precisamos promover uma distribuição mais igual da renda do mercado de trabalho (às vezes chamada de pré--distribuição). Mas, por mais que tentemos, a desigualdade de renda quase certamente será alta demais. Precisamos então usar taxação progressiva, transferências e programas de gastos públicos para equalizar ainda mais os padrões de vida.[37] Se conseguirmos tornar as rendas provenientes do mercado de trabalho mais iguais, haverá menos fardo de redistribuição. Essa ênfase na *pré-distribuição* é importante. Ela destaca que conseguir uma distribuição mais justa de renda não é apenas uma questão de *redistribuição*, de taxar os ricos para dar aos mais necessitados.

As desigualdades são criadas no próprio processo pelo qual a renda é gerada, conforme as empresas exercem poder monopólico e monopsônico, exploram os outros (como descrito em capítulos anteriores) ou discriminam os vulneráveis e aqueles pertencentes a determinados grupos raciais ou étnicos. A desigualdade também é criada quando os CEOs tiram vantagem das deficiências de governança corporativa para pagar a si mesmos salários exorbitantes, deixando menos para pagar os trabalhadores ou investir na empresa. Proibir essas práticas, reformando as leis de governança corporativa, aprovar leis trabalhistas melhores, fortalecer e impor leis de discriminação e competição — todos esses são passos fáceis (política à parte) para criar uma distribuição de renda mais justa. Como vimos, os mercados não existem em um vácuo; eles precisam ser estruturados, através de regras, regulamentações e políticas. Alguns países fizeram um trabalho melhor ao estruturá-los, levando a maior eficiência e igualdade de renda.

A desigualdade é criada não somente pelas regras que afetam a renda dos indivíduos,[38] mas também por aquelas que governam como as corporações podem se engajar em exploração. Nosso sistema financeiro foi projetado para aumentar a desigualdade: aqueles na base pagam juros mais altos quando emprestam dinheiro, mas recebem rendimentos menores quando colocam seu dinheiro no banco. "Reformas" no setor financeiro — como a abolição dos limites aos juros cobrados — só pioraram as coisas. Uma parte muito grande da competição cada vez mais limitada que permanece nesse setor é dirigida à exploração dos incautos.[39]

Há muitas reformas que poderiam levar a maior igualdade. Outras políticas que poderiam ajudar aqueles na base são as de aumento do salário mínimo e fornecimento de subsídios salariais e descontos no imposto de renda, complementando o que o setor privado paga a fim de chegar a um nível aceitável.[40]

O papel da transmissão de vantagens e desvantagens entre as gerações

Mesmo que a alta renda dos abastados não seja derivada da exploração daqueles que estão abaixo, podemos considerar suas vantagens injustas se tiverem vindo não de seus próprios esforços, mas de suas heranças. Assim, chegamos à questão-chave da transmissão intergeracional de vantagens e desvantagens. É inevitável, claro, que aqueles com mais renda, riqueza e educação façam de tudo para fornecer vantagens a seus filhos. Quanto maiores as desigualdades de renda, riqueza e educação em uma geração, maiores elas serão na geração seguinte. É por isso que a agenda para reduzir as desigualdades *hoje* é parte integrante da agenda para assegurar maior igualdade de oportunidades amanhã.[41]

É injusto que uma criança cujos pais são pobres esteja destinada a não atingir seu potencial. Nenhuma sociedade humana pode condenar uma criança por causa dos infortúnios ou das escolhas ruins de seus pais. Em um país no qual uma em cada cinco crianças cresce na pobreza, essa não é uma questão teórica, mas sim de relevância prática. É por isso que os programas de nutrição e saúde infantil e de criação de oportunidades educacionais, da pré-escola à universidade, são tão importantes.

A educação pública gratuita e de alta qualidade pode ser uma grande força na construção da sociedade. Há cinquenta anos, a discriminação contra as mulheres fechava muitas portas, e os empregos no setor da educação conseguiam atrair mulheres talentosas a baixos salários. Quando alguns aspectos da discriminação de gênero se desvaneceram e as mulheres entraram em outros setores, isso reduziu o número de mulheres altamente qualificadas que podiam ser contratadas a salários relativamente baixos para serem professoras. Para manter a qualidade da educação nessa nova dinâmica de trabalho, precisamos aumentar os salários dos educadores (e, por consequência, os gastos com educação) muito mais do que fizemos até agora.

E, como o país se tornou mais economicamente segregado, com as crianças pobres cada vez mais vivendo em vizinhanças com outras crianças pobres, nossos sistemas locais de educação resultam em disparidades maiores em termos de qualidade de ensino.[42] As crianças das comunidades ricas são capazes de obter uma educação melhor que as inseridas nas comunidades pobres. O padrão continua nas faculdades e universidades, uma vez que as mensalidades subiram muito mais que os salários daqueles na base e no meio da escala de renda. A única maneira de as crianças das famílias mais pobres obterem educação de nível superior muitas vezes envolve dívidas avassaladoras. Elas são confrontadas com uma escolha muito difícil: abandonar o ensino superior, condenando-se a uma vida de salários baixos, ou receber educação superior e incorrer em dívidas para a vida toda.

Portanto, a educação *pública* de qualidade para todos está no centro de qualquer agenda de igualdade e oportunidade. Isso exigirá gastos nacionais ainda maiores. Como esperar que a educação atraia bons professores quando a distância entre seu salário e o salário do setor bancário e outros setores da sociedade é tão grande, e como esperar alta qualidade de educação por toda parte quando é igualmente grande a distância entre as bases de recursos das comunidades locais? Não se trata de incentivar os professores através da remuneração por desempenho. Dar-lhes uma ninharia, ou mesmo alguns mil dólares a mais, se seus alunos tiverem melhor desempenho dificilmente fará diferença na disparidade de salários entre professores e, digamos, banqueiros. Além disso, professores são profissionais, e os incentivos são um insulto a seu profissionalismo. Um cirurgião cardíaco ficaria ofendido se você dissesse: "Para incentivá-lo, vou pagar mais se a operação for um sucesso." O cirurgião dá o melhor de si em toda cirurgia. O mesmo fazem muitos de nossos professores. Teríamos desempenhos melhores se demonstrássemos mais respeito (em vez de atacarmos constantemente os professores e seus sindicatos, o que virou moda em certos círculos reformadores da educação), recrutássemos professores melhores ao oferecer melhores salários (pondo fim ao legado de discriminação de gênero que há muito aflige a profissão) e fornecêssemos melhores condições de trabalho, incluindo, em muitos casos, turmas menores.[43]

Discriminação

Um dos verdadeiros cânceres da sociedade americana é a discriminação racial, étnica e de gênero. Somente agora estamos despertando para sua onipresença e persistência, demonstradas mais recentemente nas vívidas evidências de brutalidade policial e nas estatísticas de encarceramento em massa. A discriminação é uma questão moral, mas tem consequências econômicas. Como qualquer câncer, ela diminui nossa vitalidade. Aqueles que sofrem com a discriminação costumam ser incapazes de atingir seu potencial, e isso constitui um desperdício do mais importante recurso econômico do país, nossos cidadãos.

Como observado no capítulo 2, o progresso em reduzir a discriminação racial no último meio século foi lento e hesitante. Após alguns anos durante os quais o impacto da legislação de direitos civis foi sentido e a segregação foi reduzida, os tribunais bloquearam novos progressos e, em 2013, a Suprema Corte pôs fim a provisões fundamentais da Lei de Direito ao Voto de 1965.[44] O capítulo 2 documentou como o sonho americano se tornou um mito para aqueles nascidos na base da pirâmide de renda, especialmente os membros de grupos minoritários. A discriminação racial, étnica e de gênero é parte integrante da desigualdade econômica, da falta de oportunidades e da segregação econômica e social.

As muitas formas de discriminação

A discriminação nos Estados Unidos assume muitas formas. Nas finanças, na habitação e no emprego ela frequentemente é sutil, embora não nos sistemas policial e judiciário, nos quais é bastante evidente. Nada define tanto os Estados Unidos, para si mesmos e para os outros, quanto seu compromisso com a justiça e o estado de direito. O juramento à bandeira com o qual muitas crianças americanas começam o dia na escola contém estas ressonantes palavras: "Com liberdade e justiça para todos." Mas, assim como o sonho americano, isso também é um mito. Uma descrição mais acurada seria "com justiça para todos que podem pagar por ela", e deveria incluir a ressalva: "Especialmente se forem brancos." Os Estados Unidos ficaram famosos como país que colocou mais gente na prisão (relativamente à população) que qualquer outro. Espantosamente, os

Estados Unidos, com apenas 5% da população mundial, têm 25% dos presidiários de todo o mundo, e esses presidiários são desproporcionalmente afro-americanos.[45] Esse sistema de encarceramento em massa[46] está começando a ser reconhecido pelo que é, não apenas extremamente injusto e discriminatório, mas também extremamente ineficiente.[47]

O que fazer?

Legados tão antigos quanto a discriminação racial e de gênero não terminam sozinhos. Temos de entender as bases profundas do racismo e de outras formas de discriminação e desenraizá-las.[48] Isso significa que a igualdade racial, étnica e de gênero não será atingida a menos que imponhamos mais intensamente as leis antidiscriminação em todos os aspectos da economia. Mas precisamos ir além. Também precisamos de uma nova geração de legislação de direitos civis.

Precisamos de ações afirmativas e programas econômicos para promover a igualdade de oportunidades. Há diversas armadilhas de pobreza em nosso país: grupos de indivíduos, seja em lugares específicos, como a região dos Apalaches, ou de backgrounds específicos, como nativo-americanos e afro-americanos, precisam de nossa ajuda para encontrar um caminho para fora delas.[49] Passamos a compreender melhor os mecanismos pelos quais vantagens e desvantagens podem ser passadas de geração a geração. Precisamos aplicar essas lições para destruir as armadilhas de pobreza, onde quer que ocorram e quaisquer que sejam suas bases.

O acesso à educação, à nutrição e à saúde é necessário (mas não suficiente). Reconhecendo que nosso sistema educacional localmente baseado e financiado se tornou um mecanismo de perpetuação da desigualdade, precisamos de um aumento maciço de fundos federais. Reconhecendo que a posição desvantajosa das crianças pobres se manifesta antes mesmo de elas entrarem na escola, também precisamos de programas nacionais de educação pré-escolar.

A justiça racial e a justiça econômica estão inextricavelmente ligadas. Se reduzirmos as desigualdades de modo geral, se assegurarmos que as famílias na base possam dar a seus filhos as mesmas oportunidades das famílias no topo, seremos capazes de aprimorar a justiça racial, econômica e social e criar uma economia mais dinâmica.

Restaurando a justiça através das gerações

Há uma dimensão da justiça que os políticos frequentemente elogiam, mas em relação à qual fazem pouco mais que isso: o bem-estar das futuras gerações. A lei fiscal de 2017 produzirá grandes déficits governamentais e, como consequência, aumentará a dívida do governo. Ironicamente, os republicanos no Congresso argumentaram contra a dívida excessiva — que seria um fardo para as futuras gerações —, até que tiveram a oportunidade de enriquecer corporações e bilionários. Há três aspectos da justiça intergeracional que recebem pouca atenção e que uma agenda progressista precisa corrigir.

Primeiro, o que realmente representa um fardo para as futuras gerações é a falta de investimento, tanto público quanto privado. As melhores estimativas sugerem que o estoque de capital dos Estados Unidos nem sequer tem acompanhado o crescimento da renda. Se não fornecermos a nossos jovens uma educação adequada, eles não serão capazes de atingir seu potencial. E, se não investirmos em infraestrutura e tecnologia, o mundo que herdarão não será capaz de sustentar os padrões de vida que tivemos até agora.

Segundo, nosso planeta é insubstituível. Se as coisas não funcionarem aqui, não há outro lugar para onde possamos ir. Mesmo assim, estamos destruindo o planeta, mais perigosamente através das mudanças climáticas. Todos os anos, de maneira agora previsível, o dano aumenta. Mesmo a maneira pela qual o governo pensa no meio ambiente e toma decisões é injusta com as crianças. Lembremos, do capítulo 7, que sempre que o governo considera uma regulamentação, ela precisa passar por uma análise de custo-benefício. Parte de uma análise de custo-benefício envolve comparar o custo de, digamos, uma regulamentação ambiental *hoje* e os benefícios que serão recebidos não somente hoje, mas no futuro. Se restringirmos as usinas sujas de carvão, os custos podem aumentar hoje, mas os benefícios em termos de saúde e redução das mudanças climáticas se estenderão durante anos no futuro. A questão-chave ao conduzir essas análises de custo-benefício é como comparar 1 dólar de benefícios futuros com 1 dólar de custos atuais. Pelos procedimentos da administração Trump, 1 dólar ("real") daqui a cinquenta anos, quando nossos filhos estiverem chegando ao auge da maturidade, vale somente 3 centavos. Em essência, isso simplesmente frauda o futuro. A menos que os benefícios de uma regulamentação ambiental para nossos filhos seja mais de trinta vezes maior que o custo hoje, a administração considera que ela não deve ser adotada. Com esse cálculo, que rouba nossas crianças, não surpreende que não haja interesse em fazer algo sobre as mudanças climáticas.[50]

Terceiro, por uma variedade de razões, muitos jovens não têm as oportunidades que tive quando iniciei minha carreira. Milhões deles estão presos a dívidas estudantis pesadas, o que os impede de escolher uma carreira livremente — pois estão sempre pensando nos pagamentos devidos — ou mesmo iniciar uma família ou comprar uma casa. Entrementes, os preços das casas, relativos aos salários, dispararam como resultado do dinheiro fácil, de um código tributário mal desenhado e da desregulamentação financeira. *Nossa* geração ficou com os ganhos de capital. A geração seguinte terá de descobrir como obter habitações acessíveis. Essa divisão em termos de bem-estar entre as gerações é uma das mais preocupantes. Os pais que fizeram excelentes negócios imobiliários podem partilhar essa riqueza com os filhos, os quais, por sua vez, podem passá-la a seus próprios filhos. Mas os pais que não possuem qualquer bem imóvel têm pouco ou nada para passar aos filhos e netos, e isso deixa seus descendentes em situação difícil. Assim, as desigualdades nessa geração são amplificadas na geração seguinte. As mudanças na política fiscal descritas a seguir e os programas de hipotecas e empréstimos estudantis fornecem uma saída.

Taxação

Um sistema de taxação progressivo, justo e eficiente deveria ser parte importante de uma sociedade dinâmica e justa. Descrevemos importantes ações que o governo precisa iniciar, incluindo educação, saúde, pesquisa e infraestrutura públicas, um bom sistema judicial e certa medida de proteção social. Tudo isso exige recursos, o que significa impostos. É justo que aqueles que têm maior capacidade de pagar — e que tipicamente ganham mais com nossa economia — contribuam mais. Mas, como observado no capítulo 2, aqueles no topo na realidade pagam menos impostos que aqueles com rendas menores. Dessa e de outras maneiras, as coisas só pioraram nas últimas três décadas — com a lei fiscal de 2017, que aumenta os impostos da maioria para financiar os cortes para corporações e bilionários, sendo talvez a pior legislação tributária de todos os tempos.

Simplesmente pedir às corporações e aos indivíduos ricos que paguem uma parcela justa dos impostos — uma modesta mudança em relação a nosso sistema regressivo — poderia gerar alguns trilhões de dólares em dez anos.[51] Isso envolveria não somente aumentar as alíquotas, mas também eliminar as brechas legais que os lobistas dos interesses especiais inseriram em nosso código tributário.[52] Em vez de conceder alíquotas preferenciais aos bens imóveis (como na lei de 2017), os rendimentos obtidos com arrendamento de terras deveriam ter alíquotas mais altas. Quando os trabalhadores são taxados, eles podem não trabalhar tão duro; quando o capital é taxado, ele pode ir para outro lugar ou as pessoas podem não poupar tanto.[53] Isso não acontece com a terra. Ela está lá, sendo taxada ou não. De fato, o grande economista do século XIX Henry George argumentou que os rendimentos da terra — arrendamentos — deveriam ser taxados em 100%.[54] Taxar os arrendamentos pode levar a uma economia mais produtiva. Hoje, ampla fração da poupança vai para a aquisição de terras, em vez de ativos produtivos (investimentos em pesquisa, fábricas e equipamentos). Taxar os ganhos de capital com terras e arrendamentos encorajaria uma parte maior da poupança a se voltar na direção do capital produtivo.[55]

Há outros impostos que podem ao mesmo tempo melhorar o desempenho econômico e aumentar a renda. Por exemplo, um imposto sobre as emissões de carbono lembraria aos domicílios e às empresas que precisamos reduzi-las.[56] Na ausência de tais impostos, os indivíduos não levam em consideração o custo social das atividades emissoras de carbono. Tais impostos também incentivariam os investimentos e a inovação para reduzir as emissões e poderiam desempenhar papel central na obtenção dos importantes objetivos estabelecidos nas convenções internacionais de Paris (2015) e Copenhague (2009) para limitar o aquecimento global.[57] Sem tal imposto, será difícil atingir esses objetivos, e os custos de não atingi-los são enormes — já em 2017 o mundo experimentou um número recorde de perdas com desastres naturais relacionados ao clima, incluindo uma perda de 245 bilhões de dólares com os furacões Harvey, Irma e Maria, em uma manifestação do previsto aumento da variabilidade do clima em função do aquecimento global.[58] A elevação do nível do mar também terá enormes custos para os estados costeiros; grande parte da Flórida e da Louisiana ficará debaixo de água ou sofrerá inundações mais frequentes. Wall Street também será inundada, embora alguns possam dizer que isso é uma boa coisa.

Há um princípio geral que diz que sempre que existe uma atividade econômica na qual o retorno privado excede o retorno social, um imposto aumenta o bem-estar. Outro exemplo de imposto necessário: o trading de curto prazo muitas vezes é socialmente improdutivo. Em geral, nessas operações, uma pessoa espera obter vantagem sobre outra em função de informações superiores. Ambas podem acreditar ter a vantagem. De muitas maneiras, o mercado de ações é somente um cassino para pessoas ricas. E, embora a jogatina possa gerar algum prazer de curto prazo, o dinheiro simplesmente se move do bolso de uma pessoa para o bolso de outra. O jogo — e o trading de curto prazo — não torna o país mais rico ou produtivo e muitas vezes termina em lágrimas amargas de um lado ou de outro. O trading excessivo, especialmente associado às operações de alta frequência, não tem função social.[59] Um imposto sobre transações financeiras, se bem projetado, não só arrecadará dinheiro como também aumentará a eficiência e a estabilidade da economia.

É claro que os interesses especiais se unirão contra cada um desses impostos. Não vou fingir que será politicamente fácil. Mas, política à parte, não deveria haver escassez de fundos para assegurar que os Estados Unidos não sejam mais um país rico com pessoas pobres e que uma vida de classe média possa ser e seja alcançada por todos os americanos.

Conclusões

As mudanças cobertas neste capítulo, combinadas às reformas discutidas anteriormente, são necessárias para chegarmos a uma economia mais dinâmica, um crescimento mais rápido e uma economia que sirva às pessoas, e não o contrário. Muitas das políticas dificilmente são novas; como já observado, variantes delas obtiveram sucesso em outros países. A dificuldade não está na economia. Está na política.

Mesmo que adotemos as políticas certas e consigamos realizar as reformas descritas aqui, ter acesso a uma vida de classe média ainda pode ser difícil: mesmo famílias com empregos razoáveis podem não ser capazes de ter uma aposentadoria adequada ou mandar os filhos para a faculdade. Assim como, tradicionalmente, os fazendeiros ajudavam uns aos outros na construção de novos celeiros, e assim como as famílias se unem em épocas de necessidade, nossa sociedade funciona melhor quando todos trabalham juntos. O objetivo positivo de restaurar o crescimento para todos é parte da ambição mais ampla de tornar a vida de classe média acessível a todos. O próximo capítulo explica como isso pode ser feito.

CAPÍTULO 10

Uma vida decente para todos

Uma combinação de mercados, sociedade civil e regulamentações e programas governamentais como educação pública gratuita criou a vida de classe média com salários de classe média do último século, melhorando a vida dos trabalhadores e retirando-os do estado abjeto em que se encontravam um século antes. Mas, nos últimos quarenta anos, parecemos ter dado a vida de classe média como certa e nos tornados complacentes. O resultado é que muitos cidadãos lutam para manter esse estilo de vida e, para números significativos, ele se tornou inalcançável. Quando os salários de grandes partes do país estagnam ou declinam durante meio século no país mais próspero do mundo, fica claro que algo deu errado. As reformas discutidas nos capítulos anteriores fariam muito para garantir que o pagamento levado para casa por cada trabalhador permitisse ao menos sua sobrevivência nos Estados Unidos do século XXI. Elas também poderiam restaurar o crescimento sustentável. Mas não serão suficientes para permitir que muitos americanos tenham uma vida decente, de classe média.

Em décadas recentes, os mercados não fizeram um bom trabalho na hora de garantir os requisitos básicos para uma vida decente para todos. Já compreendemos algumas dessas falhas: os mercados gostariam de vender seguro-saúde somente para as pessoas saudáveis e devotam imensos recursos à diferenciação entre as saudáveis e as outras. Mas uma sociedade na qual somente pessoas saudáveis conseguem seguro-saúde não é uma sociedade produtiva ou saudável. Do mesmo modo, os mercados podem fazer um bom trabalho na hora de fornecer educação aos filhos dos ricos, mas uma sociedade na qual somente os filhos dos ricos recebem boa educação não é nem justa, nem eficiente.

Às vezes, dizem os conservadores, essas aspirações de corrigir as falhas do mercado e superar suas limitações são muito boas, mas custam dinheiro. É algo com que não podemos arcar nesse momento, especialmente com nossa maciça dívida pública. Isso é besteira. Países muito mais pobres que os Estados Unidos se saem melhor na realização das aspirações de seus cidadãos em termos de saúde, educação e outros pré-requisitos para uma vida decente.[1]

Na realidade, os Estados Unidos se saíam bem há cerca de sessenta anos. Ao fim da Segunda Guerra Mundial, estávamos muito mais endividados e éramos muito mais pobres, com uma renda *per capita* equivalente a um quarto da de hoje.[2] E, mesmo assim, nos anos que se seguiram, podíamos fornecer educação gratuita nas melhores escolas para todos que haviam lutado na guerra, sob a Lei GI [Lei de Reajustamento dos Militares], o que significava essencialmente todos os jovens do sexo masculino e muitas mulheres — com exceção dos afro-americanos, a quem foram negados muitos dos benefícios dessa lei.[3] Do mesmo modo, sob o presidente Eisenhower, expandimos a malha rodoviária nacional e aprovamos a Lei da Educação para a Defesa Nacional, dando início a um maciço programa de avanços científicos e tecnológicos. Sob o presidente Johnson, aprovamos o Programa Medicare e, sob o presidente Nixon, expandimos a previdência social. Se podíamos arcar com essas coisas naquela época, podemos arcar com elas agora. É uma questão de escolha, e temos feito as escolhas erradas.

Uma ideia central nas propostas a seguir é *a opção pública*.[4] O governo se provou mais eficiente que o setor privado em muitas arenas. Os custos administrativos dos programas governamentais de aposentadoria são apenas uma fração daqueles do setor privado. Países com sistemas públicos de saúde têm custos menores com melhores resultados que o sistema americano voltado para o lucro. Com uma opção pública, o governo cria uma alternativa, um programa básico para fornecer produtos como seguros-saúde, aposentadorias ou hipotecas. A competição entre os setores público e privado acabará com o poder de mercado. Ela aumentará as escolhas dos cidadãos, aliviando parte da sensação de impotência que sentem hoje, quando suas escolhas são limitadas e eles sofrem frequentes abusos do setor privado.[5] Isso melhorará sua situação, com uma sensação de maior controle sobre suas vidas.

No longo prazo, em alguns mercados, programas públicos e privados podem coexistir (como fazem hoje no fornecimento de pensões). Em alguns casos, o setor privado pode ser capaz de criar um programa que atenda melhor às necessidades de indivíduos particulares. Suspeito que, em outros casos, com exceção de certos nichos dirigidos aos muito ricos, o setor privado vai se atrofiar. Ele não se provará competitivo. Em outros casos ainda, a maioria dos cidadãos se voltará para o setor privado. Mas, em todos eles, a opção pública criará competição entre os setores privado e público, aumentando as escolhas e encorajando o setor privado a ser mais eficiente, competitivo e responsivo, com preços mais baixos e melhor serviço.

Infelizmente, o país vem se movendo na direção errada. O presidente Obama propôs uma opção pública no escopo da Lei de Cuidados de Saúde Acessíveis. O setor privado, não querendo competição, conseguiu suprimi-la.[6]

Os Estados Unidos se orgulham de seu "excepcionalismo", significando que o país é especial e se destaca dos outros por causa de sua história única. Mais recentemente, esse excepcionalismo assumiu um tom mais sinistro: maior desigualdade e desigualdade de oportunidades, mais prisioneiros e uma expectativa de vida muito mais baixa — e em declínio — que em países com níveis de renda similares. O sistema privado de assistência médica é muito mais caro, com resultados muito piores que os programas públicos na Europa. No mínimo, tudo isso sugere que deveríamos estar prestando mais atenção ao que é feito em outros lugares. Os Estados Unidos deveriam abandonar a atitude de que não há nada a aprender com as outras nações. Elas prestaram muita atenção ao que fizemos e, quando viram algo que funcionava e que poderia funcionar para elas, imitaram e adaptaram. Deveríamos fazer algo similar.

Acesso à assistência médica para todos

A Lei de Cuidados de Saúde Acessíveis ("Obamacare") foi um início importante, assegurando que todos os americanos tivessem acesso à assistência médica. Há espaço para melhoria, é claro, especialmente dada a recusa de alguns estados de participar do programa expandido Medicaid (fornecendo assistência médica aos pobres). Mas, em algumas dimensões, as questões estão piorando, particularmente após a aprovação da lei fiscal de 2017, que eliminou a obrigatoriedade de todos os indivíduos terem seguro-saúde. A eliminação da obrigatoriedade, em combinação com as regras que proíbem a discriminação de condições preexistentes, criou uma espiral da morte para os planos privados: os indivíduos saudáveis deixam de contratá-los, forçando as mensalidades a subir, uma vez que somente aqueles que estão doentes ou prestes a precisar de cuidados médicos compram os planos. Isso faz com que mais pessoas relativamente saudáveis os abandonem, aumentando ainda mais as mensalidades.[7] Se quisermos ter um sistema de seguro-saúde que cubra todo mundo — e há boas razões econômicas e sociais para isso —, precisamos ter uma opção pública de seguro, nas linhas dos sistemas governamentais europeus; ter uma lei que obrigue os indivíduos a possuírem seguros privados, nas linhas do Obamacare; ou conceder grandes subsídios públicos para as seguradoras.[8] Em uma sociedade na qual há pouca solidariedade social — é cada um por si —, a noção de que os saudáveis estão subsidiando os doentes pode parecer repreensível, até que nos lembramos que, em algum momento, quase todos os indivíduos ficarão "doentes". Mesmo entre os muito saudáveis, conforme marchamos em direção à morte, apenas aqueles que morrem subitamente, sem aviso, jamais se utilizam do sistema de assistência médica.

A razão pela qual Trump e os republicanos não apresentaram uma alternativa ao Obamacare ("revogar e substituir") é o fato de não haver outras soluções. Obama e os democratas trabalharam duro para criar um sistema no qual todos os indivíduos que já estavam cobertos podiam manter seus seguros, mas que também assegurava que todos os outros estariam cobertos. Era um sistema imperfeito, mas uma estrutura que poderia ser melhorada com o tempo.

Uma parte crítica não conseguiu passar pelo Congresso: a opção pública. Essa opção tornaria o Medicare disponível para todos que o quisessem, por um preço. Isso significaria que ninguém seria deixado sem seguro-saúde caso todas as seguradoras privadas decidissem não fornecer o serviço em algum local e, simultaneamente, criaria competição, restringindo o abuso do poder de mercado em um setor no qual o número limitado de empresas na maioria das regiões geográficas torna isso provável.

Trump e os republicanos, ao remover a obrigatoriedade individual, podem ter conseguido quebrar o Obamacare, um programa que se revelou enormemente popular. Se isso acontecer, milhões de americanos serão deixados sem seguro-saúde, em especial aqueles com condições preexistentes. Milhões mais se verão pagando mensalidades cada vez mais altas, particularmente dolorosas quando os segurados envelhecem e se tornam menos saudáveis — quando o seguro é mais necessário, mas já não pode ser custeado com facilidade. Há somente duas direções: restaurar a obrigatoriedade e fornecer subsídios públicos, dessa vez com uma opção pública, ou adotar um programa no qual o governo forneça assistência médica básica para todos. Como demonstrado pelo sistema do Reino Unido, é possível ter lado a lado um robusto mercado privado de seguros suplementares e um sistema público de saúde.

Aposentadoria

Após trabalhar duro a vida inteira, os trabalhadores merecem uma aposentadoria decente. Na velhice, eles não deveriam ter de imaginar se conseguirão sobreviver, se precisarão depender de alguma agência de caridade ou dos filhos ou então aceitar um emprego no McDonald's, recebendo salário mínimo, em um grande declínio em relação à posição que acreditavam que ocupariam a essa altura da vida. É claro que, como argumentei no capítulo anterior, o governo deveria assegurar que as pessoas idosas que são capazes e estão dispostas a trabalhar possam conseguir bons empregos, usando as habilidades e a educação que adquiriram durante a vida.

Na direita, há esforços para reduzir a previdência social, que é parte fundamental do financiamento da aposentadoria para a maioria dos americanos. Ao descrever a previdência, eles usam a expressão derrogatória "direito ao benefício", tentando reenquadrar o programa como um presente, e não como algo conquistado: os indivíduos contribuíram para a previdência durante toda a vida profissional, como se estivessem pagando um plano de previdência privada. Há algumas diferenças críticas: o setor privado é menos eficiente, com custos transacionais mais altos, tenta tomar grandes parcelas dos fundos a título de lucro e fornece uma cobertura menos abrangente, mas propicia uma ligação mais clara entre contribuições e benefícios.

O presidente George W. Bush tentou privatizar a previdência social, deixando os indivíduos para serem explorados pelos mercados privados e à mercê das vicissitudes do mercado de ações e, possivelmente, devastados por forças econômicas além de seu controle quando quebras do mercado acabassem com suas aposentadorias. É particularmente doloroso pensar nisso através das lentes históricas da Grande Recessão, causada pelos maiores bancos americanos, as próprias instituições financeiras às quais, nesse mito, os indivíduos deveriam confiar suas aposentadorias. Aqueles cujas economias não foram destruídas pela crise financeira enfrentaram um novo problema, dessa vez com o Federal Reserve, que tentou valentemente ressuscitar a economia em face da intransigência dos republicanos no Congresso, que se recusaram a fornecer o estímulo fiscal de que a economia precisava. Quando o Fed baixou as taxas de juros para quase zero, aqueles que prudentemente haviam comprado títulos do governo viram a renda destinada a sua aposentadoria desaparecer — uma devastação tão ruim quanto a que teria sido se causada pela inflação disparada ou por uma quebra do mercado.

Em outros países, mesmo antes da Grande Recessão, aqueles que foram forçados a utilizar contas privadas de aposentadoria descobriram que os benefícios diminuíram em função das taxas impostas pelas administradoras, que em alguns casos chegavam a 30% ou 40%.[9] A razão pela qual o setor privado quer gerenciar essas contas de aposentadoria, é claro, são as taxas. O que acontece na privatização é a simples transferência do bolso dos aposentados para o bolso dos banqueiros. Não há evidência de que os banqueiros tenham gerado retornos maiores ou mais seguros; exatamente o contrário.

Para piorar as coisas, muitos americanos se tornaram vítimas dos predadores financeiros, que buscam tirar vantagem dos outros através de taxas desproporcionais e muitas vezes ocultas.[10]

A lição é clara: os americanos não podem confiar sua aposentadoria aos mercados. As flutuações dos valores de mercado e dos rendimentos gerados são grandes demais e os banqueiros são avaros demais. Eles precisam de uma alternativa. Não os cortes na previdência social que a direita está exigindo, mas sua revitalização, assegurando que esteja em situação financeira estável e fornecendo uma *opção pública*. A maneira mais fácil de fornecer uma opção pública de aposentadoria seria permitir que qualquer indivíduo depositasse fundos adicionais em sua conta de previdência social, com um aumento comensurável dos benefícios.

A opção pública forneceria competição efetiva ao setor privado e poderia ser capaz de induzir bancos e seguradoras a oferecerem produtos financeiros melhores, a custos e taxas mais baixos — a opção pública poderia, de fato, ser um instrumento melhor que a regulamentação governamental para encorajar o bom comportamento. É claro que o setor financeiro se opõe totalmente à opção pública. Eles falam muito sobre acreditar na competição, mas, no fim das contas, gostam de seus arranjos confortáveis.

Parte da revitalização da previdência social envolveria expandir os instrumentos nos quais ela investe, longe dos títulos governamentais de baixo rendimento. Uma possibilidade seria investir o dinheiro em fundos diversificados de ações ou títulos a serem emitidos pelo recém--criado banco de investimento em infraestrutura discutido anteriormente (a versão americana do Banco Europeu de Investimento). Os retornos de tais investimentos em infraestrutura para nossa economia são grandes. E fornecer uma modesta fração desses retornos aos titulares — digamos, 5% — colocaria o Fundo de Previdência Social em uma situação mais segura.

Posse de residências

A crise financeira de 2008 demonstrou a deficiência tanto de nosso sistema de aposentadoria quanto de nosso sistema de financiamento imobiliário. Milhões de americanos perderam suas casas, muitos como resultado de práticas predatórias e fraudulentas do sistema financeiro. Nosso sistema de hipotecas[11] permanece quebrado, com o governo federal continuando a subscrever a vasta maioria delas.[12] As instituições financeiras deixaram claro que não estão dispostas a aceitar qualquer "reforma" que as torne responsáveis pelo risco das hipotecas que concedem. Com efeito, elas dizem não poder assumir responsabilidade pelos produtos financeiros que criam! Uma década após a crise, parece não haver consenso sobre a maneira de seguir adiante. Há uma resposta simples, reconhecendo que mudanças nos sistemas modernos de tecnologia e informação permitem a criação de um sistema de hipotecas do século XXI. Entre os problemas centrais de qualquer sistema financeiro de hipotecas estão a triagem (determinar se uma propriedade particular é apropriada para uma família particular e se a situação hipotecária da propriedade está regular) e a imposição dos termos da hipoteca, em particular a coleta dos pagamentos.

Para o primeiro, a base de dados crítica é o histórico de renda familiar, e ela já existe no setor público, na Administração da Previdência Social e no Internal Revenue Service (IRS). É ineficiente ter essa informação copiada para o papel, transmitida, verificada e então reinserida em uma nova base de dados corporativa. Uma segunda base de dados crítica está relacionada às transações imobiliárias, permitindo que o credor estabeleça o valor da garantia. Novamente, como todas as vendas são de registro público, há uma base de dados completa, a partir da qual é possível criar uma estimativa mais acurada do valor corrente de qualquer propriedade.[13]

É claro que outras informações são relevantes para emitir uma hipoteca: se aquela é a casa principal do indivíduo ou se ele planeja alugá-la. A maior parte dessas informações também é relatada nos formulários de imposto de renda. Os indivíduos podem deduzir a casa principal e declarar a renda obtida com o aluguel de uma propriedade em um formulário diferente. E, embora antes da crise de 2008 tenha havido fraude maciça (mentiras) no processo de titularização (no qual as hipotecas são unidas em "títulos" que, por sua vez, são vendidos aos investidores),[14] é provável que haja muito menos fraude quando a informação é relatada ao IRS, em parte porque as consequências podem ser mais severas.

Esses fatores indicam a possibilidade de usarmos o IRS como veículo de pagamento das hipotecas. Além do mais, fazer isso economizaria muitos recursos.[15]

Essa economia em custos informacionais e transacionais permitiria grandes reduções nos custos de emitir e gerenciar hipotecas. Uma hipoteca de trinta anos com pagamento inicial de 20% poderia ser fornecida a uma taxa de juros um pouco maior que a taxa de trinta anos pela qual o governo empresta do mercado, e o governo ainda teria lucro.[16] E, com o foco em ajudar as famílias americanas a gerenciarem o risco de ter uma casa, novos produtos hipotecários poderiam ser criados, permitindo, por exemplo, reduções nos pagamentos quando a renda familiar fosse reduzida significativamente, com aumento correspondente na duração da hipoteca. Isso reduziria não somente o risco de custosos arrestos, como também a ansiedade sentida pelos indivíduos quando enfrentam algum choque, como a perda do emprego ou uma doença séria.

O fato é que os mercados privados não fizeram um bom trabalho ao ajudar seus clientes a gerenciar riscos. Os banqueiros estiveram mais focados em explorá-los o máximo possível e aumentar suas taxas. Ao fazer isso, criaram hipotecas tóxicas que *aumentam* os riscos enfrentados pelos indivíduos. É por isso que milhões de americanos perderam suas casas, incluindo muitos que já tinham propriedade integral e viveram nas mesmas casas por anos e anos, mas foram persuadidos pelos banqueiros a "faturar" com os grandes aumentos dos preços através de créditos imobiliários. Eles não tinham como perder (foi isso que lhes disseram), e por que esperar até estarem perto da morte para apreciar o presente do boom imobiliário? Mas, é claro, eles perderam.

O sistema hipotecário garantido pelo governo que temos hoje é uma parceria público-privada na qual o lado privado fica com os ganhos, na forma de altas taxas, e o lado público fica com as perdas. Esse não é o tipo de capitalismo eficiente retratado em livros didáticos ou pelos defensores dos mercados livres e não regulamentados. É, todavia, o capitalismo *ersatz* de estilo americano que evoluiu na prática. Esse não é o tipo de economia de mercado a que deveríamos aspirar, o tipo que resulta em padrões de vida crescentes.

Precisamos, em resumo, de um mercado de hipotecas com o tipo de opção pública inovadora sugerido anteriormente. Tal mercado permitiria não apenas que mais americanos tivessem casas, mas que mantivessem seu ativo mais importante.

Educação

Todos os americanos querem que seus filhos atinjam seu potencial, e isso exige lhes fornecer a melhor educação possível, adequada a seus talentos, necessidades e desejos. Infelizmente, nosso sistema educacional não acompanhou a evolução dos tempos. O calendário de nove meses e o curto dia escolar podem ter sido apropriados para a economia agrária do século XIX e início do século XX, em um mundo de mães que não trabalhavam fora, mas não funcionam no mundo de hoje. A estrutura da educação também não acompanhou os avanços tecnológicos, em função dos quais os indivíduos podem obter acesso instantâneo a mais informação que aquela disponível mesmo nas melhores bibliotecas de pouco tempo atrás.

Ainda mais importante, nosso sistema educacional se tornou parte importante da crescente desigualdade: há alta correlação entre a educação e a renda dos pais e os resultados educacionais do filho e entre a educação e a renda futura.[17] Assim, deficiências em nosso sistema educacional exacerbam a transmissão intergeracional de vantagens em vez de, como já fez a educação pública, agir como mais importante força niveladora de nossa sociedade.

Equalizar as oportunidades educacionais requer uma agenda abrangente, da disponibilidade de educação pré-escolar ao acesso a faculdades e universidades, sem dívidas estudantis opressivas. Sabemos que há grandes disparidades mesmo antes de as crianças entrarem na escola, o que os programas de educação pré-escolar podem ajudar a reduzir.[18]

Há muitas maneiras de assegurar acesso universal à educação, incluindo mensalidades mais baratas e empréstimos públicos contingenciais nos quais o total a devolver dependa da renda. Eles podem ser calibrados de modo que a dívida estudantil jamais se torne a ameaça que é hoje. É um sistema que funcionou muito bem na Austrália e poderia funcionar aqui.[19] Minha intenção não é avaliar os méritos dessas alternativas, mas simplesmente argumentar que podemos arcar com o acesso universal e *não podemos* arcar com o fato de não fazer esses investimentos. Assegurar que haja acesso para todos em condições viáveis deveria ser parte central de um projeto que quer garantir uma vida decente para todos os americanos.

O país tem um problema de legado: deixamos milhões de jovens oprimidos por dívidas estudantis que estão além de sua possibilidade de pagamento, cerca de 1,5 trilhão de dólares. Isso está arruinando suas vidas e os forçando a esperar mais tempo para se casar, comprar uma casa ou mesmo aceitar o emprego que gostariam de ter, uma vez que todas as suas energias são dedicadas a pagar essa dívida onerosa. Isso também está ferindo nossa economia.

Para piorar as coisas, o setor financeiro usou seu poder de lobby para tornar praticamente impossível livrar-se dessas dívidas através da falência. Isso precisa ser revertido. Por que alguém que fez um empréstimo para investir em si mesmo deveria ser tratado de maneira pior que alguém que pegou dinheiro emprestado para comprar um iate?

Além disso, deveria haver uma opção pública, ou seja, empréstimos estudantis públicos. E para aqueles já comprometidos com débito estudantil, precisa haver uma maneira de converter os empréstimos privados em públicos.[20] Os empréstimos governamentais, por sua vez, deveriam ser transformados em empréstimos condicionados à renda, com taxas de juros apenas ligeiramente mais altas que as taxas pagas pelo governo: não deveríamos estar lucrando em cima de jovens que tentam melhorar de vida.

Um sistema de educação primária e secundária que se baseia intensamente na arrecadação local, como o nosso, significa que aqueles nas comunidades pobres recebem uma educação pior que aqueles nas comunidades ricas. Infelizmente, esse problema está piorando. Mas é um problema que podemos solucionar.[21] O governo federal deveria fornecer incentivos para que os estados equalizassem o orçamento de comunidades ricas e pobres e deveria fornecer mais fundos federais para ajudar a equalizar as oportunidades entre os estados. Além disso, como aqueles na base precisam de ajuda para alcançar os outros, deveria haver mais assistência especial do governo federal para os distritos com grandes números de indivíduos pobres.

Conclusões

Há poucas coisas no âmago de uma vida decente: as pessoas se importam com empregos que oferecem salários justos e um pouco de segurança antes e depois da aposentadoria, com educação para os filhos, ter uma casa e acesso a assistência médica de qualidade. Em cada uma dessas áreas, o capitalismo de estilo americano falhou com grandes parcelas da população. Podemos fazer melhor. O programa esboçado aqui é um começo. Ele não pode solucionar por completo alguns dos problemas profundamente enraizados que vêm piorando desde a era Reagan. Deveríamos ter feito algo para ajudar aqueles que estavam perdendo empregos e cujas habilidades não acompanhavam as novas tecnologias. Mas não fizemos. Deveríamos ter criado sistemas melhores de saúde e educação. Mas não criamos. Deveríamos ter auxiliado as cidades que enfrentavam desindustrialização e a destruição da comunidade. Mas não auxiliamos. Agora pagamos o preço por essas falhas. Não podemos reescrever a história e não deveríamos tentar voltar ao passado. Temos de fazer o melhor que pudermos, dadas as condições que criamos para nós mesmos.

A agenda que expus pode ser atingida mesmo com as restrições financeiras enfrentadas pelo país, melhorando a vida de nossas famílias e fortalecendo nossa economia. Para aqueles que dizem que não podemos arcar com os custos, respondo: nós, como país rico, não podemos arcar com o custo de a vida de classe média estar fora do alcance de um número ainda maior de nossos cidadãos.

Outro mundo é possível, e essa agenda progressista pode nos ajudar a criá-lo.

CAPÍTULO 11

Recuperando os Estados Unidos

"Dai-me os seus fatigados, os seus pobres,
As massas amontoadas ansiando por respirarem livres,
O refugo miserável de sua orla fervilhante.
Enviai essa gente, os desabrigados, os afligidos pela tempestade, até mim,
Eu ergo minha tocha acima do portão dourado!"

— Inscrição na Estátua da Liberdade, de "O novo colosso",
um soneto de Emma Lazarus

Nosso regime regrediu tanto que agora somos compelidos a nos voltar para questões fundamentais a fim de curar o que nos aflige. Ajustes menores em nossos arranjos atuais não nos levarão até onde precisamos chegar.

Para começar, no que acreditamos, como americanos? Estou convicto de que, apesar do momento em que nos encontramos e da imagem que agora apresentamos ao mundo, ainda somos essencialmente um país que acredita na justiça, na igualdade de oportunidades e no que a Estátua da Liberdade representa, com sua inscrição épica. Ainda somos um país de pessoas que se importam com seus vizinhos e com os menos afortunados. Também nos importamos com a verdade, com o conhecimento e com nossa comunidade: somos mais que individualistas ásperos vagueando pelas montanhas do oeste.

Restaurar nossa política — e nossa economia — para personificar e defender esses valores deve começar com o exame de tais valores e o reconhecimento de que nossa classe representante falhou perigosamente em expressá-los na política.

A disparidade entre nossos valores e a realidade social

Quais são os valores americanos? Pergunte a um político e ele dirá uma coisa. Observe suas ações e inferirá outra. A pergunta pode parecer branda, mas está no cerne da possibilidade de corrigir aquilo que nos aflige como país. E não falo de "valores" no sentido frequentemente empregado pela direita religiosa: como expressões de nossas escolhas *pessoais* e de nossa vida familiar. Não, falo dos valores que informam nossas políticas, programas e perspectivas econômicas *públicas*.[1]

Uma das contradições da teoria econômica é que modelamos os indivíduos de maneira simplista, como se fôssemos apenas egoístas e materialistas. Mas basta refletir um pouco para saber que os seres humanos são mais que isso. Lutamos para ganhar dinheiro, mas não achamos nada de admirável no excesso de cobiça e materialismo ou na depravação moral através da qual alguns conquistam suas fortunas. Alguns batalham por atenção, ao passo que outros preferem mais anonimato, mas não encontramos nada admirável em Trump, que obtevê atenção através de constante prevaricação e narcisismo.

Admiramos aqueles que se doam aos outros. Suspeito que a maioria de nós quer que os filhos sejam atenciosos e generosos, não egoístas e autocentrados. Somos, em resumo, muito mais complicados e muito diferentes do *homo economicus* tão estudado pelos economistas, aquele indivíduo egoísta que busca constantemente sua própria gratificação. No entanto, se não fizermos nenhum esforço para seguir nossos impulsos mais admiráveis e incorporá-los a nossos modelos e políticas, os motivos menos nobres — a cobiça e a indiferença ao bem-estar dos outros — preencherão o vazio. O barco do país entrará em águas escuras, nas quais os mais vulneráveis são deixados para se virar sozinhos, os que ignoram as regras são recompensados, os reguladores são efetivamente "capturados" por aqueles que deveriam regular, os guardiões são intimidados, os ganhos econômicos se acumulam principalmente para aqueles que já são ricos, como resultado da exploração, e não da criação de riqueza, e ideias como verdade, fatos, liberdade, empatia e direitos são meros mecanismos retóricos, empregados quando politicamente conveniente.

Olhe ao redor, e ficará claro que nosso país, na era Trump, está entrando rapidamente nessas águas sombrias. Mesmo assim, também há sinais de que ainda podemos encontrar nosso caminho para fora delas. A repulsa que sentimos com a conduta de nossos líderes políticos e empresariais é bom sinal, pois significa que ainda não somos um reflexo perfeito do sistema econômico baseado em interesse pessoal e cobiça que criamos. Mas, se o curso da nação não for alterado, seremos cada vez mais esse reflexo.

Os mitos mascaram nossos fracassos

Uma sociedade cria mitos, histórias e narrativas que refletem seus valores e modelam sua cultura, especialmente entre os jovens. Em seu melhor aspecto, os mitos podem reforçar valores partilhados e motivar. Os nossos são mitos de áspero individualismo, de homens que se fazem sozinhos, do empreendedor como criador de empregos e do sonho americano. O mito do sonho americano é importante para reforçar a ideia de que os Estados Unidos são a terra das oportunidades. Ele serve para nos distinguir dos outros países, da "velha Europa" da qual tantos americanos vieram no passado em busca de oportunidades.

O americano pobre e trabalhador que prospera é um arquétipo nacional.[2] Dizemos a nós mesmos que qualquer um que trabalhe duro pode chegar lá. Entretanto, como vimos neste livro, as estatísticas demonstram esmagadoramente o contrário. Muitos dos que trabalham duro não estão chegando lá, e muitos dos que estão chegando lá não o fazem através do trabalho duro, mas através de práticas comerciais suspeitas e por terem os pais certos.

Estamos tão apaixonados por nossa autoimagem mitificada que insistimos em sua realidade mesmo quando os fatos gritam o contrário. Muitos continuam a acreditar que as oportunidades são uma qualidade imutável do país, mesmo com as estatísticas dizendo o oposto. Ironicamente, nossa ligação com nossa autoimagem mítica nos leva a adotar políticas que, na verdade, dificultam a expressão de nossos valores, tornando ainda menos provável que o sonho americano se torne realidade. Se todos podem subir na vida por iniciativa própria, simplesmente através do trabalho duro, não precisamos de programas financeiros para auxiliar os pobres nem de programas de ação afirmativa para nivelar o campo de jogo para aqueles que enfrentam um legado de discriminação, uma vez que aqueles com suficiente determinação superarão esse legado e serão pessoas melhores por causa disso. Mas vimos as estatísticas: mesmo com a assistência reconhecidamente limitada que fornecemos, aqueles que vêm de famílias pobres e grupos discriminados simplesmente não estão chegando lá.[3] As probabilidades estão esmagadoramente contra eles, a ponto de termos de chamar o sonho americano de ficção. Um momento de reflexão honesta por parte de qualquer um que tenha obtido sucesso vindo de uma família branca de classe média alta deveria fazê-lo se perguntar se poderia ter chegado aonde chegou se tivesse nascido em outro contexto.

Mas o mito modela a cobertura jornalística: quando nossa mídia descobre alguém que percorreu todo o caminho da base até o topo, ela dá à história tempo de tela e tinta de impressão, o que reforça nossas preconcepções sobre nós mesmos. Os psicólogos chamam isso de viés de confirmação: damos peso às evidências que são consistentes com nossas crenças anteriores, nossos mitos fundamentais. E descontamos as evidências em contrário, as óbvias evidências das elites autoperpetuadoras no topo e das armadilhas de pobreza e desigualdade que caracterizam a base.

Veja o mito do "áspero individualismo". O mundo dos negócios sabe que o individualismo raramente funciona: uma empresa só obtém sucesso através do trabalho em equipe, da cooperação. As empresas muitas vezes constroem times internos, aprimorando a solidariedade, a coesão e a cooperação. Elas às vezes tentam tirar vantagem do espírito competitivo dos funcionários, encorajando rivalidades saudáveis entre os times internos. Às vezes, para encorajar a competição, a remuneração é baseada parcialmente no desempenho do time, uma estratégia que contradiz a teoria econômica tradicional. Essa teoria afirma que o trabalho em equipe não funciona porque os membros da equipe tentam pegar carona no trabalho dos colegas. A maioria de nós sabe que a realidade é outra. Todos queremos a aprovação de nossos pares, e não a obteremos se formos vistos como caronistas. Essa é apenas uma de muitas maneiras pelas quais a economia-padrão criou um modelo enganoso do comportamento e da natureza humana, mas, ao fazer isso, levou a uma economia que de fato vem modelando os americanos e seu comportamento de maneiras frequentemente inconsistentes com seus valores mais elevados.[4]

Tensão entre aceitar mudanças e profundo conservadorismo

Outro dos mitos e narrativas nacionais é que somos um país que abraça as mudanças. De fato, alguns parecem gostar de mudanças somente pelo prazer de mudar. Mas um olhar mais atento aos Estados Unidos mostra uma forte contracorrente, um conservadorismo profundamente enraizado em algumas partes do país.[5] Alguns estão olhando a todo momento pelo retrovisor e pensando que aquilo que ficou no passado é melhor do que aquilo que o futuro nos reserva.

Em termos de políticas sociais e econômicas, voltar no tempo não é uma opção viável, nem algo que desejaríamos, se pudéssemos ter. Será que iríamos querer vidas mais curtas? Piores condições de saúde? Renda *per capita* muito mais baixa? Deveriam ser óbvias as consequências de Trump conseguir fazer o país retroceder da maneira que deseja, devolvendo nossa economia industrial, por exemplo, à grandiosidade de meados do século XX: voltar no tempo teria o custo de um padrão de vida mais baixo para a vasta maioria, mesmo que os empregos dos mineiros de carvão fossem restaurados.

Internacionalmente, os riscos de olhar para trás são ainda maiores. Não podemos fingir que nossa posição é a mesma que há três quartos de século. A realidade é que os Estados Unidos já não dominam o mundo como nos anos após a Segunda Guerra Mundial. A tentativa de reconquistar tal domínio inevitavelmente falhará, nossa posição na economia global e, de modo mais amplo, nossa influência global diminuirão ainda mais.

O problema com as mudanças econômicas das últimas quatro décadas, e tema central deste livro, é que, embora nós, como país, sejamos muito mais ricos hoje do que éramos então (ao menos em medidas convencionais como o PIB), muitos não partilharam dessa prosperidade. Alguns viram suas perspectivas diminuírem em termos não somente relativos, mas também absolutos. Muitos sentiram a vida de classe média pouco a pouco sair de seu alcance.

A resposta certa às mudanças é avaliar cada uma delas, aceitar as coisas que realmente não podem ser alteradas e projetar políticas para que, na medida do possível, as mudanças reflitam nossos valores e os indivíduos, especialmente os vulneráveis, não sejam prejudicados.

Desde a década de 1980, os Estados Unidos vêm sendo incapazes de fornecer essa resposta equilibrada. Há, por exemplo, aqueles que nos dizem que devemos aceitar cegamente a marcha da globalização, como ocorre hoje, enquanto outros se agarram a um passado imaginado e tentam rejeitar tudo que é novo e diferente — e não só tendências de manufatura e automação, mas o fluxo global de mercadorias e pessoas. O capítulo 4 demonstrou que nenhum desses é o caminho adiante.

Os Estados Unidos certamente são capazes de não só aceitar, mas também gerenciar mudanças econômicas. Fizemos isso antes. A economia e a sociedade do século XXI são marcadamente diferentes daquelas de três quartos de século atrás, quem dirá daquelas do fim do século XVIII. Constructos e institucionais sociais como o racismo, a escravidão e a discriminação de gênero já não são aceitáveis pela vasta maioria dos americanos, ou assim eu acredito e espero.

Quando a constituição foi escrita, éramos uma sociedade agrária, com mais de 70% da população dependente direta ou indiretamente da agricultura. Na década de 1950, éramos uma sociedade industrial / de manufatura. Hoje, somos uma sociedade pós-industrial, com a manufatura englobando menos de 10% de nossa força de trabalho.

Essas mudanças nas circunstâncias econômicas exigem mudanças no papel do governo. O que precisa mudar não é somente o que o governo faz, mas também como faz. A razão para o aumento das regulamentações e dos gastos públicos não é uma tomada de poder pelos políticos, mas o fato de termos de fazer isso se quisermos ter uma economia dinâmica, funcional, urbana e pós-industrial do século XXI.

Nenhum de nossos sucessos em gerenciar essas questões surgiu de cada indivíduo agir sozinho. Tudo envolveu cooperação e, com o tempo, essa cooperação se expandiu da folclórica imagem americana da comunidade se reunindo para construir um celeiro para maneiras mais sistêmicas de trabalharmos juntos, incluindo concordar com certas regras, regulamentações e compromissos da liberdade pessoal. Mesmo assim, os tipos e a extensão da cooperação que a economia do século XXI requer são novos e sem precedentes. Não há comparação entre o nível de ação coletiva requerida agora e o que era necessário no fim do século XVIII, a época na qual a constituição foi escrita e para a qual alguns olham com tanta afeição.

Nossos valores

Os parágrafos anteriores descreveram os muitos mitos que distorceram nosso modo de pensar sobre quem somos como nação e o que precisa ser feito. Apesar de todas as divisões que marcaram o país em anos recentes, permanecem muitos valores partilhados. Nós (ou, ao menos, a maioria de nós) acreditamos na igualdade, não completa, mas muito maior que a que caracteriza a economia de hoje. Acreditamos especialmente na igualdade de oportunidades, na justiça e na democracia — não no sistema de "cada dólar, um voto" que nos tornamos, mas no sistema de "cada pessoa, um voto" que aprendemos na escola. Acreditamos na tolerância, em deixarmos os outros fazerem o que bem entenderem, desde que não prejudiquem os outros. Acreditamos na ciência, na tecnologia e no método científico, que são fundamentais para compreender o universo e para a elevação de nosso padrão de vida.

Acreditamos poder usar razão e deliberação para descobrir como organizar melhor os assuntos da sociedade a fim de criar instituições sociais e econômicas melhores que, por sua vez, não somente aumentaram nosso bem-estar material, mas também criaram uma sociedade na qual indivíduos distintos são capazes de trabalhar juntos para realizar muito mais do que poderiam trabalhando sozinhos. Isso é verdade mesmo que não sejamos totalmente racionais nem, graças a Deus, totalmente egoístas. Adam Smith enfatizou a importância de nossos *sentimentos morais*;[6] esses valores morais constituem um importante aspecto de quem somos.

A constituição foi produto desse tipo de raciocínio e argumentação. Tal raciocínio fez com que os fundadores percebessem que os seres humanos são falíveis, assim como todas as instituições humanas. As instituições poderiam ser melhoradas. A própria constituição refletiu isso, pois forneceu um processo de emendas. Empregou freios e contrapesos. Até mesmo forneceu um instrumento para a remoção do presidente, pois ninguém estava acima do estado de direito.

Concordamos também sobre os princípios básicos que devem fazer parte de qualquer economia de mercado funcional, como o estado de direito. E a maioria de nós acredita que o estado de direito deveria proteger especialmente os direitos dos indivíduos comuns contra os indivíduos poderosos.

Embora ela possa não ser tão corriqueira, a maioria dos que entenderam a distinção que estabeleci entre a riqueza das nações e a riqueza dos indivíduos também concordaria com ela e desejaria recompensar aqueles que aumentam a torta nacional com sua criatividade e trabalho duro, sem premiar aqueles que ficaram ricos explorando os outros, roubando deles aberta ou furtivamente, os *rent-seekers* tão abundantes hoje em dia. A maioria (com exceção dos próprios *rent-seekers*) concordaria que devemos modificar a economia para encorajar a criação de riqueza, à custa do *rent-seeking*.

Fundamental para a concepção dos fundadores sobre o papel do governo foi o entendimento dos limites da regra da maioria. Os autores da constituição perceberam que o governo tinha de ser construído para assegurar as liberdades individuais, mas também para equilibrá-las contra o interesse coletivo. O governo poderia, por exemplo, tomar a propriedade de um indivíduo para um objetivo público, mas somente com compensação apropriada. De modo geral, durante mais de dois séculos, nosso governo, baseado nesses valores e crenças partilhados, funcionou bem.[7] Contudo, o sistema pode, como agora, resultar em disfunção, quando uma parte deixa de desempenhar o papel que deveria, ou impasse, quando há desacordo disseminado. Essa é parcialmente a razão pela qual, com o passar dos anos, um país fundado sobre ideais nobres muitas vezes levou tempo demais para fazer escolhas morais aparentemente básicas. Estamos mais uma vez em um desses momentos nos quais nosso sistema parece estar falhando.

As ansiedades de hoje

Hoje nos preocupamos, com razão, com a fragilidade de nossas normas e instituições democráticas. Quando os sistemas econômico e político falham com grandes parcelas da população, muitos olham para outros lugares; eles se tornam presa fácil de demagogos e falsas promessas. Esses demagogos culpam os outros pelas dificuldades da sociedade e os culpam novamente quando suas próprias promessas se mostram falsas.

Os problemas atuais vão muito além do impasse e da falha de nossa política em acompanhar os tempos. Um sistema designado para proteger a maioria contra a minoria foi virado de cabeça para baixo. A maioria agora pensa em como se proteger dos abusos de uma minoria que obteve poder e agora o emprega para perpetuar seu controle.

A fonte de preocupação é o fato de as regras do jogo estarem sendo desproporcionalmente escritas por essa minoria, descrita aqui como uma coalizão entre os muitos ricos, os conservadores evangélicos e as famílias trabalhadoras descontentes, mesmo contra os interesses do restante. Em certo sentido, essa coalizão rudimentar é ainda pior para o país que ser dirigido somente pelos 1% e para os 1%. Isso porque, para manter a coalizão, as elites têm de jogar farelos ocasionais para seus parceiros, como perigoso protecionismo, em determinado momento, e dificultar o acesso dos pobres ao aborto, em outro.

As coisas estão ruins, mas poderiam estar muito piores — e Trump está nos empurrando nessa direção. Não gastei muito tempo neste livro criticando políticas particulares apresentadas por ele. Mesmo quando aprovadas, elas não representam o perigo real, pois podem ser revertidas. Eu me preocupo mais com coisas difíceis de reverter, como os ataques a nossas instituições, a nosso entendimento sobre o que cria uma boa sociedade e como descobrimos isso, as crescentes divisões não só em renda e riqueza, mas também em crenças, e a confiança cada vez menor, tão necessária para que uma sociedade diversa funcione.

Minando as instituições públicas

Trump, seguindo o exemplo de Andrew Jackson, está tentando minar tanto o sistema regulatório quanto o funcionalismo público profissional. Como parte de um novo e expandido credo na política de "o vencedor leva tudo", ele pediu maior autoridade para demitir oficiais do governo, a fim de poder contratar seus amigos e os lobistas corporativos que o apoiam.

Em certo sentido, ele simplesmente levou ao extremo o prolongado ataque dos republicanos modernos contra os burocratas sem rosto. Mas a maioria daqueles que trabalham no governo está gerenciando de modo eficiente e justo as coisas que amamos e das quais precisamos: enviando os cheques da previdência social, garantindo que recebamos benefícios médicos através do Medicare e do Medicaid, defendendo-nos contra ameaças externas (os militares) e desordem interna (o FBI), preservando nosso legado natural e gerenciando os parques nacionais (o Serviço Nacional de Parques).

Passamos a confiar ao governo nossos sistemas de proteção social: previdência social, seguro-desemprego, Medicare. Nós os temos porque as pessoas os querem e precisam deles. O mercado falhou em fornecê-los e o governo preencheu o vazio.[8]

Do mesmo modo, como os republicanos antes dele, Trump acusou esses funcionários do governo de serem ineficientes. Embora todo mundo tenha encontrado exemplos de ineficiência no governo, o mesmo é verdade no setor privado. Posso lembrar com facilidade de inúmeros exemplos nas empresas aéreas, na companhia telefônica, em meu provedor de internet e minha seguradora. Comentei anteriormente que os custos transacionais associados à previdência social são uma fração dos custos do setor privado. Em relação ao restante do mundo, o sistema americano de assistência médica fornece menos saúde por muito mais dinheiro. De modo geral, os empregos no governo são hoje aproximadamente os mesmos, em números *absolutos*, de meio século atrás, muito embora aqueles que os funcionários do governo servem tenham aumentado em mais de 100 milhões e a variedade de deveres a cumprir tenha se expandido enormemente.⁹

As discussões conservadoras sobre gastos públicos para além da previdência social e do Medicare afirmam que eles são basicamente um desperdício. Essa afirmação ignora os enormes benefícios que recebemos dos gastos governamentais em educação e infraestrutura. Os retornos desses investimentos são muito maiores que os obtidos pela maioria dos investimentos privados, reforçando o amplo consenso de que estamos nos privando de investimentos públicos.

Retornos ainda maiores são obtidos pelos investimentos governamentais em pesquisa e desenvolvimento, nos avanços que este livro citou como fonte principal da elevação de nossos padrões de vida. Imagine onde nossa sociedade e nossa economia — e mesmo nossas vidas — estariam se não fosse a pesquisa financiada pelo governo. Morreríamos mais jovens. Não teríamos internet, smartphones, navegadores de internet ou mídias sociais.

Trump levou a crítica às regulamentações e aos burocratas a novos níveis, descrevendo o processo regulatório como sendo dirigido por oficiais não responsabilizáveis. Como vimos, essa descrição é totalmente errônea, outra mentira: as regulamentações e o próprio processo regulatório são extensivamente regulamentados. Há um forte sistema de freios e contrapesos e extensa responsabilização, através tanto dos tribunais quanto do Congresso. E demos graças por isso: os freios impostos ao processo regulatório significam que as regulamentações não podem ser revertidas facilmente e ao sabor de caprichos particulares. De outro modo, Trump e sua equipe teriam sido capazes de evitar todo o processo democrático e reescrever as regras em favor das grandes corporações, deixando os cidadãos comuns, o meio ambiente e a economia sem proteção contra seus caprichos e sua incansável busca por lucros.

Imagine como seria a vida se cada vez que comprássemos um produto financeiro, tivéssemos de nos preocupar se o banco está ou não nos trapaceando; se cada vez que comprássemos um brinquedo, tivéssemos de nos preocupar se ele é ou não tóxico ou se há partes que podem se soltar e engasgar nossas crianças; se cada vez que entrássemos em um carro, tivéssemos de nos preocupar se ele é seguro.[10] Esquecemos o caminho em que estávamos há cinquenta anos: um país no qual o ar não era respirável e a água não era potável. Podemos ver, em Nova Deli e Pequim, como as coisas poderiam ter evoluído se não fosse por regulamentações ambientais fortes e fortemente impostas.

O ataque a nosso sistema de governança e nossas instituições de conhecimento

Argumentei neste livro que dois pilares elevaram nosso padrão de vida nos últimos 250 anos: melhor entendimento sobre como organizar a sociedade (freios e contrapesos, estado de direito) e melhor entendimento da natureza (avanços em ciência e tecnologia). Vimos como Trump e sua equipe tentaram minar ambos; novamente, ao menos em alguns casos, levando o mais discreto ataque republicano a novos extremos.

Nossa política se degradou a ponto de coisas que eram dadas como certas — o estado de direito e o sistema de freios e contrapesos, por exemplo — estarem sendo desafiadas diariamente.[11]

Descrevemos os ataques ao judiciário e à mídia. Embora, de modo geral, nossos sistemas de freios e contrapesos tenham funcionado, algumas regulamentações-chave foram alteradas.[12] Mas Trump e sua turma viram que o próprio sistema de freios e contrapesos está limitando a realização de sua agenda de reestruturar economia e sociedade para servirem ainda mais a seu quadro de *rent-seekers*. Assim, eles intensificaram os ataques a essas instituições. Claramente, vigilância constante é necessária para mantermos nossas instituições democráticas.

Existe uma tentativa de espoliar até mesmo a verdade e a ciência, por parte de líderes políticos sem limites autoimpostos e nenhum problema de consciência em relação a cimentar seu poder manipulando os piores instintos do eleitorado. Como enfatizado, talvez o aspecto mais perigoso da administração Trump no longo prazo seja o ataque à epistemologia, a nossas crenças sobre o que é verdade e como determiná-la.

A tarefa mais árdua será extinguir a profunda divisão em nosso corpo político. As crescentes divisões econômicas estão exacerbando todas as outras. Ainda mais importante, expliquei como os tipos de freios e contrapesos sociais que são necessários para que nosso país funcione bem exigem limitar a desigualdade de renda e riqueza: extremos de desigualdade, do tipo que temos hoje, levam a desigualdades de poder, incluindo poder político. Embora o poder de mercado em qualquer área seja uma preocupação, isso é especialmente verdadeiro no caso da mídia. Já temos evidências de como o poder de mercado nesse setor pode ajudar a moldar (ou manipular) os resultados políticos.

Em resumo, o dano que vem sendo imposto a nossas instituições econômicas e políticas é palpável. Ele não será desfeito da noite para o dia: haverá um legado muito depois de Trump ter partido.

Algumas razões para se ter esperança

Ao levar a extremos o antigo debate sobre o papel do governo, Trump conseguiu gerar um entendimento renovado sobre a necessidade de governo e boa governança, com fortes sistemas de freios e contrapesos e responsabilização.

Na Europa, alguns líderes estão descrevendo algo bom em Trump: ele uniu a Europa. Eles agora veem com mais clareza aquilo que defendem e aquilo a que se opõem e entendem melhor a ameaça representada pelo apelo ao preconceito feito pela extrema direita. Eles defendem, por exemplo, um sistema internacional baseado em regras, do mesmo modo que defendem um estado de direito em solo doméstico. Um estado de direito internacional — mesmo em forma limitada — é tão importante para o funcionamento da economia e da política internacionais quanto o estado de direito nacional é importante para a economia e a política domésticas. Ao se afastar dos acordos assinados por seus predecessores, ele minou os acordos e as leis internacionais. De agora em diante, reconhecendo-se que não se pode contar com a boa fé, mais atenção será dada ao que acontece quando um signatário parte.

Nuvens ainda mais escuras no horizonte

O momento sombrio atual é muito diferente de trinta anos atrás, quando a democracia e os mercados pareceram triunfantes com a queda da cortina de ferro. Acreditava-se então que os mercados livres globais seriam a tocha que levaria a luz dos ideais democráticos a todos os cantos do planeta.

Para qualquer um que possa ter esquecido o fascismo da década de 1930 e que ainda acredita, como Poliana, que as pessoas e o mundo são basicamente bons, Trump e Putin lembram que, na realidade, há algumas pessoas realmente más por aí; está em curso uma luta entre o bem e o mal e, nessa luta, infelizmente, o mal às vezes vence, especialmente no curto prazo. Essas experiências nos avisam sobre o dano para a sociedade que alguns poucos líderes podem causar. Mas, ao menos até agora, *no fim das contas* a decência da vasta maioria da humanidade triunfou. Nossa tarefa hoje é assegurar que isso aconteça novamente.

Os Estados Unidos sempre se orgulharam de seu *soft power*, de sua influência benéfica em todo o mundo. É claro que jamais fomos tão bons quanto alegávamos e houve muitos episódios sombrios durante a Guerra Fria, mas, de modo geral, os Estados Unidos promoveram a democracia, os direitos humanos e o desenvolvimento econômico. Mas agora vemos o outro lado dessa moeda: Trump fornece um modelo que está sendo seguido ao redor do mundo, um modelo de racismo, misoginia e solapamento do estado de direito. Temos instituições que (até agora) nos protegem. Em alguns desses outros países, nos quais surgiram democracias não liberais, como a Hungria e as Filipinas, esse pode não ser o caso.

Com essa geração de líderes inescrupulosos no leme, desafiando o ideal da verdade, o mundo e o país correm o risco de uma desintegração muito mais grave, na qual, no fim das contas, não serão seguros nem mesmo os pacíficos chamados à ação encontrados neste livro. Estremeço ao pensar no tipo de contração econômica, guerra ou crise de segurança que poderia nos empurrar para o abismo.

A onda de excitação com Trump

Alguns viram o sucesso da economia americana e a alta no mercado de ações após a eleição de Trump como prova da sabedoria de suas políticas. A essa altura, deve estar claro que acredito que a agenda econômica de Trump fracassará (juntamente com a de outros países que implementaram programas nativistas e populistas similares). A onda gerada pelo enorme aumento do déficit, em seguida ao corte tarifário e aos aumentos de gastos, será de rápida duração. Mas, mesmo em seu auge, o desempenho americano foi somente um pouco melhor do que a média dos países desenvolvidos.[13] O boom do mercado de ações foi breve, terminando antes do segundo ano de mandato. Os problemas mais profundos da economia permanecem sem solução ou foram agravados: salários reais muito baixos, crescente desigualdade, saúde ruim, expectativa de vida em declínio, pouco investimento de longo prazo. Suas políticas econômicas, incluindo a lei fiscal de 2017, especialmente quando implementadas de modo integral, piorarão a desigualdade e resultarão em menos cobertura de seguro-saúde. A lei fiscal afastará o país ainda mais da economia dinâmica, inovadora e baseada no conhecimento que é o único caminho para o crescimento sustentável. Também jogou no lixo os princípios da responsabilidade fiscal que pareciam ser a base do Partido Republicano e do establishment empresarial, expondo essas crenças como nada além de instrumentais: convenientes, por exemplo, como argumento contra a intensificação dos programas para americanos pobres ou de classe média, mas facilmente dispensadas quando se trata da redução de impostos para os ricos e as corporações. É um milagre que os americanos não tenham se tornado ainda mais cínicos.

Aumentar as divisões econômicas, raciais e étnicas obviamente é ruim para a sociedade e a democracia, mas também é ruim para a economia. As divisões distorcem o mercado de trabalho, com amplas parcelas da população não atingindo seu potencial. As barreiras à imigração significam que não poderemos empregar algumas das pessoas mais talentosas do mundo e não seremos capazes de preencher brechas importantes em nosso mercado de trabalho.

Uma sociedade e uma economia funcionais exigem confiança e estabilidade; Trump vem semeando desconfiança, e suas políticas impulsivas, incluindo uma guerra comercial sem estratégia clara ou objetivos atingíveis, levaram a grande incerteza. A maneira pela qual a lei fiscal de 2017 foi apressadamente tramitada, sem audiências com os comitês, com a versão inicial votada pelo Senado contendo mudanças ilegíveis, de modo que os senadores nem sequer sabiam no que estavam votando, não só zombou dos procedimentos democráticos como significa que ela está cheia de erros, inconsistências e brechas legais introduzidas por um ou outro interesse especial quando ninguém estava olhando. Sem grande apoio popular e nenhum voto democrático, ela quase certamente será revogada quando houver uma mudança dos ventos políticos. Sua generosidade corporativa deveria promover o investimento. O mesmo deveriam fazer as políticas protecionistas. Não fizeram, em parte porque investimento requer estabilidade, e as políticas de Trump geram incerteza.

Mas sejamos claros: mesmo que a onda de excitação tivesse durado o bastante para um segundo mandato, os danos de longo prazo à economia e à sociedade causados por Trump podem ser profundos. Descrevi como ele atacou os próprios pilares de nossa civilização, aqueles que realmente nos tornaram grandes e foram a base das notáveis elevações de nosso padrão de vida.

Como chegamos a essa conjuntura

A narrativa de como chegamos aqui é bem conhecida: globalização, financeirização e avanços tecnológicos ocorreram de maneiras que deixaram muitos trabalhadores para trás, e a maneira como ocorreram foi amplamente modelada pelas políticas econômicas.[14] Mesmo durante a fase otimista do ciclo econômico em 2018, a economia falhou em aumentar o bem-estar de um número excessivo de pessoas, em devolvê-las para onde estavam na década anterior, antes do massacre da crise financeira. A desigualdade de riqueza é hoje muito pior do que antes da Grande Recessão de 2008, quando já era bastante ruim; e, com a lei fiscal de

2017 e a mania de desregulamentação da atual administração, é provável que se torne ainda mais extrema e dolorosa.

Tanto republicanos como George H. W. Bush quanto democratas como Bill Clinton prometeram que as políticas neoliberais de liberalização e globalização trariam prosperidade para todos. Agora, essas promessas parecem ser o que realmente são, somente clichês (ou mentiras) autocentrados: não surpreende que a desilusão com as elites e seu "sistema" tenha aumentado.

Combine esses desapontamentos com os avanços do marketing e da economia comportamental (e uma dose de intervenção russa) e é fácil compreender como metade do país pôde comprar a banha de cobra de Trump.[15] Quando nossas elites falharam conosco, a manipulação assumiu o controle.

Não chegamos a essa posição perigosa da noite para o dia. Houve alertas de que as coisas não estavam indo bem para grandes parcelas do país e que, se essas falhas não fossem solucionadas, nossa situação poderia levar um demagogo ao poder.[16] Podíamos não saber a forma que o desafio assumiria, mas o risco estava lá. Escolhemos ignorar esses alertas e, nesse sentido, o dilema atual foi criado por nós mesmos: entendemos errado a economia, a política e os valores.

Entendemos errado a economia: achamos que mercados livres — incluindo impostos mais baixos e desregulamentação — eram a solução para todo problema econômico; achamos que a financeirização, a globalização e os avanços tecnológicos trariam prosperidade para todos. Achamos que os mercados eram sempre competitivos e, assim, não entendemos os perigos do poder de mercado. Achamos que a busca cega por lucros levaria ao bem-estar social.

Entendemos errado a política: muitas pessoas acharam que a democracia se resumia às eleições. Não entendemos os perigos e o poder do dinheiro; não entendemos como o dinheiro concentrado corrompe a democracia e como as elites podem usá-lo para modelar economia e política a fim de gerar ainda mais concentração de poder econômico e político. Tampouco entendemos quão facilmente poderíamos passar para um sistema mais bem descrito como "cada dólar, um voto" ou quão facilmente a desilusão com a democracia poderia se instalar, com amplas parcelas da população acreditando que o sistema é fraudado.

Entendemos errado os valores. Esquecemos que a economia deve servir aos cidadãos, não o inverso. Confundimos fins e meios: a globalização deveria criar uma economia mais forte para servir melhor aos cidadãos; mas então dissemos às pessoas que, por causa da globalização *que nós mesmos criamos*, elas tinham de sofrer cortes nos salários e nos programas públicos. As finanças também se tornaram um fim em si mesmas, levando a uma economia mais instável, com crescimento mais lento e mais desigualdade, predando os cidadãos comuns. Sua busca por lucros não levou a melhorias.

Uma economia e uma política distorcidas foram apoiadas e exacerbadas por valores distorcidos. Nós nos tornamos uma sociedade mais egoísta, da maneira que os modelos econômicos diziam que éramos, mas não como os seres melhores que aspirávamos a ser. Deixamos que modelos errados da natureza humana nos levassem a ser como os próprios modelos. Nós nos tornamos mais materialistas, menos preocupados com os outros, menos altruístas e inicialmente amorais — a moral era algo reservado aos líderes religiosos e aos domingos —, mas então imorais, com a torpeza moral que era marca registrada das finanças sendo evidenciada em setor após setor, até que elegemos um presidente que era o próprio paradigma dessa nova antiética.

Não entendemos que as verdadeiras fundações de nosso bem-estar — a elevação de nosso padrão de vida e a realização de nossos ideais mais elevados — se apoiavam sobre as bases da ciência, da investigação e do discurso racional e sobre as instituições sociais deles derivadas, incluindo o estado de direito baseado nos processos democráticos.

O internacionalismo e os livres mercados do neoliberalismo, com suas falsas promessas, estão sendo substituídos pelo protecionismo e pelo nativismo primitivos, cuja promessa de devolver os Estados Unidos à prosperidade é ainda menos provável de se realizar. Para um economista, é fácil atacar o fundamentalismo / neoliberalismo de mercado que passou a dominar nos anos após Reagan. Ele era baseado em um conjunto de hipóteses refutáveis (e refutadas). Mas, ao menos, era possível ter uma discussão racional sobre o neoliberalismo, avaliando se havia ou não um grão de verdade em alguns dos argumentos e hipóteses empíricas. O mesmo não se dá com Trump, em parte porque as ideias subjacentes (se é que podem ser dignificadas como tal) são rudimentares. Em termos de política doméstica, ele defende as virtudes da economia de mercado — mesmo a variante *rent-seeking* americana —, ao passo que, em comércio internacional, assume a posição contrária: ele não acredita em mercados livres e competitivos, mas sim em comércio baseado no poder, voltando às desacreditadas ideias mercantilistas.

Colocando o desespero atual em uma perspectiva histórica

Revisar outros episódios perigosos da história americana e mundial pode nos fornecer esperança e inspiração para seguirmos adiante. Trump não é o primeiro presidente a abusar de seu poder. E essa não é a primeira vez que enfrentamos desigualdade obscena e que nossa economia é distorcida por excessos de poder de mercado. Em ambos os casos, contivemos os abusos e corrigimos nossa rota.

Andrew Jackson supostamente disse, em relação a uma decisão da Suprema Corte da qual discordava: "John Marshall chegou a essa decisão, ele que a imponha!"[17] Ele sabia que, em nosso sistema político, o presidente tinha de fazer cumprir as leis, pois controlava todas as agências responsáveis. Os tribunais não tinham essa capacidade. Jackson foi presidente durante outra época de grande divisão, em uma república mais jovem.

Durante a história da república, nossas instituições foram refinadas e repensadas. Experiências desastrosas com o sistema de "espólios" de Andrew Jackson levaram à criação do serviço público profissional.

Esta também não é a primeira era na qual políticos tentam tirar vantagem dos instintos mais baixos para obter vantagem política. Após a Guerra Civil, a Reconstrução e as décadas de leis Jim Crow que se seguiram fornecem mais exemplos de crises e injustiça persistentes que devem ter parecido igualmente intratáveis e desesperadoras para as pessoas de então, em especial para as vítimas de racismo. Os problemas não se relacionavam somente aos preconceitos, mas também a um sistema econômico persistentemente explorador.[18] A situação americana atual, com Trump incentivando o racismo para dirigir a raiva dos operários brancos contra os imigrantes, ecoa essas situações anteriores.[19]

Essas batalhas por justiça social têm seu contraponto na luta por justiça econômica. Desigualdade e aglomeração de poder político e de mercado chegaram a novos auges na Era Dourada, ao fim do século XIX. Então uma legislação progressista, incluindo leis para garantir a competição, nos trouxeram de volta da beira do abismo. Quando as desigualdades econômicas chegaram a novas alturas na década de 1920, a legislação social e econômica do New Deal deu início a uma nova era, na qual os americanos se beneficiaram da segurança econômica fornecida pela previdência social e pelo seguro-desemprego, e os poderes econômicos foram reequilibrados através de uma legislação que restringiu o setor financeiro e deu nova vida ao movimento trabalhista.[20]

Promovendo o bem-estar geral

Neste livro, apresentei uma agenda alternativa que poderia ser chamada de progressista. Ela leva muito a sério a parte do prefácio da constituição que fala em "promover o bem-estar geral". Bem-estar geral significa bem-estar não somente de 1%, mas de todos. Esbocei uma plataforma que pode servir como consenso para um Partido Democrata renovado. Ela pode mostrar que o partido está unido não somente em oposição a Trump e ao que ele representa, mas em apoio aos que descrevi brevemente no início deste capítulo. Ela inclui uma visão sobre onde estamos, para onde podemos ir, o que podemos ser e como chegar lá, e um contrato social para o século XXI, a fim de criar e manter essa visão. É uma visão baseada no senso de história e no profundo entendimento da economia e das forças sociais que modelam a economia e são modeladas por ela. Essa visão fala a língua dos tecnocratas, mas reflete nossas aspirações morais mais elevadas e está disposta a empregar a linguagem da moral e dos valores.

Precisamos começar com clareza de propósitos — não a reiteração banal de que temos valores, mas a compreensão de quais são esses valores e de que a economia é um meio para um fim. Precisamos de uma noção sobre quais são esses fins: o sucesso da economia deve ser mensurado não somente pelo PIB, mas pelo bem-estar dos cidadãos. Empregando a frase do presidente Clinton, temos de colocar as pessoas em primeiro lugar. O novo contrato social inclui a preservação do meio ambiente para as futuras gerações[21] e a restauração do poder político e econômico das pessoas comuns.

Essa agenda do século XXI se compromete a garantir que os frutos do progresso sejam partilhados com certa medida de equidade e segurança, com todos tendo a chance de gozar da vida de classe média sem o flagelo da discriminação, do preconceito e da exclusão. Só poderemos prosperar como país se houver prosperidade partilhada. Isso é tanto uma realidade econômica quanto a expressão de valores profundamente enraizados. Esse novo contrato social deve incluir o compromisso de que todo indivíduo tenha a oportunidade de realizar integralmente seu potencial e de que a voz de toda pessoa seja ouvida em nossa democracia. Assim, entre seus termos-chave devem estar aqueles que falam de justiça e oportunidade para todos, ricos e pobres, negros e brancos, transformando o sonho americano em realidade.

Uma agenda focada em promover o progresso tem de ser baseada na profunda compreensão das fontes da riqueza da nação e deve estar disposta a garantir que os avanços tecnológicos e a globalização sejam modelados e gerenciados de maneira que beneficie a todos; as atuais controvérsias sobre os dois temas são divisões desnecessárias. Este livro tentou estabelecer as fundações para esse progresso e as políticas que podem promovê-lo.

Nessa agenda progressista, o governo desempenha papel central, tanto para garantir que os mercados funcionem como devem quanto para promover o bem-estar geral de uma maneira que os indivíduos e os mercados, por si mesmos, não são capazes. Mas, para que esse programa seja aceito, devemos nos livrar da ideia de que o governo é sempre ineficiente e inoportuno e substituí-la pela noção de que, como todas as instituições humanas, incluindo o mercado, o governo é falível e pode ser melhorado. A visão de que o governo é o problema, não a solução, é simplesmente errada. Ao contrário, muitos, se não a maioria, dos problemas de nossa sociedade, do excesso de poluição à instabilidade financeira e à desigualdade econômica, foram criados pelos mercados e pelo setor privado. Em resumo, os mercados não solucionarão nossos problemas. Somente o governo pode proteger o meio ambiente, assegurar justiça social e econômica e promover uma sociedade dinâmica e em constante aprendizado através de investimentos em pesquisa básica e tecnologia, que são as fundações do progresso contínuo.

Os libertários de direita acreditam que o governo interfere com sua liberdade. As corporações de direita acreditam que o governo impõe regulamentações e impostos que diminuem seus lucros. Os 1% se preocupam com a possibilidade de um governo forte usar seus poderes para tirar dinheiro deles e redistribui-lo entre os necessitados. Todos esses atores têm incentivos para retratar o governo como ineficiente e causador dos males do país. Mas as hipóteses subjacentes são gravemente falhas. Hoje, os 1% pagam menos que sua parte em impostos, dando uma parcela menor de sua renda para financiar o bem-estar público, incluindo a defesa. Ao mesmo tempo, eles se apropriam, amplamente através de renda econômica, de uma parcela maior que a proporcional da renda e da riqueza da nação.

Além disso, este livro descreveu como eles conseguiram modelar as regras do jogo para favorecer a si mesmos, à custa da ampla maioria. Não foram forças econômicas "naturais" que resultaram em quase estagnação da renda da maioria enquanto a renda desses 1% disparou. Não foram as leis da natureza, mas as leis do homem que produziram esses resultados anômalos.

A realidade é que os mercados precisam ser estruturados e, nas últimas quatro décadas, nós os estruturamos de maneiras que levaram a crescimento mais lento e maior desigualdade. Há muitas formas de economia de mercado, mas "escolhemos" uma que prejudica grandes parcelas de nossa população. Temos de reescrever as regras mais uma vez, de modo que nossa economia atenda melhor às necessidades da sociedade. Precisamos, por exemplo, fazer com que os mercados ajam novamente como devem agir, assegurando a competição e restringindo o poder de mercado.

Os Estados Unidos também têm um conjunto de instituições mais rico do que os "fundamentalistas de mercado" estão dispostos a admitir.

Temos não somente múltiplas instituições de governo efetivas e eficientes, como também um forte e vibrante conjunto de instituições e fundações não governamentais. No centro de grande parte de nosso progresso sempre estiveram as universidades, e todas as nossas principais universidades são públicas ou sem fins lucrativos. Temos empresas cooperativas. A única parte de nosso sistema financeiro que não deu mostras de torpeza moral durante a crise de 2008 foram as cooperativas de crédito, muitas vezes ligadas a empresas e indústrias específicas.[22] As cooperativas desempenharam papel importante em muitos setores e muitas partes do país.[23] Cooperativas e empresas com maior participação dos trabalhadores no processo decisório e na posse legal se saíram melhor durante a crise.

Os Estados Unidos são capazes de fortalecer essa rica ecologia de diferentes tipos de instituições. Cada uma delas tem um nicho, e eles são complementares. O sucesso do setor privado, por exemplo, se deve também à infraestrutura fornecida pelo governo e ao conhecimento produzido por nossas universidades e institutos de pesquisa, frequentemente com apoio público. O setor privado realizou muitas coisas, mas não é a fonte de toda sabedoria ou de todas as soluções para os problemas da sociedade. Seus ganhos foram obtidos a partir das fundações fornecidas pelo governo e por universidades e centros de pesquisa sem fins lucrativos.

Assim, um princípio central da agenda do século XXI é a criação de um equilíbrio melhor em nossa sociedade e economia, entre as várias partes da sociedade: governo, setor privado e sociedade civil. Há outros elementos nesse equilíbrio restaurado: ele deve reprimir os excessos de materialismo e torpeza moral que estiveram em evidência em décadas recentes; dar lugar à iniciativa e ao bem-estar individual e coletivo;[24] e exortar os indivíduos e a sociedade em geral a se comportarem de maneiras que reflitam nossos valores e aspirações mais elevados. Entre esses valores estão o respeito pelo conhecimento, pela verdade, pela democracia e pelas instituições da democracia liberal e do conhecimento; é somente através deles que o progresso que conhecemos nos últimos 250 anos pode continuar.

Há esperança?

A história americana nos dá esperança. Mas qualquer estudante da história sombria do autoritarismo e do fascismo em outros países sabe que esse futuro brilhante não é garantido.[25]

Como comentado, por duas vezes os Estados Unidos recuaram dos extremos da desigualdade: após a Era Dourada e nos "Loucos Anos 1920". Mas o desafio hoje pode ser maior que então. Talvez haja maior desigualdade agora e, com as decisões recentes da Suprema Corte, o dinheiro tem mais poder na política. E a moderna tecnologia pode mais efetivamente traduzir as disparidades em termos de dinheiro em disparidades em termos de poder político.

No fim das contas, o único contrapoder atual é o poder do povo, o poder das urnas. Mas quanto maior a desigualdade de riqueza e renda, mais difícil se torna exercer efetivamente esse contrapoder. É por isso que obter maior igualdade é uma questão não somente de moral ou boa economia, mas de sobrevivência de nossa democracia.

Com a agenda que propus, todos os americanos *podem* obter a vida a que aspiram, de maneiras consonantes com os valores de poder de escolha, responsabilidade individual e liberdade. A agenda é ambiciosa, mas necessária: por mais difíceis que as coisas estejam hoje, há uma boa chance de que, com os avanços tecnológicos já no horizonte, elas piorem muito se continuarmos no curso atual. Podemos terminar com desigualdade ainda maior e uma sociedade ainda mais dividida e descontente. Políticas incrementais — um pouco mais de educação aqui, um pouco mais de assistência ali —, por mais importantes que sejam como componentes de uma estratégia geral, não estão à altura dos desafios enfrentados pelos Estados Unidos. Precisamos de mudanças drásticas, na direção esboçada pela agenda progressista apresentada neste livro.

Colocamos em movimento uma dinâmica doentia. Estremeço só de pensar para onde ela pode nos levar. Este livro foi escrito em função da esperança e da fé de que um mundo alternativo seja possível e de que existam suficientes americanos acreditando nisso, acreditando que, ao trabalharmos juntos, podemos reverter essa trajetória sombria. Esses americanos incluem os jovens que ainda não perderam seu idealismo, aqueles nas gerações mais velhas que ainda se apegam a ideais de igualdade de oportunidades e prosperidade partilhada e aqueles que se lembram da luta pelos direitos civis, da qual tantos participaram de alma e coração — e, por um momento, vislumbraram algum progresso, somente para testemunharem essa nuvem escura pairar sobre o país. Esse mundo alternativo não é baseado na reconstrução de um passado imaginado, mas na construção de um futuro realista, usando nosso conhecimento de economia e política, incluindo o que aprendemos com o fracasso das décadas recentes. Mercados propriamente projetados e regulamentados, trabalhando com o governo e uma ampla variedade de instituições da sociedade civil, são o único caminho adiante.

Essa visão alternativa do futuro, o novo contrato social do século XXI que descrevi, é marcadamente diferente daquilo que a administração Trump e o Partido Republicano oferecem aos Estados Unidos hoje — muito frequentemente com considerável apoio da comunidade empresarial. Nossos fracassos passados são o prólogo de nosso futuro: a menos que gerenciemos melhor os avanços tecnológicos, podemos muito bem estar nos movendo para uma distopia com ainda maior desigualdade, uma política ainda mais dividida, com indivíduos e uma sociedade ainda mais distantes do que gostaríamos.

Ainda não é tarde demais para salvar o capitalismo de si mesmo.

AGRADECIMENTOS

Como comentado no prefácio, este livro reúne e desenvolve *insights* de meus livros anteriores, incluindo quatro livros sobre globalização (*A globalização e seus malefícios* [2002], *Fair Trade for All*, com Andrew Charlton [2005],* *Globalização: como funcionar* [2006] e *Globalization and Its Discontents Revisited: Anti-Globalization in the Era of Trump* [2017]); três sobre desigualdade (*The Price of Inequality* [2012], *O grande abismo: sociedades desiguais e o que podemos fazer sobre isso* [2015], e *Rewriting the Rules of the American Economy: An Agenda for Growth and Shared Prosperity*, com Nell Abernathy, Adam Hersh, Susan Holmberg e Mike Konczal [2015]); um tratado sobre as verdadeiras fontes do crescimento econômico, *Creating a Learning Society: A New Approach to Growth, Development, and Social Progress*, com Bruce C. Greenwald (2014, 2015);** e dois livros sobre política econômica e finanças (*Os exuberantes anos 90* [2003] e *O mundo em queda livre* [2010]). Esses livros, por sua vez, foram baseados em um vasto número de artigos acadêmicos. Durante os anos, portanto, acumulei um amplo estoque de dívidas, especialmente para com meus muitos coautores e colegas, incluindo aqueles na Universidade Colúmbia, no Instituto Roosevelt, no INET (Instituto do Novo Pensamento Econômico), no Banco Mundial e na administração Clinton.

---

* Nova York: Oxford University Press.
** Nova York: Columbia University Press.

Também me beneficiei das ideias de grande número de acadêmicos que refletem sobre questões relacionadas às apresentadas aqui. Embora cite muitos ao longo do livro, gostaria especialmente de mencionar alguns.

Baseei-me extensivamente nos dados e *insights* do crescente grupo de estudiosos da desigualdade, incluindo François Bourguignon, Sir Angus Deaton, Ravi Kanbur, Branko Milonović, Thomas Piketty, Emmanuel Saez, Raj Chetty, Gabriel Zucman, James Galbraith e meu querido amigo e coautor, o falecido Tony Atkinson. Também reconheço a influência e o importante trabalho de Lawrence Mishel, do Instituto de Políticas Econômicas; Winnie Byanyima, da Oxfam International; e Janet Gornick, ex-diretora do LIS, o Luxembourg Income Study (Estudo sobre Renda de Luxemburgo, um centro de informações sobre várias nações focando na desigualdade).

A noção de que o poder de mercado e o *rent-seeking* são fontes importantes da desigualdade atual, que articulei há muitos anos em *The Price of Inequality*, tornou-se dominante, e eu me beneficiei muito de conversas com diversos contribuidores da crescente literatura sobre o poder de mercado e o que pode ser feito a respeito, incluindo Steven Salop, Michael Katz, Carl Shapiro, Mike Konczal, Tim Wu, Eleanor Fox e Emmanuel Farhi. Estive envolvido em várias ações antitruste, tentando preservar a competição na economia americana, e os *insights* de Keith Leffler, Michael Cragg, David Hutchings e Andrew Abere foram inestimáveis. Minha compreensão do papel dessas imperfeições de mercado nos mercados de trabalho foi ampliada por Mark Stelzner e Alan Krueger.

As discussões sobre novas tecnologias foram particularmente influenciadas por meu coautor Anton Korinek; sobre inteligência artificial, por Erik Brynjolfsson, Shane Legg da DeepMind, Mark Sagar da Soul Machines e um jantar sobre IA na Royal Society após minha palestra sobre trabalho e IA. Yochai Benkler, Julia Angwin e Zeynep Tüfekçi contribuíram para meu entendimento das questões especiais apresentadas pela desinformação.

Ao retornar às questões da globalização, preciso agradecer a Dani Rodrik, Danny Quah, Rohinton Medhora e Mari Pangestu; e, sobre o papel da globalização na evitação fiscal, a Mark Pieth e à Comissão Independente para a Reforma da Taxação das Corporações Internacionais, presidida por José Antonio Ocampo, da qual faço parte.

Daniel Kahneman, Richard Thaler e especialmente Karla Hoff influenciaram intensamente minha maneira de pensar sobre o papel da cultura, da sociedade e da economia para modelar os indivíduos e sobre outros aspectos da economia comportamental.

Ao pensar sobre como responder aos desafios da globalização, da financeirização e das novas tecnologias, preciso reconhecer minha dívida para com Akbar Noman, Giovanni Dosi, Justin Yifu Lin e Mario Cimoli por insights sobre a política industrial; e a Karl Ove Moene, Leif Pagrotsky, Isabel Ortiz e outros membros da Iniciativa para o Diálogo Político / Projeto Roosevelt sobre revisitar o estado de bem-estar social, por *insights* sobre o estado de bem-estar social, incluindo o modelo escandinavo.

Minhas reflexões sobre as mudanças climáticas foram influenciadas por Nicholas Stern e John Roome, e meu entendimento das implicações legais da privação de direitos das crianças, por Julia Olson e Philip Gregory.

Tive conversas inestimáveis com John Attanasio sobre o capítulo 8, que trata das reformas de nosso sistema político, especialmente os desafios legais de se reduzir a influência do dinheiro em nossa política.

Também devo agradecimentos a Martin Wolff, Rana Foroohar, Edmund Phelps, George Soros, George Akerlof, Janet Yellen, Adair Turner, Michael Spence, Andrew Sheng, Kaushik Basu, Winnie Byanyima e Peter Bofinger (os últimos seis, juntamente com Rob Johnson, Rodrik, Quah, Medhora e Pangestu, são membros da Comissão de Transformação Econômica Global, financiada pelo INET, que presido juntamente com Spence).

Ao pensar em como responder à crise financeira global de 2008, fortes laços intelectuais foram formados, também com Elizabeth Warren e Damon Silvers (que participou do Painel de Supervisão do Congresso sobre o Programa de Auxílio aos Ativos Tóxicos) e com os membros da Comissão de Especialistas do Presidente da Assembleia-Geral das Nações Unidas sobre Reformas do Sistema Monetário e Financeiro Internacional, que presidi em 2009.

Outra comissão que ajudou a modelar minha visão de muitos dos tópicos sob consideração foi a Comissão Internacional sobre Mensuração do Desempenho Econômico e do Progresso Social, que presidi juntamente com Jean-Paul Fitoussi e Amartya Sen; e seu sucessor, o

Grupo de Especialistas de Alto Nível sobre Mensuração do Desempenho Econômico e do Progresso Social, que presidi juntamente com Martine Durand. Eles desempenharam papel importante para ampliar minha visão sobre o que constitui bem-estar. Agradeço a contribuição de todos os membros da comissão.

Durante duas décadas, desde que veio trabalhar comigo no Conselho de Assessores Econômicos, Jason Furman tem sido um colega inestimável, com *insights* sobre reformas que fariam a economia americana ter um desempenho melhor para todos.

Durante quase vinte anos, passei uma semana de quase todos os verões discutindo o futuro da democracia social com um grupo de progressistas organizado por George Papandreou, chamado Symi Symposium, e muitas das ideias discutidas indubitavelmente se infiltraram neste livro. Gostaria de agradecer a George e aos outros participantes do simpósio, incluindo Kemal Dervis, Misha Glenny, Yanis Varoufakis e Matts Carlsson.

Mais uma vez, devo agradecer à Universidade Colúmbia por fornecer, durante quase duas décadas, um lar intelectual no qual fui capaz de florescer, e à influência de meu coautor de longa data e colega de Colúmbia Bruce Greenwald.

Também tenho uma dívida de gratidão para com o Centro Bellagio da Fundação Rockefeller, onde trabalhei nos esboços iniciais deste livro, em um ambiente belo e pacífico. A camaradagem e as animadas conversas que lá encontrei forneceram o ambiente perfeito para a realização deste ambicioso projeto.

O Instituto Roosevelt, o *think tank* criado para "levar adiante o legado e os valores de Franklin e Eleanor Roosevelt ao desenvolver ideias progressistas e liderança ousada a fim de restaurar a promessa americana de oportunidades para todos", onde sou economista-chefe, forneceu um ambiente de ativa discussão e debate sobre como implementar a agenda progressista que descrevo neste livro. Gostaria de agradecer a Felicia Wong, sua presidente, e Nell Abernathy, vice-presidente de pesquisa e políticas. Seu projeto para "reescrever as regras" foi especialmente importante para mim. Seu sucesso foi adotado pela FEPS (Fundação Europeia de Estudos Progressistas, uma aliança de *think tanks* social-democratas na Europa); gostaria de agradecer a Ernst Stetter, secretário-geral da FEPS;

Carter Dougherty, que conduziu *Rewriting the Rules of Europe* até o fim; e à equipe de eruditos em toda a Europa que trabalharam naquele projeto. Park Won-soon, prefeito de Seoul, liderou um esforço similar na Coreia.

Neste livro, vou além da economia e entro na política. Dado o momento atual, é difícil não fazer isso. Argumentei durante muito tempo que um determinante central do sucesso de uma economia são suas regras, e essas regras são estabelecidas pela política. Ao escrever sobre essa área, Edward (Jed) Stiglitz forneceu imensos *insights*, pelos quais sou muito grato.

Robert Kuttner, Jeff Madrick, Felicia Wong, Rob Johnson, Martin Guzman e Leif Pagrotsky leram versões iniciais deste livro e forneceram inestimáveis comentários.

Meus alunos de pós-doutorado e Martin Guzman, o pesquisador sênior encarregado do programa de pós-doutorado, forneceram *insights* sobre várias das questões discutidas aqui: Mayuri Chaturvedi e Ignacio Gonzales sobre poder de mercado, *rent-seeking*, desigualdade e crescimento; Juan Montecino sobre certos aspectos da globalização; Michael Poyker sobre trabalho prisional e encarceramento em massa; e Levent Altinoglu sobre mercados financeiros. Sou especialmente grato a Martin, um colega inestimável para a discussão de todas as questões suscitadas aqui.

Meus assistentes de pesquisa, Matthieu Teachout, Haaris Mateen, Naman Garg e Anastasia Burya, foram muito além do dever, assim como os editores em meu escritório, Debarati Ghosh e Andrea Gurwitt, que finalizaram o manuscrito.

Também preciso reconhecer a ajuda inestimável de outros membros de meu escritório, não somente neste projeto, mas também assegurando que eu tenha tempo de me devotar a um projeto assim: Gabriela Plump, Caleb Oldham, Susanna De Martino e Sarah Thomas.

Como sempre, Stuart Proffitt da Penguin/Alan Lane, meus editores no Reino Unido, forneceram comentários detalhados e perspicazes.

Este livro surgiu de discussões com Drake McFeely, meu editor de longa data na Norton, e ele forneceu o tipo de edição comprometida que parece ter se tornado uma arte perdida. Brendan Curry fez inestimáveis sugestões ao esboço inicial e Nathaniel Dennett gerenciou o manuscrito até o fim. Charlotte Kelchner revisou habilmente o manuscrito, Lynne Cannon Menges o leu com olhos de águia e o editor Dassi Zeidel e a gerente de produção Lauren Abbate foram inestimáveis para o processo.

Tenho uma dívida especial para com Eamon Kircher-Allen, meu editor interno de longa data, que mergulhou nos estágios iniciais do projeto e foi meu parceiro durante grande parte de sua realização.

Finalmente, minha esposa Anya, como sempre. Com meu primeiro livro de sucesso, *A globalização e seus malefícios*, ela me ensinou a escrever. Neste livro, sua participação foi ainda maior. Não somente editando, mas também inspirando. Espero que todo leitor sinta a paixão que ambos sentimos por entender o que deu errado e o que fazer a respeito e pela importância do conhecimento e de manter fortes nossas instituições dedicadas à verdade.

Uma nota sobre a dedicatória: em 1965, fui para Cambridge, Inglaterra, pela Comissão Fulbright e estudei com grandes professores, como James Meade, Joan Robinson, Nicholas Kaldor, Frank Hahn e David Champernowne, todos passionais sobre as questões relacionadas à desigualdade e à natureza de nosso sistema capitalista. Entre os muitos amigos de vida inteira que conheci lá estavam Anthony Atkinson, um de meus primeiros alunos, e James Mirrlees, então jovem palestrante e pesquisador.

NOTAS

PREFÁCIO

1. Descrevi minhas muitas batalhas durante aqueles anos em meu livro de 2003 *The Roaring Nineties: A New History of the World's Most Prosperous Decade* (Nova York: W.W. Norton, 2003 [*Os exuberantes anos 90: Uma nova interpretação da década mais próspera da história*. São Paulo: Companhia das Letras, 2003]).
2. Quando a desigualdade cresceu, retornei ao assunto que originalmente me levou para a economia. Em *The Price of Inequality: How Today's Divided Society Endangers Our Future* (Nova York: W. W. Norton, 2012) e *The Great Divide: Unequal Societies and What We Can Do About Them* (Nova York: W. W. Norton, 2015 [*O grande abismo: Sociedades desiguais e o que podemos fazer sobre isso*. Rio de Janeiro: Elsevier/Alta Books, 2016]), alertei sobre a chocante desigualdade que se tornara uma característica definidora da economia americana. Enfatizei que o fracasso em lidar com a desigualdade americana teria consequências de longo alcance que se estenderiam muito além dos indicadores econômicos: as disparidades acabariam sendo ruins para todo mundo, até mesmo os 1%. Em *Rewriting the Rules of the American Economy: An Agenda for Growth and Shared Prosperity*, com Nell Abernathy, Adam Hersh, Susan Holmberg e Mike Konczal (Nova York: W. W. Norton, 2015), expliquei como reescrever as regras básicas da economia, especialmente durante e após a administração Reagan, levou a um crescimento mais lento e maior desigualdade, e como essas tendências adversas poderiam ser revertidas se reescrevêssemos novamente as regras.

3. Título de meu artigo de maio de 2011 na *Vanity Fair*, parafraseando as famosas linhas do discurso de Gettysburg (reimpresso em *O grande abismo*).
4. Quando a lei for integralmente implementada, os impostos aumentarão para a maioria daqueles no segundo, terceiro e quarto decis.
5. Ele também foi secretário do Trabalho de Nixon.
6. Administradoras privadas de investimentos gerenciam fundos tipicamente investidos em empresas que não têm ações listadas publicamente; as próprias administradoras não são listadas. Elas podem por exemplo, comprar outras empresas, reestruturá-las e vendê-las com lucro. Os administradores desses fundos estão fazendo algo muito parecido com os gerentes de qualquer outra empresa, que teriam de pagar as alíquotas sobre a renda comuns em relação a seus salários. Não há justificativa para o tratamento fiscal favorável. O fato de eles receberem tal tratamento simplesmente demonstra seu poder político. Pior ainda, esses fundos apresentam um histórico muito criticado de reestruturação, realizada de maneiras que levam a muitas perdas de emprego e pesadas dívidas, com as empresas reestruturadas frequentemente falindo logo após serem vendidas pelas administradoras.

A alíquota reduzida que os fundos privados conseguem pagar, em razão da chamada brecha legal da comissão por desempenho, foi criticada por Trump durante a campanha, mas ele jamais insistiu em sua revogação — ou sequer a mencionou — enquanto o projeto de lei tramitava pelo Congresso, antes da assinatura. Confrontados com essa quebra de promessa, seus assessores culparam o Congresso. Ver Louis Jacobson, "Despite Repeated Pledges to Get Rid of Carried Interest Tax Break, It Remains on the Books", *Politifact*, 20 de dezembro de 2017.
7. No período de dez anos entre 2018 e 2028, espera-se que a redução fiscal (com juros) acrescente 1,9 trilhão de dólares ao déficit. Se as reduções temporárias forem permanentes, a adição ao déficit será de 3,2 trilhões de dólares.
8. "Transcript of the Press Conference on the Release of the October 2017 World Economic Outlook" (Washington, DC: Fundo Monetário Internacional, 13 de outubro de 2017); e Christine Lagarde, "2018 Article IV Consultation for the United States Opening Remarks" (Washington, DC: Fundo Monetário Internacional, 14 de junho de 2018).
9. Esse foi um insight central de Simon Kuznets, vencedor do prêmio Nobel, e o fato de que sempre pareceu ser assim, uma vez que ele escreveu em meados do século XX, o levou a ser chamado de Lei de Kuznets.

10. Este livro desenvolve minhas obras anteriores sobre globalização, financeirização, desigualdade e inovação, entrelaçando-as e mostrando suas inter-relações em uma tapeçaria que, espero, descreve de modo convincente as fontes do progresso e das armadilhas que encontramos pelo caminho. Em vários pontos críticos, elaboro ainda mais esse argumento.
Minhas críticas iniciais à globalização, escritas depois que saí do Banco Mundial, onde vi quão mal ela estava sendo gerida da perspectiva dos países em desenvolvimento e dos trabalhadores por toda parte, estão contidas em *Globalization and Its Discontents* (Nova York: W. W. Norton, 2002). Em *Fair Trade for All* (Nova York: Oxford University Press, 2005), escrito com Andrew Charlton, foquei em como o regime de comércio global desfavorecia os pobres. Em *Making Globalization Work* (Nova York: W. W. Norton, 2006), defendi um conjunto de reformas que, no mínimo, faria a globalização funcionar melhor do que até então. Em *Globalization and its Discontents Revisited: Anti-Globalization in the Era of Trump* (Nova York: W. W. Norton, 2017), mostrei o progresso feito na reforma da globalização até a chegada de Trump e como ele prejudicou, talvez de modo irreversível, essa agenda. O primeiro de meus dois livros focados na financeirização foi *Os exuberantes anos 90*, escrito depois que deixei a administração Clinton, argumentando que a desregulamentação ocorrida antes, durante e depois estava preparando o terreno para uma crise financeira. Nos anos que se seguiram, conforme os desequilíbrios em nosso sistema financeiro cresciam e, com eles, os riscos de uma grande calamidade financeira e econômica, fiz palestras e escrevi sobre a ameaça de uma crise iminente. Infelizmente, fui presciente: logo depois, uma crise financeira global sacudiu a economia. Em 2010, em *Freefall: America, Free Markets, and the Sinking of the World Economy* (Nova York: W. W. Norton [*O mundo em queda livre: os Estados Unidos, o mercado livre e o naufrágio da economia mundial*. São Paulo: Companhias das Letras, 2010]), analisei a Grande Recessão então em curso, fornecendo recomendações sobre como o sério e prolongado subdesempenho econômico podia ser evitado e como o setor financeiro podia ser reformado para evitar tais bolhas e sua explosão no futuro.

CAPÍTULO I: INTRODUÇÃO

1. O título completo do livro de 1992 de Fukuyama é *O fim da história e o último homem* (*The End of History and the Last Man*. Nova York: Free Press). Após a eleição de Trump, suas opiniões mudaram: "Há vinte anos, eu não

tinha a noção ou uma teoria sobre como as democracias podem andar para trás. E acho que, claramente, elas podem." Ishaan Tharoor, "The Man Who Declared the 'End of History' Fears for Democracy's Future", *Washington Post*, 9 de fevereiro de 2017.
2. Essa é a tese de um livro recente de Adam Tooze, da Universidade Colúmbia, *Crashed: How a Decade of Financial Crises Changed the World* (Nova York: Viking, 2018).
3. Nova York: Harper, 2016.
4. Nova York: The New Press, 2016.
5. Ver também Jennifer Sherman, *Those Who Work, Those Who Don't: Poverty, Morality, and Family in Rural America* (Mineápolis: University of Minnesota Press, 2009); Joan C. Williams, *White Working Class: Overcoming Class Cluelessness in America* (Boston: Harvard Business Review Press, 2007); Katherine J. Cramer, *The Politics of Resentment: Rural Consciousness in Wisconsin and the Rise of Scott Walker* (Chicago: University of Chicago Press, 2016); Amy Goldstein, *Janesville: An American Story* (Nova York: Simon and Schuster, 2017); e Michèle Lamont, *The Dignity of Working Men: Morality and the Boundaries of Race, Class, and Immigration* (Cambridge: Harvard University Press, 2000). Minhas próprias e mais limitadas investidas nesses territórios levaram a perspectivas consistentes com esses estudos mais profundos.
6. Isso ocorreu paralelamente a estudos conduzidos pelo Banco Mundial enquanto eu era seu economista-chefe. Em *The Voices of the Poor*, eles expressaram preocupação sobre a falta de participação nas decisões que os afetavam. Deepa Narayan, Raj Patel, Kai Schafft, Anne Rademacher e Sarah Koch- Schulte, *Voices of the Poor: Can Anyone Hear Us?* (Nova York: Oxford University Press, 2000). Esse é o primeiro de três volumes da série intitulada *Voices of the Poor*; cada volume tem editores diferentes.
7. Ver, por exemplo, minha discussão dessas questões em meus livros *O mundo em queda livre* e *O grande abismo*.
8. A razão pela qual foquei meu artigo na *Vanity Fair*, "Of the 1%, by the 1%, and for the 1%" (maio de 2011), nos 1% foi enfatizar que as antigas divisões de classe (uma pequena classe alta, uma vasta classe média e um grupo moderado de pobres) já não eram relevantes.
9. O Bankrate, em seu levantamento de 2017 para o Índice de Segurança Financeira, descobriu que 61% dos americanos não podiam bancar uma emergência de mil dólares sem se endividar. Taylor Tepper. "Most Ame-

ricans Don't Have Enough Savings to Cover a $1K Emergency", *Bankrate.com*, 18 de janeiro de 2018, https://www.bankrate.com/banking/savings/financial-security-0118/.

Similarmente, o Federal Reserve Board, em seu *Relatório sobre o bem-estar econômico dos domicílios americanos em 2017*, baseado no quinto Levantamento sobre Economia e Processos Decisórios nos Domicílios, descobriu que "Quatro em dez adultos, se confrontados com uma despesa inesperada de 400 dólares, não serão capazes de arcar com ela ou arcarão com ela vendendo algo ou emprestando dinheiro [...] uma melhora em relação a 2013, quando metade dos adultos estava despreparada para tal despesa". Também descobriu que "Mais de um quinto dos adultos não são capazes de pagar integralmente todas as despesas do mês" e que "Mais de um quarto dos adultos dispensaram cuidados médicos necessários em 2017 porque não eram capazes de arcar com os custos". Ambos os resultados são consistentes com as descobertas de outro levantamento, que mostrou que 15% dos americanos não têm poupança e 58% têm menos de mil dólares de poupança. Ver Board of Governors of the Federal Reserve System, "Report on the Economic Well-Being of U.S. Households in 2017", Federal Reserve Board, maio de 2018, https://www.federalreserve.gov/publications/files/2017-report-economic-well-being-us-households-201805.pdf; e Cameron Huddleston, "More than Half of Americans Have Less than $1,000 in Savings in 2017", GOBankingRates, 12 de setembro de 2017.

10. Oxfam, *Reward Work, Not Wealth*, Oxfam Briefing Paper, janeiro de 2018.
11. Warren Buffet citado por Ben Stein, "In Class Warfare, Guess Which Class Is Winning", *New York Times*, 26 de novembro de 2006.
12. Havia restrições adicionais, impostas por antigas doutrinas legais que os Estados Unidos herdaram do Reino Unido, como a doutrina do fideicomisso público, que afirma que o Estado (o "soberano") é o fiduciário de certos recursos naturais em benefício das futuras gerações, de modo que não pode privatizá-los integralmente ou permitir que sejam destruídos.
13. O *New York Times* relatou que 59,2% dos votos foram para senadores democratas. Ver os resultados da eleição, disponíveis em "U.S. Senate Election Results 2018", 28 de janeiro de 2019, https://www.nytimes.com/interactive/2018/11/06/us/elections/results-senate-elections.html?action=click&module=Spotlight&pgtype=Homepage.
14. Podemos questionar se a causalidade funciona na direção inversa: se indivíduos egoístas ou sem visão são a causa de uma economia com esses traços.

Mas egoísmo e falta de visão são, em certo grau, qualidades de todos os seres humanos. As regras que governam a economia e seu funcionamento desempenham um grande papel na hora de determinar se essas qualidades são expressadas mais intensamente que, digamos, o altruísmo, a empatia e a preocupação com a comunidade.

15. Seu exemplo clássico foi uma fábrica de alfinetes. Está claro que ele pensava em algo muito distante de uma moderna economia de inovação.
16. Ver Kenneth. J. Arrow, "Economic Welfare and the Allocation of Resources to Invention", em *The Rate and Direction of Inventive Activity: Economic and Social Factors*, ed. Universities-National Bureau Committee for Economic Research and the Committee on Economic Growth of the Social Science Research Council (Princeton: Princeton University Press, 1962), pp. 467-92; Kenneth J. Arrow, "The Economic Implications of Learning by Doing", *The Review of Economic Studies* 29, n. 3 (junho de 1962): 155-73; e Joseph E. Stiglitz e Bruce Greenwald, *Creating a Learning Society, A New Approach to Growth, Development and Social Progress* (Nova York: Columbia University Press, 2014; prova de impressão; publicado em 2015).
17. Os salários dos trabalhadores subiram ligeiramente durante a Peste Negra, com resultante escassez de trabalho — demonstrando que havia algo verdadeiro na lei econômica de oferta e demanda —, mas então caíram. Ver Stephen Broadberry, Bruce Campbell, Alexander Klein, Mark Overton e Bas van Leeuwen, *British Economic Growth, 1270–1870* (Cambridge: Cambridge University Press, 2015).
18. Um aspecto crítico do processo científico envolve a verificação repetida dos resultados e clareza sobre a precisão e a certeza científicas com que vários resultados foram estabelecidos. Assim, a própria ciência é um empreendimento social: sabemos coisas e acreditamos em coisas por causa dos esforços coletivos de milhares de indivíduos, todos operando com a disciplina fornecida pelo método científico.
19. Esses termos são complexos, sutis e muitas vezes empregados de maneira abusiva. Os lordes feudais podiam afirmar estar evocando a lei ao abusar dos servos que trabalhavam para eles; o mesmo podiam fazer os donos de escravos no sul, que usavam a "lei" para forçar o retorno de escravos fugidos. (Ver Eric Foner, *Gateway to Freedom: The Hidden History of the Underground Railroad* [Oxford: Oxford University Press, 2015]). O sistema americano de justiça — com encarceramento em massa ou pessoas perdendo suas casas durante a Grande Recessão muito embora não tivessem participado

do escândalo hipotecário (ver Stiglitz, *O mundo em queda livre* e *O grande abismo*, pp. 170-3) — forneceu "justiça para todos", desde que fossem ricos e brancos. Novas discussões a serem apresentadas neste livro deixarão mais claro o que tenho em mente.

Capítulos posteriores também elaborarão essas ideias de outras maneiras, por exemplo, a de que a liberdade de uma pessoa pode ser circunscrita quando interfere com a liberdade de outras.

20. Os cientistas enfatizam que nada sabem com certeza, mas somente com um grau razoável de certeza. Em alguns casos, não podemos saber ao certo qual é a decisão correta, pois há muitas visões diferentes, mas podemos avaliar se o processo decisório é justo e se a voz de todos é ouvida. Ao fazer um julgamento, todo indivíduo é falível: como disse Shakespeare, "errar é humano". Mas, quando fazemos julgamentos coletivamente, reduzimos a chance de erro. Assim, em nosso sistema de justiça criminal, com sua presunção de inocência até que se prove o contrário, a decisão unânime de culpa por parte de doze jurados não é garantia de uma decisão acertada, mesmo que o processo tenha sido conduzido de modo justo, mas torna mais provável que seja assim — ou, ao menos, era isso que achávamos até que pesquisas descobriram que os vieses implícitos (por exemplo, envolvendo profunda discriminação) são tão prevalentes.

   Com o tempo, houve ainda mais avanços no projeto organizacional, tratando, por exemplo, da questão de como levar em conta a falibilidade humana no processo de seleção de projetos, equilibrando os riscos associados à rejeição de bons projetos e à aceitação de maus projetos. Ver, por exemplo, Raaj Sah e Joseph E. Stiglitz, "Human Fallibility and Economic Organization", *American Economic Review* 75, n. 2 (1985): 292-96; e Raaj Sah e Joseph E. Stiglitz, "The Architecture of Economic Systems: Hierarchies and Polyarchies", *American Economic Review* 76, n. 4 (1986): 716-27.

21. Um importante conjunto de instituições associadas são as instituições educacionais, que treinam os indivíduos para descobrir e avaliar a verdade

22. Robert Solow, do MIT, demonstrou que uma fração esmagadora das elevações dos padrões de vida surge de avanços na ciência e na tecnologia, em um trabalho pelo qual recebeu o Prêmio de Ciências Econômicas em Memória de Alfred Nobel em 1987. Seus dois artigos clássicos foram "A Contribution to the Theory of Economic Growth", *Quarterly Journal of Economics* 70, n. 1 (1956): 65-94; e "Technical Change and the Aggregate Production Function", *Review of Economics and Statistics* 39, n. 3 (1957):

312-20. Sua obra gerou uma quantidade enorme de pesquisas tentando determinar o papel das mudanças tecnológicas. O outro grande contribuidor para os aumentos de produtividade são os investimentos em instalações e equipamentos. Ainda outras fontes estão relacionadas a menos horas de trabalho, melhor educação e melhor alocação de recursos.

Antes disso, Joseph Schumpeter, em seu livro de 1943 *Capitalism, Socialism and Democracy*, enfatizara a importância da inovação, afirmando que era muito mais importante que as coisas nas quais os economistas convencionalmente focavam. Mas ele não tentou quantificar o papel relativo da inovação, como fez Solow. (Para uma discussão relacionando a obra de Schumpeter à moderna teoria do crescimento e da inovação, ver minha introdução à edição Routledge de 2010 de *Capitalism, Socialism and Democracy*.)

23. Como Bruce Greenwald e eu afirmamos no início de nosso livro *Creating a Learning Society*: "Desde os tempos romanos, quando os primeiros dados sobre produção *per capita* se tornaram disponíveis, até 1800, os padrões de vida médios se elevaram apenas imperceptivelmente [...] O consumo, para a grande maioria dos seres humanos, consistia predominantemente em comida, e a comida era amplamente limitada a alimentos de primeira necessidade [...] A habitação envolvia condições parecidas com as dos celeiros, sem privacidade [...] O vestuário era utilitário e raramente envolvia mais que um único traje, com a adição sazonal de camadas de roupas. O cuidado médico era quase inexistente [...] A recreação era autogerada e primitiva. Somente uma pequena minoria aristocrática gozava do que consideraríamos hoje um padrão de vida adequado [...] A partir de 1800 e acelerando-se notadamente após meados do século XIX, esse padrão de vida privilegiado começou a se difundir pela Europa, pela América do Norte e pela Austrália."

24. As ideias apresentadas aqui são elaboradas em Stiglitz e Greenwald, *Creating a Learning Society*. O distinto historiador econômico Joel Mokyr, da Universidade do Noroeste, desenvolveu essas ideias de uma perspectiva histórica em *A Culture of Growth: The Origins of the Modern Economy* (Princeton: Princeton University Press, 2016). Mais tarde neste livro, argumentarei que um aos impedimentos a nosso crescimento hoje é o aumento da renda econômica, como aquela associada aos lucros dos monopólios. Isso é consistente com as descobertas históricas de Mokyr. Eu, Mokyr e outros com frequência associamos essas elevações dos padrões de vida mais particularmente às chamadas instituições do Iluminismo, as instituições

de educação e pesquisa (incluindo, em especial, nossas universidades) e as instituições políticas e econômicas a que me referi anteriormente, como o estado de direito. Mais recentemente, Stephen Pinker escreveu um influente livro, também traçando os atuais padrões de vida até o Iluminismo: *Enlightenment Now: The Case for Reason, Science, Humanism and Progress* (Nova York: Penguin, 2018).

É claro que forças econômicas também estão em jogo: mesmo antes da revolução industrial, a Inglaterra se tornara uma economia de altos salários e baixo custo energético, e isso ajudou a induzir às inovações poupadoras de trabalho e consumidoras de energia da revolução industrial. Após a Peste Negra, os salários também haviam sido relativamente altos, mas isso não gerara os avanços que ocorreriam alguns séculos depois. O Iluminismo criou o contexto no qual altos salários e baixos preços da energia levaram à revolução industrial. Ver Robert C. Allen, *The British Revolution in Global Perspective* (Cambridge: Cambridge University Press, 2009). (Há uma teoria bastante desenvolvida de inovação "induzida", datada da década de 1960.) Houve, é claro, outros episódios de acentuados avanços em aprendizado e tecnologia. Alguns historiadores acreditam, por exemplo, que a primeira revolução industrial ocorreu em Flandres, com os moinhos de vento, na década de 1100. O que distinguiu os avanços do século XVIII foram não somente o aumento da extensão do mercado (enfatizado por Allen), mas também o desenvolvimento da ciência, que permitiu aumentos *constantes*.

25. Keynes, em seu famoso ensaio "Economic Possibilities for Our Grandchildren" (em *Essays in Persuasion* [Londres: MacMillan, 1931], pp. 321-2), explorou as implicações dos enormes aumentos de produtividade. Ver também Joseph E. Stiglitz, "Toward a General Theory of Consumerism: Reflections on Keynes' Economic Possibilities for Our Grandchildren", em *Revisiting Keynes: Economic Possibilities for Our Grandchildren*, editado por Lorenzo Pecchi e Gustavo Piga (Cambridge: MIT Press, 1987), pp. 41-87.

26. Como explicarei com mais detalhes a seguir, por causa de práticas exclusivistas do mercado de trabalho e da discriminação, especialmente contra mulheres e pessoas não brancas, amplos grupos de nossa sociedade não partilharam desse progresso.

27. Thomas Hobbes, *Leviatã*, 1651.

28. Houve respostas similares na Europa, em alguns casos antes dos Estados Unidos, em alguns casos depois. (A Alemanha, sob o chanceler Otto von Bismarck, foi a primeira nação a adotar a aposentadoria pública em 1889.)

29. O *Washington Post* vem contabilizando suas mentiras, e descobriu que ele fez 8.158 "alegações falsas ou enganosas" durante seus dois primeiros anos no cargo. Ver Glenn Kessler, Salvador Rizzo e Meg Kelly, "President Trump Made 8,158 False or Misleading Claims in His First Two Years", *Washington Post*, 21 de janeiro de 2019.
30. Ver Patt Morrison, "Patt Morrison Asks: Robert O. Paxton Talks Fascism and Donald Trump", *Los Angeles Times*, 9 de março de 2016. O livro de Paxton, *The Anatomy of Fascism* (Nova York: Knopf, 2004) é a obra definitiva sobre o assunto. O notável sobre o livro é que, embora tenha sido escrito há quinze anos, parece tratar diretamente dos eventos atuais.
31. Adam Bluestein, "The Most Entrepreneurial Group in America Wasn't Born in America", *Inc.*, fevereiro de 2015.
32. Rose Leadem, "The Immigrant Entrepreneurs behind Major American Companies (Infographic)", *Entrepreneur*, 4 de fevereiro de 2017. Elon Musk (Tesla e SpaceX) passou dois anos na Universidade da Rainha, no Canadá, e então se transferiu para a Universidade da Pensilvânia, onde se tornou bacharel em Física e Economia. Hamdi Ulukaya, o fundador da Chobani, a companhia de iogurtes, imigrou para os Estados Unidos a fim de estudar Inglês na Universidade Adelphi.
33. Felizmente, o Congresso não prestou muita atenção: o orçamento de 2018 previu um aumento de 12% dos gastos com ciência, em contraste com a redução de 17% que ele solicitou.
34. Nossa mídia frequentemente é criticada, com razão, por tentar estabelecer um falso equilíbrio durante as coberturas. Mesmo que 99,9% dos cientistas estejam convencidos das mudanças climáticas, alguns veículos tentam dar voz quase igual a um dissidente, dando legitimidade aos que negam tais mudanças.
35. Alguns historiadores traçam o uso do termo até o próprio Hitler, e não seu chefe de propaganda. Em *Mein Kampf*, Hitler escreveu, "nas grandes mentiras há sempre certa força de credibilidade: [...] eles acreditam mais facilmente nas grandes mentiras que nas pequenas, uma vez que frequentemente contam pequenas mentiras em relação a questões menores, mas ficariam envergonhados de recorrer a grandes falsidades. Jamais passaria por suas cabeças fabricar inverdades colossais e eles não acreditam que outros teriam a impudência de distorcer a verdade de maneira tão infame. Mesmo que os fatos que provam que assim é sejam estabelecidos claramente em suas mentes, eles ainda duvidam e hesitam e continuam a pensar que

deve haver outra explicação. Pois a mentira extremamente impudente sempre deixa traços, mesmo depois de ter sido revelada, um fato conhecido por todos os especialistas em mentiras deste mundo e por todos os que conspiram juntos na arte de mentir". (*Mein Kampf*, tradução de James Murphy, Londres: Hurst and Blackett, 1939.) Mas Hitler acusou os judeus de usarem a Grande Mentira. Goebbels transformou a Grande Mentira em instrumento político, ainda que mesmo então a tenha atribuído a outros, aos ingleses: "Os ingleses seguem o princípio de que, quando alguém mente, deve contar uma grande mentira e se ater a ela. Eles mantêm suas mentiras, mesmo ao risco de parecerem ridículos." Joseph Goebbels, 12 de janeiro de 1941 ("Aus Churchills Lügenfabrik", *Die Zeit ohne Beispiel*. Munique: Zentralverlag der NSDAP, 1941, pp. 364-69; tradução disponível no Arquivo de Propaganda Alemã, Faculdade Calvin, acessado em 17 de julho de 2018, http://research.calvin.edu/german-propaganda-archive/goeb29.htm).

36. Embora nos Estados Unidos somente uma fração dos ricos viva nessas comunidades muradas, eles ainda enfrentam insegurança. Descrevi em *O grande abismo* um jantar no qual o tema recorrente entre os ultrarricos era "lembrem da guilhotina" — um alerta para que restringissem sua cobiça desenfreada.

37. Essa foi a tese central de meu artigo anterior na *Vanity Fair*, "Of the 1 percent, for the 1 percent and by the 1 percent", e de meu livro *The Price of Inequality*. Ver também as referências citadas lá e nas discussões a seguir.

38. Em outubro de 2017, a administração Trump proibiu cientistas que haviam recebido bolsas da Agência de Proteção Ambiental (EPA) de trabalharem em seus painéis consultivos, citando preocupação com "conflito de interesses". A administração não demonstrou preocupação similar com membros do painel que haviam recebido bolsas de indústrias reguladas pela EPA, como as de petróleo e gás. Ver Warren Cornwall, "Trump's EPA Has Blocked Agency Grantees from Serving on Science Advisory Panels. Here Is What It Means", *Science*, 31 de outubro de 2017.

39. E houve, é claro, alguns acadêmicos que se tornaram criados dessas ideologias, agindo como animadoras de torcida da globalização e da desregulamentação financeira. No capítulo 4, eu explico como, nas análises econômicas padrão, a integração comercial com países em desenvolvimento e mercados emergentes resulta em menor demanda por trabalho não qualificado nos Estados Unidos, em qualquer nível salarial, implicando que,

mesmo que consigamos manter o pleno emprego, os salários reais dos trabalhadores não qualificados cairão, ainda que o PIB aumente. Mesmo assim, durante meus anos na administração Clinton — aparentemente preocupada com as dificuldades dos operários —, era difícil encontrar um economista que se preocupasse com o impacto da globalização sobre os salários reais dos trabalhadores não qualificados. (O secretário do Trabalho Robert Reich foi a notável exceção.) Aparentemente, mesmo os bons economistas *queriam* acreditar que a globalização era boa para todos, mesmo que não introduzíssemos políticas compensatórias. A economia de gotejamento, mesmo àquela altura, se tornara profundamente enraizada.

40. Ou seja, quer se tratasse da ilusão com a economia de gotejamento mencionada na nota anterior ou da ilusão de que, embora os trabalhadores estivessem em situação pior, esse retrocesso seria apenas temporário.

41 Um argumento frequentemente apresentado em defesa das medidas de taxação regressiva (que beneficiam os ricos mais que os pobres) é que elas dão dinheiro aos ricos, que são criadores de empregos, e essa criação de empregos beneficia a todos. Mas essa teoria é baseada em três hipóteses falsas: a de que há somente alguns poucos desses indivíduos altamente talentosos; a de que eles são motivados somente por incentivos materiais, e não pela animação de criar novos negócios ou pela satisfação de fornecer serviços que nossa sociedade deseja ou dos quais precisa; e de que tudo que é necessário para seu sucesso são impostos baixos e pouca regulamentação.

A fonte real de criação de empregos não é tanto a classe empreendedora, mas a simples *demanda*. Quando a demanda agregada é alta, empregos são criados. É claro que empreendedorismo é necessário, mas há ampla oferta de pessoas capazes e dispostas a serem empreendedoras, se houver demanda e se elas conseguirem financiamento. É papel do governo assegurar que haverá demanda e financiamento adequados.

42. Preciso enfatizar que, quando a economia opera em níveis inferiores ao pleno emprego, o governo deve incorrer em déficit, ou seja, seus gastos devem ser maiores que a arrecadação de impostos. A chanceler alemã Angela Merkel erroneamente comparou a economia a uma "dona de casa suábia" que precisa equilibrar as contas do domicílio. A diferença crítica é que, quando há alto nível de desemprego, gastar mais cria empregos e aumenta a renda, e o aumento de demanda agregada cria ainda mais empregos, em um círculo virtuoso.

43. A razão é que alíquotas mais baixas no topo podem fornecer maiores incentivos ao *"rent-seeking"*, ou seja, a ações que não aumentam o tamanho da torta nacional, mas somente a renda dos que, digamos, dirigem as corporações. Ver Thomas Piketty, Emmanuel Saez e Stefanie Stantcheva, "Optimal Taxation of Top Labor Incomes: A Tale of Three Elasticities", *American Economic Journal: Economic Policy* 6, n. 1 (2014): 230-71.

44. O fracasso das reduções tarifárias de Bush é exposto em Emily Horton, "The Legacy of the 2001 and 2003 'Bush' Tax Cuts", Centro de Prioridades Orçamentárias e Políticas, 23 de outubro de 2017. Com Anton Korinek, demonstrei que havia alguma suposição de que os investimentos seriam ainda mais reduzidos como resultado das reduções de Bush. "Dividend Taxation and Intertemporal Tax Arbitrage", *Journal of Public Economics* 93 (2009), pp. 142-59. Para alguns comentários interessantes, ver William G. Gale, "Five Myths about the Bush Tax Cuts", *Washington Post*, 1º de agosto de 2010. Para uma análise mais detalhada, ver a série de artigos de William G. Gale e Peter R. Orszag sobre vários aspectos da política fiscal da administração Bush em *Tax Notes*, em 2004: "Introduction and Background", 104, n. 12: 1291-1300; "Distributional Effects", 104, n. 14: 1559-66; "Revenue and Budget Effects", 105, n. 1: 105-18; "Effects on Long-Term Growth", 105, n. 3: 415-23; "Short-term Stimulus", 105, n. 6: 747-56; "Down Payment on Tax Reform?", 105, n. 7: 879-84; e "Starving the Beast?", 105, n. 8: 999-1002.

Ver também Danny Yagan, "Capital Tax Reform and the Real Economy: The Effects of the 2003 Dividend Tax Cut", *American Economic Review* 105, n. 12 (2015): 3531-63, para evidências do não efeito da redução tarifária sobre os investimentos corporativos e sobre a remuneração dos funcionários. Como Yagan também demonstra, embora a redução não tenha afetado os investimentos e salários, ela afetou a riqueza dos acionistas, que receberam dividendos mais altos. Ver também Raj Chetty e Emmanuel Saez, "Dividend Taxes and Corporate Behavior: Evidence from the 2003 Dividend Tax Cut", *The Quarterly Journal of Economics* 120, n. 3 (2005): 791-833.

Também há evidências empíricas e boas razões teóricas para se esperar que impostos corporativos mais baixos não levem a mais investimentos. O presidente Reagan, por exemplo, reduziu as alíquotas corporativas de 46% para 34%. Subsequentemente, os impostos corporativos sobre a receita caíram ainda mais, pois as corporações conseguiram inserir brechas nas leis fiscais e aprenderam a explorá-las, de modo que a alíquota efetiva antes

que Trump a reduzisse ainda mais era de somente 18%. Mas o prometido aumento dos investimentos não ocorreu. Com a isenção dos lucros e mais investimentos financiados por empréstimos à margem, a alíquota afeta o retorno sobre o investimento e o custo do capital de maneiras idênticas, de modo que se previu que a redução tarifária teria pouco efeito sobre os investimentos. Ver Joseph E. Stiglitz, "Taxation, Corporate Financial Policy and the Cost of Capital", *Journal of Public Economics*, n. 2 (fevereiro de 1973): 1-34. A experiência com a lei fiscal de Trump, descrita em mais detalhes adiante, confirma isso.
45. Vale notar que a Suécia tem impostos muito mais altos que os EUA e, mesmo assim, a taxa de poupança domiciliar é quase o dobro da americana. A taxa americana de participação no mercado de trabalho (a fração dos cidadãos em idade produtiva que estão empregados ou procurando emprego) também é muito mais baixa do que em muitos outros países com impostos muito mais altos.
46. Nancy MacLean, uma historiadora de renome da Universidade Duke, colocou esses argumentos em contexto histórico em seu livro *Democracy in Chains: The Deep History of the Radical Right's Stealth Plan for America* (Nova York: Penguin, 2017).
47. Incluindo nossa economia de mercado competitiva e baseada em regras e nossa democracia, com seu sistema de freios e contrapesos, a que me referi anteriormente e a respeito do qual falarei com mais detalhes a seguir.
48. Discurso de posse, 20 de janeiro de 1961.
49. Como já comentado, Francis Fukuyama se referiu a isso como "o fim da história". O mundo inteiro agora convergiria para esse sistema econômico e político.
50. Alain Cohn, Ernst Fehr e Michel André Maréchal, "Business Culture and Dishonesty in the Banking Industry", *Nature* 516, n. 7592 (2014): 86-89.
51. Yoram Bauman e Elaina Rose, "Selection or Indoctrination: Why Do Economics Students Donate Less than the Rest?", *Journal of Economic Behavior and Organization* 79, n. 3 (2011): 318-27. Ver referências adicionais aqui, no que é um rico corpo de literatura.
52. Especialmente em sua *Teoria dos sentimentos morais* (1759), que se inicia com as famosas linhas: "Por mais egoísta que um homem supostamente seja, evidentemente há alguns princípios em sua natureza que o tornam interessado no destino de outros e tornam a felicidade deles necessária para ele, embora nada ganhe com ela, exceto o prazer de presenciá-la."

53. Ver Karla Hoff e Joseph E. Stiglitz, "Striving for Balance in Economics: Towards a Theory of the Social Determination of Behavior,"*Journal of Economic Behavior and Organization* 126 (2016): 25-57.

CAPÍTULO 2: EM DIREÇÃO A UMA ECONOMIA MAIS SOMBRIA

1. O presidente da Associação Americana de Economia e vencedor do Prêmio de Ciências Econômicas em Memória de Alfred Nobel Robert Lucas, em um discurso logo antes da Grande Recessão, declarou a morte das flutuações econômicas sérias. Ele disse que "a macroeconomia [...] funcionou: seu problema central, a prevenção da depressão, foi solucionado, para todos os propósitos práticos, e, de fato, foi solucionado há muitas décadas". O discurso foi publicado como Robert E. Lucas Jr., "Macroeconomic Priorities", *American Economic Review* 93, n. 1 (2003): 1-14; a citação está na página 1.
2. Como disse Robert E. Lucas Jr., "Das tendências prejudiciais a uma economia saudável, a mais sedutora e, em minha opinião, mais tóxica e o toco nas questões de distribuição". "The Industrial Revolution: Past and Future ', Relatório Anual, Banco da Reserva Federal de Mineápolis, maio de 2004.
3. Às vezes, as duas se misturam, como quando um inventor usa um sistema de patentes para criar um monopólio e então, através de uma variedade de mecanismos, alguns dos quais descreverei a seguir, estende e torna mais durável seu poder de mercado, com muita da riqueza subsequente baseada em sua exploração.
Grande parte dos Estados Unidos, é claro, foi construída sobre um tipo bastante diferente de exploração. A escravidão, que desempenhou papel central no desenvolvimento do sul americano, não era uma instituição de mercado: embora os escravos fossem comprados e vendidos, a escravidão era baseada na coerção. E, mesmo depois de seu fim, a coerção das leis de Jim Crow manteve os afro-americanos oprimidos, o que resultou em salários baixos e lucros mais altos para os empregadores sulistas. Na época da Guerra Civil, o valor de mercado dos escravos representava uma fração significativa da riqueza do sul.
4. Dados preliminares para 2018 sugerem um desempenho um pouco melhor, resultado de um maciço estímulo fiscal (o grande aumento do déficit). Previsivelmente, tal estímulo acelerará o crescimento, mas apenas de forma temporária. Dado seu tamanho, a aceleração é menor do que se poderia esperar, em parte porque a lei fiscal foi pobremente projetada.

Entre 2010 e 2016, a taxa média de investimento bruto do PIB foi quase 9% mais baixa que a média dos países da OCDE (a Organização para a Cooperação e o Desenvolvimento Econômico, o "clube" dos países desenvolvidos) e mais de 20% mais baixa que a dos países com melhor desempenho, como o Canadá. (O investimento bruto é a parte da produção de um país investida em novas fábricas, equipamentos e casas, pensados como ativos produtivos de uma economia. Ele não incluiu acumulação de estoques nem leva em conta a depreciação, o decréscimo dos ativos produtivos como resultado do uso ou do tempo. Tampouco incluiu compra de terras.) A série oficial no sistema de contas nacionais é chamada de Formação Bruta de Capital Fixo.

5. Parte da diferença, mas somente parte, é resultado da menor taxa de crescimento populacional. O crescimento da renda *per capita* desacelerou de 2,3% para 1,7%. Outros fatores também podem ter contribuído para o crescimento mais lento, como a mudança na estrutura da economia de manufatureira para de serviços. Pode ser mais difícil obter aumentos de produtividade no setor de serviços. Também pode ser apenas azar: menos descobertas estimuladoras da produtividade ocorrem hoje que em décadas anteriores. Acredito, no entanto, que mais que mudanças estruturais e azar estão em jogo.

A maioria dos dados deste capítulo vem de fontes-padrão: FRED, censo, FMI (relatório anual World Economic Outlook), OCDE e World Income Database. O FRED é usado para medidas do PIB nos Estados Unidos. O censo é usado para dados sobre salários reais médios. A OCDE é usada para comparar variáveis entre países-membros. O World Income Database é usado para dados sobre a renda média e a participação na renda de vários grupos da escala de distribuição (1% do topo, 0,1% do topo, 50% da base). Para todas essas fontes, as mais recentes versões e os mais recentes dados disponíveis no momento da publicação foram empregados.

6. Fonte: Nações Unidas, para o último ano disponível, 2017. De acordo com os dados do FMI e do Banco Mundial, os Estados Unidos estão em sétimo lugar em renda *per capita*. Esses dados comparam rendas usando as taxas de câmbio do mercado. Usando paridade do poder de compra, a posição norte-americana, de acordo com o FMI e o Banco Mundial, cai para o décimo primeiro lugar.

7. Índice de Capital Humano do Banco Mundial, disponível em https://www.worldbank.org/en/data/interactive/2018/10/18/human-capital-index-and-components-2018.

8. Fonte: Testes do Programa Internacional de Avaliação de Alunos para o ano de 2015, o último ano disponível. As diferenças são quantitativamente grandes. Alguém na décima série, entre aqueles com melhor desempenho (Xangai, China), tem uma educação equivalente a alguém na décima segunda série no estado americano com melhor desempenho, Massachusetts.
9. Fonte: dados da OCDE para o ano de 2016.
10. "Horas trabalhadas" OCDE, 2017 ou o último disponível, em https://data.oecd.org/emp/hours-worked.htm.
11. O aumento total da produtividade americana no período foi de 2,3%, com a média da OCDE sendo de 4,9%. Fonte: OCDE, disponível em https://data.oecd.org/lprdty/gdp-per-hour-worked.htm#indicator-chart.
12. Em termos de paridade do poder de compra. Essa medida leva em conta que mercadorias diferentes têm preços diferentes em diferentes países. O PIB da China superou o americano em 2015. Comparações costumam ser feitas com base nas taxas de câmbio atuais, que podem flutuar bastante. Nesses termos, o PIB da China ainda é inferior ao americano. Todavia, em termos das métricas-padrão, a China ainda é um país em desenvolvimento, com uma renda *per capita* que equivale a mais ou menos um quinto da americana.
13. Sem surpresa, como os países em desenvolvimento precisam alcançar os que estão à frente, eles têm taxas de crescimento mais altas — em 2016, o último ano cujos dados estão disponíveis, os Estados Unidos estavam em 139º lugar.
14. Dados do Banco Mundial para esses e para os números citados abaixo em relação aos que saíram da pobreza.
15. World Inequality Database, www.wid.world. É claro que esse crescimento não foi equanimemente partilhado na China, com a proporção da renda total indo para o meio e a base declinando, mas, mesmo assim, a transformação é impressionante.
16. Os presidentes tentam exagerar a importância de suas políticas para o crescimento. Trump traça o pico de crescimento até a data de sua eleição, como se somente a constatação de que ele estaria no comando tivesse mudado o rumo da economia. Na verdade, enquanto alardeava o desempenho de 2017 durante seu primeiro ano de mandato, Trump não mencionou que a taxa americana de crescimento era mais baixa que a média dos países desenvolvidos. Mesmo a diferença entre as taxas de crescimento de 2016 e 2017, de 0,76%, ficou pouco acima da média da OCDE (0,64%) e foi

menos da metade do vizinho americano no norte, o Canadá (1,55%). De fato, em 2016, o crescimento canadense foi pouco diferente do americano. Se alguém deveria estar alardeando seu sucesso, esse alguém é o primeiro-ministro canadense Justin Trudeau, não Trump. Em 2018, os Estados Unidos experimentaram uma "onda de excitação" como resultado do maciço aumento do déficit fiscal, resultando em crescimento real do PIB de cerca de 3%. Mas ninguém esperava que esse pico fosse sustentável; o crescimento em 2019 deve ser bastante menor.

17. E praticamente desde que o país foi fundado, muitos líderes americanos consideraram a luta contra a desigualdade essencial para criar uma democracia próspera. Sean Wilentz escreveu a história definitiva da desigualdade e da política nos Estados Unidos. Ver seu livro *The Politicians and the Egalitarians: The Hidden History of American Politics* (Nova York: W. W. Norton, 2017).

18. Ver Olivier Giovannoni, "What Do We Know about the Labor Share and the Profit Share? Part III: Measures and Structural Factors" (artigo preliminar 805, Instituto Econômico Levy, 2014).

19. Como mensurado entre 1977 e 2017, o último ano para o qual há dados disponíveis. Thomas Piketty e Emmanuel Saez, "Income Inequality in the United States, 1913–1998", *Quarterly Journal of Economics* 118, n. 1 (2003): 1-39. Tabelas e números atualizados para 2017 e disponíveis no website de Emmanuel Saez: https://eml.berkeley.edu/~saez/.

20. Tabela A-4 do Census Bureau Income and Poverty Report, disponível em https://www.census.gov/content/dam/Census/library/publications/2017/demo/P60-259.pdf.

21. Dados econômicos do FRED. Costumava-se pensar que aumentar o salário mínimo inevitavelmente levaria a um crescimento significativo do desemprego. Mas, desde a obra pioneira de David Card e Alan B. Krueger ("Minimum Wages and Employment: A Case Study of the Fast-Food Industry in New Jersey and Pennsylvania", *American Economic Review* 84, n. 4 [1994]: 772-93), há crescente consenso de que esse não é o caso, em parte por causa da prevalência do poder de mercado nos mercados de trabalho (discutida no capítulo 4). (Ver "The Effects of a Minimum-Wage Increase on Employment and Family Income" [CBO, 18 de fevereiro de 2014].) De fato, aumentar o salário mínimo pode ter efeitos positivos sobre o nível de emprego.

22. Mais acuradamente, remuneração, que inclui benefícios adicionais. Instituto de Política Econômica, com base em sua análise de dados do Departamento

de Estatísticas de Trabalho e do Departamento de Análises Econômicas, acessado em 17 de julho de 2018, disponível em https://www.epi.org/productivity-pay-gap/.

23. Recentemente, o assunto das disparidades salariais recebeu muita atenção. Song e seus colegas, por exemplo, usando um maciço conjunto de dados, demonstraram que o aumento das diferenças em termos de remuneração no interior de uma empresa desempenha importante papel na crescente desigualdade salarial, mas não tanto quanto o aumento das diferenças entre empresas, embora essas se devam amplamente a diferenças na composição das qualificações. Outros estudos enfatizam que as diferenças salariais entre empresas parecem relacionadas a diferenças em sua lucratividade, embora, com os dados que temos, seja impossível distinguir, na maioria dos casos, entre empresas cujas lucratividade deriva de maior produtividade e empresas com maior poder de mercado. Evidências citadas neste livro sobre a crescente concentração de mercado destacam a maior importância das disparidades entre empresas com e sem poder de mercado. Mesmo assim, há grandes e frequentemente persistentes diferenças de produtividade entre as empresas. Greenwald e eu escrevemos sobre isso em *Creating a Learning Society*. A existência de disparidades é parte de nossa crítica à teoria econômica padrão, que assume que o conhecimento se dissemina rapidamente e sem custos pela economia. Os avanços de aprendizado e de tecnologias de aprendizado serviram para reduzir essas disparidades, embora possa haver forças (como o ritmo mais intenso da inovação em certas áreas) trabalhando na outra direção. Ver Jae Song, David J. Price, Fatih Guvenen, Nicholas Bloom, and Till Von Wachter, "Firming Up Inequality", *Quarterly Journal of Economics* 134, n. 1 (2018): 1-50; David Card, Ana Rute Cardoso, Jörg Heining e Patrick Kline, "Firms and Labor Market Inequality: Evidence and Some Theory", *Journal of Labor Economics* 36, n. S1 (2018): S13-S70; Jason Furman e Peter R. Orszag, "A Firm-Level Perspective on the Role of Rents in the Rise in Inequality" em *Toward a Just Society: Joseph Stiglitz and Twenty-first Century Economics*, edição de Martin Guzman (Nova York: Columbia University Press, 2018), pp. 10-47; Hernan Winkler, "Inequality among Firms Drives Wage Inequality in Europe", Brookings, 21 de março de 2017, https://www.brookings.edu/blog/future-development/2017/03/21/inequality-among-firms-drives--wage-inequality-in-europe/; Giuseppe Berlingieri, Patrick Blanchenay e Chiara Criscuolo, "The Great Divergence(s)", (OECD Science, Technology

and Industry Policy Papers n. 39, 2017); e Julián Messina, Oskar Nordström Skans e Mikael Carlsson, "Firms' Productivity and Workers' Wages: Swedish Evidence" (Vox CEPR Policy Portal, 23 de outubro de 2016).

24. Escrevi dois livros sobre o assunto, detalhando como a desigualdade estava não somente enfraquecendo nossa economia, mas também minando nossa democracia e dividindo nossa sociedade (*The Price of Inequality* e *O grande abismo*.) A maioria dos americanos parece inconsciente da magnitude dessa crescente desigualdade e de suas consequências e, para a remediar isso, fui um dos curadores de uma série do *New York Times* sobre o tópico entre 2013 e 2014, incluindo Judith Warner, Jacob Soll, Andrea Levere, David L. Kirp, Corey Robin, Alice Goffman, Robert Balfanz, Maria Konnikova e Barbara Dafoe Whitehead. Tratei dessas questões em todos os fóruns que pude, da *Vanity Fair* à *Nation* e *Politico*, e em minha coluna mensal no Project Syndicate, publicada em jornais de todo o mundo.

25. Meu coautor em muitas de minhas obras iniciais sobre taxação redistributiva ótima.

26. Barack Obama, em um discurso no Centro para o Progresso Americano (Washington, dezembro de 2013). Ele também disse: "Deixe-me repetir que as tendências combinadas de crescente desigualdade e decrescente mobilidade apresentam uma ameaça fundamental ao sonho americano, a nosso modo de vida e àquilo que representamos ao redor do globo. E não estou fazendo simplesmente uma alegação moral. Há consequências práticas para o aumento da desigualdade e a redução da mobilidade." Anteriormente, em um discurso na escola secundária Osawatomie, no Kansas, em 6 de dezembro de 2011, ele dissera: "Quando famílias de classe média já não podem pagar pelas mercadorias e serviços que estão sendo vendidos, quando as pessoas escorregam para fora da classe média, isso arrasta toda a economia, do topo até a base. Os Estados Unidos foram construídos sobre a ideia de prosperidade de bases amplas, de fortes consumidores em todo o país. É por isso que um CEO como Henry Ford transformou em sua missão pagar a seus funcionários o suficiente para que eles pudessem comprar os carros que fabricavam. Foi também por isso que um estudo recente demonstrou que países com menos desigualdade tendem a ter crescimento econômico maior e mais estável no longo prazo." Esse, é claro, era o ponto central de meu livro *The Price of Inequality*.

27. *The Kerner Report: The 1968 Report of the National Advisory Commission on Civil Disorders* (Nova York: Pantheon, 1988).

28. *The Kerner Report*. Pediram-me para avaliar como as coisas haviam mudado no meio século subsequente. As sombrias descobertas foram relatadas em "Economic Justice in America: Fifty Years after the Kerner Report", em *Everybody Does Better When Everybody Does Better: The Kerner Report at Fifty/A Blueprint for America's Future*, editado por Fred Harris e Alan Curtis (Filadélfia: Temple University Press, 2017). Foi muito deprimente o depoimento à Comissão Kerner feito por um acadêmico de destaque, o dr. Kenneth B. Clark, que escreveu: "Li o relatório [...] sobre o tumulto de 1919 em Chicago e foi como se estivesse lendo o relatório do comitê que investigou o tumulto no Harlem em 1935, o relatório do comitê que investigou o tumulto no Harlem em 1943, o relatório da Comissão McCone sobre o tumulto de Watts [em 1965]. Devo novamente falar com toda honestidade aos membros desta comissão — é uma espécie de Alice no País das Maravilhas — com os mesmos filmes sendo apresentados, a mesma análise, as mesmas recomendações e a mesma inação."
29. Eileen Patten, "Racial, Gender Wage Gaps Persist in U.S. Despite Some Progress" (Centro de Pesquisas Pew, julho de 2016). Estatísticas refinadas, é claro, nos permitem determinar o papel relativo desempenhado pelas diferenças de educação, experiência profissional e discriminação.
30. Entre os países que se saem melhor que os Estados Unidos estão Japão, Noruega, Suécia, Austrália, Islândia, Canadá, Nova Zelândia, Holanda, Áustria e Dinamarca. Em 2015 (os últimos dados comparáveis disponíveis), todos esses países tinham expectativas de vida acima de 80 anos, com o Japão no topo da lista, com 83,9 anos; nos Estados Unidos, era de 78,8, entre o Chile e a República Tcheca. Dados da OCDE.
31. Os dados mais recentes no momento da publicação eram de 2017.
32. A taxa de mortalidade é somente a fração de dado corte etário (digamos, entre 50 e 55 anos) que morrem em um ano ou em um período de cinco anos. Taxas de mortalidade mais baixas estão associadas a expectativa de vida mais elevadas.
33 "The Growing Life-Expectancy Gap between Rich and Poor", Instituição Brookings, 22 de fevereiro de 2016, acessado em 24 de novembro de 2018, disponível em https://www.brookings.edu/opinions/the-growing-life-
-expectancy-gap-between-rich-and-poor/.
34. Anne Case e Angus Deaton, "Rising Morbidity and Mortality in Midlife among White Non-Hispanic Americans in the 21st Century", *Proceedings of the National Academy of Sciences* 112, n. 49 (2015): 15.078-83, e ver Ann

Case e Angus Deaton, "Mortality and Morbidity in the 21st Century" *Brookings Papers on Economic Activity* (primavera de 2017): 397-476. As taxas de mortalidade em anos recentes vêm aumentando para todos os brancos, em contraste com os decréscimos em todo o mundo. Ao mesmo tempo, vale notar que as taxas de mortalidade dos afro-americanos permanecem mais altas que as dos brancos. A economia adversa é ruim para a saúde independentemente da raça.

35. Comentei anteriormente essas tendências perturbadoras, em especial na edição de 2013 de *The Price of Inequality*, incluindo estatísticas similarmente perturbadoras sobre mulheres sem curso superior. As obras descritas anteriormente, de Jennifer Sherman, Joan Williams, Katherine J. Cramer, Michèle Lamont, Arlie Hochschild, J. D. Vance e Amy Goldstein, falam de mudanças sociais que criaram as condições para esse aumento das "mortes por desespero".

36. Refletindo sobre a importância do trabalho, ele também relata que eles têm "baixos níveis de bem-estar emocional" e "derivam relativamente pouco sentido de suas atividades diárias". Ver Alan B. Krueger, "Where Have All the Workers Gone? An Inquiry into the Decline of the U.S. Labor Force Participation Rate", *Brookings Papers on Economic Activity* 48, n. 2 (2017): 1-87.

37. O abuso do poder corporativo, o assunto do próximo capítulo, desempenha papel direto na história da epidemia opioide: o consumo dessas drogas foi estimulado pela Purdue Pharma. Ver Beth Macy, *Dopesick: Dealers, Doctors, and the Drug Company that Addicted America* (Boston: Little, Brown, 2018). Ele também tem papel na epidemia de obesidade. Os Centros para Controle e Prevenção de Doenças afirmam que quase 40% dos americanos são obesos. Entre os hispânicos e negros não hispânicos, os números são ainda mais altos (aproximadamente 47%); ela é menos prevalente entre homens e mulheres com nível superior; e mais prevalente no sul e no meio-oeste que no restante do país. O mais perturbador foi o rápido crescimento da porcentagem de crianças e adolescentes afetados pela obesidade — quase um em cinco —, que mais que triplicou desde a década de 1970. A obesidade é grandemente afetada pela dieta. As bebidas doces vendidas pela Coca-Cola e outras empresas e os alimentos salgados e doces projetados para serem viciantes são exemplos de corporações tirando vantagem dos desaviados. Ver, por exemplo, David A. Kessler, M.D., *The End of Overeating: Taking Control of the Insatiable American Appetite* (Nova York: Rodale Books, 2009).

Kessler foi comissão da Food and Drug Administration entre 1990 e 1997. (Para dados sobre a obesidade nos Estados Unidos, ver https://www.cdc.gov/obesity/index.html. Para o papel da dieta na obesidade, ver https://www.hsph.harvard.edu/obesity-prevention-source/obesity-causes/diet-and-weight/. Para um exemplo de estudo acadêmico ligando as bebidas doces ao peso, ver Lenny R. Vartanian, Marlene B. Schwartz e Kelly D. Brownell, "Effects of Soft Drink Consumption on Nutrition and Health: A Systematic Review and Meta-Analysis", *American Journal of Public Health* 97 [2007]: 667-75.)

38. Talvez o melhor website para se obter dados sobre a desigualdade seja *inequality.org*.

    Há alguma controvérsia sobre as fontes da desigualdade de riqueza e sua futura evolução. Thomas Piketty, em seu merecidamente elogiado livro de 2014 *Capital in the 21st Century* (Cambridge: The Belknap Press of Harvard University Press [*O capital no século XXI*. Rio de Janeiro: Intrínseca, 2014]), argumentou, por exemplo, que a passagem de heranças de uma geração para a seguinte leva a uma desigualdade sempre crescente. O recente pico de desigualdade, escreve ele, é reflexo desse antigo processo, que foi temporariamente interrompido pela Segunda Guerra Mundial e pela onda de solidariedade social surgida então. Minha própria perspectiva, sobre a qual escrevi pela primeira vez na década de 1960, é ligeiramente diferente, embora não totalmente contraditória. Eu argumento que, embora a transmissão intergeracional de vantagens seja importante, estão em ação forças opostas, centrífugas e centrípetas, a primeira destroçando a economia, a segunda a fortalecendo, e, no longo prazo, elas normalmente se equilibram. O que aconteceu desde meados da década de 1970 foi uma perturbação do equilíbrio, com o fortalecimento da força centrífuga e o enfraquecimento da força centrípeta. Estamos testemunhando a economia se mover na direção de um novo equilíbrio, com muito mais desigualdade que o antigo. (Ver Stiglitz, "Distribution of Income and Wealth Among Individuals", *Econometrica* 37, n. 3 [1969]: 382-97; e "New Theoretical Perspectives on the Distribution of Income and Wealth Among Individuals: Parts I-IV" [artigos preliminares NBER 21, pp. 21189-21192, 2015].)

39. Apenas um ano antes, o número era 43 e, no ano anterior, 61. A riqueza bilionária cresceu a uma taxa anual média de 13% desde 2010; 82% de toda a riqueza global criada em 2017 foi para os 1% do topo, ao passo que

nenhuma foi para os 50% na base. Ver *Private Wealth or Public Good*, Oxfam, janeiro de 2019, e *Reward Work, Not Wealth*, Oxfam, janeiro de 2018.

40. A vasta riqueza dessas duas famílias (supostamente quase 175 bilhões de dólares para os Walton e 120 bilhões de dólares para Charles e David Koch em 2018) é tão grande quanto a riqueza total de uma proporção inacreditavelmente ampla de americanos — em 2016, o ano mais recente no qual uma comparação confiável pôde ser feita, os Walton e os Koch tinham tanta riqueza quanto os 50% de americanos na base da pirâmide. Os dados de distribuição de riqueza são baseados no Survey of Consumer Finances 2016 do Federal Reserve, removendo-se os bens duráveis. Os dados sobre a riqueza dos Walton e Koch vieram da revista *Forbes*. O best-seller de Jane Mayer, *Dark Money: The Hidden History of the Billionaires behind the Rise of the Radical Right* (Nova York: Doubleday, 2016), documenta a influência desproporcional dos irmãos Koch na política americana.

41. Ver Raj Chetty, Nathaniel Hendren, Patrick Kline e Emmanuel Saez, "Where Is the Land of Opportunity? The Geography of Intergeracional Mobility in the United States", *Quarterly Journal of Economics* 129, n. 4 (2014): 1553-623; Chetty, Hendren e Lawrence F. Katz, "The Long-Term Effects of Exposure to Better Neighborhoods: New Evidence from the Moving to Opportunity Experiment" (artigo preliminar, Universidade de Harvard, 2015); e Chetty e Hendren, "The Impacts of Neighborhoods on Intergenerational Mobility Childhood Exposure Effects and County-Level Estimates" (artigo preliminar, Universidade de Harvard, abril de 2015). Os americanos vivem em comunidades cada vez mais economicamente segregadas, de modo que os efeitos de vizinhança contribuem de maneira importante para a transmissão intergeracional de vantagens. Ver Kendra Bischoff e Sean F. Reardon, "Residential Segregation by Income, 1970-2009", em *Diversity and Disparities: America Enters a New Century*, editado por John Logan (Nova York: Russell Sage, 2014): 208-33.

42. Os dados são surpreendentes: como observa o Pew Mobility Project, "43% dos americanos criados no quintil inferior permanecem presos a ele quando adultos", ao passo que "43% dos criados no quintil superior permanecem nele quando adultos". Em termos de riqueza, as coisas são ainda piores, com quase dois terços daqueles criados na base da escada de riqueza permanecendo nos dois degraus inferiores e uma porcentagem similar dos criados no topo permanecendo nos dois degraus superiores. A situação é mais grave para os negros, com "mais da metade (53%) dos criados na base

da escada de renda familiar permanecendo presos na base quando adultos". Eles mostram o papel crítico da educação na mobilidade ascendente: aqueles com menos educação têm mais probabilidade de permanecerem presos ao fundo. "Pursuing the American Dream: Economic Mobility Across Generations", Pew Mobility Project, julho de 2012.
43. The Equality of Opportunity Project, acessado em 18 de julho de 2018, disponível em http://www.equality-of-opportunity.org/.
44. "Pursuing the American Dream", Pew Mobility Project.

CAPÍTULO 3: EXPLORAÇÃO E PODER DE MERCADO

1. Também melhorou nosso entendimento sobre as limitações do modelo de equilíbrio competitivo. Ele não é robusto: pequenas mudanças nas hipóteses (a presença de pequenos custos irrecuperáveis, de pesquisa ou informacionais, combinada a algumas poucas imperfeições informacionais) levaram a grandes mudanças nos resultados, como, por exemplo, a persistência de grande poder de mercado. Mesmo o pequeno poder de mercado em múltiplas indústrias pode ter grandes efeitos. A economia da informação, a teoria dos jogos e a economia comportamental influenciaram profundamente a maneira como pensamos sobre economia.
A ironia é que a crítica do modelo competitivo padrão estava no auge quando a influência desse modelo se expandiu nas eras de Carter, Reagan e dos presidentes seguintes, demonstrando a importância da defasagem no conhecimento — e, talvez, da ideologia e dos interesses.
2. Peter Thiel, "Competition Is for Losers", *Wall Street Journal*, 14 de setembro de 2014.
3. Comissão criada pelo Congresso para investigar as causas da crise financeira de 2008.
4. Entrevista com a Comissão de Inquérito sobre a Crise Financeira, 26 de maio de 2010. Buffett era um dos principais acionistas da Moody's, uma das três principais agências de classificação de risco de crédito. Relatado por David Dayen, "America's Favorite Monopolist: The Shameful Truth behind Warren Buffett's Billions", *The Nation*, 12 de março de 2018, p. 16. As agências de classificação de risco tiveram papel central na crise, como observou a comissão em seu relatório final, afirmando que haviam sido "facilitadoras-chave do fiasco financeiro".
5. Discurso feito em 2000 durante a reunião anual do Berkshire Hathaway (o principal veículo de investimento de Buffett). Ver Dayen, "America's

Favorite Monopolist". (Buffett usou a analogia do "fosso" durante décadas antes dessa citação ser reportada.)

6. Por exemplo, de acordo com a União Internacional de Telecomunicações, a agência especializada em tecnologias de informação e comunicação das Nações Unidas, no relatório "Mensurando a sociedade de informação em 2015", os preços das telecomunicações nos EUA (pré-pagos, banda larga, móvel, 500 mb) são mais de vinte vezes maiores que os da Índia e quase vinte vezes maiores que os da Estônia. A professora de Direito de Harvard e especialista em telecomunicações Susan Crawford observou que a Comcast e a Time Warner dominam 66% de toda a internet de banda larga, e frequentemente não competem no mesmo mercado. Ver Susan Crawford, *Captive America: The Telecom Industry and Monopoly Power in the New Gilded Age* (New Haven: Yale University Press, 2013).

7. Não somente o aumento do poder de mercado das corporações e dos CEOs que as dirigem, mas também a falta de poder de mercado dos trabalhadores. Como a discussão a seguir e nos próximos capítulos deixa claro, há muitos fatores contribuindo para esse desequilíbrio do poder de mercado, e ele não é o *único* fator contribuindo para o crescimento da desigualdade. As mudanças tecnológicas (discutidas mais detalhadamente no capítulo 6), por exemplo, aumentam a demanda por mão de obra qualificada, em relação à não qualificada. Mas a forma que essas mudanças assumem é, em parte, resultado de decisões gerenciais — como gastar escassos dólares para pesquisa — e aqueles com poder de mercado, os gerentes, decidiram fazer isso de maneiras que reduzem o poder de barganha dos trabalhadores, especialmente dos não qualificados.

8. Quero acrescentar que essa não é a única fonte de desigualdade, como a discussão a seguir deixará abundantemente claro. E não se trata somente do poder de mercado das corporações ao lidarem com seus clientes; trata-se também de seu poder de mercado ao lidarem com seus funcionários.

9. As empresas também podem tomar riqueza dos outros tirando vantagem de suas fraquezas: convencendo-os a apostar suas riquezas ou fazer empréstimos a juros usurários. Mesmo ganhar dinheiro tirando vantagem das fraquezas alheias, como apostas ou álcool, requer poder de mercado, porque, em nossa sociedade amoral, há ampla oferta daqueles hábeis e capazes de fazer isso e, na ausência de poder de mercado, os lucros, mesmo das atividades nefárias, chegariam perto de zero

10. Embora tradicionalmente a corrupção foque em exemplos como esse, na verdade há corrupção disseminada no setor privado, como quando um funcionário (mesmo um CEO) tira vantagem de sua posição para enriquecer ou quando uma empresa se comporta de maneira desonesta para enriquecer à custa de outros.
11. Adam Smith, *Uma investigação sobre a natureza e as causas da riqueza das nações*, 1776.
12. Na verdade, a aprovação foi em resposta não somente ao *potencial* de monopolização, mas à disseminada presença de poder de mercado que emergira ao fim do século XIX, incluindo petróleo, ferrovias, embalagem de carnes e tabaco.
13. Há, é claro, flutuações no prêmio de risco que o mercado requer, dependendo dos julgamentos sobre o risco na economia.
14. Para uma análise mais atenta do setor corporativo, ver Simcha Barkai, "Declining Labor and Capital Shares" (artigo preliminar, 2017). Barkai fez um excelente trabalho analisando o capital social e mostrando que o decréscimo de capital social não pode ser atribuído ao capital intangível. Para um estudo usando dados no nível das empresas, ver Jan De Loecker e Jan Eeckhout, "The Rise of Market Power and Macroeconomic Implications" (artigo preliminar NBER n. 23687, 2017).
15. Ver, por exemplo, Jacob A. Robbins, "Capital Gains and the Distribution of Income in the United States" Universidade Brown, dezembro de 2018.
16. Ver Joseph E. Stiglitz, "New Theoretical Perspectives on the Distribution of Income and Wealth among Individuals". Para uma discussão do papel da habitação, ver Matthew Rognlie, "Deciphering the Fall and Rise in the Net Capital Share: Accumulation or Scarcity?" *Brookings Papers on Economic Activity* 46, n. 1 (primavera de 2015): 1-69. Ver também Thomas Piketty, *O capital no século XXI*.
17. O direito de obter certo fluxo de renda econômica, ano após ano, tem valor de mercado, e isso é chamado de valor capitalizado da renda econômica. Ter um monopólio dará lucro ao proprietário todos os anos, e ele pode vender esse fluxo de lucros. O valor atual desse fluxo é chamado de renda capitalizada.
18. Ver Mordecai Kurz, "On the Formation of Capital and Wealth: IT, Monopoly Power and Rising Inequality" (Instituto Stanford de Pesquisa sobre Políticas Econômicas, artigo preliminar 17-016, 2017).
19. No capitalismo de meados do século XX, as corporações com poder de mercado partilhavam a renda monopólica com seus funcionários sindi-

calizados. No capitalismo do século XXI, não somente pode haver mais poder de mercado, na média, mas também há menos partilha da renda. Os acionistas das empresas, especialmente os administradores, se apropriaram dos retornos, levando a crescente desigualdade. Mas essas mudanças também afetaram a produtividade, pois administradores sem visão, não restritos pelos sindicatos, investem menos nos trabalhadores e mesmo no futuro da empresa. (Quando aqueles no topo pegam mais renda para si mesmos, isso pode ter efeitos morais em toda a hierarquia. Para evitar isso, as empresas podem "desintegrar-se verticalmente", terceirizando os serviços de limpeza e outros com baixos salários. Trabalhadores com altos salários tendem cada vez mais a trabalhar em empresas que pagam altos salários, com outros trabalhadores com altos salários, o inverso ocorrendo com os trabalhadores com baixos salários. See Song *et al.*, "Firming Up Inequality", Card *et al.*, "Firms and Labor Market Inequality" e Furman and Orszag, "A Firm-Level Perspective on the Role of Rents in the Rise in Inequality.")

20. Ver "Benefits of Competition and Indicators of Market Power" (Council of Economic Advisers Issue Brief, abril de 2016). O relatório declara: "Vários indicadores sugerem que a competição pode estar decrescendo em muitos setores, incluindo o prolongado declínio na formação de novos negócios e o aumento de medidas específicas a cada indústria em termos de concentração. Dados recentes mostram que os retornos podem ter aumentado para as empresas mais lucrativas. Na extensão em que as taxas de lucro excedem o custo do capital das empresas, elas podem refletir rendas econômicas, que são retornos aos fatores de produção além do que seria necessário para mantê-los em operação. Tais rendas econômicas podem desviar recursos dos consumidores, distorcer os investimentos e as decisões relativas à contratação e encorajar as empresas a se engajarem em perdulárias atividades de *rent-seeking*."

Mesmo a normalmente conservadora revista *The Economist* soou o alarme, observando que "entre 1997 e 2012, a média ponderada de participação das quatro empresas no topo de cada setor subiu de 26% para 32%". As receitas estão caindo nos setores não concentrados e subindo nos setores concentrados. Ver "Too Much of a Good Thing: Profits Are Too High. America Needs a Giant Dose of Competition", 26 de março de 2016.

Uma série de artigos comentou as consequências da falta de competição entre os empregados nos mercados de trabalho. Ver José Azar, Ioana

Marinescu e Marshall Steinbaum, "Labor Market Concentration", (artigo preliminar NBER n. 24147, dezembro de 2017); José Azar, Ioana Marinescu, Marshall Steinbaum e Bledi Taska, "Concentration in US Labor Markets: Evidence from Online Vacancy Data", (IZA DP n. 11379, março de 2018); Arindrajit Dube, Jeff Jacobs, Suresh Naidu, Siddharth Suri, "Monopsony in Online Labor Markets", (artigo preliminar NBER n. 24416, março de 2018); e Efraim Benmelech, Nittai Bergman e Hyunseob Kim, "Strong Employers and Weak Employees: How Does Employer Concentration Affect Wages?" (artigo preliminar NBER n. 24307, fevereiro de 2018).

21. Gustavo Grullon, Yelena Larkin e Roni Michaely, "Are US Industries Becoming More Concentrated?", 2016, disponível em http://finance.eller.arizona.edu/sites/finance/files/grullon_11.4.16.pdf. De acordo com Furman e Orszag, entre 1997 e 2012, a concentração de mercado aumentou em doze de treze indústrias importantes sobre as quais havia dados disponíveis. Eles citam uma variedade de estudos de micronível em vários setores, incluindo viagens aéreas, telecomunicações, serviços bancários e processamento de alimentos, e todos mostraram evidências de maior concentração. Ver Furman e Orszag, "A Firm-Level Perspective on the Role of Rents in the Rise in Inequality" e Card *et al.*, "Firms and Labor Market Inequality".

22. Sem surpresa, grandes empresas com maior poder de mercado têm maiores retornos. Furman e Orszag sugerem que a maior concentração pode desempenhar um papel na grande e crescente disparidade de retornos entre as principais corporações, com os retornos das mais lucrativas (aquelas no 90° percentil) sendo seis vezes maiores que os retornos daquelas no nível médio, mais de duas vezes a diferença de 1990. Ver Furman e Orszag, "A Firm- Level Perspective on the Role of Rents in the Rise in Inequality"; e Furman e Orszag, "Slower Productivity and Higher Inequality: Are they Related?" (Peterson Institute for International Economics, artigo preliminar 18-4, junho de 2018). Deve-se notar que nem todos os economistas concordam com a existência de forte ligação entre concentração e lucratividade; de fato, algumas pesquisas pretendem demonstrar que ela não existe e mesmo que a concentração média não aumentou (a despeito das evidências apresentadas, por exemplo, no relatório "Benefícios da competição e indicadores de poder de mercado" do Conselho de Assessores Econômicos). Mesmo assim, há a forte suposição de que, quanto mais fraca

a competição, maiores os *markups* (descritos a seguir) e os lucros (tanto como parcela do PIB quanto como retorno sobre o patrimônio). Mais adiante, explicarei por que, em alguns poucos setores críticos, as margens podem ter diminuído mesmo com o aumento da concentração, mas esses casos são exceções.

23. De Loecker e Eeckhout, "The Rise of Market Power and Macroeconomic Implications". A concentração de mercado também foi ligada à redução do investimento na economia. Ver Germán Gutiérrez e Thomas Philippon, "Declining Competition and Investment in the U.S." (artigo preliminar NBER n. 23583, 2017). Isso também pode ser ligado ao fenômeno de a taxa de juros de longo prazo cair por causa da queda da demanda por capital. Ver Ricardo J. Caballero, Emmanuel Farhi e Pierre-Olivier Gourinchas, "Rents, Technical Change, and Risk Premia Accounting for Secular Trends in Interest Rates, Returns on Capital, Earning Yields, and Factor Shares", *American Economic Review* 107, n. 5 (2017): 614-20.

24. Esse é o retorno sobre o capital, excluindo benevolência. Ver Tim Koller, Marc Goedhart e David Wessels, *Valuation: Measuring and Managing the Value of Companies/McKinsey & Company* (Hoboken: Wiley, 2015). Como comento a seguir, o retorno sobre o capital está aumentando mesmo com o retorno dos títulos governamentais diminuindo e as técnicas de gerenciamento de risco se aprimorando, apoiando a hipótese de aumento da renda econômica. (O registrado "retorno sobre o capital" inclui renda econômica com monopólios/oligopólios. Em jargão econômico, ele não deve ser pensado como o valor do produto marginal do capital.) Particularmente surpreendente é o nível de retorno no topo, com os retornos médios no 10% superior das empresas excedendo 80% e no 25% superior, 40%. Ver Furman e Orszag, "A firm-Level Perspective on the Role of Rents in the Rise in Inequality".

25. Matt Kranz, "6 percent of Companies Make 50 percent of U.S. profit", *USA Today*, 2 de março de 2016.

26. *America's Concentration Crisis: An Open Markets Institute Report*, Open Markets Institute, 29 de novembro de 2018. Disponível em https://concentrationcrisis.openmarketsinstitute.org.

27. Ver a edição de 26 de março de 2016 da *The Economist*.

28. Formalmente, o que importa é o custo marginal.

29. Embora haja a suposição de que esse é o caso, isso não é necessariamente verdade. A competição da Amazon forçou a consolidação do setor varejista,

mas, mesmo com essa consolidação, as margens de lucro entre as lojas físicas de varejo têm sido baixas, e a falência não é incomum.

Quando há somente algumas empresas no mercado, é fácil para elas entrarem em colusão, muitas vezes de maneira tácita. Embora provar tal colusão tácita seja difícil, os efeitos costumam ser fáceis de perceber na forma de preços mais altos.

30. Há, é claro, alguns exemplos nos quais o poder de mercado de uma empresa pode ser grande: o único dono da água em um oásis no deserto. Os indivíduos não podem sobreviver sem água e quem a controla pode impor um alto preço. Aqueles que controlavam outras necessidades básicas, como sal para preservar os alimentos antes da refrigeração, também podiam extrair altos preços; o governo, sabendo disso, frequentemente estabeleceu um monopólio público. Ao menos então o dinheiro extraído ia para propósitos públicos ou havia um limite ao preço cobrado.

31. Uma série de 2015 do *New York Times* revelou a extensão em que os painéis de arbitragem distorceram a justiça nos Estados Unidos. Ver Jessica Silver-Greenberg e Robert Gebeloff, "Arbitration Everywhere, Stacking the Deck of Justice", *New York Times*, 31 de outubro de 2015. Houve histórias terríveis sobre pessoas enganadas por casas de repouso que descobriram ser impossível conseguir reparação para si mesmas ou para seus pais por causa dessas cláusulas de arbitragem. Elas também foram incluídas em quase todos os contratos de trabalho.

32. A despeito disso, a Suprema Corte decidiu que, ao assinar cláusulas de arbitragem, a pessoa desiste do direito a julgamento em nosso sistema legal público. Epic Systems Corp v. Lewis No. 16-285, sentença de 21 de maio de 2018.

33. Essas técnicas (como FUD) aumentam o custo de produção do rival sem afetar o incumbido. É o método quintessencial para criar um fosso em torno de um produto. A teoria foi descrita anteriormente por Thomas G. Krattenmaker e Steven C. Salop, "Competition and Cooperation in the Market for Exclusionary Rights", *American Economic Review* 76, n. 2 (1986): 109-13; Steven C. Salop e David T. Scheffman, "Raising Rivals' Costs", *American Economic Review* 73, n. 2 (1983): 267-71.

34. Mesmo empresas estabelecidas às vezes têm problemas, e mesmo quando as patentes são de propriedade não de uma grande companhia, mas dos chamados "trolls das patentes", empresas cujo principal modelo de negócios não é a inovação — levar uma patente ao mercado —, mas mover ações

por infração. Isso aconteceu à Blackberry, na época uma das principais fabricantes de celulares, que, após extenso litígio, teve de pagar 612 milhões de dólares somente para continuar oferecendo seus serviços, fossem as patentes que supostamente infringira válidas ou não.

Para as startups, tais ações são ainda mais assustadoras. A Vlingo, por exemplo, era uma startup que trabalhava com tecnologias de reconhecimento de voz. Todavia, foi atingida por uma série de ações legais iniciadas por uma empresa muito maior chamada Nuance. Por fim, a Vlingo concordou em ser comprada pela Nuance, mas somente após quase 3 milhões de dólares em despesas legais, a despeito de ter vencido a primeira ação (houve seis no total). Ver Charles Duhigg e Steve Lohr, "The Patent, Used as a Sword", *New York Times*, 7 de outubro de 2012. Ver também Colleen V. Chien, "Patent Assertion and Startup Innovation" (Santa Clara University of Law Legal Studies Research Paper Series 26-13, 2013).

35. Os economistas de Chicago defenderam essas práticas anticompetitivas dizendo que essas restrições são somente a maneira natural pela qual a competição eficiente ocorre em mercados bilaterais. De acordo com eles, os mercados bilaterais são somente um "ponto de encontro" — hoje, tipicamente uma plataforma eletrônica — para que dois conjuntos de agentes interajam. Os cartões de crédito unem consumidores e lojas. Eles argumentam que os tribunais não deveriam interferir com a ação dos mercados. No mínimo, esses argumentos ignoram o funcionamento real dos mercados. Mesmo assim, conseguiram persuadir alguns tribunais — inclusive a Suprema Corte, em outra de suas decisões cinco contra quatro — a permitir que esses abusos do poder de mercado continuassem. Para uma excelente discussão, ver Benjamin E. Hermalin e Michael L. Katz, "What's So Special About Two-Sided Markets?" em Martin Guzman (ed.) *Toward a Just Society* (Nova York: Columbia University Press, 2018), pp. 111-130.

36. As provisões do contrato são tão intensamente anticompetitivas que mesmo uma empresa com pequena participação no mercado (como Discover Card) podia cobrar, e cobrou, preços exorbitantes, muito além dos custos. A Austrália proibiu esses contratos, e o resultado foi um mercado muito mais competitivo, com taxas mais baixas cobradas dos comerciantes — e lucros menores para as administradoras de cartões de crédito.

37. Isso também significa que outros consumidores, como aqueles que pagam em dinheiro, ficam em situação pior.

38. Em um caso paralelo, empregando muito da mesma análise econômica, um sistema de reservas aéreas dominante, o Sabre, foi considerado culpado de usar provisões contratuais análogas para restringir a competição. Nesse caso, as companhias aéreas tinham de pagar taxas muito mais altas do que os custos do sistema computadorizado de reservas. As provisões contratuais dificultavam a entrada de novos concorrentes e a inovação. Elas até mesmo inibiam as companhias aéreas de tentarem atrair consumidores para seus muito mais baratos sistemas de reserva on-line, proibindo-as de oferecer descontos àqueles que tiravam vantagem desse sistema e evitavam as grandes taxas impostas pelo Sabre. Ver US Airways Inc. v. Sabre Holdings Corp et al., Tribunal Distrital, Distrito Sul de Nova York, n. 11-cv-2725. No momento de publicação deste livro, o caso estava sob apelação. (Para que se conheçam todos os fatos, fui testemunha especialista do reclamante, que afirmava que as provisões do contrato eram anticompetitivas, nesse caso e em vários casos de cartões de crédito.)
39. Por exemplo, King Drug Company v. Smithkline Beecham Corporation, Tribunal de Apelações do Terceiro Circuito, n. 14-1243, 19 de novembro de 2014. A Suprema Corte mais tarde se recusou a revisar a decisão. Ver também FTC v. Actavis, Inc., Suprema Corte n. 12-416 (2013).
40. Por exemplo: eles esperam até a expiração da patente para introduzir uma versão de liberação prolongada. A versão não deveria ser patenteada, pois patentes devem ser concedidas somente a inovações não óbvias e, a essa altura, a versão de liberação prolongada de uma droga já existente é óbvia. A Índia reconheceu isso, para grande pesar dos Estados Unidos.

O governo frequentemente auxilia a Big Pharma a manter de fora os genéricos, em provisões chamadas de "exclusividade de dados", limitando o uso dos dados da droga original na avaliação de segurança e eficácia do genérico.
41. No capítulo 6, forneço vários exemplos de fusões preventivas.
42. Há outras razões para que a evolução da economia talvez esteja levando a maior concentração de mercado. O capítulo 6 discute como a Big Data dá origem a um monopólio natural que pode favorecer empresas como Google e Amazon. Nessas circunstâncias, é difícil fazer com que a competição funcione. Simplesmente não acontece.
43. Assim, nos Estados Unidos de meados do século XX, havia três fabricantes dominantes (GM, Chrysler e Ford) e algumas empresas pequenas (Studebaker, Nash-Rambler). Hoje, as três montadoras americanas enfrentam

severa competição de múltiplos fabricantes japoneses, coreanos, alemães e italianos.

44. Outra maneira de ver que a competição padrão não é viável em tais mercados é observar que, se o preço fosse igual ao custo marginal (o custo extra de produzir uma unidade extra), como sugerido pela teoria competitiva padrão, essas indústrias não sobreviveriam.

45. Ironicamente, uma mudança nas regras do jogo que contribuiu direta e indiretamente para maior poder de mercado e uma economia mais fraca com maior desigualdade foi a de alíquotas menores no topo, como já comentado. Alíquotas menores podem encorajar o "comportamento *rent-seeking*", no qual as empresas tentam aumentar seus lucros não produzindo um produto melhor, mas conseguindo favores do governo. Ver Piketty, Saez e Stantcheva, "Optimal Taxation of Top Labor Incomes". A lei fiscal de 2017 ilustra um fenômeno relacionado: quando os impostos corporativos são baixados para favorecer aqueles que fazem doações ao partido no poder, há o perigo de a lei fiscal acabar repleta de provisões que favoreçam um grupo em relação a outro, distorcendo a economia e reduzindo a eficiência geral.

46. O fato de que a concentração de mercado aumentou nos Estados Unidos, mas não na Europa, sugere que o crucial não é a tecnologia, mas a política. Germán Gutiérrez e Thomas Philippon atribuem a diferença à imposição das leis antitruste. Ver Gutiérrez e Philippon, "How EU Markets Became More Competitive than US Markets: A Study of Institutional Drift" (artigo preliminar NBER n. 24700, junho de 2018).

47. Ou seja, leva a níveis mais baixos de renda nacional (e mais da renda nacional indo para o monopolista). Além disso, esse aumento do poder de mercado também leva a crescimento mais lento, porque os incentivos à inovação podem ser menores com o enfraquecimento da competição, as barreiras criadas por aqueles que têm poder de mercado desencorajam a entrada de outros inovadores e uma parte maior dos gastos com pesquisas é devotado a manter e aumentar o poder de mercado e criar maneiras melhores de explorá-lo.

A discriminação de preços — na qual as empresas cobram preços diferentes de clientes diferentes, cada vez mais uma característica da economia digital, com as empresas usando os dados que coletam para determinar o quanto estamos dispostos a pagar — introduz ainda mais distorções, como será discutido no capítulo 6.

48. "Aggregate Productivity and the Rise of Mark-Ups", *Vox*, 4 de dezembro de 2017; e David R. Baqaee e Emmanuel Farhi, "Productivity and Misallocation in General Equilibrium" (artigo preliminar NBER 24007, 2018).
49. Os estudos detalhados de John Haltiwanger e seus colaboradores documentaram isso. Ver Ryan Decker, John Haltiwanger, Ron S. Jarmin e Javier Miranda, "The Secular Decline in Business Dynamism in the US" (manuscrito de 2014); John Haltiwanger, Ian Hathaway e Javier Miranda, "Declining Business Dynamism in the U.S. High-Technology Sector" (Kauffman Foundation, 2014); Ryan Decker, John Haltiwanger, Ron S. Jarmin e Javier Miranda, "The Role of Entrepreneurship in US Job Creation and Economic Dynamism", *Journal of Economic Perspectives* 28, n. 3 (2014): 3-24. Ver também Ian Hathaway e Robert E. Litan, "Declining Business Dynamism in the United States: A Look at States and Metros'" (Brookings Papers, 2014). Isso surge também em dados da OCDE, nos quais os Estados Unidos não têm o pior desempenho, mas, contrariamente a nossa imagem, estão longe de serem os melhores. Ver Chiara Criscuolo, Peter N. Gal e Carlo Menon, "The Dynamics of Employment Growth: New Evidence from 18 Countries" (OCDE, Artigos sobre Políticas Científicas, Tecnológicas e Industriais, n. 14, 21 de maio de 2014).

    Furman e Orszag fornecem evidências adicionais sobre o declínio do dinamismo da economia americana, que ligam parcialmente à diminuição da competição. Ver Furman e Orszag, "Slower Productivity and Higher Inequality: Are they Related?"; e Furman e Orszag, "A Firm-Level Perspective on the Role of Rents in the Rise in Inequality".
50. Furman e Orszag também comentaram o fato de que os grandes negócios estão investindo cada vez menos, embora seus retornos pareçam tão altos, o que atribuem em parte à redução da competição. Ver Furman e Orszag, "A Firm-Level Perspective on the Role of Rents in the Rise in Inequality"; e Furman e Orszag, "Slower Productivity and Higher Inequality: Are They Related?" Gutierrez e Philippon (2017) similarmente descobriram que os investimentos nos Estados Unidos hoje são menores em relação às medidas de lucratividade e valorização, e que a falta de competição e a visão de curto prazo, relacionadas aos problemas de governança discutidos brevemente a seguir, são as duas principais explicações. Ver Germán Gutiérrez e Thomas Philippon, "Investment-less Growth: An Empirical Investigation", setembro de 2017, Universidade de Nova York e Brookings, https://www.brookings.edu/wp-content/uploads/2017/09/2_gutierrezphilippon.pdf.

É claro que os baixos investimentos também têm efeitos adversos sobre a demanda agregada, de importância fundamental em períodos como o que sucedeu a crise financeira de 2008, nos quais a falta de demanda agregada é uma restrição crítica à economia. Dados de "Shares of Gross Domestic Product: Gross Private Domestic Investment", St. Louis FRED, acessado em 17 de julho de 2018, disponível em https://fred.stlouisfed.org/series/A006RE1Q156NBEA#0.

51. Princeton: Princeton University Press. Assim como os atores nocivos da internet estão procurando tolos que possam trapacear.
52. Essa questão recebeu alguma atenção da administração Obama. Ver CEA Issue Brief, "Labor Market Monopsony: Trends, Consequences, and Policy Responses", outubro de 2016.
53. Ver, por exemplo, Alan Manning, "Imperfect Competition in Labour Markets", in *Handbook of Labor Economics*, editado por Orley Ashenfelter e David Card, vol. 4 (Amsterdã: North-Holland, 2011); e John Schmitt, "Why Does the Minimum Wage Have No Discernible Effect on Employment?" (Publicação CEPR, 2013).
54. Em muitos casos, como o dos funcionários de fast-food, não há justificativa possível em termos de perda de um segredo comercial ou "informação privilegiada". Alan Krueger e Eric Posner descobriram que um quarto de todos os trabalhadores americanos são expostos a acordos de não competição ou não intercontratação em algum momento de suas carreiras. Eles frequentemente são impostos aos trabalhadores mais vulneráveis. Ver "A Proposal for Protecting Low-Income Workers from Monopsony and Collusion", *The Hamilton Project Policy Proposal* 5 (2018).
55. Smith, *Uma investigação sobre a natureza e as causas da riqueza das nações*.
56. Um estudo recente demonstrou que "entre os funcionários pagos por hora que trabalham mais de quarenta horas por semana, 19% recebiam menos que a hora-extra padrão de uma vez e meia". Susann Rohwedder e Jeffrey B. Wenger, "The Fair Labor Standards Act: Worker Misclassification and the Hours and Earnings Effects of Expanded Coverage" (artigo preliminar Rand, 7 de agosto de 2015).
57. Uma das mais reveladoras evidências vem de um estudo econométrico recente sobre mercados de trabalho on-line. Seria de se esperar que o poder monopsônico fosse muito baixo, mas há evidências em contrário. Ver Dube, Jacobs, Naidu e Suri, "Monopsony in Online Labor Markets" e Azar *et al.*, "Concentration in US Labor Markets: Evidence from Online Vacancy Data".

Vemos evidências de poder de mercado dos empregadores também na discriminação racial, étnica e de gênero que abunda no mercado de trabalho. A teoria competitiva diz que tal discriminação não pode existir, mas qualquer um pode ver que existe, e sua própria existência é evidência da ausência de poder desses grupos em relação aos empregadores.

58. Vários fatores contribuíram, por sua vez, para o enfraquecimento dos sindicatos, para além das mudanças nas regras do jogo e da estrutura de mercado que tornaram a sindicalização mais difícil. Muitas dessas mudanças se alimentaram umas das outras. A globalização, da maneira como foi estruturada, diminuiu a capacidade dos sindicatos de obter aumentos para os trabalhadores, e essa redução de sua efetividade contribuiu para diminuir o número de afiliações. Os líderes sindicais às vezes não refletem adequadamente os interesses dos membros, em algo chamado de problema do agente principal — algo que surge em todas as organizações na presença de informação/responsabilização imperfeita.

59. Alexander Hertel-Fernandez fez um trabalho interessante sobre as ligações entre o declínio dos sindicatos, o aumento da desigualdade e como essas tendências estão relacionadas à política. Ver seu livro *Politics at Work: How Companies Turn Their Workers into Lobbyists* (Nova York: Oxford University Press, 2018).

60. De modo mais geral, há todo um conjunto de regras que governa os sindicatos e afeta quão facilmente eles podem obter membros e coletar contribuições, quão provável é que vençam uma eleição para lhes conceder o direito de representar os trabalhadores em uma fábrica e quão efetivamente podem barganhar. Tradicionalmente, os empregadores não só demitiam os funcionários que eram pegos se organizando, como também os colocavam em uma lista negra, de modo que não conseguiam encontrar emprego em outros lugares. Isso agora é ilegal, mas há uma variedade de maneiras sutis e não tão sutis, legais e ilegais, que os empregadores usam para desencorajar a sindicalização. O Conselho Nacional de Relações Trabalhistas supervisiona e interpreta as leis e regulamentações trabalhistas, fiscalizando seu cumprimento. Mark Stelzner, da Universidade de Connecticut, foi capaz de demonstrar que grande parte do enfraquecimento da posição dos trabalhadores é resultado de mudanças em algumas regras e interpretações, que resultaram em desvantagem para os sindicatos. Ver Mark Stelzner, "The New American Way— How Changes in Labour Law Are Increasing Inequality", *Industrial Relations Journal* 48, n. 3 (2017): 231-55.

Os sindicatos também desempenharam um importante papel para reduzir as desigualdades salariais, de modo que o enfraquecimento dos sindicatos é naturalmente associado ao aumento da desigualdade. Ver David Card, "The Effect of Unions on Wage Inequality in the U.S. Labor Market", *Industrial and Labor Relations Review* 54, n. 2 (2001): 296-315. Uma das razões para a desigualdade ser pior nos Estados Unidos é o fato de os sindicatos serem mais fracos. Para uma perspectiva global, ver Era Dabla-Norris, Kalpana Kochhar, Nujin Suphaphiphat, Frantisek Ricka e Evridiki Tsounta, "Causes and Consequences of Income Inequality: A Global Perspective", IMF Staff, nota de discussão n. 15/13 (Washington, DC: Fundo Monetário Internacional, 2015); e Florence Jaumotte e Carolina Osorio Buitron, "Inequality and Labour Market Institutions", IMF Staff, nota de discussão n. 15/14 (Washington, DC: Fundo Monetário Internacional, 2015).

Em junho de 2018, a decisão da Suprema Corte em *Janus v. Federação Americana de Funcionários Estaduais, Distritais e Municipais* removeu o direito dos sindicatos do setor público de coletar contribuições de não membros. Ao forçar os sindicatos a devotar mais atenção à coleta de fundos e à retenção de membros, essas medidas também enfraqueceram sua habilidade de se engajar em outras atividades, incluindo atividades políticas com o objetivo de aumentar o bem-estar dos trabalhadores. Ver James Feigenbaum, Alexander Hertel-Fernandez e Vanessa Williamson, "From the Bargaining Table to the Ballot Box: Political Effects of Right to Work Laws" (NBER, artigo preliminar 24259, 2017).

As limitações de espaço me impedem de descrever toda a agenda para restaurar o poder político e de mercado dos trabalhadores, para além de revogar as leis projetadas para miná-los. Mudanças na economia, o crescimento do setor de serviços, a diminuição da manufatura e o desenvolvimento da economia colaborativa contribuíram para esses desafios. Ver Brishen Rogers e Kate Andrias, *Rebuilding Worker Voice in Today's Economy* (Instituto Roosevelt, 2018); e Kate Andrias, "The New Labor Law", *Yale Law Journal* 126, n. 1 (outubro de 2016).

61. Para uma discussão sobre o papel dos sindicatos na determinação dos salários, ver Henry S. Farber, Daniel Herbst, Ilyana Kuziemko e Suresh Naidu, "Unions and Inequality Over the Twentieth Century: New Evidence from Survey Data" (NBER, artigo preliminar n. 24587, 2018).

62. Ver John Kenneth Galbraith, *American Capitalism: The Concept of Countervailing Power* (Boston: Houghton Mifflin, 1952). Sua ideia era então (como

agora) que a economia não era adequadamente descrita como mercado competitivo, mas como poder de mercado disseminado, com grandes sindicatos e grandes corporações se mantendo em equilíbrio — o sistema funcionava porque esses poderes se contrabalançavam.

63. O tema da atualização das leis antitruste atraiu enorme interesse de acadêmicos e legisladores em anos recentes. Ver, por exemplo, Tim Wu, "Antitrust in the New Gilded Age" (Columbia Business School Global Reports, 2018); uma série de blogs e artigos do Instituto Roosevelt, incluindo: Marshall Steinbaum, "Crossed Lines: Why the AT&T–Time Warner Merger Demands a New Approach to Antitrust", 2 de fevereiro de 2017; "Airline Consolidation, Merger Retrospectives, and Oil Price Pass-Through," 6 de abril de 2018; "It's Time for Antitrust to Take Monopsony Seriously", 17 de outubro de 2017; "A Missing Link: The Role of Antitrust Law in Rectifying Employer Power in Our High--Profit, Low-Wage Economy", 16 de abril de 2018; Marshall Steinbaum, Eric Harris Bernstein e John Sturm, "Powerless: How Lax Antitrust and Concentrated Market Power Rig the Economy Against American Workers, Consumers, and Communities", 27 de março de 2018; e Adil Abdela, "Market Concentration and the Importance of Properly Defined Markets", 23 de abril de 2018. Ver também Joseph E. Stiglitz, "Towards a Broader View of Competition Policy", em *Competition Policy for the New Era: Insights from the BRICS Countries*, editado por Tembinkosi Bonakele, Eleanor Fox e Liberty Mncube (Oxford: Oxford University Press, 2017); (palestra proferida durante a 4ª Conferência BRICS sobre Competição Internacional em Durban, novembro de 2015); e Joseph E. Stiglitz, "America Has a Monopoly Problem—and It's Huge", *Nation*, 23 de outubro de 2017. Ver também o website de Barry Lynn, Open Markets Institute, https://openmarketsinstitute.org/. Barry Lynn era acadêmico da New America Foundation, mas ele e sua equipe saíram, supostamente após pressão do Google, por causa do elogio de Lynn à decisão antitruste da União Europeia contra o Google. Ver Barry Lynn, "I Criticized Google. It Got Me Fired. That's How Corporate Power Works", *Washington Post*, 31 de agosto de 2017.

64. Na verdade, essas doutrinas eram fortes na Universidade de Chicago mesmo antes de Friedman entrar em cena. Mas ele fez mais que qualquer outro para popularizá-las, como em seu livro *Free to Choose*, escrito com a esposa, Rose Friedman (Nova York: Harcourt, 1980).

65. Há um terço de século, por exemplo, Partha Dasgupta e eu descrevemos como a alegação schumpeteriana de que monopólios são temporários estava errada: eles tinham o poder e os incentivos para garantir a persistência de seu poder de mercado. Ver Dasgupta e Stiglitz, "Uncertainty, Industrial Structure, and the Speed of R&D", *Bell Journal of Economics* 11, n. 1 (1980): 1-28. Com outros colegas, demonstrei que a luta para ser monopolista não necessariamente tem sobre a inovação o efeito positivo que Schumpeter presumiu, mas, ao contrário, podia inibi-la. Ver, por exemplo, Kenneth J. Arrow, "Economic Welfare and the Allocation of Resources to Invention", e Drew Fudenberg, Richard Gilbert, Joseph E. Stiglitz e Jean Tirole, "Preemption, Leapfrogging and Competition in Patent Races", *European Economic Review* 22 (junho de 1983): 3-32 (Jean Tirole recebeu o Prêmio de Ciências Econômicas em Memória de Alfred Nobel em 2014). Essas conclusões foram reforçadas por resultados mais recentes de Greenwald e Stiglitz, *Creating a Learning Society*, especialmente os capítulos 5 e 6.

Arnold Harberger, da Universidade de Chicago, alegou que a perda em bem-estar do consumidor resultante do poder monopólico era de importância secundária (cerca de 0,1% do PIB). Ver Arnold C. Harberger, "Monopoly and Resource Allocation", *American Economic Review* 44, n. 2 (1954): 77-87. Pesquisas mais recentes demonstraram que Harberger subestimou os custos em duas ordens de magnitude. Ver Baqaee e Farhi, "Productivity and Misallocation in General Equilibrium". Ainda que as conclusões de Harberger fossem verdadeiras na década de 1950, o subsequente aumento do poder de mercado (e o associado aumento em markups), descritos neste capítulo, implicam que isso já não é verdadeiro.

66. Ou seja, na imposição das leis antitruste, há dois tipos possíveis de erro: achar competitiva uma prática não competitiva e achar não competitiva uma prática competitiva. Eles focaram sua atenção na última, achando que a probabilidade de qualquer prática não competitiva sobreviver era, de todo modo, baixa.

67. A Suprema Corte pareceu comprar esse argumento em *Brooke Group Ltd. v. Brown & Williamson Tobacco Corp.*, 509 U.S. 209 (1993). Mesmo na época em que foram apresentados pela primeira vez por advogados de Chicago como Robert Bork, esses argumentos foram criticados por economistas como o vencedor do prêmio Nobel Oliver Williamson em "Review of *The Antitrust Paradox: A Policy at War with Itself* e por Robert H. Bork",

University of Chicago Law Review 46, n. 2 (1979): 10. Desenvolvimentos da teoria econômica desde então reforçaram essas conclusões.

É irônico que, ao mesmo tempo que os Estados Unidos tornaram difícil vencer um caso de precificação predatória no *interior* do país, é fácil vencer um caso análogo ao se acusar empresas estrangeiras de práticas injustas de comércio, como cobrar preços abaixo dos custos.

68. Atualmente, recai sobre o reclamante (a parte alegando que a empresa está agindo de maneira não competitiva) o ônus de provar que os efeitos anticompetitivos superam os ganhos em eficiência. Isso se baseia na suposição de que os mercados funcionam bem e são competitivos, de modo que algo aparentemente anticompetitivo na verdade tem probabilidade de ser pró-competitivo.

69. Assim, quando o Google vende diretamente, ele está em conflito de interesse com os anunciantes que o usam para comercializar seus produtos. Conflitos de interesse são ainda mais presentes na Amazon. Discutiremos adiante algumas outras questões regulatórias suscitadas pelas novas plataformas, mas os desafios que apresentam para a economia, incluindo a competição, vão além do que poderei cobrir aqui. Ver, por exemplo, Lina M. Khan, "Amazon's Antitrust Paradox", *The Yale Law Journal* 126, n. 3 (janeiro de 2017).

70. Também deveria haver mudanças em alguns dos procedimentos convencionais para determinar poder de mercado. Frequentemente, aqueles que alegam violação das leis antitruste são obrigados a demonstrar que determinada empresa tem grande participação de mercado. Novamente, a suposição é que, sem grande participação de mercado, ela simplesmente não poderia se engajar em uma prática anticompetitiva. Como questão teórica, isso está errado. Mas, como questão prática, é pior, pois estabelecer qual o mercado relevante costuma ser difícil. Quando há evidências *diretas* de poder de mercado (do tipo discutido aqui, como altos markups, discriminação de preços, retornos excessivos sem entrada de novos concorrentes, forçando os compradores a aceitarem termos como cláusulas de arbitragem, que deveriam ser inaceitáveis), isso deveria ser prova suficiente.

Para uma discussão adicional sobre outras mudanças procedimentais, ver Wu, "Antitrust in the New Gilded Age".

71. "Costly Choices for Treating Wilson's Disease", *Hepatology* 61, n. 4 (2015): 1106-8. O editorial observa que a Merck, que inventou a droga, durante vinte anos manteve os preços em torno de 0,5% dos cobrados pela Valeant.

72. Após comprar o Daraprim, uma droga não patenteada de 62 anos, em 2015, a Turing Pharmaceuticals aumentou o preço de 13,50 dólares para 750 dólares por comprimido. Há muitos, muitos outros exemplos. Ver Andrew Pollack, "Drug Goes from $13.50 a Tablet to $750, Overnight", *New York Times*, 20 de setembro de 2015.
73. Similarmente, se os preços das ações sobem mais do que as economias alegadas, isso sugere que o aumento do poder de mercado pode ter sido um motivador importante da fusão ou aquisição. Também precisa haver atenta revisão pós-fusão, com a ameaça crível de que será revertida se resultar em preços mais altos, e não mais baixos.
74. O capítulo 6 explica como as regulamentações que requerem neutralidade da rede são necessárias para evitar o abuso do poder de mercado que surge de tais conflitos de interesse por parte das empresas de internet. Tradicionalmente, a supervisão antitruste focou nas fusões no interior das indústrias e presumiu que as fusões verticais não eram anticompetitivas. Mas, com o reconhecimento de que em muitos mercados a competição é limitada, agora se entende que as fusões verticais têm efeitos "horizontais" e reduzem ainda mais a competição. A continuada influência da Escola de Chicago, que começa com a suposição de que os mercados são basicamente competitivos, pode ser vista em decisões recentes dos tribunais, como a que permitiu a fusão da AT&T e da Time Warner (atualmente sob apelação). Ver também "Brief for 27 Antitrust Scholars as Amici Curiae in Support of Neither Party", Estados Unidos da América, requerente, v. AT&T Inc.; Directv Group Holdings, LLC; e Time Warner Inc., requeridos. Em apelação no Tribunal Distrital do Distrito de Colúmbia, n. 1:17-cv-2511 (Juiz Richard J. Leon). Tribunal de Apelações do Circuito do Distrito de Colúmbia, documento #1745344. Protocolada em 13 de agosto de 2018.
75. Este é outro caso no qual aquilo que é bom para o indivíduo pode não ser bom para a economia e a sociedade. Os donos avessos ao risco de uma startup podem se contentar em receber um pagamento razoável por seus esforços hoje, em vez de suportar a incerteza de um mercado arriscado amanhã. Mas a sociedade tem um interesse fundamental em manter um mercado competitivo.
76. Em particular, as provisões de não competição e não intercontratação.
77. Algumas das maneiras mais inovadoras são discutidas no capítulo 6.
78. Na Europa, há muita preocupação em manter o campo de jogo nivelado entre os países, de modo que o auxílio estatal de qualquer natureza é proibido, inclusive através dos benefícios fiscais que a Amazon tentou obter.

79. Ver Joseph E. Stiglitz, "Economic Foundations of Intellectual Property Rights", *Duke Law Journal* 57 (2008): 1693-1724; e Claude Henry e Stiglitz, "Intellectual Property, Dissemination of Innovation, and Sustainable Development", *Global Policy* 1, n. 1 (2010): 237-51.
80. A Lei de Extensão do Copyright de 1998 estendeu os direitos autorais a setenta anos após a morte do autor e, no caso das obras corporativas, a 95 anos após a primeira publicação ou 120 anos após a data de criação, o que expirar primeiro. A teoria econômica padrão sugere que essas provisões fornecem pouco ou nenhum incentivo para a criação de novas propriedades intelectuais, mas, obviamente, uma vez que alguém criou algo tão durável quanto o Mickey Mouse, elas aumentam muito a renda econômica que pode ser apropriada.
81. Esse exemplo é discutido com mais detalhes no capítulo 6.
82. "Declaração de Joseph E. Stiglitz e Jason Furman" perante o Departamento de Justiça dos Estados Unidos, ação civil n. 98-1232 (CKK) e ação civil n. 98-1233 (CKK). Disponível em https://www.justice.gov/sites/default/files/atr/legacy/2002/06/05/mtc-00030610c.pdf.
83. Ver, por exemplo, Andrea Prat, "Media Power", *Journal of Political Economy* 126, n. 4 (2018): 1747-83; e Andrea Prat, 2015, "Media Capture and Media Power", em *Handbook of Media Economics*, editado por Simon Anderson, Joel Waldfogel e David Stromberg, vol. 1b (Amsterdã: North-Holland, 2015). Ver também Timothy Besley e Andrea Prat, "Handcuffs for the Grabbing Hand? The Role of the Media in Political Accountability", *American Economic Review*, 96, n. 3 (2006): 720-36.
84. Os economistas dizem que a informação é um "bem público" que será subfornecido em uma economia de mercado sem apoio governamental. Ter uma mídia ativa beneficia não somente anunciantes e consumidores, mas também a sociedade em geral, e não somente através de cidadãos mais informados. A mídia desempenha papel importante na responsabilização do governo e na inibição da corrupção.
85. O caso do Sinclair Broadcast Group, por exemplo, e suas aquisições de estações de TV em todo o país foi seguido de mudanças na programação, passando a incluir conteúdo altamente conservador. Ver Sheelah Kolhatkar, "The Growth of Sinclair's Conservative Media Empire", *The New Yorker*, 22 de outubro de 2018.
86. Outra área na qual o poder de mercado precisa ser julgado por padrões mais elevados é a financeira. Em todas as economias, os grandes bancos e outras instituições financeiras podem exercer poder desproporcional.

87. Vincent Larivière, Stefanie Haustein e Philippe Mongeon, "The Oligopoly of Academic Publishers in the Digital Era", *PLoS ONE* 10, n. 6 (2015): e0127502, https://doi.org/10.1371/journal.pone.0127502.
88. Pesquisas no último meio século identificaram grande número de "falhas de mercado", circunstâncias nas quais os mercados falham em produzir resultados eficientes, incluindo a ausência de mercados de risco e de capital perfeitos e informações imperfeitas e assimétricas. Este capítulo (e, mais amplamente, este livro) focou em uma falha de mercado — a falta de competição — porque acredito que ela é central para os problemas enfrentados pela economia.
89. A remuneração dos CEOs nos Estados Unidos cresceu enormemente nas últimas quatro décadas, e é muito maior que em outros países desenvolvidos. Esses níveis de remuneração não podem ser justificados em termos de produtividade — nossos CEOs não são tão mais produtivos que os CEOs de outros países nem tão mais produtivos em relação aos outros funcionários hoje do que eram há quarenta anos. (A remuneração média do CEO entre as 350 principais empresas em 2017 foi mais de trezentas vezes maior que a remuneração média de seus funcionários, em relação a vinte vezes em 1965. Ver Lawrence Mishel e Jessica Schieder, "CEO Compensation Surged in 2017", Economic Policy Institute, 16 de agosto de 2018, disponível em https://www.epi.org/publication/ceo-compensation-surged-in-2017/.) Em comparação, os CEOs na Noruega recebem apenas vinte vezes a remuneração do funcionário médio. Os Estados Unidos superam todos os outros países do mundo e ultrapassam nosso vizinho no norte, o Canadá, por uma margem considerável. Anders Melin e Wei Lu, "CEOs in U.S., India Earn the Most Compared with Average Workers", *Bloomberg*, 28 de dezembro de 2017, disponível em https://www.bloomberg.com/news/articles/2017-12-28/ceos-in-u-s-india-earn-the-most-compared-with-average-workers.
90. Elaboro o assunto no capítulo 8.
91. A sensação de impotência, por exemplo, tem múltiplos efeitos sobre a saúde, incluindo maior incidência de depressão. Que ela também tem consequências políticas significativas foi recentemente documentado por um estudo a Universidade de Stanford: Jojanneke van der Toorn, Matthew Feinberg, John T. Jost, Aaron C. Kay, Tom R. Tyler, Robb Willer e Caroline Wilmuth, "A Sense of Powerlessness Fosters System Justification: Implications

for the Legitimation of Authority, Hierarchy, and Government", *Political Psychology* 36, n. 1 (fevereiro de 2015).

92. Ações representando um grande grupo de indivíduos (digamos, compradores de programas da Microsoft) que foram prejudicados por práticas comerciais exploradoras e ilegais. Nenhum indivíduo sozinho poderia iniciar a ação — o "dano" a cada um pode ser de apenas algumas centenas ou milhares de dólares, insuficiente para justificar com os custos legais, que podem chegar a milhões. Mas, coletivamente, os danos podem ser enormes. A comunidade empresarial fez campanha para dificultar tais ações, sabendo que, sem ações coletivas, elas são basicamente imunes à ação legal daqueles que prejudicam.

93. Song *et al.*, em "Firming Up Inequality", mostram que aumentos nas diferenças de remuneração no interior de uma empresa desempenham papel importante na crescente desigualdade de salários, embora não tanto quanto aumentos nas diferenças entre empresas, que, como comentado, são amplamente atribuídas a mudanças na composição de habilidades das empresas.

94. Por exemplo, medidas para diminuir o poder dos líderes corporativos poderiam incluir requerer a revelação da proporção entre a remuneração dos executivos e a remuneração do funcionário comum, a revelação, para os acionistas, do valor das opções de ações para os executivos ou a concessão aos acionistas de maior poder decisório sobre a remuneração dos executivos. Mesmo essas reformas amenas encontraram (sem surpresa) enorme resistência dos executivos corporativos, que temem que o resultado seja pressão para reduzir suas exorbitantes remunerações.

Outra proposta que recentemente recebeu atenção foi a de incentivar as empresas a pagarem os CEOs e a diretoria de modo menos exorbitante, seja fornecendo alíquotas sobre a receita mais baixas para as corporações que fazem isso ou aumentando as alíquotas sobre a própria remuneração. No mínimo, as provisões fiscais especiais que encorajam as opções de ações deviam ser eliminadas.

Para uma discussão mais extensa sobre a questão e o que pode ser feito, ver Stiglitz, *The Price of Inequality*; e Stiglitz, *Os exuberantes anos 90*. O investidor Stephen M. Silberstein vem fazendo pressão, até agora sem sucesso, para que a legislação na Califórnia ligue as alíquotas corporativas à remuneração do CEO; ver também Gary Cohn, "Overcompensation: Tying Corporate Taxes to CEO Pay", *Capital & Main*, 6 de agosto de 2014. Nos últimos anos, houve uma onda de livros populares tratando do sistema de incentivos e, mais amplamente, do sistema de governança corporativa. Ver, por exemplo, Steven Bavaria, *Too Greedy for Adam Smith: CEO Pay and the Demise of Capitalism*, 2ª ed. (Chestnut Ridge: Hungry Hollow Books, 2015); Michael Dorff, *Indispensable and Other Myths: Why the CEO Pay Experiment Failed and How to Fix It* (Berkeley: University of California Press, 2014); Steve Clifford, *The CEO Pay Machine: How it Trashes America and How to Stop it* (Nova York: Blue Rider Press, 2017); e Lynn Stout, *The Shareholder Value Myth: How Putting Shareholders First Harms Investors, Corporations, and the Public* (São Francisco: Berrett-Koehler, 2012).

95. Este livro enfatiza o papel do poder de mercado — o aumento do poder de mercado das corporações e dos CEOs, a diminuição do poder de mercado dos trabalhadores e dos consumidores e como precisamos reescrever as regras da economia de mercado que resultaram em mais poder para os primeiros e menos poder para os segundos. Mas essas são apenas algumas em um conjunto mais amplo de mudanças nas regras do jogo que precisam ser feitas se quisermos chegar a uma economia mais dinâmica e equitativa. Ver Stiglitz *et al.*, *Rewriting the Rules of the American Economy*.

CAPÍTULO 4: OS ESTADOS UNIDOS EM GUERRA CONTRA SI MESMOS A RESPEITO DA GLOBALIZAÇÃO

1. Acordos que Trump repetidamente chamou de "os piores possíveis".
2. Levando, por exemplo, ao NAFTA (North American Free Trade Agreement, Tratado Norte-Americano de Livre Comércio) em 1994 ou à criação da Organização Mundial de Comércio em 1995. Há vários outros acordos comerciais bilaterais, por exemplo entre os Estados Unidos e o Chile e os Estados Unidos e a Coreia.
3. Para um relato popular, ver Daron Acemoglu e James A. Robinson, *Why Nations Fail: The Origins of Power, Prosperity, and Poverty* (Nova York: Crown Business, 2013).
4. A ciência econômica moderna há muito estabeleceu que, sem intervenção ativa do governo, o comércio entre países com grandes diferenças salariais resulta na diminuição dos salários no país desenvolvido. Ela forneceu muitos alertas sobre o que de fato aconteceu. (Os resultados foram primeiro estabelecidos por Paul Samuelson e Wolfgang Stolper em 1941 ("Protection and Real Wages", *Review of Economic Studies* 9, n. 1 [1941]: 58-73). Ver também Samuelson, "International Trade and the Equalisation of Factor Prices", *Economic Journal* 58, n. 230 [1948]: 163-84.

Assim, o comércio entre Estados Unidos e China tem consequências fundamentalmente diferentes em comparação ao comércio entre regiões com salários aproximadamente iguais, como Europa e Estados Unidos. Para uma discussão mais extensa dessas questões, ver Stiglitz, *Globalization and its Discontents Revisited* e *Making Globalization Work*.
5. Ver David H. Autor, David Dorn e Gordon H. Hanson, "The China Syndrome: Local Labor Market Effects of Import Competition in the United States", *American Economic Review* 103, n. 6 (2013): 2121-68.
6. A lista de problemas com a globalização não pretende ser completa. Por exemplo, a globalização muitas vezes aumenta os riscos, particularmente aqueles contra os quais empresas e domicílios não podem fazer seguro. Para uma discussão mais ampla, ver Stiglitz, *Globalization and its Discontents Revisited*.
7. As provisões relevantes estão contidas em acordos de investimento embutidos em acordos comerciais, como, por exemplo, o capítulo 11 do NAFTA. Essas provisões agora são parte padrão de todos os nossos acordos comerciais, embora tratem realmente de investimentos, e não de comércio. Sem surpresa, elas foram incluídas a pedido de grandes corporações, que expressaram oposição a qualquer acordo comercial que não as incluísse.
8. Decréscimos do valor dos investimentos que surgem quando uma regulamentação é alterada são chamados de regulamentações expropriatórias. O Congresso e os tribunais decidiram consistentemente que as corporações americanas não têm direito a compensação por regulamentações expropriatórias, mas nossos acordos de investimento forneceram tal compensação. As corporações podem acionar o governo diretamente e as dispostas são solucionadas através de sistemas de arbitragem nos quais as corporações indicam um de três árbitros. Esse sistema foi compreensivelmente criticado. Ver, por exemplo, Joseph E. Stiglitz, "Regulating Multinational Corporations: Towards Principles of Cross-Border Legal Frameworks in a Globalized World Balancing Rights with Responsibilities", *American University International Law Review*, 23, n. 3 (2007): 451-558, palestra Grotius realizada durante a 101ª reunião anual da Sociedade Americana de Direito Internacional, Washington, DC, 28 de março de 2007; e "Towards a Twenty-first Century Investment Agreement", prefácio de *Yearbook on International Investment Law and Policy 2015–2016*, editado por Lise Johnson e Lisa Sachs (Nova York: Oxford University Press), pp. xiii-xxviii, disponível em http://ccsi.columbia.edu/files/2014/03/YB-2015-16-Front-matter.pdf.

9. Há outra evidência de que a globalização foi projetada para defender os interesses corporativos, à custa dos trabalhadores e da sociedade em geral. Os defensores republicanos da globalização tipicamente se opõem à assistência de ajuste comercial, o tipo de ajuda aos prejudicados pela globalização que teria assegurado que ela teria menos perdedores. Qualquer um que quisesse assegurar apoio de longo prazo para a globalização quereria, é claro, fazer todo o possível para reduzir a oposição provável daqueles que sofrem como consequência dela. Nossos líderes corporativos, no entanto, estavam mais focados no ganho de curto prazo com salários mais baixos e piora das condições de trabalho que resultaram de sua posição de barganha mais forte. Do mesmo modo, o design das provisões de propriedade intelectual, especialmente aquelas relacionadas à indústria farmacêutica, aumentaram os lucros dessa indústria, à custa dos consumidores e do governo (que arca com grande parte dos resultantes custos mais altos da medicina).
10. Elas são chamadas de "inversões". Frequentemente, pequenas mudanças que não a da sede *oficial*. O local onde os negócios realmente ocorrem permanece inalterado. O fato de que essas empresas estão tão dispostas a se mudar mostra sua profunda falta de lealdade; sua única lealdade é para com o dinheiro e os lucros. No entanto, o governo americano luta por seus interesses em fóruns internacionais e negociações comerciais, demonstrando mais uma vez o poder das contribuições de campanha. As companhias farmacêuticas ilustram melhor o que está em jogo: as drogas dão origem a poucos empregos e em geral são produzidas na China, e não nos Estados Unidos. Elas arranjaram as coisas para pagar poucos impostos, transferindo suas patentes para jurisdições com baixas alíquotas como parte da estratégia de evitação fiscal. Mesmo assim, provisões centrais de acordos comerciais recentes — e muito controversos — são projetados para desfavorecer os medicamentos genéricos, resultando em lucros mais altos para a Big Pharma. Os cidadãos americanos são prejudicados pelos preços mais altos. Mesmo Obama, que se orgulhava de seus esforços para diminuir os custos da medicina, traiu seus princípios na Parceria Transpacífica.
11. A corrida até o fundo do poço assume muitas outras formas: os bancos, por exemplo, disseram que, a menos que as regulamentações fossem afrouxadas, realocariam suas atividades. O resultado foi uma corrida regulatória até o fundo. A crise financeira global de 2008 foi uma das consequências.
12. Impostos são somente uma das muitas variáveis que afetam a localização das empresas, como já comentado. Mas, mesmo focando apenas nos impostos,

a redução induzirá as empresas a se realocarem se o país do qual estamos tentando roubar empregos não responder. Se eles baixarem os impostos, não ficaremos com nenhuma vantagem. No fim, os únicos vencedores dessa corrida até o fundo são as corporações, que criaram a corrida, para início de conversa.

13. Ver os capítulos 1 e 9 para algumas das evidências e análises teóricas que explicam por que essas medidas fiscais não apresentam os benefícios alegados por seus defensores.

14. Em parte por causa do grande déficit que será gerado pela redução e em parte porque a lei favorecerá a especulação imobiliária e desencorajará a atividade econômica nas partes mais dinâmicas da economia, especialmente seus investimentos em infraestrutura e educação. Os modelos-padrão sugerem que a renda nacional bruta (levando-se em conta que, para financiar os déficits, teremos de emprestar no exterior e que o alto nível de dívida nacional expulsará alguns investimentos privados) em dez anos, em 2027, ficará no mesmo nível atual ou abaixo. Tenho uma dívida de gratidão para com Jason Furman, presidente do Conselho de Assessores Econômicos do presidente Obama, por esses cálculos, baseados em trabalho conjunto com Robert Barro, da Universidade de Harvard (correspondência pessoal).

15. A alíquota corporativa efetiva era de 18,6%. "International Comparisons of Corporate Income Tax Rates", CBO, 8 de março de 2017, disponível em https://www.cbo.gov/publication/52419.

16. Quando a Comunidade Europeia descobriu o acordo secreto da Apple com a Irlanda, ela ordenou que a Apple pagasse 13 bilhões de euros (um pouco mais de 14,5 bilhões de dólares).

17. A extensão do uso desses refúgios secretos de evitação fiscal, lavagem de dinheiro e outras atividades nefárias foi exposta pela liberação de duas coleções de documentos pelo Consórcio de Jornalistas Investigativos, uma chamada de Documentos Panamá, que continha principalmente documentos do escritório de advocacia Mossack Fonseca, e o outro de Documentos Paradise, com documentos do escritório Appleby.

18. Embora esteja claro que os bancos e seus clientes corporativos e ultrarricos resistirão ao fim desses paraísos fiscais, também está claro que isso pode ser feito. Após o 11 de Setembro, os Estados Unidos ficaram preocupados com seu uso para terrorismo e conseguiram diminuir muito seu uso para esse objetivo. Na verdade, houve algum progresso em reduzir alguns dos piores excessos, com grandes multas sendo impostas a alguns bancos por

atividades egrégias envolvendo evasão fiscal. Mas esses sucessos demonstraram quanto mais poderia e deveria estar sendo feito.
19. Tais mudanças tecnológicas são chamadas de "favoráveis à qualificação". Enquanto, perto do fim do século XX, grande parte do aumento da desigualdade ainda fosse atribuída às mudanças tecnológicas favoráveis à qualificação, há crescente consenso de que elas podem responder por somente uma fração do aumento da desigualdade nas últimas duas décadas. Mesmo trabalhadores qualificados estão tendo dificuldades. Ver, por exemplo, a discussão das mudanças favoráveis à qualificação em Piketty, *O capital no século XXI*, e John Schmitt, Heidi Shierholz e Lawrence Mishel, "Don't Blame the Robots: Assessing the Job Polarization Explanation of Growing Wage Inequality" (Economic Policy Institute, 19 de novembro de 2013). Há uma questão mais profunda: com o desemprego entre os não qualificados já tão alto e seus salários tão baixos, por que nossa economia de mercado inovou de maneiras que aumentam seu desemprego e diminuem seus salários? Algo está errado com um sistema de inovação que, em vez de dirigir as pesquisas para as necessidades sociais reais — como salvar o planeta das mudanças climáticas —, exacerba problemas sociais existentes. Há uma literatura antiga e proeminente, datada da década de 1960, que explica a direção da mudança tecnológica, se ela aumenta a produtividade do trabalho qualificado ou não qualificado, do capital ou dos recursos naturais. Ver Emmanuel M. Drandakis e Edmond S. Phelps, "A Model of Induced Invention, Growth, and Distribution", *Economic Journal* 76 (dezembro de 1966): 832-40; William Fellner, "Two Propositions in the Theory of Induced Innovations, *The Economic Journal* 71, n. 282 (1961): 305-8; Charles Kennedy, "Induced Bias in Innovation and the Theory of Distribution", *Economic Journal* 74, n. 295 (1964): 541-7; e Paul A. Samuelson, "A Theory of Induced Innovation along Kennedy-Weisäcker Lines", *The Review of Economics and Statistics* 47, n. 4 (1965): 343-56. Mais recentemente, tentei explicar por que as soluções do mercado são tipicamente ineficientes, colocando ênfase de menos na economia de recursos naturais e ênfase demais na economia de trabalho, em especial o não qualificado. Esses problemas foram exacerbados após a crise de 2008, por políticas monetárias que reduziram o custo do capital, tornando relativamente mais atraente economizar trabalho.
20. Isso, é claro, também contribuiu muito para o aumento da desigualdade. Ver David H. Autor, Alan Manning e Christopher L. Smith, "The

Contribution of the Minimum Wage to US Wage Inequality over Three Decades: A Reassessment", *American Economic Journal: Applied Economics* 8, n. 1 (2016): 58-99. Eles descobriram que, nos Estados Unidos, cerca de um terço do crescimento da desigualdade entre a linha mediana e dos 10% da base se deve ao declínio do valor real do salário mínimo.

21. Tarifas, ao aumentar os custos de importação, desencorajam o comércio. Mas há muitas outras provisões que tornam as importações menos competitivas. Os bens agrícolas muitas vezes são excluídos porque não atendem a nossas "condições fitossanitárias". As regulamentações em relação a organismos geneticamente modificados, discutidas a seguir, similarmente tornam difícil que produtores americanos de trigo e milho exportem para a Europa. Muitas dessas regulamentações são justificadas, refletindo preocupações sociais genuínas com saúde e segurança. Algumas delas, no entanto, são impostas principalmente para desencorajar as importações. Distinguir entre as duas situações costuma ser difícil.

22. Embora chamar o acordo de "parceria" fosse em si meio enganoso. Tratava-se de uma parceria na qual os Estados Unidos ditavam quase todos os termos. Os nomes dos acordos comerciais há muito são enganosos. O NAFTA, o Tratado Norte-Americano de *Livre Comércio*, não é um acordo de livre comércio, que significa a eliminação de todas as barreiras ao livre comércio, incluindo os subsídios. Os Estados Unidos mantiveram todos os maciços subsídios agrícolas. A Parceria Transpacífica frequentemente é chamada de acordo de livre comércio, mas suas 6 mil páginas, com acordos específicos afetando vários setores, mostram que esse e outros acordos comerciais deveriam ser vistos como acordos comerciais *gerenciados*.

23. Ver "Trans-Pacific Partnership Agreement: Likely Impact on the U.S. Economy and on Specific Industry Sectors" (Comissão de Comércio Internacional dos Estados Unidos, investigação n. TPA-105-001, publicação USITC 4607, 2016). Outro assunto encontrou efeitos negativos no crescimento da economia americana. Jeronim Capaldo, Alex Izurieta e Jomo Kwame Sundaram, "Trading Down: Unemployment, Inequality and Other Risks of the Trans-Pacific Partnership Agreement" (artigo preliminar do Global Development and Environment Institute 16-01, Universidade Tufts, 2016). Os defensores usuais da liberação do comércio descobriram, talvez sem surpresa, mais efeitos positivos que o governo americano, ao menos em 2030: Peter A. Petri e Michael G. Plummer (Peterson Institute for International Economics) e o Banco Mundial es-

timaram que a Parceria Transpacífica iria aumentar o PIB anual em 0,5% em 2030. Ver World Bank Group, *Global Economic Prospects: Spillovers amid Weak Growth. A World Bank Group Flagship Report* (Washington, DC: World Bank, 2016), pp. 219-34.

24. Vale notar o uso da linguagem: ao se referir aos *direitos* de propriedade intelectual, ele dá a essas provisões uma posição similar a dos direitos humanos, mesmo que seu efeito, ao aumentar tanto os preços de medicamentos essenciais que eles se tornaram inacessíveis para muitos nos países em desenvolvimento e mercados emergentes, tenha sido negar o direito mais fundamental, que é o direito à vida. Ao se referir a eles como direitos de propriedade intelectual *relacionados ao comércio*, pareceu-se dar legitimidade a sua inclusão em um acordo comercial, mesmo que essas provisões afetem a propriedade intelectual de bens comercializados ou não e mesmo que já exista um corpo internacional que deveria estar estabelecendo os padrões mundiais, a Organização Mundial de Propriedade Intelectual, em Genebra.
Embora a indústria farmacêutica tenha fornecido o maior ímpeto às provisões de direitos de propriedade intelectual nos acordos comerciais, ela não está sozinha. O entretenimento (filmes) desempenhou papel particularmente importante para modelar provisões relacionadas ao copyright. Ver a discussão anterior sobre "Mickey Mouse".

25. É interessante que, quando os Estados Unidos saíram da Parceria Transpacífica, os outros países assinaram um acordo comercial, agora chamado de Acordo Abrangente e Progressivo para a Parceria Transpacífica, e abandonaram as provisões de saúde mais nocivas nas quais os Estados Unidos haviam insistido.

26. O regime de propriedade intelectual resultou na drenagem de dinheiro para fora dos países desenvolvidos e mercados emergentes, a fim de pagar por seu uso. Os Estados Unidos receberam mais de 17 bilhões de dólares em direitos autorais e taxas de licenciamento de países em desenvolvimento em 2016 (cálculo do autor, com base em dados da Comissão de Comércio Internacional dos Estados Unidos).

27. O conhecimento tradicional incluiu aquele relacionado aos alimentos (uma companhia americana recebeu uma patente sobre um alimento indiano tradicional, o arroz basmati) e medicamentos (patentes americanas foram concedidas para o uso medicinal dos óleos de cúrcuma e neem, bastante conhecidos na medicinal tradicional indiana).

O TRIPS e provisões similares em acordos comerciais subsequentes também afetaram adversamente os países em desenvolvimento de outras maneiras, incluindo em provisões relacionadas à agricultura (sementes). Ver, por exemplo, Mario Cimoli, Giovanni Dosi, Keith E. Maskus, Ruth L. Okediji, Jerome H. Reichman e Joseph E. Stiglitz (ed.), *Intellectual Property Rights: Legal and Economic Challenges for Development* (Oxford: Oxford University Press, 2014).

28. Quando Trump finalmente entendeu isso, ele ordenou que seu secretário do Tesouro revogasse políticas de longa data de que os Estados Unidos acreditavam em um dólar "forte". Quando ele tentou hesitantemente anunciar essa nova política, houve caos no mercado de câmbio, mas apenas por pouco tempo. As palavras do secretário do Tesouro, ou mesmo do presidente (mesmo um presidente que é levado a sério) tipicamente afetam os mercados somente por um breve período, antes que as forças econômicas subjacentes restaurem sua dominância.

29. Assim, em março de 2018, Trump anunciou tarifas de 25% contra o aço vindo de certos países: isso aumenta em 25% o preço que os americanos que querem comprar aço desses países têm de pagar. As vendas da China foram essencialmente interrompidas.

30. Os déficits fiscal e comercial tipicamente se movem tão juntos que são chamados de déficits gêmeos. Há alguns poucos casos nos quais isso não acontece, em função de outras mudanças na economia. Quando os Estados Unidos diminuíram seu déficit fiscal na década de 1990, o déficit comercial não diminuiu junto, por causa do boom de investimento que ocorria simultaneamente.

31. Com ou sem novos acordos comerciais, em um número limitado de nichos de mercado, haverá algum retorno da manufatura (às vezes chamada de *onshoring*), conforme novas tecnologias, como a impressão em 3D, permitem que alguma produção ocorra perto do local de consumo.

32. Como comentei, o conjunto de políticas de Trump provavelmente aumentará o déficit comercial (em relação ao que de outro modo seria). Não surpreende, portanto, que, a despeito de sua promessa de reduzir o déficit comercial, em seu primeiro ano no cargo ele tenha aumentado em mais de 10%, de 502 bilhões em 2016 para 552 bilhões em 2017. Há, é claro, muitos outros fatores que afetam tanto a taxa de câmbio quanto o déficit comercial. Se, por exemplo, houver pessimismo sobre o futuro do país, as pessoas podem tentar enviar seu dinheiro para fora e, desse modo, o im-

pacto de curto prazo da aprovação de legislação que cria um déficit fiscal maior pode ser a queda da taxa de câmbio. No médio prazo, todavia, as forças que acabamos de descrever tendem a dominar.

33. O professor Lawrence J. Lau, em *The China–U.S. Trade War and Future Economic Relations* (Hong Kong: Chinese University Press, 2018), demonstrou que focar no valor adicionado reduz a magnitude do aparente déficit comercial bilateral em 40%. (Pelo mesmo princípio, com uma pequena fração de valor adicionado na China, uma tarifa de 25% induzirá muitas companhias a realocarem ao menos os estágios finais de produção.) Ele estima que o impacto da guerra comercial americana sobre a economia chinesa será de, no máximo, reduzir o PIB em um ponto percentual, facilmente absorvível em uma economia crescendo a mais de 6% ao ano.

34. O *Washington Post* conduziu uma pesquisa, juntamente com a Universidade George Mason, que mostrou que 56% dos eleitores americanos acham que a guerra comercial é ruim para os empregos americanos. Ver Aaron Blake, "How Trump's Trade War with China Could Go Sideways on Him", *Washington Post*, 7 de julho de 2018.

35. Houve duas outras queixas em relação à posição da China sobre propriedade intelectual. Uma é que a China se recusa a impor os direitos de propriedade convencionais. Embora essas acusações fossem comuns há uma década, elas são ouvidas com menos frequência hoje em dia, talvez porque as próprias empresas chinesas estejam obtendo um número cada vez maior de patentes e querem que sejam respeitadas. A segunda é o crime cibernético. Embora, sob a administração Obama, tenha sido feito um acordo para reduzi-lo, o acordo não parece estar sendo observado. Como o crime cibernético é cometido em segredo, é difícil saber sua magnitude em qualquer um dos lados, mas ele parece ser significativo e estar crescendo. As queixas americanas sobre direitos de propriedade intelectual unem essas três diferentes questões, e seriam mais efetivas se fossem dirigidas particularmente contra o crime cibernético.

36. A ironia é que poderia ter sido possível chegar a um acordo internacional de investimentos que tratasse de tais questões, mas os negociadores americanos, representando interesses da comunidade empresarial, "reagiram exageradamente", exigindo não somente proteção contra a discriminação, mas também compensação por mudanças nas regulamentações.

37. As empresas chinesas recebem cerca de dez vezes mais patentes americanas do que há dez anos. Ver Susan Decker, "China Becomes One of the Top 5 U.S. Patent Recipients for the First Time", *Bloomberg*, 9 de janeiro de 2018.

38. Os críticos da posição americana também notaram que ela é hipócrita: os Estados Unidos roubaram ou tiraram vantagem da propriedade intelectual alheia (às vezes involuntariamente) nos séculos XIX e XX, como, por exemplo, no processo de Bessemer para fabricar aço (ver Philip W. Bishop, *The Beginnings of Cheap Steel* [Project Guttenberg, http://www.gutenberg.org/files/29633/29633-h/29633-h.htm]). A inovação crítica para voar foi realizada por um brasileiro anos antes, não pelos irmãos Wright. O mesmo aconteceu com muitos dos importantes avanços que levaram ao automóvel. Agora que os Estados Unidos chegaram ao topo da escada, eles querem tornar a escalada mais difícil para os outros. Essa é a mensagem central do enérgico livro de Ha-Joon Chang, *Kicking Away the Ladder: Development Strategy in Historical Perspective* (Nova York: Anthem, 2002).

39. É claro que sempre houve preocupação com práticas comerciais "injustas", e as regras da OMC foram criadas para evitá-las. Quando um país as viola, ele pode ser levado a um "tribunal" da OMC e, se for considerado culpado, deve interromper a prática ou seu parceiro comercial será autorizado a impor tarifas comensuráveis e outras restrições ao comércio. Às vezes, há acusações mútuas: os Estados Unidos acreditam que a Europa subsidia injustamente o Airbus, e a Europa acredita que os Estados Unidos subsidiam injustamente o Boeing. O problema é que esses dois parceiros assumiram abordagens bastante diferentes em relação aos subsídios. Muitas regulamentações impostas por refletirem preocupações domésticas são vistas pelos outros como barreira injusta ao comércio, como comentei na discussão sobre os OGM.

40. Muitas outras provisões desses acordos de investimento precisam mudar, incluindo o sistema de resolução de disputas. Os tribunais domésticos deveriam ser empregados antes de se recorrer a provisões especiais do acordo. Isso é especialmente importante em acordos com outros países desenvolvidos, que supostamente contam com bons sistemas judiciais. Se houver problema, ele deve ser tratado simetricamente, por investidores tanto domésticos quanto estrangeiros. Também é preciso alterar a magnitude da compensação em caso de violação. Hoje, ela é baseada na amorfa ideia de quais teriam sido os lucros, em vez de simplesmente compensar a perda do investimento. Ver Stiglitz, "Towards a Twenty-First-Century Investment Agreement".

41. Experimentei um exemplo extremo da inflexibilidade do USTR durante as negociações da Parceria Transpacífica. Eu estava preocupado com os

efeitos adversos das provisões sobre disponibilidade de medicamentos genéricos. Consegui organizar uma reunião com todos os negociadores nessa área — exceto os americanos.

42. Algumas pessoas endurecidas sugerem que não deveríamos ajudar esses indivíduos. Há cerca de cem anos, existia uma noção chamada de "darwinismo social", que afirmava que a sociedade se beneficiaria se deixássemos sofrer aqueles que não podiam cuidar de si mesmos. O mote era a "sobrevivência do mais forte". Essas doutrinas não somente eram inumanas como as análises que sugeriam que tais políticas seriam benéficas eram baseadas em uma interpretação totalmente incorreta das teorias evolucionárias de Darwin.

43. Às vezes, as políticas industriais são vistas como protecionismo — quando sua intenção é proteger indústrias velhas e moribundas, como Trump está tentando fazer. As políticas industriais que defendo são o oposto: elas tentam ajudar a economia a se mover para novos setores e se adaptar a novos mercados e tecnologias. É preciso haver forte supervisão para garantir que as políticas industriais não são abusadas a fim de proteger as empresas da concorrência, o que é outra forma de *rent-seeking*.

CAPÍTULO 5: FINANÇAS E A CRISE AMERICANA

1. Adiante neste capítulo, descreverei uma das primeiras tentativas de desfazer partes-chave da lei Dodd-Frank. Em 2018, bancos com menos de 250 bilhões de dólares em ativos foram removidos da supervisão mais estrita fornecida por Dodd-Frank.
Em cada passo do caminho, os bancos ofereceram resistência. Como disse um dos reguladores: se houver qualquer espaço entre a parede e o papel de parede, os bancos tirarão vantagem dele. E eles trabalham duro para garantir que há muito espaço entre os dois.

2. Desde a crise, dois importantes participantes do resgate — Geithner e o presidente do Federal Reserve Ben Bernanke (ambos republicanos, nomeados por Obama) — escreveram suas memórias. (Ben Bernanke, *The Courage to Act* [Nova York: W. W. Norton, 2015]; Timothy F. Geithner, *Stress Test: Reflections on Financial Crises* [Nova York: Broadway Books, 2014].) Suas débeis defesas do que fizeram — amplamente comentadas nas críticas aos dois livros (ver, por exemplo, "Does He Pass the Test?", de Paul Krugman, *New York Review of Books*, 10 de julho de 2014; "More Talk, More Action", *The Economist*, 17 de outubro de 2015) — reforçam a visão de que se tratou de um resgate no qual os interesses do

setor financeiro foram colocados no topo e, abaixo deles, os interesses do restante do país.
3. Muitas das ideias desta seção foram elaboradas em meu livro *O mundo em queda livre*.
4. Devo notar que nossos banqueiros não estão sozinhos: Trump demonstrou um comportamento ainda pior em suas negociações comerciais e na Universidade Trump. Os problemas tampouco se limitam aos Estados Unidos. Algumas das piores práticas bancárias foram encontradas no exterior.

A imensa trapaça das empresas automobilísticas, que fingem que seus produtos são mais amigáveis ao meio ambiente do que realmente são demonstra que a torpeza moral não está limitada às finanças. Mesmo assim, no valor em dólares das atividades fraudulentas e desonestas, o setor financeiro vence. Somente a pirâmide de Bernie Madoff representou 65 bilhões de dólares retirados das contas individuais. E, como o setor financeiro toca praticamente todos os outros setores da economia, ele espalha esse vírus por grande parte dela.
5. Para que títulos complexos como os títulos lastreados em hipotecas residenciais (RMBS), contendo milhares de hipotecas, funcionassem, os criadores tiveram de emitir o que pode ser visto como "garantir o dinheiro de volta": os bancos concordaram em recomprar quaisquer hipotecas que não correspondessem às descrições fornecidas a investidores ou seguradores. Foi praticamente a única maneira de seguradores e investidores terem qualquer confiança no que estavam segurando ou comprando. Quando se viu que muitas hipotecas não correspondiam às descrições (por exemplo, a hipoteca de uma propriedade que era descrita como ocupada pelo proprietário na verdade era alugada), os bancos frequentemente se recusaram a fazer o que haviam prometido. Fez diferença porque as taxas para as propriedades ocupadas pelos proprietários são muito mais baixas. Por fim, ao menos em vários casos, após anos e anos, os bancos pagaram o que era devido. (Em nome da transparência total, esclareço que fui testemunha especialista em algumas das ações legais resultantes. Mais de uma década após os eventos, os litígios continuam em curso.)
6. Durante uma audiência do Congresso, o senador Carl Levin disse ao CEO e presidente do Goldman, Lloyd Blankfein, que "não confiaria" no Goldman, conforme perguntava repetidamente se o banco revelara sua posição "quando eles estavam comprando; você solicitou que eles comprassem e

então assumiu uma posição contrária?" "Não acredito que haja nenhuma obrigação" de dizer aos investidores, respondeu o sr. Blankfein. Ver James Quinn, "Goldman Boss Lloyd Blankfein Denies Moral Obligation towards Clients", *Telegraph*, 28 de abril de 2010. A íntegra do diálogo pode ser vista em C-Span. Os comentários preparados de Blankfein e um vídeo da audiência também podem ser encontrados no website do Homeland Security and Governmental Affairs Permanent Subcommittee on Investigations, acessado em 23 de julho de 2018, https://www.hsgac.senate.gov/subcommittees/investigations/hearings/-wall-street-and-the-financial--crisis-the-role-of-investment-banks.

7. Assumir essa posição pode de fato ser parte da falta de visão do Goldman Sachs: eles viram a possibilidade de ganhar dinheiro hoje. Mas ignoraram a futura perda de lucros causada pela perda de sua reputação.
8. *Financing SMEs and Entrepreneurs 2018*, OECD. Os números referentes aos empréstimos americanos a pequenas e médias empresas se referem aos empréstimos comerciais pendentes. Surpreendentemente, a proporção de empréstimos indo para pequenos negócios também declinou dramaticamente, de 30,1% em 2007 para 18,5% em in 2016.
9. Fundado pelo grupo dos cinco principais mercados emergentes, Brasil, Rússia, Índia, China e África do Sul, chamado (em função de suas iniciais) de BRICS.
10. Em 1996, reformas efetivas do sistema de bem-estar social foram bloqueadas por causa da falta de somente 5 bilhões de dólares por ano para treinamento e cuidados infantis daqueles que estavam sendo empurrados para fora do sistema. Duas décadas depois, no ano fiscal de 2015, os gastos dos programas americanos para famílias carentes (chamado de TANF, sigla em inglês para Assistência Temporária para Famílias Necessitadas) foi de somente 16,5 bilhões.
11. Eles conseguiram aprovar essa provisão através de uma sofisticada manobra legislativa, ligando-a a um projeto de lei que tinha de ser aprovado para manter o governo funcionando. Ver Erika Eichelberger, "Citigroup Wrote the Wall Street Giveaway the House Just Approved", *Mother Jones*, 10 de dezembro de 2014.
12. Vários bancos receberam pesadas multas por ultrapassar a linha. O Credit Suisse, por exemplo, pagou uma multa de 2,6 bilhões. Os bancos estrangeiros afirmaram, com razão, que o governo os perseguia mais assiduamente que aos bancos americanos.

13. Essas vantagens ocorrem porque a maior parte do dinheiro recebido é taxada como ganho de capital, e não como dividendo.
14. Os ricos destinatários desse dinheiro consumirão um pouco; eles podem gastar parte dele em propriedades, inflando os preços reais do mercado imobiliário; podem diversificar seu portfólio, investindo no exterior; podem apostar, comprando derivados e CDSs (credit default swaps). Ou podem canalizar parte desse dinheiro para novos investimentos produtivos em outras áreas da economia. A preocupação é que uma fração muito menor dos lucros corporativos é reempregada em investimentos econômicos reais nos Estados Unidos, uma das razões para a queda da taxa de investimento da nação.
15. O fluxo total de fundos para fora das empresas (dividendos mais recompra de ações) dobrou, de menos de 3% do PIB na década de 1960 para cerca de 6% em anos mais recentes. Desde 2005, a recompra de ações por corporações não financeiras excedeu a formação líquida de capital. Ver Lester Gunnion, "Behind the Numbers", *Deloitte Insights*, novembro de 2017, baseado em dados do Gabinete de Análise Econômica. O fato de que tem havido uma tendência geral de aumento da recompra de ações e diminuição dos investimentos corporativos não implica, por si só, de que um causou a outra. De fato, ambos podem ser pensados como manifestações do maior poder de mercado discutido no capítulo 3, que simultaneamente aumentou os lucros e reduziu, à margem, os incentivos para investir.
16. Em 6 de dezembro de 2018, companhias americanas anunciaram 969 bilhões em recompras de ações, que se esperava fossem cruzar a marca de 1 trilhão de dólares no fim do ano. Ver Michael Schoonover, "Will the Record-Setting Buyback Trend Continue in 2019?" *Catalyst Fund Buyback Blog*, 7 de dezembro de 2018. Dado que parte tão grande dos benefícios da redução fiscal foi para as recompras de ações e dividendos, não surpreende que o investimento e a remuneração dos trabalhadores mal tenham aumentado. O Instituto de Políticas Econômicas estimou que os bônus resultantes da redução fiscal deram aos trabalhadores 2 centavos a mais por hora trabalhada durante 2018. Nas 145 empresas do Russell 1000 que anunciaram como gastariam as economias obtidas com a redução em 10 de dezembro de 2018, somente 6% mencionaram os funcionários. (https://justcapital.com/tax-reform-weekly-updates/). Notavelmente, um ano após a aprovação da lei fiscal e do enorme presente para as corporações, nem mesmo o mercado de ações subiu, e o EOC estima que o crescimento vai

desacelerar em 1,6% de 2020 a 2022. Ver *Vox*, "Republican Tax Cut Bill One Year Later: What It Did—and Didn't—Do", https://www.vox.com/policy-and.../tax-cuts-and-jobs-act-stock-market-economy.

17. Na literatura moderna, eles são chamados de incentivos adversos e efeitos da seleção adversa das taxas de juros mais altas. Ver, por exemplo, Joseph E. Stiglitz e Andrew Weiss, "Credit Rationing in Markets with Imperfect Information", *American Economic Review* 71, n. 3 (1981): 393-410.

18. Embora tenha origem no início da década de 1990. Ver Vitaly M. Bord e João A. C. Santos, "The Rise of the Originate-to-Distribute Model and the Role of Banks In Financial Intermediation", *Federal Reserve Bank of New York Policy Review*, julho de 2012, pp. 21-34, disponível em https://www.newyorkfed.org/medialibrary/media/research/epr/12v18n2/1207bord.pdf.

19. O papel das reservas pode ser visto de modo bastante simples. Considere que o banco tem depósitos do valor de mil dólares e empresta mil dólares, mas um patrimônio líquido de 100 dólares em reservas; se mais de 10% dos empréstimos derem errado, ele recebe menos de 900 dólares, o que, com 100 dólares em reservas, é insuficiente para repagar os depositantes. Terá de haver um resgate governamental. Se o banco tiver recebido 10 mil em depósitos e emprestado a mesma quantia, mero 1% de empréstimos ruins fará com que o banco tenha problemas para pagar os depositantes. Antes da crise, os requerimentos de reserva eram tão baixos que mesmo um baixo nível de não pagamento podia causar problemas.

20. Sua resposta se tornou o título do popular filme de 2011 sobre a crise financeira, *The Flaw*, dirigido por David Sington.

21. Essa é somente uma das áreas de desalinhamento de incentivos. Quanto mais transações, mais os banqueiros e outros no setor financeiro ganham dinheiro. Eles gostam dos "custos transacionais" e das taxas, pois é deles que grande parte de seu lucro é derivado. É claro que taxas maiores são piores para os clientes. Em um mercado competitivo, com clientes racionais e totalmente informados, os banqueiros não conseguiriam sobretaxar, mas os mercados financeiros estão longe desse ideal.

Quando os banqueiros passam a administrar a conta de alguém, eles gostam de agitar as coisas, comprando e vendendo, afirmando que estão tentando obter o máximo retorno sobre o dinheiro. A evidência diz o contrário: um macaco lançando dardos poderia escolher ações tão bem quanto a maioria dos gerentes de investimento. Mas o macaco ao menos seria honesto. No

caso dos gerentes de ativos, há conflitos de interesse. Eles ganham mais colocando o dinheiro em certos fundos em função das comissões maiores, e certamente ganham mais quando o dinheiro é movimentado. Quando a administração Obama propôs que certos administradores de ativos fossem sujeitos ao padrão fiduciário — pelo qual teriam de agir no melhor interesse de seus clientes —, houve protesto dos banqueiros e dos administradores, que afirmaram que simplesmente não conseguiriam sobreviver com esse padrão fiduciário, ou seja, se não pudessem, de tempos em tempos, tirar vantagem de seus clientes. Eles admitiram desavergonhadamente que não se comprometeriam a servir aos melhores interesses de seus clientes. Os banqueiros não viam nada de errado em ter conflitos de interesses enquanto enriqueciam a si mesmos — em estimados 17 bilhões por ano — à custa dos aposentados. Como a admissão de Blankfein, do Goldman Sachs, isso representa a nova imoralidade do setor financeiro e total indiferença à reputação.
22. Milton Friedman, o sumo-sacerdote da Escola de Chicago a quem me referi antes, defendia essas posições mesmo enquanto avanços na economia explicavam por que a maximização do valor das ações não leva, em geral, ao bem-estar social. Ver, por exemplo, Sanford Grossman e Joseph E. Stiglitz, "On Value Maximization and Alternative Objectives of the Firm", *Journal of Finance* 32, n. 2 (1977): 389-402; e "Stockholder Unanimity in the Making of Production and Financial Decisions", *Quarterly Journal of Economics* 94, n. 3 (1980): 543-66.
23. Ver Tooze, *Crashed*.
24. A lei fiscal republicana empurrou os lucros ainda mais para cima. Os ganhos trimestrais do Bank of America nos primeiros três meses de 2018, por exemplo, foram de quase 7 bilhões, os maiores até então. Mesmo com o aumento dos lucros, os impostos devidos pelo banco diminuíram em cerca de 26%, por causa da nova lei. Ver Matt Egan, "Big Banks Are Minting Money Right Now", *CNN Money*, 18 de abril de 2018.
25. Nas primárias democratas de 2016, houve um tolo debate sobre se a questão crucial eram os bancos grandes demais para quebrar e a restauração de alguma versão de Glass-Steagall, que separava os bancos comerciais dos bancos de investimento, ou o duvidoso sistema bancário. A resposta correta é que precisamos de reforma em *ambos*. Ver, por exemplo, Stiglitz, *O mundo em queda livre*; Comissão de Especialistas em Reformas do Sistema Monetário e Financeiro e Internacional, nomeada pelo presidente

da Assembleia-Geral das Nações Unidas, *The Stiglitz Report: Reforming the International Monetary and Financial Systems in the Wake of the Global Crisis* (Nova York: The New Press, 2010); Simon Johnson e James Kwak, *13 Bankers: The Wall Street Takeover and the Next Financial Meltdown* (Nova York: Random House, 2010); e Rana Foroohar, *Makers and Takers: How Wall Street Destroyed Main Street* (Nova York: Crown, 2016).

CAPÍTULO 6: O DESAFIO DAS NOVAS TECNOLOGIAS

1. O programa de computador AlphaGo, desenvolvido pela gigantesca empresa de IA DeepMind, venceu o campeão mundial de Go Lee Se-dol em março de 2016. Ver Choe Sang-Hun, "Google's Computer Program Beats Lee Se-dol in Go Tournament", *New York Times*, 15 de março de 2016. Um ano e meio depois, o Google anunciou o lançamento de um programa com capacidades ainda maiores de IA. Ver Sarah Knapton, "AlphaGo Zero: Google DeepMind Supercomputer Learns 3,000 Years of Human Knowledge in 40 Days", *Telegraph*, 18 de outubro de 2017.
2. Robert J. Gordon, *The Rise and Fall of American Growth: The US Standard of Living since the Civil War* (Princeton: Princeton University Press, 2016). Acrescento que nem todos os acadêmicos concordam com Gordon. Joel Mokyr, um distinto historiador econômico que, assim como Gordon, trabalha na Universidade do Noroeste, tem uma visão muito mais otimista. Ver, por exemplo, Joel Mokyr, "The Next Age of Invention: Technology's Future Is Brighter than Pessimists Allow", *City Journal* (inverno de 2014): 12-20. Alguns sugerem que há significativos erros de mensuração no PIB, de modo que ele subestima a taxa real de crescimento, mas, em meu julgamento, embora haja significativos problemas de mensuração, eles não modificam o retrato geral, em particular o fato de que o ritmo do crescimento hoje é mais lento do que em períodos anteriores. É claro que, por sua própria natureza, não podemos ter certeza sobre o ritmo futuro de inovação.
3. Chamado de "singularidade". Ver Stanislaw Ulam, "Tribute to John von Neumann", *Bulletin of the American Mathematical Society* 64, n. 3, parte 2 (1958): 5. Ver também Anton Korinek e Joseph E. Stiglitz, "Artificial Intelligence and Its Implications for Income Distribution and Unemployment", em *Economics of Artificial Intelligence* (Chicago: University of Chicago Press, no prelo).
4. Rápidos avanços na inteligência artificial nos últimos cinco anos levaram a extensa especulação sobre quando a IA excederá o desempenho humano

em várias funções. Uma pesquisa entre especialistas em IA prevê que, em 2024, ela será melhor que os seres humanos em tradução e, em 2027, em dirigir caminhões. Esses especialistas acreditam que há 50% de chance de a IA superar os seres humanos em todas as tarefas em 45 anos. Ver Katja Grace, John Salvatier, Allan Dafoe, Baobao Zhang e Owain Evans, *Journal of Artificial Intelligence Research* (2018), arXiv:1705.08807.

5. Ver Carl B. Frey e Michael A. Osborne, "The Future of Employment: How Susceptible Are Jobs to Computerisation?" *Technological Forecasting and Social Change* 114 (2017): 254-80. Ver também o livro de Erik Brynjolfsson e Andrew McAfee, *Race against the Machine* (Lexington: Digital Frontier Press, 2011).

6. Para uma versão dessa história, ver "Difference Engine: Luddite Legacy", *The Economist*, 4 de novembro de 2011.

7. Ver Stiglitz, *The Great Divide*, pp. 393-403, com base em pesquisa anterior de Domenico Delli Gatti, Mauro Gallegati, Bruce Greenwald, Alberto Russo e eu, "Mobility Constraints, Productivity Trends, and Extended Crises", *Journal of Economic Behavior & Organization* 83, n. 3 (2012): 375-93; e "Sectoral Imbalances and Long Run Crises", em *The Global Macro Economy and Finance*, editado por Franklin Allen, Masahiko Aoki, Jean-Paul Fitoussi, Nobuhiro Kiyotaki, Roger Gordon e Joseph E. Stiglitz, Conferência Mundial da Associação Internacional de Economia, vol. 150-III (Houndmills e Nova York: Palgrave, 2012), pp. 61-97.

8. Como exemplo do declínio dos preços agrícolas durante esse período, considere o trigo, cujo preço declinou em cerca de 60% no início da década de 1920; o início da década de 1930 viu outro declínio de quase 70%. "The Wheat Situation", Gabinete de Economia Agrícola, Departamento de Agricultura dos Estados Unidos, WS-61, novembro de 1941.

9. Ver Delli Gatti *et al.*, "Mobility Constraints, Productivity Trends, and Extended Crises". Outros estudos encontraram decréscimos de renda em escalas similarmente impressionantes. Ver "Wages and Income of Farm Workers, 1909 to 1938", *Monthly Labor Review* 49, n. 1 (1939): 59-71; esse artigo sugere uma queda de mais de 50% da renda.

10. Para uma discussão sobre o declínio do valor da terra durante o período, ver "Publications: Trends in U.S. Agriculture: Land Values", Gabinete de Agricultura, Serviço Nacional de Estatísticas Agrícolas, acessado em 2 de julho de 2018, disponível em https://www.nass.usda.gov/Publications/Trends_in_U.S._Agriculture/Land_Values/index.php.

11. Pode haver descompasso entre as qualificações necessárias e as aquelas que os trabalhadores apresentam. Nesse caso, programas de retreinamento podem ajudar a fornecer a eles as qualificações necessárias. Mas esse descompasso não tem sido a característica principal em anos recentes; se fosse, os salários dos trabalhadores qualificados estariam aumentando muito mais rapidamente.
12. Digo política ruim porque, quando os republicanos viram a oportunidade de ajudar seu próprio partido e as corporações ricas e bilionários que o apoiavam, eles deixaram de lado todos os compromissos ideológicos de equilibrar o orçamento; compromissos que, aparentemente, os haviam impedido de apoiar as políticas fiscais que nos teriam permitido emergir mais depressa da Grande Recessão.
13. Houve um *trade-off*: aumento no curto prazo da demanda por mão de obra como resultado do maior investimento e queda no longo prazo quando as máquinas substituíram os trabalhadores. As taxas de juros mais baixas também reduziram o consumo dos idosos dependentes dos rendimentos dos títulos governamentais.
14. Pelo mesmo critério, mudanças na estrutura do mercado de trabalho — a economia colaborativa — podem resultar em empregos que são inseguros e sem bons benefícios.
15. Em muitos desses setores, os salários são baixos porque os empregos eram sistematicamente baseados em gênero e havia sistemática discriminação salarial contra as mulheres.
16. Os defensores do uso da Big Data pela Big Tech também argumentam que ela lhes permite conduzir os indivíduos aos produtos que atendem melhor a suas necessidades. Deixando de lado os aspectos Big Brother dessa "condução", deveria estar claro que o motivo não é tornar os indivíduos mais felizes, mas aumentar os lucros da Big Tech e das empresas que anunciam em seus sites. Infelizmente, como mostrará a discussão a seguir, há muitos usos da Big Data que prejudicam os consumidores, em especial aqueles sem acesso às informações. Alguns chamam a economia de mercado que faz uso da Big Data de *capitalismo de vigilância*. Ver, por exemplo, John Bellamy Foster e Robert W. McChesney, "Surveillance Capitalism", *Monthly Review*, 1º de julho de 2014; Shoshana Zuboff, "Big Other: Surveillance Capitalism and the Prospects of an Information Civilization", *Journal of Information Technology 30*, n. 1 (2015): 75-89; e Shoshana Zuboff, *The Age of Surveillance Capitalism* (Nova York: Public Affairs, 2019).

17. A "perfeita" discriminação de preços é a prática de tentar cobrar de cada consumidor o máximo que ele está disposto a pagar por um bem ou serviço. Em cada mercado de bens ou serviços, há compradores potenciais — consumidores — que estariam dispostos a pagar uma variedade de preços pelo mesmo item, dependendo de suas preferências e meios. Tome como exemplo um par de sapatos da moda que custa 100 dólares para produzir. Há consumidores que estariam dispostos a pagar somente 1 dólar pelos sapatos, outros que pagariam 500 dólares, e muitos entre eles. Uma empresa pode maximizar seus lucros vendendo sapatos a todos os consumidores que estão dispostos a pagar mais de 100 dólares, *ao preço máximo que cada consumidor está disposto a pagar*. Alguns pagariam 101 dólares, outros 200 e um punhado deles pagaria 500. As empresas usam diferentes métodos para discriminar entre os consumidores dispostos a comprar seus produtos: *branding*, liquidações e descontos para certos grupos são exemplos. Tal discriminação nada acrescenta à sociedade. É apenas uma maneira de extrair dos consumidores tanto dinheiro quanto possível. Os economistas tecnicamente se referem a isso como "extrair excedente do consumidor", ou seja, pegar para a corporação tanto quanto possível do valor total do bem para o indivíduo. Cobrar preços diferentes de pessoas diferentes, sem relação com o custo, foi tornado ilegal pela lei Robinson-Patman de 1936, mas essa lei raramente é imposta. Para uma discussão da discriminação de preços no contexto da Big Data, ver Silvia Merler, "Big Data and First-Degree Price Discrimination", *Bruegel*, 20 de fevereiro de 2017, disponível em http://bruegel.org/2017/02/big-data-and-first-degree-price-discrimination/.
18. O argumento padrão pela eficiência dos mercados é baseado na noção de que o valor *marginal* que os indivíduos dão a um bem é o mesmo e igual ao custo marginal, e que isso é verdade porque todos eles encontram os mesmos preços. Embora ainda possa haver eficiência de mercado se houver discriminação *perfeita* de preços, o mundo real é imperfeito e a discriminação de preços é marcada por muitas ineficiências e distorções. Ver, por exemplo, Stiglitz, "Monopoly, Non-Linear Pricing and Imperfect Information: The Insurance Market", *Review of Economic Studies* 44, n. 3 (1977): 407-30. Reimpresso em *Selected Works of Joseph E. Stiglitz, Volume I: Information and Economic Analysis* (Oxford: Oxford University Press, 2009), pp. 168-92.
   A IA também resulta em assimetrias de informação. Algumas empresas sabem mais que outras, e as empresas Big Tech sabem mais que os con-

sumidores. Os mercados só são eficientes na ausência de assimetrias que distorçam a informação, seja naturais ou criadas pelo mercado. A Big Data está aumentando essas assimetrias e potencialmente tornando a alocação de recursos menos eficiente.
19. Jennifer Valentino-DeVries, Jeremy Singer-Vine e Ashkan Soltani, "Websites Vary Prices, Deals Based on Users' Information", *Wall Street Journal*, 24 de dezembro de 2012.
20. Para usar uma vívida imagem dos vencedores do prêmio Nobel George Akerlof e Robert Shiller, "*phish* por tolos". Ver Akerlof e Shiller, *Phishing for Phools*.
21. Ver o TED Talk de Tüfekçi, "We're Building a Dystopia Just to Make People Click on Ads", 27 de outubro de 2017.
22. Outros se uniram à ação contra a Myriad, incluindo a Universidade da Pensilvânia e pesquisadores das universidades de Colúmbia, Nova York, Emory e Yale. A União Americana pelas Liberdades Civis e a Fundação de Patentes Públicas forneceram representação legal para os reclamantes. Escrevi um relatório para os reclamantes sobre os aspectos econômicos do caso, argumentando que a remoção da patente estimularia a inovação. O que aconteceu a seguir foi consistente com minha análise.
23. Se quiser, o governo tem o poder de acessar dados que estão em mãos privadas; nos Estados Unidos, isso é mais difícil que em alguns outros países, como a China, mas não devemos fingir que existe um muro de aço entre os dois. Igualmente preocupante, na ausência de restrições, o setor privado tem maior incentivo para usar e abusar dos dados por razões comerciais.
24. George Orwell, *1984* (Nova York: Harcourt, Brace, 1949); Dave Eggers, *The Circle* (Nova York: Alfred A. Knopf, 2015).
25. Ver Greenwald e Stiglitz, *Creating a Learning Society*, e as obras lá citadas.
26. Muitos no setor tecnológico dizem simplesmente: "Deixem conosco. Somos espertos. Criamos o problema e encontraremos a solução. Tudo que precisamos é de um pouco de autorregulamentação. Podemos policiar a nós mesmos." Já ouvimos isso antes. Os bancos disseram exatamente a mesma coisa, e sabemos aonde isso nos levou. Deveria ser óbvio que não podemos deixar isso a cargo do setor privado. Seus incentivos não estão bem alinhados com o restante da sociedade. Seu interesse está nos lucros, e não no bem-estar social.
27. Em seu Regulamento Geral sobre a Proteção de Dados. Embora seja um primeiro passo importante, está longe de ser suficiente para solucionar as questões que discutimos.

28. Por exemplo, a administração Trump acusou a Europa de usar suas políticas de privacidade para criar uma barreira comercial.
29. A Equifax forneceu informações sobre a situação de crédito dos indivíduos. Não há estrutura regulatória para assegurar que uma empresa como a Equifax tenha segurança adequada. As empresas têm pouca visão e focam nos lucros hoje. Gastar dinheiro para aumentar a segurança diminui os lucros hoje, de modo que, na ausência de supervisão regulatória adequada, há forte incentivo para gastar menos com segurança. Além disso, maior segurança beneficia mais amplamente os outros — aqueles cujos dados foram reunidos —, e elas, evidentemente, preocupam-se muito pouco com eles.
30. Há muitas complexidades no projeto de cada uma das propostas regulatórias. Por exemplo, se um indivíduo compra repetidamente as mesmas coisas em um supermercado, esse tipo de informação pode ser armazenado, mas não usado para outros propósitos.
31. A anonimização dos dados pode não ser suficiente. Como as companhias de Big Data podem descobrir quem é o indivíduo, se tiverem dados suficientes sobre ele, certas informações terão de ser eliminadas.
32. As plataformas receberam imunidade sob a seção 230 da Lei de Decência nas Comunicações. A responsabilização pela postagem de artigos difamatórios poderia facilmente levar as plataformas à falência, de modo que pode ser necessário impor algumas limitações a sua responsabilização — suficiente para lhes fornecer algum incentivo para serem cuidadosas com o que é postado, mas não tanta que torne impossível sua operação.

    Empresas de publicação também precisam honrar direitos autorais, mas as plataformas receberam imunidade, sob a seção 512 do Digital Millennium Copyright Act. Isso também precisa mudar. Mas será necessário refinar as regulamentações. A viabilidade dos motores de busca pode ser prejudicada se eles tiverem de pagar por cada informação exibida.
33. Algumas das gigantes tecnológicas assumiram uma visão inconsistente, afirmando serem empresas de publicação quando isso é vantajoso e não serem quando não é.
34. Jason Horowitz, "In Italian Schools, Reading, Writing, and Recognizing Fake News", *New York Times*, 18 de outubro de 2017, https://www.nytimes.com/2017/10/18/world/europe/italy-fake-news.html. Infelizmente, experiências históricas com educação dos consumidores sugerem que sua eficiência é limitada.
35. Após separar o Instagram e o WhatsApp.

36. Alguns aspectos dessa supervisão, especialmente relevantes para nosso processo político, serão discutidos de modo mais extenso em outra parte do livro. Pode ser desejável que o governo crie uma *opção pública*, uma plataforma alternativa para competir com a plataforma privada. (As opções públicas são discutidas de modo mais geral no capítulo 10.) A opção pública estaria livre dos incentivos adversos criados pela posse privada, como monetizar os dados de maneiras que podem ser exploratórias ou encorajar o vício de maneiras que podem ser destrutivas.
37. Na verdade, a mensuração do valor social das mídias sociais é complexa e difícil. Como elas são fornecidas aparentemente de graça (ignorando-se o valor dos dados), nossas estatísticas nacionais de renda não capturam o valor gerado para seus usuários. Em contrapartida, os lucros das empresas de mídias sociais são contados como parte da renda nacional, mas o aumento dos lucros não necessariamente significa aumento do bem-estar social. Como já comentei, se os lucros maiores forem resultado do melhor uso dos dados para explorar os consumidores (para "monetizar" o excedente do consumidor de um indivíduo), eles ocorrem à custa do bem-estar dos indivíduos. Além disso, alguns dos lucros ocorrem à custa de empresas editoriais "antiquadas", como jornais, e elas também fornecem serviços de enorme valor para os consumidores, como reportagens investigativas, cujo valor social não está incluído na renda nacional.
38. Na área de saúde, por exemplo, na qual a Big Data e a IA são importantes e as questões de privacidade são ainda mais sensíveis.
39. O termo *splinternet* foi popularizado por Scott Malcomson em seu livro *Splinternet: How Geopolitics and Commerce Are Fragmenting the World Wide Web* (Nova York: OR Books, 2016). O ex-presidente executivo do Google, Eric Schmidt, juntamente com seu coautor Jared Cohen, explorou a ideia de que a internet está se tornando balcanizada em *The New Digital Age: Reshaping the Future of People, Nations and Businesses* (Nova York: Alfred A. Knopf, 2013).
40. Em particular, as provisões do Regulamento Geral de Proteção de Dados mencionadas na nota 27.
41. Há aqueles que alegam que, como os mercados são essencialmente locais, o valor das informações globais seria limitado. O valor marginal de ter informações sobre múltiplos mercados (digamos, China, Estados Unidos e Europa) seria, nessa visão, pequeno o suficiente para que ignorássemos a vantagem "injusta" derivada de regimes regulatórios diferentes.

NOTAS 345

42. A desinformação on-line apresenta um desafio particular, especialmente em um mundo no qual as "instituições reveladoras da verdade" estão sob ataque (ver capítulo 1). Mas discutir a resposta política apropriada vai além do escopo deste breve livro.

CAPÍTULO 7: POR QUE GOVERNO?

1. Sir Isaac Newton disse, em 1675: "Se vi mais longe, foi por estar em pé sobre os ombros de gigantes."
2. Articulei algumas dessas ideias pela primeira vez em um pequeno livro, *The Economic Role of the State* (Oxford: Basil Blackwell, 1989).
3. Ou "bens públicos samuelsonianos puros", em referência a Paul A. Samuelson, que foi o primeiro a articular claramente as diferenças entre tais bens e os bens "privados" comuns em "The Pure Theory of Public Expenditure", *The Review of Economics and Statistics* 36 (1954): 387-9. Desde então, ampla literatura foi desenvolvida para descrever os diferentes tipos de bens fornecidos publicamente, como, por exemplo, bens privados fornecidos publicamente e bens públicos "impuros". Ver, por exemplo, Anthony B. Atkinson e Joseph E. Stiglitz, *Lectures on Public Economics* (Nova York: McGraw-Hill, 1980; reimpresso em 2015, com nova introdução, Princeton: Princeton University Press).
4. Isso pode ser dito de outra maneira: todo mundo quer pegar carona no esforço alheio. Eles podem gozar dos benefícios dos bens públicos fornecidos por outros sem arcar com o custo. (Sem surpresa, isso é chamado de problema do caronista no fornecimento de bens públicos.)
5. Em outro contexto, chamei isso de infraestrutura *soft* da sociedade. Muitas das dificuldades enfrentadas pelos países que estão fazendo a transição do comunismo para a economia de mercado são resultado da ausência dessa infraestrutura *soft*. Ver Joseph E. Stiglitz, *Whither Socialism?* (Cambridge: MIT Press, 1994).
6. A teoria econômica moderna explicou muitas das falhas de mercado. As do mercado de seguros frequentemente estão relacionadas a assimetrias de informação, problemas de seleção adversa (quando há importantes diferenças entre os indivíduos que as empresas, seja como empregadoras, concessoras de empréstimos ou seguradoras, não podem determinar com facilidade) e risco moral (quando, por exemplo, o seguro leva os indivíduos a agirem de maneiras que expõem a seguradora a mais riscos, mas que ela não pode monitorar nem, consequentemente, controlar). O governo pode evitar

alguns dos problemas de seleção adversa porque, através da previdência social, por exemplo, está segurando toda a população.
7. Programas privados fornecendo essencialmente os mesmos serviços do Medicare chegaram a custar 20% mais. Os custos administrativos do setor privado para gerenciar as anuidades costumam ser dez ou mais vezes maiores que os do setor público. Há uma boa razão para custos menores e resultados melhores no caso do governo: ele não precisa gastar com publicidade nem para exercer poder de mercado. O setor privado está sempre preocupado em "ficar com a nata" [*cream-skimming*], procurando encontrar os melhores riscos, e sempre tentando explorar qualquer poder de mercado que possua.
8. As penitenciárias privadas têm sido ainda mais problemáticas. Elas estão interessadas em maximizar os lucros, o que pode envolver cortar despesas com treinamento ou mesmo comida e se preocupar pouco com a reabilitação. Na verdade, seus lucros aumentam quando um número maior daqueles que foram liberados retorna à prisão. O interesse público é fazer com que eles se reintegrem à sociedade o mais rapidamente possível. É difícil alinhar interesses públicos e privados. Ver Seth Freed Wessler, "The Justice Department Will End All Federal Private Prisons, Following a 'Nation' Investigation", *The Nation*, 18 de agosto de 2016. A teoria geral explicando o fracasso da contratação privada está disponível em David Sappington e Joseph E. Stiglitz, "Privatization, Information and Incentives", *Journal of Policy Analysis and Management* 6, n. 4 (1987): 567-82.
9. Há muitos outros exemplos que demonstram esses pontos. Os programas públicos de hipoteca do estado de Nova York tiveram um desempenho muito melhor que os programas privados durante a crise de 2008. De acordo com muitos relatos, a privatização das ferrovias do Reino Unido, da produção americana de urânio enriquecido e das rodovias do Chile e do México não correu bem e, em alguns casos, foi preciso renacionalização. Nos países em desenvolvimento nos quais a privatização melhorou o desempenho, isso às vezes se deveu à remoção de restrições financeiras artificiais impostas pelo FMI. Ver Anzhela Knyazeva, Diana Knyazeva e Joseph E. Stiglitz, "Ownership Changes and Access to External Financing", *Journal of Banking and Finance* 33, n. 10 (outubro de 2009): 1804-16; e "Ownership Change, Institutional Development and Performance", *Journal of Banking and Finance* 37 (2013): 2605-27.
10. Ver o poderoso discurso de Elizabeth Warren sobre a regulamentação, feito no Centro de Direito da Universidade de Georgetown em 5 de junho de

2018 e disponível em https://www.warren.senate.gov/newsroom/press-releases/senator-warren-delivers-speech-on-dangers-of-deregulation.
11. Os economistas se referem a esses efeitos como externalidades.
12. A União Europeia tem uma maneira alternativa de criar e impor certos tipos de regulamentação que, de muitos modos, está menos sujeita à politização que nos Estados Unidos.
13. Assim, nas discussões que levaram à lei de telecomunicações de 1995, houve acalorado debate sobre se a tecnologia evoluiria de maneiras que assegurariam a competição sem intervenção do governo ou de maneiras que levariam a ainda mais concentração de poder de mercado. Eu defendi fortemente essa última posição, mas fui além, argumentando que a prudência exigia que, mesmo que houvesse apenas uma possibilidade de ela se revelar correta, deveríamos ter arranjos institucionais para impedir o crescimento e o abuso do poder de mercado. Como se viu, infelizmente meu palpite estava correto. Ver Stiglitz, *Os exuberantes anos 90*.
14. Trump minou a confiança em um sistema regulatório que é essencial para a proteção de nossa saúde e segurança, do meio ambiente e até mesmo da economia, com base em uma caracterização falsa e enganosa desse sistema. Ele alegou que as regulamentações são estabelecidas por burocratas sem rosto que jamais responderão por elas. Assim como, quando criança, Trump parece ter perdido as aulas elementares que ensinavam a importância dos freios e contrapesos, parece ter perdido também as aulas mais avançadas sobre nosso sistema de regulamentação e, aparentemente, nada fez para remediar essas e outras deficiências em sua educação.
15. Ainda pior, essas instituições e seus apoiadores financeiros não somente resistiram à regulamentação, como também conseguiram inserir provisões na lei americana de falências que tornaram praticamente impossível se livrar dessas dívidas.
A Universidade Trump se tornou emblemática dessas instituições exploradoras.
16. Além disso, na maioria das localidades, a escolha é ainda mais restrita, pois há somente um ou dois provedores.
17. A administração Trump, não notável por sua coerência intelectual, assumiu uma posição contraditória sobre a competição no setor de comunicações. Ela tentou impedir a fusão entre a Time Warner (a controladora da CNN) e a AT&T, afirmando que isso prejudicaria a competição. Eu acho que ela está certa, embora o tribunal distrital tenha decidido o

contrário. Trata-se de uma fusão vertical, ou seja, a Time Warner e a AT&T não estão na mesma indústria. Uma fornece serviços para a outra. Tradicionalmente, as autoridades fiscalizadoras olham somente para a competição no interior de um mercado, e não tanto para a maneira como os mercados interagem. Mas sabemos que isso está errado. O controle da Microsoft sobre o sistema operacional dos PCs foi alavancado por sua dominância de mercado em toda uma variedade de aplicativos. Nesse caso, as possíveis consequências adversas da fusão foram amplificadas pela revogação da neutralidade da rede.

18. O que, é claro, significa nenhuma escolha. Ver Jon Brodkin, "50 Million US Homes Have Only One 25 Mbps Internet Provider or None at All", *Ars Technica*, 30 de junho de 2017.

19. Esse exemplo também ilustra a natureza complexa e as consequências do poder monopólico. Os provedores de internet podem ser vistos como vendendo seus serviços (transmissão entre fornecedores de conteúdo e consumidores) para fornecedores de conteúdo como a Netflix. Ao exercer seu poder de mercado, eles afetam o mercado de fornecedores de conteúdo e, indiretamente, mas de maneira importante, os consumidores. Alternativamente, podem ser vistos como vendendo programação para os consumidores, comprando conteúdo (como filmes fornecidos pela Netflix) de outros. Aqui, eles têm poder monopólico, uma vez que ha somente uma ou duas empresas que "compram" conteúdo para entregá-lo aos consumidores de internet. Eles usam seu poder de mercado sobre a internet para favorecer seus próprios serviços de fornecimento de conteúdo em relação aos rivais. De qualquer perspectiva, no entanto, os consumidores sofrem com preços mais altos e/ou menos inovação e produtos piores.

20. Em *The Economic Role of the State*, eu explico por que não podemos simplesmente contar com a ação coletiva voluntária. Por causa do problema do "caronista" no fornecimento de bens públicos, por exemplo, todos gostariam de aproveitar os benefícios sem contribuir para os custos.

21. Ver, por exemplo, Joseph E. Stiglitz, "Some Lessons from the East Asian Miracle", *World Bank Research Observer* 11, n. 2 (agosto de 1996): 151-77; e *The East Asian Miracle: Economic Growth and Public Policy*, um relatório de pesquisa política do Banco Mundial (Nova York: Oxford University Press, 1993). O papel do governo era tão central que os acadêmicos se referiam a esses países como tendo um Estado de desenvolvimento. Ver,

por exemplo, Atul Kohli, *State-Directed Development: Political Power and Industrialization in the Global Periphery* (Cambridge: Cambridge University Press, 2004).

22. Ver, por exemplo, Mariana Mazzucato, *The Entrepreneurial State: Debunking Public vs. Private Sector Myths* (Londres: Anthem Press, 2013) e Chang, *Kicking Away the Ladder*.
23. Alguns argumentam que isso não é acidente. Ambos os partidos são uma coalizão de diferentes grupos. O Partido Republicano é uma coalizão de evangélicos, grandes negócios, ultrarricos e libertários, e parte da estratégia daqueles que defendem a agenda econômica corporativista/ elitista é alimentar as guerras culturais, na esperança de que, em meio a essas distrações, os evangélicos não percebam que as políticas econômicas que defendem são contrárias a seus interesses econômicos. Ver Thomas Frank, *What's the Matter with Kansas: How Conservatives Won the Heart of America* (Nova York: Henry Holt, 2004). Ele argumenta que os Novos Democratas sob Clinton e o Conselho da Liderança Democrata tiveram participação nesse processo, pois forjaram uma agenda econômica para atrair os financistas e outras elites do mundo dos negócios, ignorando os operários, sua base tradicional.
24. É difícil chegar a um número preciso daqueles que perderam suas casas; algo entre 3 e 10 milhões de pessoas, dependendo do período definido e de como a perda é contada. No auge da recessão, 15 milhões de americanos estavam desempregados (Gabinete de Estatísticas Trabalhistas).
25. Ver Jesse Eisinger, *The Chickenshit Club: Why the Justice Department Fails to Prosecute Executives* (Nova York: Simon and Schuster, 2017); Rana Faroorhar, *Makers and Takers: The Rise of Finance and the Fall of American Business* (Nova York: Crown Business, 2016); e Danny Schechter, *The Crime of Our Time: Why Wall Street Is Not Too Big to Jail* (São Francisco: Red Wheel Weiser, 2010). Mais de mil banqueiros foram presos na muito menor crise de poupanças e empréstimos vinte anos antes. Nessa crise, porém, poucos foram acusados e menos ainda condenados. William D. Cohan, "How Wall Street's Bankers Stayed Out of Jail" *Atlantic*, setembro de 2015. Schechter sugere que, após a crise de poupanças e empréstimos, os banqueiros investiram maciçamente em lobby para conseguir leis que garantissem que não seriam presos por seus delitos.
26. Na maioria republicanos, mas também houve muitos no lado conservador do Partido Democrata que defenderam ambas. Mais tipicamente, os demo-

cratas ao menos pediram programas para proteger aqueles que poderiam ser prejudicados por essas políticas. Em particular, no caso da globalização, os democratas pediram assistência de ajuste comercial, mas quando, dada a oposição republicana, assistência adequada não foi fornecida, muitos continuaram a fornecer seu apoio, aparentemente na crença de que, de alguma maneira, a economia de gotejamento funcionaria.

27. Em tais sistemas, pode até mesmo ser difícil determinar a estabilidade sistêmica. Ver Stefano Battiston, Guido Caldarelli, Robert M. May, Tarik Roukny e Joseph E. Stiglitz, "The Price of Complexity in Financial Networks", *PNAS (Procedimentos da Academia Nacional de Ciências dos Estados Unidos da América)* 113, n. 36 (2016): 10.031-6; e Tarik Roukny, Stefano Battiston e Joseph E. Stiglitz, "Interconnectedness as a Source of Uncertainty in Systemic Risk", *Journal of Financial Stability* 35: 93-106.
28. Ver a nota 92 do capítulo 3 para uma discussão das ações legais coletivas.

CAPÍTULO 8: RESTAURANDO A DEMOCRACIA

1. Harry Enten, "The GOP Tax Cuts Are Even More Unpopular than Past Tax Hikes", *FiveThirtyEight*, 29 de novembro de 2017, https://fivethirtyeight.com/features/the-gop-tax-cuts-are-even-more-unpopular-than-past-tax-hikes/.
2. Em seu livro *Democracy in Chains*. Ver também Steven Levitsky e Daniel Ziblatt, *How Democracies Die* (Nova York: Crown, 2018).
3. Na verdade, começou antes disso, com a imigração: tentando restringir a entrada no país daqueles que têm mais probabilidade de votar nos democratas. O conflito sobre a política de imigração é, ao menos parcialmente, um conflito sobre futuros eleitores.
4. Do mesmo modo, notavelmente, em muitos estados, presidiários e ex-presidiários são privados do direito ao voto, embora sejam contados para fins de representação. Alguns estados colocaram as penitenciárias em locais específicos como instrumento adicional de facilitação do *gerrymandering*.
5. Ver Michelle Alexander, *The New Jim Crow: Mass Incarceration in the Age of Colorblindness* (Nova York: The New Press, 2010).
6. Isso comparado a 1,8% de americanos não africanos adultos. Um número desproporcional de afro-americanos privados de direitos é homem. Ver "6 Million Lost Voters: State-Level Estimates of Felony Disenfranchisement, 2016", Projeto Sentença, outubro de 2016.

Um dos grandes sucessos da eleição intercalar de 2018 foi o referendo na Flórida restaurando o direito ao voto de 1,5 milhões de pessoas, cerca de um terço das quais afro-americanas.
7. Em 2018, cinco estados (Indiana, Kentucky, New Hampshire, Ohio e Oklahoma) tentaram ou conseguiram aprovar uma lei de restrição ao voto. "Voting Laws Roundup 2018", Centro Brennan para a Justiça, 2 de abril de 2018, https://www.brennancenter.org/analysis/voting-laws-roundup-2018.
8. Há uma rica e eminente literatura sobre privação de direitos nos Estados Unidos, voltada não somente para os trabalhadores, mas também para as mulheres (que têm mais tendência de serem contrárias à guerra) e para os imigrantes recentes. Ver Alexander Keyssar, *The Right to Vote: The Contested History of Democracy in the United States* (Nova York: Basic Books, 2000). Meu colega na Universidade Colúmbia, Suresh Naidu, demonstrou que, no sul após a Guerra Civil, os esforços de supressão foram bem-sucedidos, reduzindo o comparecimento geral de eleitores entre 1% e 7% e aumentando os votos democratas nas eleições nacionais entre 5% e 10%. Ele também demonstrou que isso teve grande efeito sobre os gastos com escolas negras, com importantes efeitos distributivos: "A mão de obra negra sofreu uma perda coletiva referente à privação de direitos equivalente a no mínimo 15% da renda anual, com os proprietários de terras tendo um ganho de 12%." ("Suffrage, School, and Sorting in the Post-Bellum U.S. South", artigo preliminar NBER n. 18129, junho de 2012). Tentativas mais recentes de privação de direitos focam nos hispânicos.
9. Ver "State Poll Opening and Closing Times (2018)", Ballotpedia, disponível em https://ballotpedia.org/State_Poll_Opening_and_Closing_Times_(2018).
10. Os avanços tecnológicos aumentaram o poder de *gerrymandering*, tornando ainda mais difícil obter representação justa.
11. Isso é especialmente verdadeiro quando consideramos não somente o comparecimento de eleitores registrados, mas também a porcentagem da população com idade para votar que realmente vota. Na eleição nacional de 2016, essa porcentagem estava abaixo de 56%. (Com Trump obtendo somente 46% dos votos, isso significa que obteve uma pequena minoria, somente 26% da população com idade para votar.) Para comparação, em eleições nacionais recentes, a participação da população com idade para

votar na Bélgica foi de 87% e na Suécia, de 83%. Ver Drew DeSilver, "U.S. Trails Most Developed Countries in Voter Turnout", Centro de Pesquisas Pew, 15 de maio de 2017. Isso para não falar das eleições estaduais e municipais, que tendem a ter comparecimento ainda menor. Na Califórnia, por exemplo, o comparecimento para as eleições primárias de março de 2018 foi de apenas 36% dos eleitores registrados, em um estado supostamente mobilizado na resistência à administração Trump.

12. Além da supressão do voto entre os que têm direito de votar e dos migrantes legais que pagam impostos, mas não podem votar, cerca de 2,5 milhões de imigrantes não documentados — um em cada dez trabalhadores no estado — vivem somente na Califórnia. Ver "Just the Facts: Undocumented Immigrants in California", Instituto de Políticas Públicas da Califórnia, acessado em 11 de março de 2018, disponível em http://www.ppic.org/publication/undocumented-immigrants-in-california/.

13. O sistema foi projetado para impedir que um governante insano como o rei George III, com tendências autoritárias, abuse do poder. Uma grande lição da presidência de Trump é a importância desse sistema de freios e contrapesos.

14. A importância de tal burocracia foi enfatizada pelo grande sociólogo e economista Max Weber (*Economy and Society* [Berkeley: University of California Press, 1922]). É irônico que, ao passo que os republicanos muitas vezes critiquem a burocracia sem rosto, os americanos olhem muito favoravelmente para o desempenho de muitos, se não da maioria dos ramos da burocracia, como o Sistema Nacional de Parques e os sistemas de previdência social e Medicare.

    Todo aluno do ensino fundamental sabe que uma das principais críticas a Andrew Jackson foi a introdução do "sistema de espólios".

15. Vale notar que a maioria dos conservadores apoia uma autoridade monetária independente, preocupando-se com os perigos econômicos de politizar a determinação do fornecimento de dinheiro. Para um excelente resumo dos princípios e controvérsias que cercam a independência do banco central, ver Paul Tucker, *Unelected Power: The Quest for Legitimacy in Central Banking and the Regulatory State* (Princeton: Princeton University Press, 2018).

16. Dois tuítes após os ataques terroristas em Nova York refletem a baixa consideração de Trump pelo judiciário: "Precisamos de justiça rápida e forte — muito mais rápida e forte do que temos agora. Porque o que temos

agora é uma piada e motivo de chacota. Não surpreende que tanta coisa assim aconteça" e "[...] Os tribunais são lentos e políticos!" Ver também, por exemplo, Kristine Phillips, "All the Times Trump Personally Attacked Judges— and Why His Tirades Are 'Worse than Wrong'", *Washington Post*, 26 de abril de 2017.
17. É claro que, antes do presidente Johnson, os democratas também eram uma peculiar coalizão de liberais nortistas e dixiecratas.
18. Houve, como seria de se esperar, alguns sofismas elegantes, explicando por que, dessa vez, eles se manifestaram contra os direitos dos estados; mas o que importou foi o resultado.
19. É claro que as decisões de qualquer grupo político, representando compromissos entre diferentes interesses e perspectivas, podem parecer sem princípios, pois carecem de consistência. Esse foi o insight central do famoso teorema da impossibilidade de Kenneth J. Arrow em *Social Choice and Individual Values* (Nova York: Wiley, 1951). Mas, quanto maior a divergência de crenças, interesses e preferências, mais provável é o surgimento de grandes inconsistências.
20. Com pareceres minando, por exemplo, provisões centrais da Lei de Direito ao Voto e da Lei de Cuidados de Saúde Acessíveis. O último, em *Federação Nacional de Negócios Independentes v. Sebelius*, é mais lembrado por manter a maioria das provisões do Obamacare em 2012. Todavia, o parecer também permitiu que os estados optassem por não implementar a expansão do Medicaid originalmente prevista na lei. Dezenove estados optaram pela não implementação, resultando em 2,2 milhões de pessoas sem seguro-saúde, desproporcionalmente afro-americanos. Nas eleições de 2018, eleitores de Idaho, Nebraska e Utah reverteram essas decisões. Ver, por exemplo, Scott Lemieux, "How the Supreme Court Screwed Obamacare", *The New Republic*, 26 de junho de 2017.
Em junho de 2013, a Suprema Corte (por cinco votos contra quatro) decidiu que uma peça central da Lei de Direito ao Voto de 1965 era inconstitucional — uma provisão que desempenhou papel-chave na restauração do direito ao voto dos afro-americanos. A decisão lembrou aquela de 1883 que atingiu a Lei de Direitos Civis de 1875. Ver Lawrence Goldstone, *Inherently Unequal: The Betrayal of Equal Rights by the Supreme Court, 1865–1903* (Nova York: Walker, 2011).
21. Ver, por exemplo, Lee Drutman, "The Case for Supreme Court Term Limits Has Never Been Stronger", *Vox*, 31 de janeiro de 2017. Ver também

os textos de Norm Ornstein, incluindo "Why the Supreme Court Needs Term Limits", *Atlantic*, 22 de maio de 2014.
22. Sob essa proposta, em caso de morte ou renúncia, a Suprema Corte poderia permanecer com nove membros. Se não houvesse renúncia ou morte e já houvesse nove juízes, o presidente ainda poderia fazer uma indicação adicional em bases regulares, mas o indicado só assumiria o cargo quando houvesse vaga. Se o número de juízes fosse ímpar, só assumiria quando houvesse duas vagas.
23. A recusa em ratificar um candidato não aumentaria o número de vagas disponíveis para indicação do próximo presidente.
24. Ver, por exemplo, Stefano DellaVigna and Ethan Kaplan, "The Fox News Effect: Media Bias and Voting", *The Quarterly Journal of Economics*, 122, no. 3 (2007): 1187-234.
25. Por exemplo, o Escritório de Orçamento do Congresso (CBO) estimou que, se o governo pudesse compelir os fabricantes de medicamentos de marca a concederem um desconto mínimo em certas drogas cobertas pelo Medicare, os contribuintes economizariam uma média de 11 bilhões de dólares por ano. Ver "Options for Reducing the Deficit: 2015-24" (CBO, novembro de 2014), p. 51. Não surpreende, dada essa generosidade, que a indústria farmacêutica gaste muito dinheiro para mantê-la. "Desde janeiro de 2003, os fabricantes e atacadistas de medicamentos deram 147,5 milhões de dólares, em contribuições políticas federais, a candidatos à presidência e ao Congresso, comitês de partido, líderes de comitês de ação política e outros grupos políticos." A maioria foi para os republicanos. Stuart Silverstein, "This Is Why Your Drug Prescriptions Cost So Damn Much: It's Exhibit A in How Crony Capitalism Works", *Mother Jones*, 21 de outubro de 2016.
26. Eles incluem Sheldon Adelson, que, com a esposa e as companhias que controla, gastou mais de 82 milhões de dólares em apoio aos republicanos e outros grupos conservadores somente nas eleições de 2016; e Steve Wynn, que foi presidente financeiro do Comitê Nacional Republicano até ser dispensado por alegações de conduta sexual inadequada. Ver "Top Individual Contributors: All Federal Contributions", OpenSecrets.org, https://www.opensecrets.org/overview/topindivs.php. Eles formam apenas um grupo dos muitos *"rent-seekers"* que são parte tão proeminente do Partido Republicano. (Lembre-se que *"rent-seekers"* são aqueles que obtêm riqueza não aumentando o tamanho da torta nacional, pela produção de

mais mercadorias que as pessoas querem ou das quais precisam, mas obtendo uma fatia maior da torta.)
27. Os benefícios fiscais para os fundos imobiliários são ainda maiores que aqueles para os pequenos negócios, porque há limites para a extensão em que os indivíduos podem tirar vantagem dos últimos, e eles não se aplicam aos primeiros.
28. A administração Obama, em seus anos finais, aprovou pequenas mudanças nas regulamentações, tornando mais fácil detectar lavagem de dinheiro, embora aplicável somente a Nova York e alguns outros locais. Supostamente, isso teve grande impacto nos preços das propriedades multimilionárias, confirmando o papel que a lavagem de dinheiro desempenha nesse mercado.
29. *Citizens United v. Comissão Federal Eleitoral*, 2010. A decisão deu origem aos segredistas supercomitês de ação política, através dos quais flui tanto do dinheiro político. Em *SpeechNow.org v. Comissão Federal Eleitoral*, um tribunal de instância inferior decidiu que a decisão no caso *Citizens United* implicava que as limitações aos gastos políticos independentes de qualquer grupo eram inconstitucionais.
30. Em alguns casos, o CEO pode defender seu apoio político a um partido ou candidato dizendo que levará ao aumento dos lucros da corporação, que é sua responsabilidade primária. Mas, em uma economia e uma sociedade funcionais, as corporações precisam adotar uma visão mais ampla. Obviamente é errado que a corporação aumente seus lucros trapaceando, mas deveria ser igualmente óbvio que é errado aumentar os lucros fazendo campanha para garantir que o governo permitirá que "trapaceie". As regulamentações podem criar um campo de jogo no qual aqueles que não querem "trapacear" não sejam forçados a fazer isso para evitar que os competidores que se engajam em atividades nefárias tenham vantagem.
31. O professor John Attanasio (ex-reitor da Faculdade de Direito SMU Dedman), em seu livro *Politics and Capital* (Toronto: Oxford University Press, 2018), fornece dados mostrando a relação entre *Citizens United* e o maior gasto com campanha dos muito ricos, com as contribuições dos 0,01% no topo aumentando em 65% somente nos onze meses após a decisão. Após a decisão *Citizens United*, as contribuições para as segredistas organizações 501(c) (4), que podem evitar a revelação de seus contribuidores, quase triplicaram.

Há um amplo corpo de literatura de ciência política mostrando que as doações levam a maior acesso e esse acesso leva a maior influência, com consequências legislativas. Attanasio enfatiza a importância de uma decisão anterior da Suprema Corte, *Buckley v. Valeo*, 424 U.S. 1 (1976), que considerou ilegais os limites às contribuições de campanha. A Suprema Corte, embora tenha reconhecido a importância do dinheiro na disseminação de ideias, não deu peso às preocupações sobre equalizar o acesso à arena política. (Ver também a discussão na nota 35, a seguir. Com o alto nível de desigualdade do país, a Suprema Corte pareceu aprovar um sistema que assegurava que haveria "governo dos 1%, para os 1% e pelos 1%".)

De modo mais geral, Benjamin I. Page e Martin Gilens, em seu livro *Democracy in America? What Has Gone Wrong and What We Can Do About It* (Chicago: University of Chicago Press, 2017), mostram que as opiniões das classes média e baixa praticamente não têm influência na política, não somente por causa do dinheiro, mas também por causa de uma variedade de medidas antidemocráticas, como *gerrymandering*, a influência excessiva dos estados pequenos, com seus dois senadores tendo o mesmo peso que Nova York, Califórnia e Texas, e a regra Hastert Rule, introduzida pelo presidente republicano da Câmara Dennis Hastert (1999–2007), pela qual somente os projetos de lei apoiados pela maioria dos republicanos podem ser levados a votação.

32. Os economistas costumam usar uma linguagem mais vívida para descrever esse processo: eles falam em "captura". O termo parece ter se originado no Banco Mundial por volta do fim de meu mandato como economista-chefe e foi uma extensão natural da expressão "captura regulatória", usada pelo economista de Chicago e vencedor do prêmio Nobel George Stigler ("The Theory of Economic Regulation", *The Bell Journal of Economics and Management Science* [primavera de 1971]: 3-21).

33. É claro que os interesses monetários, especialmente do setor financeiro, desempenharam grande papel também no Partido Democrata. Mesmo assim, muitos democratas importantes apoiaram fortemente as reformas. Vale notar que a usual divisão cinco contra quatro sobre o uso ilimitado de dinheiro na política seguiu as linhas partidárias.

34. A lei era ligeiramente mais complicada que o descrito. O candidato que optasse pelo financiamento público não poderia usar nenhum dinheiro de doações privadas, dinheiro pessoal, comitês de ação política etc. Além disso, havia um limite de 75 mil dólares para os candidatos que optassem

pelo programa, de modo que alguém concorrendo contra um candidato que não tivesse optado pelo financiamento público teria financiamento somente até esse valor. Se o rival pudesse arrecadar mais que 75 mil dólares, esse valor não seria igualado.

35. A lei estadual foi resultado de um referendo iniciado pelos cidadãos. A juíza da Suprema Corte Elena Kagan, argumentando em favor dos quatro dissidentes, disse: "O propósito essencial da primeira emenda é gerar um sistema político saudável e vibrante, repleto de robusta discussão e debate. Nada no estatuto anticorrupção do Arizona, a Lei de Eleições Limpas dos Cidadãos do Arizona, viola essa proteção constitucional." Ela acrescentou que os estados têm interesse em combater "a fortaleza de interesses especiais nos oficiais eleitos". A lei "promovia tanto a vigorosa competição de ideias quanto seu objeto último, um governo responsivo à vontade do povo". Os críticos da decisão, como Monica Youn, ex-membro do Centro Brennan pela Justiça da Universidade de Nova York, indicaram, com razão, que a Suprema Corte criou um novo direito, o "direito de preservar a vantagem monetária". A maioria ignorou essas preocupações, como fizera antes, argumentando que igualar o campo de jogo era privar o indivíduo do direito de usar seu dinheiro para sua vantagem. Ver, por exemplo, Robert Barnes, "Supreme Court Strikes Arizona's 'Matching Funds' for Publicly Financed Candidates", *Washington Post*, 27 de junho de 2011. O caso ficou formalmente conhecido como *McComish v. Bennett*, e foi decidido em 2011.

36. Embora tenha havido mudanças na composição da Suprema Corte desde *Citizens United*, podemos antecipar que, se um caso similar fosse julgado hoje, teríamos novamente uma decisão de cinco a quatro. A mudança de um único voto — ou a inclusão de mais dois juízes na Suprema Corte — reverteria essa infeliz decisão.

37. A lista de mecanismos através dos quais o dinheiro exerce influência, discutida neste capítulo, não pretende ser completa. O lobby, por exemplo, desempenha papel importante. Os esforços para reduzir a influência do lobby foram parcialmente bem-sucedidos, mas há espaço para melhora. Novamente, mais transparência, incluindo disponibilizar listas daqueles que se reúnem com oficiais governamentais, pode ajudar. A administração Trump levou a opacidade dos influenciadores externos a novos extremos ao se recusar a publicar o registro de visitantes da Casa Branca. Ver Julie Hirschfeld Davis, "White House to Keep Its Visitor Logs Secret", *New York Times*, 14 de abril de 2017.

38. Donald Trump foi duplamente um candidato da minoria: mesmo tendo mais apoio que qualquer um dos outros dezesseis candidatos, estava claro que era apoiado por menos da metade do partido. Mas o sistema permitiu que ele tomasse de assalto o Partido Republicano e então se tornasse presidente com muito menos votos que seu oponente. Alguns dizem que o mesmo processo vem ocorrendo no Partido Democrata, mas há diferenças fundamentais. Os extremistas do Partido Republicano assumiram o controle do partido. Na Câmara, o Tea Party tem sido forte o suficiente para bloquear as legislações às quais se opõe. Mesmo Bernie Sanders e Elizabeth Warren são "social-democratas" convencionais, pouco diferentes (e em muitos casos ligeiramente mais à direita) dos social-democratas europeus.
39. Como indicaram o cientista político Russell J. Dalton e seus coautores, existe uma longa história de desencanto com o sistema partidário, mas a realidade é que ele é essencial para o funcionamento da democracia americana. Ver Russell J. Dalton, David M. Farrell e Ian McAllister, *Political Parties and Democratic Linkage: How Parties Organize Democracy* (Nova York: Oxford University Press, 2011) e Sean Wilentz, *The Politicians and the Egalitarians* (Nova York: W. W. Norton, 2016).
40. Obviamente, fraquezas em nosso sistema educacional tornam nosso eleitorado mais vulnerável às distorções e mentiras de Trump e da Fox News. Mas o sistema de educação pública jamais será excelente se os abastados podem sair dele ou projetar enclaves para si mesmos.
41. O capítulo 6 demonstrou como as novas tecnologias podem ter lhes dado ainda mais poder para fazer isso.

CAPÍTULO 9: RESTAURANDO UMA ECONOMIA DINÂMICA COM TRABALHO E OPORTUNIDADES PARA TODOS

1. Talvez seja irônico que os democratas, que eram vistos como críticos dos mercados, tenham tido de assumir a tarefa de fazer os mercados funcionarem, uma vez que os republicanos cederam aos interesses especiais corporativos, que querem a distorcida economia de *rent-seeking* que nos tornamos.
2. Na verdade, nem mesmo o PIB *per capita* fornece uma boa medida dos padrões de vida, como vimos no capítulo 2: nas medidas convencionais de padrão de vida, os Estados Unidos se saem muito pior que vários países com PIB *per capita* mais alto. Para uma discussão mais ampla de por que o PIB não é uma boa medida, ver Joseph E. Stiglitz, Jean-Paul Fitoussi e Amartya

Sen, *Mismeasuring Our Lives: Why GDP Doesn't Add Up* (Nova York: The New Press, 2010), o relatório de uma comissão internacional que presidi, sobre a mensuração do desempenho econômico e do progresso social.
3. Poderíamos fazer algo sobre a taxa de nascimentos, mas não está claro que quereríamos fazer isso, dados os desafios que enfrentamos, especialmente aqueles causados pelas mudanças climáticas.
4. Ver a discussão de Case e Deaton, "Rising Morbidity and Mortality in Midlife among White Non-Hispanic Americans in the 21st Century".
5. Os defensores da lei fiscal alegaram que ela levaria a mais investimentos privados. Como já comentei, o dinheiro adicional que foi para os cofres das corporações foi gasto majoritariamente em dividendos e recompra de ações.
6. Eu participava de uma discussão em Davos em janeiro de 2018, apenas semanas após a lei fiscal ser aprovada, quando a secretária de Transportes de Trump, Elaine L. Chao, reiterou seu comprometimento com a infraestrutura, mas então acrescentou que havia um problema: falta de dinheiro. Implicitamente, a administração articulara suas prioridades: mesmo uma lei fiscal mal projetada para os ricos era mais importante que a infraestrutura.
7. Através de provisões que limitam a dedutibilidade da renda estatal e de impostos sobre a propriedade.
8. Ele disse que seria tão grande que a arrecadação aumentaria. É desnecessário dizer que o déficit aumentou enormemente.
9. A taxa de poupança pessoal caiu para 2,2% e permaneceu baixa durante a crise financeira. As falhas das reduções fiscais de Bush em promover poupança, investimento e crescimento são discutidas com mais detalhes na nota 44 do capítulo 1.
10. Há muito mais a ser dito sobre como criar uma sociedade que facilite a inovação. Ver, por exemplo, Stiglitz e Greenwald, *Creating a Learning Society*.
11. O nome "políticas industriais" é enganoso: elas não necessariamente promovem a indústria, mas simplesmente um setor da economia ou uma tecnologia, ou então encorajam os negócios a se localizarem em lugares específicos.
12. Assim, as políticas ativas de mercado de trabalho algumas vezes foram criticadas: embora tenham funcionado em alguns países, como a Escandinávia, encontraram sucesso apenas parcial em outros lugares. Há uma razão para essas falhas e importantes lições a serem aprendidas com elas: se os indivíduos são treinados para empregos que não existem — porque a política macroeconômica falhou em criar empregos ou porque as políticas

de treinamento falharam em ligar os programas educacionais aos empregos existentes —, então, obviamente, a política fracassará.

As políticas industriais também foram criticadas pela ortodoxia neoliberal. Foi dito que o governo não deveria escolher os vencedores. Mas a realidade é que todo país bem-sucedido teve políticas industriais; grande parte da americana estava incorporada ao Departamento de Defesa. Não seríamos os líderes da internet se não fosse pelos programas de pesquisa do governo. De qualquer modo, todos os governos precisam tomar decisões de longo prazo sobre como projetar os sistemas de educação e infraestrutura, e elas precisam ser baseadas na visão de para onde o país está indo. Para uma discussão mais extensa, ver Stiglitz e Greenwald, *Creating a Learning Society*, e Mazzucato, *The Entrepreneurial State*.

13. Economistas e sociólogos similarmente se referem ao capital organizacional e social que reside no interior da comunidade. Esse capital é destruído juntamente com a comunidade. Ver, por exemplo, Robert J. Putnam, *Bowling Alone* (Nova York: Simon and Schuster, 2000); e Robert J. Sampson, *Great American City: Chicago and the Enduring Neighborhood Effect* (Chicago: University of Chicago Press, 2011).
14. De modo mais geral, a alocação espacial de atividade econômica não é eficiente por causa do intenso congestionamento e de outras externalidades específicas à localização (lembre-se que externalidades surgem sempre que as consequências das decisões individuais não são refletidas integralmente nos custos com os quais ele tem de arcar; sempre que há externalidades, o mercado não é eficiente).
15. Esse papel foi parcialmente involuntário, um subproduto da Segunda Guerra Mundial, quando o governo ajudou a mover as pessoas das áreas rurais para o setor urbano, em função da produção de guerra, e ajudou a garantir que aqueles que voltavam da guerra teriam as habilidades necessárias para serem bem-sucedidos na nova economia industrial, através da Lei GI. Para maior elaboração dessa questão, ver os estudos citados na nota 7 do capítulo 6.
16. A teoria econômica moderna (baseada na informação assimétrica) explicou por que é assim e por que os problemas são inerentes.
17. Essa ideia foi desenvolvida em Joseph E. Stiglitz e Jungyoll Yun, "Integration of Unemployment Insurance with Retirement Insurance", *Journal of Public Economics*, 89, n. 11-12 (2005): 2037-67; e "Optimal Provision of Loans and Insurance Against Unemployment From A Lifetime Perspective" (NBER, artigo preliminar n. 19064, 2013).

18. Sou grato a Alan Krueger pelas discussões sobre essas questões. O governo poderia, por exemplo, pagar parte da diferença entre o salário do emprego antigo e o salário do emprego novo, ao menos por algum tempo, e o indivíduo poderia continuar procurando um emprego melhor. No fim das contas, ele encontraria um ou baixaria suas expectativas. Mas, com esse programa, ao menos teria um emprego.
19. Assim, os estabilizadores automáticos inserem dinheiro no sistema econômico mesmo antes de os indicadores padrão (como crescimento do PIB ou nível de desemprego) mostrarem que há um problema. Especialmente nos Estados Unidos, com seu sistema político entravado, mesmo reconhecer que há um problema não é suficiente, como vimos na resposta à Grande Recessão. Pode haver atrasos longos e custosos antes que o Congresso aprove a necessária injeção de fundos na economia.
20. Tem havido uma pletora de livros defendendo a renda básica, incluindo os seguintes: Guy Standing, *Basic Income: A Guide for the Open-Minded* (New Haven: Yale University Press, 2017); Annie Lowrey, *Give People Money: How a Universal Basic Income Would End Poverty, Revolutionize Work, and Remake the World* (Nova York: Crown, 2018); e Philippe Van Parijs e Yannick Vanderborght, *Basic Income: A Radical Proposal for a Free Society and a Sane Economy* (Cambridge: Harvard University Press, 2017). Os títulos sugerem o papel transformador que os autores acreditam que a renda básica teria em nossa sociedade.
21. Alguns sugeriram que também há vantagens políticas: programas universais como a previdência social recebem mais apoio simplesmente porque são universais. Um antigo ditado diz que os programas condicionados aos meios [*means*] (nos quais a elegibilidade depende da renda, ou seja, dos "meios") são *mean*, no antigo uso inglês do termo, ou seja, mesquinhos.
22. Manter taxas de juros ultrabaixas pode distorcer a economia e, especialmente, o setor financeiro, encorajando o investimento excessivo em tecnologias de capital intensivo e levando a prêmios de risco muito baixos. Apoiar-se na política monetária também coloca um fardo indevido sobre os setores sensíveis aos juros.
23. Dados da OCDE.
24. Ver Peter Wagner e Wendy Sawyer, "Mass Incarceration: The Whole Pie 2018", Prison Policy Initiative, 14 de março de 2018.
25. "Employed Full Time: Median Usual Weekly Real Earnings: Wage and Salary Workers: 16 Years and Over", dados econômicos do FRED de

St. Louis, acessado em 14 de julho de 2018, disponível em https://fred.stlouisfed.org/series/LES1252881600Q. Alguns sugeriram que a razão para a baixa participação na força de trabalho é a ausência de qualificações necessárias para os empregos que estão sendo criados. Isso não explica integralmente o mercado de trabalho atual, porque, se esse fosse o caso, esperaríamos ver aumentos de salário para aqueles que apresentam tais qualificações, ao passo que a recusa em baixar os salários em outras áreas levaria a decréscimos limitados nessas áreas; consequentemente, teríamos visto aumentos muito mais rápidos do salário médio do que de fato vimos.

26. Como fizeram os Estados Unidos durante as guerras do Iraque e do Afeganistão. Ver Stiglitz e Linda Bilmes, *The Three Trillion Dollar War: The True Cost of the War in Iraq* (Nova York: W. W. Norton, 2008).
27. Não pagar por um custo social real (como o valor do dano ambiental) é, na verdade, um subsídio. Quando não há taxas de emissão de carbono, as empresas não arcam com os custos do dano ambiental que causam. Ao não forçar as empresas poluentes a pagarem pelos danos que impõem à sociedade, estamos efetivamente as subsidiando.
28. Mesmo quando convencionalmente mensurado, sem levar em conta os benefícios de um meio ambiente melhor. Parte da arrecadação com tal imposto poderia ser investida na economia "verde", por exemplo, que retroalimentaria nossa infraestrutura pública. Tudo isso (incluindo a criação privada e pública de empregos) é parte do que vem sendo chamado de Green New Deal.

Alguns defenderam uma taxa de emissão de carbono, na linha da recomendação feita pela Comissão de Alto Nível sobre Preços do Carbono, que presidi juntamente com o eminente economista britânico Lord Nicholas, mas sugeriram que a arrecadação fosse devolvida aos contribuintes. Os defensores de tal política ignoram nosso importante aviso sobre o escopo do novo investimento, inclusive do setor público, que a economia verde exigiria. (Fomos encarregados — por um consórcio global de empresas e governos liderado, na época, pelo ministro do Meio Ambiente francês Ségolène Royal e por um importante executivo holandês — de determinar a taxa necessária para atingir o objetivo de limitar o aquecimento global a entre 1,5°C e 2°C, como determinado pelos acordos internacionais de Paris e Copenhague. Ver "Report on the High-Level Commission on Carbon Prices", também conhecido como "The Stern-Stiglitz Report",

Carbon Pricing Leadership Coalition, acessado em 4 de julho de 2018, disponível em https://www.carbonpricingleadership.org/report-of-the--highlevel-commission-on-carbon-prices/.)
A taxa sobre a emissão de carbono teria a vantagem adicional de encorajar pesquisas com foco na redução das emissões, ou seja, em salvar o planeta. Em nosso atual sistema, no qual as empresas não arcam com nenhum custo pela emissão de carbono, elas têm poucos incentivos para reduzi-la.

29. O argumento é simples: o efeito expansionista dos gastos governamentais supera o efeito contracionista do imposto. O efeito contracionista será particularmente pequeno se os impostos recaírem sobre os super-ricos; e os efeitos expansionistas podem ser particularmente grandes para certos tipos de investimento, como aqueles associados à educação, à tecnologia e ao meio ambiente.
30. Ver Mazzucato, *The Entrepreneurial State*.
31. "Some Dates and Figures", Banco Europeu de Investimento, acessado em 4 de julho de 2018, disponível em http://www.eib.org/about/key_figures/index.htm.
32. No início da administração Trump, houve propostas de recrutar fundos hedge para fornecer financiamento para a infraestrutura, oferecendo-lhes grandes benefícios fiscais. Esses benefícios, é claro, não são gratuitos; eles privam o governo de dinheiro que poderia ser gasto em outra parte. O custo para o público de fundos obtidos através de um banco nacional de infraestrutura seria muito menor que o custo de atrair os fundos hedge, os quais, de qualquer modo, estariam mais interessados em financiar aeroportos e outras coisas das quais poderiam obter um fluxo direto de receita que estradas rurais e outros aspectos mais negligenciados de nossa infraestrutura.
33. Outras evidências mostram o impacto de tais esforços não somente na qualidade de vida, mas até mesmo para encorajar o aprendizado e desencorajar o crime.
Mais trabalho precisa ser feito para ajudar hospitais, escolas e casas de repouso. Encurtar as filas para aqueles que esperam por serviços públicos tem um valor que não é bem capturado nas estatísticas nacionais de renda.
34. Para uma descrição dos sucessos do programa indiano, ver Jayati Ghosh, "Can Employment Schemes Work? The Case of the Rural Employment Guarantee in India", em *Contributions to Economic Theory, Policy, Development, and Finance: Essays in Honor of Jan A. Kregel*, editado por Dmitri Papadimitriou (Londres: Palgrave Macmillan, 2014), pp. 145-71. É claro que

a estrutura do mercado de trabalho indiano é diferente da do americano, que exigiria um programa diferente. Mesmo assim, um país muito mais pobre, com uma fração muito menor de trabalhadores no mercado formal, pôde arcar com um programa de emprego garantido e fazer com que funcionasse. Os Estados Unidos também deveriam ser capazes de fazer isso. Muitos detalhes técnicos teriam de ser equilibrados na implementação de tal programa. Por um lado, seria errado pagar um salário muito baixo a esses trabalhadores. Por outro, não seria desejável desencorajar o setor privado de empregos. Essa medida seria um último recurso: a esperança é que, com políticas monetárias e fiscais apropriadas, o pleno emprego *para todos os grupos* seja viável. As evidências mostram, no entanto, que esse pode não ser o caso. As taxas de desemprego são duas vezes mais altas entre os afro-americanos que entre o restante da população, parcialmente por causa da discriminação, e isso significa que, a menos que o governo consiga baixar muito o desemprego geral, haverá níveis inaceitáveis de desemprego entre esse e outros grupos.

Os esquemas de emprego garantido são similares às frentes de trabalho, que têm uma história dúbia. Muitas vezes, as tarefas criadas não representavam trabalho significativo, os indivíduos não eram adequadamente treinados e havia pouco esforço para contribuir para uma qualificação que poderia permitir sua reintegração ao mercado de trabalho. Insights sobre essas falhas poderiam ajudar a aprimorar um esquema de emprego garantido bem projetado.

Mesmo um programa imperfeitamente projetado pode ser desejável, uma vez que tenhamos reconhecido o alto custo social de extensos períodos de desemprego, em particular quando concentrado em certos lugares ou certos subgrupos da população.

35. Alguns na direita afirmam que tudo deveria ser deixado a cargo do mercado. Se os benefícios líquidos do trabalho, incluindo creches para os filhos forem insuficientes, o indivíduo não deveria trabalhar; dessa perspectiva, os subsídios para as creches distorcem o mercado de trabalho. Isso ignora as múltiplas distorções já presentes nesse mercado e em outros setores da sociedade, incluindo a grande discriminação de gênero, e o valor social que a sociedade pode atribuir à dignidade do trabalho e ao aumento do capital humano que resulta do trabalho.

36. Não é preciso dizer que isso significar fornecer aos trabalhadores qualificações mais adequadas às necessidades do mercado de trabalho.

37. Sobre a pré-distribuição, ver Jacob S. Hacker e Paul Pierson, *Winner-Take--All Politics: How Washington Made the Rich Richer—And Turned Its Back on the Middle Class* (Nova York: Simon & Schuster, 2010); e Stiglitz, *The Price of Inequality*.
38. Para uma discussão mais ampla sobre os determinantes da desigualdade salarial, ver o capítulo 2, incluindo a nota 23.
39. Do mesmo modo, a revogação da Lei Glass-Steagall, que separava os bancos comerciais dos bancos de investimento, foi seguida de um enorme aumento da concentração no setor bancário, dando-lhes ainda mais poder de mercado. Os ativos dos cinco maiores bancos como fração dos ativos totais dos bancos comerciais subiram de 29% em 1998 (o ano anterior à revogação da lei Glass-Steagall) para 46% em 2015. "5-Bank Asset Concentration for United States", dados econômicos do FRED de St. Louis, acessado em 14 de julho de 2018, disponível em https://fred.stlouisfed.org/series/DDOI06USA156NWDB.
40. Existe uma acalorada disputa sobre os méritos relativos de aumentar o salário mínimo *versus* aumentar os subsídios salariais. Acredito que os Estados Unidos precisem de ambos.
41. Miles Corak documentou empiricamente a relação entre desigualdade de renda e desigualdade de oportunidades, uma relação que Alan Krueger, presidente do Conselho de Assessores Econômicos do presidente Obama, chamou de Curva Grande Gatsby. Ver Corak, "Income Inequality, Equality of Opportunity, and Intergenerational Mobility", *Journal of Economic Perspectives* 27, n. 3 (2013): 79-102; e Krueger, "The Rise and Consequences of Inequality in the United States", discurso no Centro para o Progresso Americano, 12 de janeiro de 2012.
42. As 25% escolas distritais mais ricas gastam 15,6% mais fundos que as 25% mais pobres, de acordo com o Departamento de Educação. Dados do Centro de Estatísticas Financeiras da Educação, acessado em 4 de julho de 2018, disponível em http://nces.ed.gov/edfin/xls/A-1_FY2012.xls. Um estudo de C. Kirabo Jackson, Rucker C. Johnson e Claudia Persico determinou que cada aumento de 10% nos gastos com cada aluno durante seus doze anos de educação leva a salários 7% mais altos e a um decréscimo de 3,2% na incidência anual de pobreza. Ver Jackson, Johnson e Persico, "The Effects of School Spending on Educational and Economic Outcomes: Evidence from School Finance Reforms", *Quarterly Journal of Economics* 131, n. 1 (2016): 157-218.

Esses resultados são consistentes com aqueles apresentados no capítulo 2, mostrando que aqueles que crescem em certas localidades têm menos probabilidade de serem bem-sucedidos.

43. Sem surpresa, dada a importância da educação, houve inumeráveis esforços de reforma e livros propondo abordagens alternativas. Alguns poucos parágrafos não podem fazer justiça a essa rica literatura. Discuti um desses esforços de reforma, a remuneração por desempenho. Outro foca nas escolas charter, permitindo que novas escolas sejam criadas. Na média, essas escolas não se saem melhor que as públicas (Philip Gleason, Melissa Clark, Christina Clark Tuttle e Emily Dwoyer, "The Evaluation of Charter School Impacts: Final Report (NCEE 2010-4029)" [Washington, DC: Centro Nacional de Avaliação da Educação e Assistência Regional, Instituto de Ciências da Educação, Departamento de Educação dos Estados Unidos, 2010]), mas algumas tiveram notável sucesso. Elas deveriam ser vistas como "laboratórios de inovação educacional", com os projetos bem-sucedidos sendo levados para as escolas públicas. Não deveriam ser vistas como alternativa às escolas públicas. Isso quase inevitavelmente levaria a um sistema escolar mais econômica, social e racialmente segregado. Um terceiro pilar de reforma centrou no fim dos sindicatos, o que é curioso, porque os sistemas escolares com melhor desempenho hoje são os altamente sindicalizados. Sem surpresa, as atitudes antitrabalhador, antissindicatos, comuns no setor corporativo, chegaram ao debate sobre a reforma educacional.

44. Em *Shelby County v. Holder*, declarando que uma das principais provisões da lei era inconstitucional. A lei colocara sob supervisão federal partes do país com um legado histórico de discriminação de eleitores. Liberados das restrições, muitos desses lugares iniciaram ações (como fechar e mudar os locais de votação) para desencorajar o voto dos afro-americanos. A falta de poder eleitoral tem consequências para a alocação de recursos públicos. Para uma discussão mais ampla dessas questões, incluindo a decisão da Suprema Corte, ver o capítulo 8.

45. Fonte: World Prison Population List, International Center for Prison Studies

46. Esse sistema de encarceramento em massa passou a ser chamado de "novo Jim Crow". Como comentado no capítulo 8, todavia, ele serve a um propósito político: facilitar a privação de direitos de grande número de afro-americanos. Ver Alexander, *The New Jim Crow*.

Ele também é explorador. Como comentado, quase 5% de toda a mão de obra industrial nos Estados Unidos hoje é fornecida pelos presidiários, tipicamente com salários muito abaixo do mínimo.
47. A crise financeira revelou o pior do sistema econômico e judiciário americano. Bancos como Wells Fargo visaram afro-americanos para seus empréstimos predatórios. Quase nenhum dos banqueiros ricos responsáveis pela crise (ou por essa discriminação) foi responsabilizado, nem mesmo pelo crime de jogar para fora de suas casas pessoas *que não deviam nenhum dinheiro*, incluindo muitos proprietários cujos documentos os banqueiros não conseguiram encontrar. Ver "Justice for Some" em Stiglitz, *The Great Divide*, pp. 70-73.
48. Ver Andrea Flynn, Dorian T. Warren, Susan Holmberg e Felicia Wong, "Rewrite the Racial Rules: Building an Inclusive American Economy", Instituto Roosevelt, junho de 2016.
49. Um dos temas repetidos em entrevistas com os apoiadores de Trump foi que eles sentiam que os outros estavam recebendo um "sinal verde" para ultrapassá-los na escada da vida. No golfe, entendemos que um jogo nivelado envolve o fornecimento de um handicap. Do mesmo modo, precisamos reconhecer que, na vida, há alguns que começam com desvantagens e precisam de ajuda para garantir que o jogo seja verdadeiramente nivelado.
50. Esses argumentos fazem parte de uma ação legal em nome de 21 crianças contra a administração Trump, em função de suas políticas climáticas. A ação, chamada de *Juliana v. EUA*, aguarda julgamento em Eugene, Oregon, depois que a Suprema Corte (em uma decisão de sete votos a dois) confirmou o direito das crianças de acionar o governo. Sou testemunha especialista no caso.
51. Ver Stiglitz, "Reforming Taxation to Promote Growth and Equity", *white paper* do Instituto Roosevelt, 28 de maio de 2014. Reformas-chave incluem taxação integral dos dividendos, ganhos de capital, rendimentos de títulos locais e a eliminação de uma variedade de brechas legais, incluindo a provisão que prevê um aumento da base da taxação de ganhos de capital quando os ativos são herdados, de modo que impostos só são pagos sobre a diferença entre o preço pelo qual o ativo é vendido e o preço na época da herança — todo o ganho de capital durante a geração anterior permanece isento.
52. Entre elas a provisão de "comissão" (no Internal Revenue Code de 1986) já comentada: aqueles que trabalhavam com capital privado (comprando

empresas, reestruturando-as e vendendo-as) tipicamente pagam o mais baixo imposto sobre ganhos de capital, em vez do muito mais alto imposto pago por aqueles que trabalham em outros setores.

53. Embora a evidência mostre, em todos esses casos, que as respostas normalmente são pequenas, ou, como dizem os economistas, a elasticidade das taxas é baixa.
54. Ver Henry George, *Progress and Poverty: An Inquiry into the Cause of Industrial Depressions and of Increase of Want with Increase of Wealth* (São Francisco: W. M. Hinton & Company, editores, 1879), p. 38.
55. Isso pode ser visto de outra maneira: o valor das terras vai aumentar e, se os indivíduos quiserem reter certa quantidade de riqueza para, digamos, sua aposentadoria, uma parte maior dessa riqueza será composta de capital produtivo.
56. Ver "The Stern-Stiglitz Report" discutido na nota 28.
57. É claro que também faz sentido cortar os grandes subsídios aos combustíveis fósseis (estimados em 20,5 bilhões anuais em auxílio corporativo, grande parte através do sistema fiscal), o que geraria ainda mais dinheiro para ser gasto com outras coisas. David Roberts, "Friendly Policies Keep US Oil and Coal Afloat Far More than We Thought", *Vox*, 7 de outubro de 2017, com base em dados da Oil Change International.

    Esses dados omitem muitas categorias de subsídios, como aqueles que vão diretamente para os consumidores. O FMI estima que os subsídios energéticos (a maioria dos quais para os combustíveis fósseis) tenham sido de 5,3 trilhões de dólares em 2015, 6,5% do PIB global. David Coady, Ian Parry, Louis Sears e Baoping Shang, "How Large Are Global Energy Subsidies?" *Fundo Monetário Internacional*, 2015. Eles estimam que os subsídios americanos sejam de 600 bilhões de dólares por ano.
58. As perdas globais totais em função de desastres naturais foram de 335 bilhões de dólares. Os Estados Unidos sofreram 88% das perdas econômicas globais. *Natural Disasters 2017*, www.emdat.be/publications (acessado em 28 de janeiro de 2019). Ver também Pascaline Wallemacq e Rowena House, "Economic Losses, Poverty and Disasters 1998-2017" (Gabinete das Nações Unidas para Redução do Risco de Desastres e Centro de Pesquisas sobre a Epidemiologia dos Desastres, 2018), acessado em 24 de janeiro de 2019, disponível em https://www.unisdr.org/we/inform/publications/61119.
59. Na verdade, ele interfere com a eficiência dos mercados financeiros. Como indica Michael Lewis em seu livro de 2014 *Flash Boys: A Wall Street Re-*

volt (Nova York: W. W. Norton), grande parte das negociações de alta frequência nada mais é que uma maneira tecnologicamente avançada de *front running*, que, em suas formas menos sofisticadas, é ilegal. O dinheiro que vai para esses negociadores poderia ir para aqueles que investem em informações *reais* que podem aumentar a eficiência geral da economia. Ver Joseph E. Stiglitz, "Tapping the Brakes: Are Less Active Markets Safer and Better for the Economy?", apresentado durante a Conferência Mercados Financeiros: Refinando a Regulamentação Financeira pela Estabilidade e Eficiência, do Federal Reserve Bank de Atlanta, 15 de abril de 2014, disponível em http://www.frbatlanta.org/documents/news/conferences/14fmc/Stiglitz.pdf.

CAPÍTULO 10: UMA VIDA DECENTE PARA TODOS

1. Mesmo a Costa Rica, com um quarto da renda *per capita* dos Estados Unidos, tem uma expectativa de vida mais longa, em parte porque fornece assistência médica de qualidade para todos.
2. Dados do Gabinete de Análise Econômica. A dívida bruta atingiu o auge de 119% do PIB após a Segunda Guerra Mundial. "Gross Federal Debt as Percent of Gross Domestic Product", FRED de St. Louis, acessado em 15 de julho de 2018, disponível em https://fred.stlouisfed.org/series/GFDGDPA188S.
3. Os retornos dos investimentos em educação são enormes — por uma conta do Congresso, 7 dólares por cada dólar gasto. Houve grandes diferenças no aproveitamento dos benefícios educacionais: somente 12% dos afro-americanos receberam educação superior, em oposição a 28% dos brancos. Edward Humes explica o mecanismo através do qual tal discriminação ocorreu em "How the GI Bill Shunted Blacks into Vocational Training", *The Journal of Blacks in Higher Education*, n. 53 (outono de 2006): 92-104. Vale notar que, embora a Lei GI tenha tido efeito sobre as conquistas educacionais no norte, o mesmo não ocorreu no sul. Ver Sarah Turner e John Bound, "Closing the Gap or Widening the Divide: The Effects of the GI Bill and World War II on the Educational Outcomes of Black Americans" *The Journal of Economic History* 63, n. 1 (2003), pp. 145-77. A Lei GI também forneceu benefícios habitacionais, mas, novamente, a discriminação nos empréstimos significou que os afro-americanos não foram integralmente capazes de

tirar vantagem desses benefícios. Ver Edward Humes, *Over Here: How the G.I. Bill Transformed the American Dream* (Nova York: Diversion Books, 2006).

4. Embora a discussão deste capítulo enfatize o papel dos programas governamentais (incluindo novas opções públicas) na obtenção de uma vida decente para todos os americanos, é importante reconhecer que as estruturas regulatórias discutidas no capítulo anterior são igualmente importantes. Não se pode ter uma vida decente se os funcionários podem ser facilmente explorados pelos empregadores (por exemplo, através de turnos interrompidos e trabalho intermitente), se o meio ambiente está destruído ou se os indivíduos são constantemente explorados pelas empresas com as quais têm de lidar — seja um provedor de internet, uma operadora de celular ou uma companhia aérea.

5. Ter a opção pública pode ser preferível a se ter *somente* o governo fornecendo o serviço.

6. Ironicamente, o Congresso criou uma opção privada limitada ao Medicare — mas teve de fornecer subsídios substanciais aos fornecedores privados para que eles fossem capazes de competir.

7. Mesmo antes de Trump tentar minar a Lei de Cuidados de Saúde Acessíveis, cerca de 12% dos adultos americanos não tinham seguro-saúde, em um total de cerca de 30 milhões de pessoas. Ver Zac Auter, "U.S. Uninsured Rate Steady at 12.2% in Fourth Quarter of 2017" (Gallup, 16 de janeiro de 2018); e Edward R. Berchick, Emily Hood e Jessica C. Barnett, "Current Population Reports, P60-264, Health Insurance Coverage in the United States: 2017" (US Government Printing Office, Washington, DC, 2018). O Escritório de Orçamento do Congresso (CBO) estimou, em novembro de 2017, que, como resultado da lei fiscal de 2017, adicionais 13 milhões de pessoas estarão sem seguro-saúde em 2027. Ver "Repealing the Individual Health Insurance Mandate: An Updated Estimate" (CBO, 8 de novembro de 2017).

8. Essa opção basicamente significa que os subsídios fornecidos pelos saudáveis aos doentes através do sistema privado agora são obtidos através do sistema fiscal.

9. Ver Peter R. Orszag e Joseph E. Stiglitz, "Rethinking Pension Reform: Ten Myths about Social Security Systems", em *New Ideas about Old Age Security*, editado por Robert Holman e Joseph E. Stiglitz (Washington, DC: Banco Mundial, 2001), pp. 17-56. A maioria dos indivíduos não

sabe das taxas cobranças pelos planos alternativos e, consequentemente, não percebe o impacto dessas taxas em sua aposentadoria. Nos Estados Unidos, estima-se que os custos transacionais das contas IRA reduzam as aposentadorias em cerca de 30%. Ver Robert Hiltonsmith, "The Retirement Savings Drain: The Hidden and Excessive Costs of 401(k)s", Nova York: Demos.org, 2012, acessado em 24 de janeiro de 2019, disponível em https://www.demos.org/publication/retirement-savings-drain-hidden-excessive-costs-401ks.

10. Ver a discussão na nota 21, capítulo 5. A administração Trump, tomando o partido dos banqueiros e de seu desejo de enriquecer à custa dos aposentados ao continuar a explorar conflitos de interesse, adiou a implementação do padrão fiduciário que outros países têm. Então, o Quinto Tribunal Distrital, cobrindo Texas, Louisiana e Mississippi, anulou a decisão. Tudo isso torna mais importante o fornecimento de *opções públicas*. Para discussão posterior, ver, por exemplo, Alessandra Malito, "The Fiduciary Rule Is Officially Dead. What Its Fate Means to You", *Market Watch*, 25 de junho de 2018, https://www.marketwatch.com/story/is-the-fiduciary-rule-dead-or-alive-what-its-fate-means-to-you-2018-03-16.

11. O sistema "gerar para distribuir", no qual os brokers ajudavam os bancos a vender hipotecas, que então vendiam para os bancos de investimento para serem agrupadas como títulos a serem vendidos para fundos de pensão e outros investidores em busca de um portfólio diversificado, descrito no capítulo 5.

12. Ver Laurie Goodman, Alanna McCargo, Edward Golding, Jim Parrott, Sheryl Pardo, Todd M. Hill-Jones, Karan Kaul, Bing Bai, Sarah Strochak, Andrea Reyes e John Walsh, "Housing Finance at a Glance: A Monthly Chartbook", Urban Institute, dezembro de 2018, disponível em https://www.urban.org/research/publication/housing-finance-glance-monthly-chartbook-december-2018/view/full_report.

13. O modelo econômico é chamado de "precificação hedonista", avaliando o valor que os mercados associam a vários atributos de uma casa, incluindo localização e várias comodidades.

14. Por exemplo, as companhias de hipoteca e os bancos de investimento frequentemente descreviam as propriedades alugadas como ocupadas pelo proprietário. Isso é importante, porque o risco de inadimplência é muito maior no primeiro caso.

15. Os economistas se referem a elas como "economias de escopo". Para a maioria dos indivíduos, os pagamentos poderiam estar diretamente ligados aos contracheques, com efetivamente zero custo marginal. Há uma série de questões práticas que precisam ser abordadas com essa proposta. Embora esses detalhes críticos exijam atenção, meu argumento aqui é que há amplo escopo para criar uma autoridade cessionária pública que seria muito mais eficiente que os arranjos existentes — os quais, de qualquer forma, deixam que o governo assuma os riscos e subscreva as concessões, seja implícita ou explicitamente.

16. A hipoteca de trinta anos apresentava muito menos inadimplência que os produtos na direção dos quais gravitaram os mercados privados nos anos anteriores à crise, como aqueles com taxas de juros variáveis e balões, mas mesmo a hipoteca de trinta anos não é tão eficiente em termos de partilha de risco e estabilização da economia quanto muitos outros propostos (como os descritos no texto) e, em alguns casos, oferecidos em outros países (incluindo os famosos títulos hipotecários dinamarqueses).

17. Ver, por exemplo, Deirdre Bloome, Shauna Dyer e Xiang Zhou, "Educational Inequality, Educational Expansion, and Intergenerational Income Persistence in the United States", *American Sociological Review* 83, n. 6 (2018): 1215-53.

18. Ver James J. Heckman, "Invest in early childhood development: Reduce deficits, strengthen the economy", https://heckmanequation.org/www/assets/2013/07/F_HeckmanDeficitPieceCUSTOM-Generic_052714-3-1.pdf e Ajay Chaudry, Taryn Morrissey, Christina Weiland e Hirokazu Yoshikawa, *Cradle to Kindergarten: A New Plan to Combat Inequality* (Nova York: Russell Sage Foundation, 2017).

19. As alternativas diferem de modo mais importante nas consequências para a distribuição intergeracional de renda, que é afetada também por outras políticas, como o design da previdência social (pensões). Empréstimos condicionados à renda colocam o fardo de pagar pela educação na geração recebendo a educação, ao passo que a educação gratuita coloca o fardo na atual população produtiva.

20. Os indivíduos deveriam ser capazes de emprestar do governo para pagar o empréstimo privado e todas as penalidades deveriam ser proibidas.

21. Para uma discussão da correlação entre desigualdade e segregação econômica, ver Sean F. Reardon e Kendra Bischoff, "Income Inequality and Income Segregation", *American Journal of Sociology* 116, n. 4 (2011): 1092-1153.

NOTAS 373

CAPÍTULO 11: RECUPERANDO OS ESTADOS UNIDOS

1. É claro que os dois não são totalmente distintos, como vimos tão claramente no capítulo 5: a torpeza moral por parte dos banqueiros desempenhou papel importante na disfunção de nosso sistema financeiro.
2. No século XIX, esse arquétipo foi capturado em uma série de livros de Horatio Alger, descrevendo meninos empobrecidos que chegavam à prosperidade através da determinação e do trabalho duro.
3. A maioria das faculdades mais seletivas de nossa nação apresenta admissão indiscriminada, aceitando estudantes independentemente das circunstâncias financeiras de seus pais e fornecendo financiamento para garantir que todos possam se matricular. Todavia, uma fração notavelmente pequena (menos de 10%) vem da metade inferior da distribuição de renda. Na Ivy Plus (Ivy League mais MIT, Universidade de Stanford, Universidade Duke e Universidade de Chicago), 14,5% dos estudantes vêm dos 1% do topo, ao passo que 13,5% vêm da metade inferior. Anthony P. Carnevale e Stephen J. Rose, "Socioeconomic Status, Race/Ethnicity, and Selective College Admission", em *America's Untapped Resource: Low-Income Students in Higher Education*, editado por Richard D. Kahlenberg (Nova York: Century Foundation, 2004); e Raj Chetty, John N. Friedman, Emmanuel Saez, Nicholas Turner e Danny Yagan, "Mobility Report Cards: The Role of Colleges in Intergenerational Mobility", NBER, artigo preliminar n. w23618, julho de 2017, https://www.nber.org/papers/w23618.pdf.
4. A economia comportamental moderna avançou um pouco na retificação desses problemas. Mas grande parte da atual política econômica dos Estados Unidos e de outros países desenvolvidos é baseada não nos insights da economia comportamental, mas nas prescrições da economia padrão, baseadas em concepções não realistas sobre os indivíduos como totalmente racionais, informados e egoístas.
5. A primeira atitude é refletida nos elogios feitos aos líderes políticos que defendem a "reforma", mesmo quando reforma significa simplesmente mudar as regras do jogo para favorecer um grupo à custa de outro ou mesmo de toda a economia. As reformas de Reagan levaram a crescimento mais lento e maior desigualdade; os únicos vencedores foram aqueles no topo. A segunda atitude é refletida por aqueles na Suprema Corte que acreditam que os pais fundadores deveriam ser nossos guias, mesmo quando enfrentamos dilemas que eles não poderiam ter sequer concebido.

6. Na verdade, como já comentado, o primeiro livro de Smith se chamava *A teoria dos sentimentos morais*, originalmente publicado em 1759.
7. A lista não pretende ser abrangente, focando mais nas questões fundamentais que discuti neste livro, e não pretendo sugerir que deveria haver apoio unânime para qualquer articulação particular desses valores. No entanto, é difícil ver tantas pessoas se dizendo contrárias a, digamos, o estado de direito e um sistema de tolerância disseminada. Com certeza há aqueles que gostariam de articulá-los de maneira a torná-los mais consistentes com seus próprios interesses.
8. O país teve um gostinho de quão importante é o governo para o funcionamento de nossa economia e nossa sociedade quando Trump imobilizou parte do governo no fim de 2018 e início de 2019.
9. Em 2017, o governo federal empregava (sem incluir o serviço postal) 2,19 milhões de pessoas; em 1967, aproximadamente 2,13 milhões (Gabinete de Estatísticas Trabalhistas, todos os funcionários do governo federal com exceção do serviço postal [CES9091100001], FRED, Federal Reserve Bank de St. Louis; https://fred.stlouisfed.org/series/CES9091100001, acessado em 24 de janeiro de 2019).
10. Esse era o caso antes da legislação de segurança automobilística, como documentado por Ralph Nader em seu livro clássico, *Unsafe at Any Speed: The Designed-In Dangers of the American Automobile* (Nova York: Pocket Books, 1965).
11. Um presidente que afirma ter o direito irrestrito de perdoar a si mesmo e aqueles que o servem é um presidente que reivindica poder autoritário irrestrito, a ser contido pelo freio último fornecido pela constituição, o impeachment. Com um apoio tão sólido em seu próprio partido (remover o presidente do cargo requer dois terços dos votos do Senado) e tanta autoconfiança que ele afirmou que poderia "atirar em alguém" na Quinta Avenida e mesmo assim não perderia seus eleitores, ele parece ter pouco a temer a esse respeito.
12. Muitas mudanças importantes receberam pouca atenção: uma simples mudança que remove a deferência anteriormente concedida ao médico em procedimentos de invalidez pode resultar em muitas pessoas não terem acesso à pensão por invalidez.
13. De acordo com os dados da OCDE, em 2017, o PIB real *per capita* dos Estados Unidos cresceu mais lentamente que a média dos outros países-membros, mas, em 2018, foi ligeiramente maior.

14. Em *Rewriting the Rules of the American Economy*, eu e meus coautores descrevemos a globalização e a tecnologia como grandes forças globais subjacentes que foram traduzidas, através das regras que estruturam a economia, em nossas experiências diárias, incluindo as que levam à desigualdade e à exclusão. Mas a história é mais complexa: em grande extensão, mesmo as grandes forças globais da tecnologia e da globalização se originam e são modeladas pela política. A tecnologia é impulsionada pela pesquisa básica e, mesmo no setor privado, sua direção é afetada pela política. Políticas climáticas mais vigorosas teriam levado a mais investimento em pesquisa para reduzir as emissões de gases de efeito estufa. Baixas taxas de juros reduziram o custo do capital em relação ao trabalho, encorajando as pesquisas e outros investimentos a pouparem trabalho. A globalização é amplamente impulsionada por políticas que afetam os movimentos interfronteiras de mercadorias, serviços, capital e pessoas.
15. Não é bem assim: como comentando na nota 11 do capítulo 8, dado o baixo comparecimento de eleitores, Trump recebeu os votos de "somente 26% da população com idade para votar".
16. Foi o que eu disse em meus livros *The Price of Inequality* e *O grande abismo*. Mas eu não estava sozinho. Ver, por exemplo, Piketty, *O capital no século XXI*; e Angus Deaton, *The Great Escape: Health, Wealth, and the Origins of Inequality* (Princeton: Princeton University Press, 2013).
17. Com respeito a *Worcester v. Georgia*, 31 U.S. (6 Pet.) 515 (1832). As palavras de Andrew Jackson para o general de brigada John Coffee foram: "A decisão da Suprema Corte nasceu morta e eles descobriram que não podiam forçar a Geórgia a ceder a seu mandato."
18. O sul desenvolveu um sistema econômico que manteve a dominância da antiga classe escravagista através da parceria rural. O sul estava atrás em educação, renda, saúde — em todos os indicadores de bem-estar social e econômico —, especialmente, mas não somente, no caso dos afro-americanos. Ao longo da história, os líderes políticos sulistas exploraram o racismo para voltar a raiva dos pobres brancos contra seus vizinhos negros.
    Por fim, as estatísticas do sul melhoraram, ajudadas pela aprovação do salário mínimo sob o presidente Delano Roosevelt em 1938, pela maciça migração de afro-americanos do sul para o norte e pela realocação das indústrias para o sul, em busca de mão de obra barata. Esperava-se que

a legislação de direitos civis da década de 1960, ela mesma resultado de um movimento de massa contra essas antigas injustiças econômicas e sociais, invertesse a maré. Ao menos por algum tempo, pareceu que isso aconteceria. Todavia, um quarto de século depois, as forças reincidentes, especialmente os tribunais, interromperam esse progresso, se é que não o reverteram: segregação econômica, divisão econômica racial e desempoderamento político aumentaram depressa.

19. A tentativa de Trump de usar o racismo para obter vantagem política tem, é claro, antigos antecedentes. Após a aprovação da legislação de direitos civis do presidente Lyndon B. Johnson, os republicanos do sul tiraram vantagem do racismo disseminado para encorajar um grande realinhamento da afiliação partidária.

20. Alguns enfatizaram o papel equalizador que as guerras às vezes desempenharam. A Segunda Guerra Mundial criou uma solidariedade que permitiu taxação altamente progressista e preparou o cenário para a era do pós-guerra, com níveis incomumente baixos de desigualdade. Mas as guerras não são necessárias nem suficientes para criar sociedades igualitárias — e são uma maneira custosa e ineficiente de fazer isso.

21. Consistente com a visão de que nós (através do Estado) temos a curadoria dos recursos naturais para as futuras gerações. Isso é às vezes chamado de Doutrina do Interesse Público e data do código justiniano, incorporado ao direito americano no fim do século XIX e uma das bases para a ação judicial de 21 crianças contra a administração Trump, por ter falhado em iniciar as ações adequadas em relação às mudanças climáticas a fim de proteger seus interesses, que discuti na nota 50 do capítulo 9.

22. De acordo com dados da Federal Deposit Insurance Corporation e da National Credit Union Administration (a regulamentadora das cooperativas de crédito), ao passo que, antes da crise, as cooperativas de crédito faliam mais ou menos na mesma taxa que os bancos com fins lucrativos, durante a crise sua taxa de falências foi notadamente menor. Além disso, ao passo que os empréstimos bancários para os pequenos negócios diminuíram em cerca de 100 bilhões de dólares entre 2008 e 2016, os empréstimos das cooperativas de crédito mais que dobraram, passando de 30 para 60 bilhões de dólares. Ver o relatório NAFCU 2017 sobre cooperativas de crédito, disponível em https://www.nafcu.org/sites/default/files/data-research/economic-credit-union-industry-trends/industry-trends/Annual%20Report%20on% 20Credit%20Unions/NAFCU%

20Report%20on%20Credit%20Unions% 20-%202017.pdf; e Rebel A. Cole, "How Did Bank Lending to Small Business in the United States Fare After the Financial Crisis?" (Administração de Pequenos Negócios, janeiro de 2018).
23. Por exemplo Land O'Lakes, a maior produtora de manteiga do país. Iniciada no Minnesota como Associação Cooperativa de Fabricantes de Laticínios, ela tem agora 10 mil funcionários trabalhando em cinquenta estados e mais de cinquenta países, com vendas líquidas no valor de 14 bilhões de dólares. Excluindo as de habitação, existem mais de 64 mil cooperativas, incluindo de serviços e de agricultura. Outras cooperativas familiares são Sunkist e Ocean Spray (oxicocos).
24. A mais vigorosa negação do papel da ação coletiva e do bem-estar social foi feita pela ex-primeira-ministra do Reino Unido, Margaret Thatcher, em 1987: "Não existe essa coisa de sociedade."
25. Ver, por exemplo, Paxton, *The Anatomy of Fascism*.

ÍNDICE

#

1%
  crescimento da renda, 56, 127, 214
  e bem-estar público, 266
  e crescimento geral do país, 42
  estratégias para manter o poder, 49
  fração da riqueza da nação, 61, 66
1984 (Orwell), 151

A

abusos de poder
  dinheiro e, 188-191
  freios e contrapesos para evitar, 185-188
ação afirmativa, 224
ação coletiva, 161-178
  circunstâncias que a exigem, 163-165
  crescente necessidade de ação governamental, 174-176
  equilibrando com o individualismo, 162
  falhas do governo, 171-174
  no prefácio da constituição, 161
  regulamentação como, 165-171
ações legais coletivas, 283n20
Acordo Abrangente e Progressivo para a Parceria Transpacífica, 328n25
Acordo de Copenhague, 228
Acordo de Paris, 228
acordos comerciais, 104, 107-108, 111-113, 114-115, 122
acordos de não intercontratação, 89
Acton, Lord, 185
Adelson, Sheldon, 354n26
Administração de Previdência Social, 238
Adobe, 88
afro-americanos; *ver também* discriminação racial
  desempoderamento, 183
  e desigualdade, 63-64
  e Lei GI, 232
  e leis Jim Crow, 263, 291n3
  encarceramento em massa, 223-224
  transmissão intergeracional de desvantagens, 300n41, 300-301n42
Agência de Proteção Ambiental (EPA), 287n38

agitar, 336-337n21
agricultura, Grande Depressão e, 144
AIG, 130
Akerlof, George, 87
alcoolismo, 65
Alemanha nazista, 38
Alemanha, 155, 174
alíquotas fiscais corporativas, globalização e, 108-109
AlphaGo, 338n1
Amazon, 85, 97, 147, 151; *ver também* Bezos, Jeff
American Airlines, 92
American Express, 83
análise de custo-benefício, 168, 225-226
antitruste, 75, 85, 91-99
aposentadoria forçada, 203-204
aposentadoria, 203-204, 235-237
apostas pelos bancos, 130-131, 228
Apple
  ações de violação de patentes, 83
  evitação fiscal, 109, 132
  poder de mercado, 80
  recompra de ações, 132
armadilha da baixa renda, 67
arrecadação, globalização e, 108-110
Ásia Oriental, 171
Aspectos Relacionados ao Comércio dos Direitos de Propriedade Intelectual (TRIPS), 112-113
"áspero individualismo", 248-249
assistência médica universal, 36
assistência médica
  acesso universal aos, 234-235
  e excepcionalismo americano, 233
  melhorando o acesso aos serviços, 224
  no Reino Unido e na Europa, 36
  opção pública, 232-233
Associação de Patologias Moleculares, 150
AT&T, 98, 169, 347-348n17
Austrália, 39
automação, *ver* tecnologia

B

Banco Europeu de Investimento, 217
Banco Mundial, 104
bancos centrais, 164
bancos multinacionais de desenvolvimento, 130
bancos
  e crise financeira de 2008, 125-128
  e paraísos fiscais, 110
  fusões e aquisições, 131
  necessidade de regulamentação, 166
  perigos apresentados à democracia pelos, 125-126
  tradicionais *vs.* modernos, 133
Bannon, Steve, 41
banqueiros, 28, 30, 127
Baqaee, David, 85
barreiras de entrada na competição, 72, 80-84, 85-87, 205, 310n47
bem-estar geral, 264-269
bens públicos
  dados como, 154
  falha dos mercados em fornecer, 20, 163-164
  mídia como um dos, 34, 156
  organizações não governamentais e, 171
  pesquisa e, 206
Bezos, Jeff, 29, 55

Big Data; *ver também* inteligência artificial (IA)
  como ameaça à democracia, 154-157
  e pesquisa, 150
  e poder de mercado, 147-148
  e privacidade, 151
  e seleção de consumidores, 149
  na China, 117
  regulamentação, 152-154
Big Pharma, 83, 112-113, 122, 189
Blackberry, 308n34
Blankfein, Lloyd, 128
bolha imobiliária, 44
brecha legal da comissão por desempenho, 278n6
brechas legais na lei fiscal de 2017, 15-17, 109, 216, 227, 260
Brexit, 27
Buckley v. Valeo, 356n31
bullying, 159
burocracia
  freios e contrapesos na, 255-256
  Trump minando a competência/integridade da, 186
Burtless, Gary, 64
Bush v. Gore, 187
Bush, George H. W., 13, 187, 261
Bush, George W., e administração
  casos antitruste, 85
  perda do status da Suprema Corte como árbitro justo, 186-188
  privatização da previdência social, 236
  reduções fiscais, 47
Bush, Jeb, 199

C

cadeias de fornecimento, 115

Câmara dos Representantes, 30, 181
Cambridge Analytica, 151, 155
Canadá, 39
capital privado, 278n6
capital social, 76-77
capitalismo de Estado, 118
capitalismo de estilo americano
  e ações de violação de patentes, 83
  e identidade nacional, 23
  e mercado imobiliário, 239
  e valores, 52
  perigos, 50-51
  visão dos outros países, 120
capitalismo
  de estilo americano, *ver* capitalismo de estilo americano
  fim do comunismo como suposto triunfo do, 27
captura, 172, 247, 356n32
carros autoguiados, 142
carros autoguiados, 142
Carta de Direitos, 185
Carter, Jimmy, e administração, 101
cartões de crédito, 83, 93, 129
Case, Anne, 64-65
caso do financiamento de campanha no Arizona, 191
CEA (Conselho de Assessores Econômicos), 10
Centros para o Controle de Doenças, 64
Chao, Elaine L., 359n6
Charter Communications, 169
China
  e desemprego nos EUA, 107
  e globalização, 105, 117-121
  e retorno livre de risco sobre o capital, 77

falta de proteção à privacidade, 158
guerras comerciais, 117
ideologia econômica, 50
PIB, 293*n*12
taxa de crescimento, 60
cidadãos idosos, 203-204
Ciência
ataque de Trump à, 15, 38-40
como empreendimento social, 282*n*18
como valor partilhado, 251
e Iluminismo, 33-35
e julgamentos coletivos, 283*n*20
e padrões de vida, 284*n*22
e riqueza de uma nação, 11
oposição à, 42-43
substituição pela ideologia, 43
Circle, The (Eggers), 151
Citigroup, 131
Citizens United v. Comissão Federal Eleitoral, 187, 190-191, 193
cláusula dos três quintos, 183
cláusulas de não competição, 88-89
Clinton, Bill, e administração, 11, 28, 29, 189, 261, 265
Clinton, Hillary, 28, 30
código justiniano, 376*n*21
Comcast, 169
Comissão Federal de Comércio, 92
Comissão Federal de Comunicação (FCC), 169
comitês de ação política, 190, 192, 193
companhias de carvão, 42
companhias de seguro, 149
companhias farmacêuticas, *ver* Big Pharma
competição perfeita, monopólio *vs.*, 79
competição

concentração de mercado, 78-80
falhas de mercado, 45
no mercado de ideias, 98-99
poder de mercado, 80-84
poder *vs.*, 45
comportamento anticompetitivo, 91-99
comportamento predatório, 167
compulsão, poder de, 177
comunismo, colapso do, 27, 50
concentração de mercado, 79-80, 131
condado de Shelby v. Holder, 366*n*44
confiança, como essencial para o sistema econômico, 127-128
conflitos de interesse, 93, 95, 148
Congresso
e Grande Recessão, 62, 236
e lobistas, *ver* lobistas e dinheiro na política, 192-193
e Obamacare, 234
e processo regulatório, 168-169
e USTR, 123
indicações para a Suprema Corte, 187
leis antitruste, 75, 91
Conhecimento
como bem público, 163
desdém de Trump pelo, 15
e crescimento, 205-207
e produtividade, 21
e riqueza das nações, 32
Conselho de Assessores Econômicos (CEA), 10
Conselho Nacional de Relações Trabalhistas, 313*n*60
conservadorismo, aceitar as mudanças *vs.*, 249-251
constituição dos Estados Unidos
"bem-estar geral" no prefácio, 264

cláusula dos três quintos, 183
como produto do raciocínio e da argumentação, 252
e direitos das minorias, 30
liberdades individuais vs. interesses coletivos, 252
mudanças econômicas desde a elaboração, 250
referência à ação coletiva no prefácio, 161
contratos de trabalho, 96
cooperativas de crédito, 267
cooperativas, 267
corporações multinacionais, evitação fiscal das, 108-109, 122, 131
corporações
como pessoas, 190-191
direitos concedidos pelo Estado, 193
e dinheiro na política, 192-194
e participação na força de trabalho, 204
corrupção, 74
credit default swaps, 130
crédito, 126, 167, 208, 241
crescimento populacional, 33, 34
crescimento
agenda econômica para o, 24
após a crise financeira de 2008, 127
comparação de padrões internacionais de vida, 58-60
conhecimento e, 205-207
declínio desde 1980, 58-60
e desigualdade, 41
falha do setor financeiro em apoiar o, 138
força de trabalho, 203-204
na China, 118

na economia americana após a década de 1970, 55
poder de mercado como inimigo do, 85-87
restaurando, 203-207
taxação e, 47
criação de riqueza, 11-12, 48
crime cibernético, 330n35
crise financeira (2008), 125; *ver também* Grande Recessão
China e, 118
como falha do capitalismo, 27
como sintomática de falhas econômicas maiores, 55-56
desregulamentação e, 47, 166
e crescimento não sustentável, 58
e torpeza moral dos banqueiros, 30
fracasso criado pelo homem, 175-176
habitação e, 238
liberalização do mercado e, 27
regulamentação em resposta à, 125-126
resgate do setor bancário, *ver* resgate do setor bancário [2008]
resposta do governo, 28-29
cuidado infantil, 219
cultura, comportamento econômico e, 52
custos transacionais
de votar, 182-183
reforma hipotecária e, 239
setor público vs. setor privado, 211, 236

D

"dança das cadeiras", 193-194
Daraprim, 318n72

darwinismo social, 332n42
Deaton, Angus, 64-65
DeepMind, 338n1
déficit comercial bilateral, 113-115
déficit comercial multilateral, 114
déficit comercial, 58, 113-115, 329n32
déficits gêmeos, 329n30
déficits orçamentários, 288n42
   Buffett, Warren, 29, 71-72
   e desequilíbrio comercial, 114
   e infraestrutura, 205
   lei fiscal de 2017 e, 16, 278n7
déficits, *ver* déficits orçamentários
deliberação, 251-252
demanda de consumidores, *ver* demanda do excedente do consumidor, 87
demanda por trabalho, supressão tecnológica da, 146
demanda
   automação e, 143-144
   e criação de empregos, 288n41
   economia keynesiana e, 12
   efeito do poder de mercado sobre a, 86
democracia representativa, 29
democracia, 181-199
   agenda para reduzir o poder do dinheiro na política, 191-194
   ameaça das novas tecnologias à, 154-157
   como valor partilhado, 251
   desdém de Trump pela, 15
   desigualdade como ameaça à, 49-50
   e poder do dinheiro, 188-191
   fragilidade das normas e instituições, 253-258
   mantendo um sistema de freios e contrapesos, 185-188
   necessidade de um novo movimento, 194-197
   reformas eleitorais, 182-185
   restringindo a influência da riqueza na, 197-199
   supressão pela minoria, 17-18
demografia, 17, 203
Departamento do Tesouro, EUA, 194
"deploráveis", 28
derivativos, 104, 112, 130, 166
desastres relacionados ao clima, 228
desemprego de longo prazo, seguro, 211
Desemprego
   automação e, 143-144
   como desperdício de recursos, 215
   economias de mercado e, 45-46
   mercados de trabalho e, 88
   renda básica universal, 212-213
desequilíbrio comercial, déficits orçamentários e, 113-114
desglobalização, 115
desigualdade de renda, 60, 197-198, 221-222, 227
desigualdade de riqueza, 66, 198, 227, 260-261
desigualdade racial, 63
desigualdade; *ver também* desigualdade de renda; desigualdade de riqueza
   aumento da, 10-11, 60-68
   benefícios de reduzir a, 21-22
   de oportunidades, 67-68
   e design do sistema financeiro, 220
   e eleições de 2016, 17-18
   e lei fiscal de 2017, 259-260
   e lucros excessivos, 73
   e políticas atuais, 268
   efeitos da tecnologia na, 146

falha dos economistas em lidar com a, 56
na saúde, 64-65
no século XIX e início do século XX, 35-36
nos primeiros anos da Segunda Guerra Mundial, 17
racial, étnica e de gênero, 63-64
sistema educacional como perpetuador da, 240
tentativas do século XX de lidar com a, 36-37
tolerância à, 41
desindustrialização
efeito nos cidadãos comuns, 28, 44
em Gary, Indiana, 9
facilitando a transição para um mundo pós-industrial, 208-210
falha em gerenciar, 23
globalização e, 28, 103, 110
período inicial, 17
políticas baseadas na localização e, 209-210
desintermediação, 132-133
desregulamentação, 47, 129, 166, 174, 261; *ver também* economia pelo lado da oferta
destruição de empregos, 107, 141
desvantagens, transmissão intergeracional de, 221-222
Detroit, Michigan, 210
Dez Mandamentos, 166
Dickens, Charles, 35
Digital Millennium Copyright Act, 343n32
dinheiro na política, 188-191; *ver também* gastos de campanha

agenda para reduzir o poder do, 191-194
caso *Citizens United*, 187, 190-191, 193
como causa dos problemas atuais, 261
dança das cadeiras e, 193-194
diminuindo a influência do, 197-199
gastos de campanha, 192-193
leis de transparência, 192
reforma eleitoral e, 183-185
tecnologia e, 155, 268
direita religiosa, 246
direita
e a mídia jornalística, 156
e a reaganomia, 12, 68-69
e cortes na previdência social, 236
leis de direito ao trabalho, 90
minando a burocracia nacional, 186
oposição à ação coletiva, 177
oposição à ação governamental, 173, 266
direitos da maioria, reforma eleitoral e, 182
direitos de propriedade intelectual
China e, 118-120
e mudanças tecnológicas, 146
e supressão da inovação, 97-98
em acordos comerciais, 104, 112-113
globalização e, 112-113, 122
direitos de propriedade, acordos comerciais e, 107, 108
discriminação de gênero, 63, 221-225
discriminação de preços, 80, 87, 148
discriminação étnica, 223-225
discriminação perfeita de preços, 341n17
discriminação racial, 63, 149, 202-203, 223-225; *ver também* discriminação

discriminação, 223-225; *ver também*
  discriminação de gênero; discriminação racial
  e desigualdade, 63-64, 220
  e mitos sobre a ação afirmativa, 248
  e participação na força de trabalho, 205
  e textos econômicos, 45
  formas de, 223-224
  maneiras de lidar com a, 224-225
  pelos bancos, 138
  reduzir para melhorar a economia, 223-225
  sob a Lei GI, 232
discurso, governança e, 34
Disney, 88, 97
dívidas estudantis, 241
dívidas, 241; *ver também* crédito
doenças do desespero, 65
doutrina do interesse público, 376*n*21
DPI, *ver* direitos de propriedade intelectual

E

economia baseada no conhecimento, 259
economia comportamental, 52
Economia de gotejamento, 22, 61, 106; *ver também* economia pelo lado da oferta
economia de inovação, 175-176
"economia de mercado socialista com características chinesas", 118
economia de mercado, 52
economia keynesiana, 12, 164
economia pelo lado da oferta, 12, 14, 47, 217
economia vodu, 13
economia
  deterioração desde o início da década de 1980, 55-69
  e ação coletiva, 175-176
  efeito do fracasso nos indivíduos e na sociedade, 51-53
  empregos decentes com boas condições de trabalho, 213-219
  envolvimento do governo na, 164, 172-176
  fracasso desde o fim da década de 1980, 27-29
  "onda de excitação" com a redução fiscal de Trump, 259-260
  proteção social, 210-213
  reduzindo a discriminação na, 223-225
  restaurando a justiça entre as gerações, 225-226
  restaurando a justiça no sistema fiscal, 227-229
  restaurando a oportunidade e a justiça social, 219-222
  restaurando o crescimento e a produtividade, 203-207
  transição para o mundo pós-industrial, 208-210
  transmissão intergeracional de vantagens/desvantagens, 221-222
economia, suposições sobre os indivíduos na, 51-52, 246
economias de escala, 95
economias de escopo, 372*n*15
educação pública, 221-222
educação
  enfraquecimento das instituições, 256-257

equalizando as oportunidades de, 23, 241
melhorando o acesso à, 224
retornos do investimento governamental na, 255
taxação e, 47
Eggers, Dave, 151
egoísmo, 52, 262
Eisenhower, Dwight, e administração, 232
eleições de 1992, 28
eleições de 2000, 187
eleições de 2012, 181, 199
eleições de 2016, 17, 155, 199
eleições, gastos de campanha, 191-193
elevação do nível do mar, 228
elite
    controle da economia pela, 29-30
    e crise financeira de 2008, 28
    e desconfiança no governo, 173
    promessas de crescimento com a liberalização do mercado, 43-44
    regras escritas pela, 253
Emenda Durbin, 93
empregadores, poder de mercado sobre os funcionários, 87-90
emprego, *ver* pleno emprego; empregos; participação na força de trabalho
empregos garantidos, 217-218
empregos; *ver também* participação na força de trabalho
    assegurando o pleno emprego, 214-215
    com boas condições de trabalho, 213-219
    direito aos, 217-218
    e novas tecnologias, 142-147
    garantidos, 217-218
    melhorando a qualidade dos, 218-219
    política fiscal para promover a criação de, 215-217
    reduzindo a exploração, 218-219
    restaurando o equilíbrio trabalho-vida, 218-219
    trabalhadores com baixa qualificação e, *ver* trabalhadores com baixa qualificação
empresas hi-tech, 78, 80, 84, 96
empréstimos, 134-135; *ver também* crédito
encarceramento em massa, *ver* encarceramento
encarceramento, 183, 185, 215, 223, 224
ensino superior, 240-242; *ver também* universidades
epistemologia, 33, 256
Equifax, 153
equilíbrio trabalho-vida, 214, 218-219
equipes e trabalho de equipe, 248-249
Era Dourada, 35, 268
era progressista, 35
Escandinávia, 123, 209
Escola de Chicago, 91-92
escolas charter, 366*n*43
escravidão, 183, 291*n*3
especialização, 32
estado de direito, comércio internacional e, 104-105
estagnação secular, 144
Europa
    acordos comerciais favoráveis à, 104
    globalização, 105
    investimento em infraestrutura, 217
    proteções à privacidade, 157-158
    regulamentação de dados, 152

união contra Trump, 257
evergreening, 83
evitação fiscal, 131
excepcionalismo americano, 58, 233
exclusividade dos dados, 309n40
expectativa de vida, 37, 64
exploração
    com fonte de riqueza, 167
    criação de riqueza *vs.*, 57
    e redistribuição de riqueza, 74
    em textos econômicos, 45
    na economia atual, 48
    poder de mercado e, 71-72
    reduzindo, 218
    setor financeiro e, 136
exportações, *ver* globalização; guerras comerciais
"exposição e comentários", 168
extensões do copyright, 97

F

fabricantes de cigarros, 40, 42
Facebook
    como monopólio natural, 157
    competição pela receita publicitária, 80
    e Big Data, 147, 148, 151
    e conflitos de interesse, 147-148
    e fusões preventivas, 84, 96
    poder de mercado em ambiente antitruste relaxado, 85
    práticas anticompetitivas, 93
    reduzindo o poder de mercado do, 148
    regulamentação da publicidade no, 155
faculdades, desigualdade de renda e, 222

"Fading American Dream, The" (relatório da Opportunity Insights), 67-68
fake news, 189
falhas de mercado, 231-232, 236-237
falta de visão, 128
família Walton, 66, 300n40
Farhi, Emmanuel, 86
fascismo, 38, 40, 257
fatores macroeconômicos, 113, 211
"fatos alternativos", 159
fazendeiros, Grande Depressão e, 144
Federação Nacional de Negócios Independentes v. Sebelius, 353n20
Federal Reserve Board, 93, 135
Federal Reserve System, 145, 236
fim da história, O (Fukuyama), 27
finanças (setor financeiro); *ver também* bancos
    apostas, 130-132
    como microcosmo da economia mais ampla, 136-137
    contágio do restante da economia, 136
    desintermediação, 132-133
    e acordos comerciais, 104
    e crise americana, 125-139
    e garantias governamentais, 134-135
    e opção pública, 237
    economia disfuncional criada pelas, 130-132
    falta de visão, 128
    histórico de disfuncionalidade, 133-135
    interesses privados *vs.* interesses sociais, 135
    oposição à reforma das hipotecas, 238-240

pondo fim aos danos sociais criados pelas, 127-128
financiamento imobiliário, 238-240
First National Bank, 125
forças de mercado, como impessoais, 74
Ford Motor Company, 143
formação bruta de capital fixo, 291-292n4
fornecedores militares, 194
fosso de conhecimento, 119, 121
fossos, 72, 81, 85-86; *ver também* barreiras à entrada/competição
Fox News, 41, 156, 189, 197
fraudes, 127, 128, 238, 239
freios e contrapesos, 185-188, 255-257
Friedman, Milton, 91, 337n22
FUD (medo, incerteza e dúvida), 81
Fukuyama, Francis, 27, 279n1
fundamentalismo de mercado, 174, 21
Fundo de Previdência Social, 237
Fundo Monetário Internacional, 16
furacões, 228
fusões preventivas, 84, 93, 96
fusões verticais, 348n17
fusões
  e poder de mercado, 95-96
  lucros dos bancos, 131
  nos veículos de mídia, 98
  preventivas, 84, 93, 96
  verticais, 348n17

G

Galbraith, John K., 90
Garland, Merrick, 188
gastos de campanha, 192-193; *ver também Citizens United*
Gates, Bill, 29, 141

Geithner, Tim, 126
genética, 149-150
George, Henry, 227
gerrymandering, 30, 181, 184
globalização, 103-123
  ação coletiva para abordar a, 176-177
  déficits orçamentários e desequilíbrios comerciais, 114
  dor da, 106-110
  e acordos comerciais do século XXI, 111-113
  e arrecadação fiscal, 108-110
  e cooperação global no século XXI, 116-120
  e estrutura legal da internet, 158
  e guerras comerciais, 116-117
  e poder de mercado, 84-85
  e propriedade intelectual, 112-113
  e protecionismo, 113-115
  e trabalhadores pouco qualificados, 44, 106, 110, 287n39
  efeito sobre os cidadãos comuns, 28, 43-44
  falha em gerenciar, 23
  falsas premissas sobre a, 121
  na era da IA, 158
  sistemas de valor e, 117-120
  tecnologia *vs.*, 110
Goebbels, Joseph, 287n35
Goldman Sachs, 128
Google
  AlphaGo, 338n1
  conflitos de interesse, 147-148
  conspiração para evitar intercontratação, 88-89
  e Big Data, 147, 151
  e fusões preventivas, 84

jogando com as leis fiscais, 109
poder de mercado, 80, 82, 85, 151
restrições europeias ao uso de dados, 152
Gordon, Robert, 142-143
Gore, Al, 30
governo, 161-178
   administrando as mudanças tecnológicas, 146-147
   assumindo o risco das hipotecas, 131
   contração de trabalhadores pelo, 218
   crescente necessidade de, 174-176
   debate sobre o papel do, 172-174
   e a Grande Depressão, 144
   e as reservas fracionárias do setor bancário, 134
   e necessidade de ação coletiva, 163-165
   e reforma política, 23
   e sistema educacional, 241
   falhas de, 171-174
   falta de confiança no, 173
   garantias nos empréstimos, 134-135
   intervenções durante as retrações econômicas, 45, 144
   na agenda progressista, 265-266
   nas finanças, 138-139
   parcerias público-privadas, 165
   pré-distribuição/redistribuição pelo, 22
   proteção social oferecida pelo, 254
   regulamentação e regras, 165-171
   restaurando o crescimento e a justiça social, 201-229
   visão da Escola de Chicago sobre o, 91-92
governos autoritários, Big Data e, 151

Grã-Bretanha, riqueza vinda do colonialismo, 32
Grande Depressão, 11, 19, 36, 45, 144
"grande moderação", 55
Grande Recessão, 23; *ver também* crise financeira (2008)
   aumento da produtividade, 60
   como falha de mercado, 45
   desregulamentação e, 47
   doenças do desespero, 65
   e aposentadorias, 235-237
   elites e, 173
   estímulos fiscais inadequados após a, 145
   fraca rede de segurança social e, 212
   recuperação do emprego após a, 215
   ritmo da recuperação, 62
Greenspan, Alan, 135
guerra de classes, 29
guerra dos navegadores, 81-82
Guerra Fria, fim da, 50; *ver também* comunismo, colapso do
guerras comerciais, 116-117

H

habitação como barreira na hora de encontrar novos empregos, 208
harmonização regulatória, 111
hispano-americanos, 63
Hitler, Adolf, 174, 286*n*35
Hobbes, Thomas, 35
homens, na força de trabalho, 61, 65
horas extras, 89
horas trabalhadas por semana, posição dos EUA entre as economias desenvolvidas, 59-60

I

IA, *ver* inteligência artificial
identidade nacional, efeitos do capitalismo sobre a, 23
identidade, efeitos do capitalismo sobre a, 23
ideologia, ciência substituída pela, 43
idosos, crescimento da força de trabalho e, 203-204
igualdade
  agenda econômica para a, 24
  como base de uma economia funcional, 21-22
  como valor partilhado, 251
Iluminismo, 33-35
  ataque aos ideais do, 37-44
  e padrão de vida, 284-285n24
imigrantes/imigrações, 39, 203, 207
importações, *ver* globalização; guerras comerciais
imposto mínimo alternativo, 109
imposto sobre a herança, 42
imposto sobre emissão de carbono, 216, 228
impostos corporativos, 131, 227, 289n44
impostos imobiliários, 227
Índia, empregos garantidos na, 218
índice de capital humano (Banco Mundial), 59
índice de desenvolvimento humano, 59
individualismo americano, *ver* individualismo
individualismo, 162, 248-249
indústria alimentícia, 204
indústria de telecomunicações, 72
indústria petrolífera, 189

infraestrutura
  Banco Europeu de Investimento e, 217
  e lei fiscal de 2017, 205
  emprego no governo e, 218
  parcerias público-privadas, 165
  política fiscal e, 217
  retornos do investimento em, 216, 255
  taxação e, 47
inovação
  direitos de propriedade intelectual e, 97-98
  e desemprego, 144, 145
  neutralidade da rede e, 170
  poder de mercado e, 80-84, 86-87
  regulamentação e, 157
  ritmo decrescente da, 142-143
inovações de IA (inteligência assistida), 143
inovações de inteligência assistida (IA), 143
insegurança, proteção social para diminuir a, 210-213
Instagram, 93, 96, 148
instituições de conhecimento, enfraquecimento das, 256-257
instituições democráticas, fragilidade das, 253-258
instituições públicas, fragilidade das, 253-258
instituições
  enfraquecimento, 254-256
  fragilidade, 253-258
  na agenda progressista, 267
Intel, 88
inteligência artificial (IA)

avanços, 141
  e inovações de inteligência assistida, 143
  e perda de emprego, 142
  globalização na era da, 158
  na China, 117, 119
  poder de mercado e, 147-157
interesse pessoal, 41-43, 136
interesses dos acionistas, 125-126
Interesses especiais, 168; *ver também* lobistas
intermediação, 129
Internal Revenue Service (IRS), 238
Internet Explorer, 81
internet, 81-82, 169
inversões, 324*n*10
investidores de longo prazo, 129
investimento bruto, 291-292*n*4
investimentos
  de longo prazo, 129
  e justiça intergeracional, 225
  recompra de ações *vs.*, 132
  redução em função do poder monopólico, 86
  reduções fiscais para as corporações e, 289-290*n*44
iPhone, 162
Irlanda, 132
irmãos Koch, 42, 66, 300*n*40
IRS (Internal Revenue Service), 238
Itália, 156

J

Jackson, Andrew, 125, 263
Janus v. AFSCME, 313-314*n*60
Jobs, Steve, 88, 141, 162
jogo de soma zero, 136

Johnson, Lyndon B., 36, 63, 232
joint ventures com a China, 119
judiciário, 186-188; *ver também* Suprema Corte
juízes, reduzindo o mandato dos, 187, 188
Juliana v. US, 367*n*50
Jungle, The (Sinclair), 167
juramento à bandeira, 223
juros de curto prazo, 108, 135
juros imobiliários, 189-190
justiça ambiental, justiça econômica e, 196
justiça econômica
  justiça intergeracional, 225-226
  justiça racial e, 196, 224-225
  perspectivas históricas, 263-264
  sistema fiscal e, 227-229
justiça intergeracional, 225-226
justiça racial, justiça econômica e, 196, 225
justiça social
  e mercado de trabalho, 218-221
  e transmissão intergeracional de vantagens/desvantagens, 221-222
  envolvimento do governo na economia e, 164
  restaurando a, 219-222

K

Kagan, Elena, 357*n*35
Kennedy, John F., 50, 56
Keynes, John Maynard, 170
King, Martin Luther, Jr., 196, 202
Krueger, Alan, 65
Kurz, Mordecai, 78
Kuznets, Simon, 278*n*9

L

Land O'Lakes, 377n23
lavagem de dinheiro, 189, 190
Lee Se-dol, 338n1
Lei Antitruste Sherman (1890), 91
Lei da Educação para a Defesa Nacional, 232
Lei de Cuidados de Saúde Acessíveis (Obamacare), 62, 233-234
Lei de Decência das Comunicações, 343n32
Lei de Direito ao Voto (1965), 223
Lei de Extensão do Copyright (1998), 97
Lei de Kuznets, 278n9
Lei Dodd-Frank de Reforma de Wall Street e Proteção ao Consumidor, 93, 126, 131
lei fiscal (2017), 109
  como economia vodu, 13
  danos às futuras gerações, 225
  déficit comercial e, 114
  falhas e brechas legais, 15-16, 109, 278n6
  ideias falhas por trás da, 206-207
  infraestrutura e, 205
  interesses imobiliários e, 189-190
  Lei de Cuidados de Saúde Acessíveis e, 234-235
  "onda de excitação" com a, 259-260
  opinião do público sobre a, 182
  recompra de ações, 132-133
  regressividade da, 196, 216, 227
  Trump e, 174
  universidades de pesquisa e, 39, 206
Lei GI, 232

Lei Glass-Steagall, 337n25, 365n39
leis de transparência, 192
leis de usura, 167
leis Jim Crow, 263, 291n3
Levin, Carl, 333n6
liberalização do comércio, 106; *ver também* globalização
liberalização do mercado, 10, 27, 43-44
liberalização financeira, *ver* liberalização do mercado
liberdade, regulamentação e, 166-167
licença familiar, 218
Lighthizer, Robert, 14
limites aos mandatos, 187, 188
lobistas, 109, 125, 131, 227, 241
"Loucos Anos 1920", 35-36
lucros excessivos como renda econômica, 77
lucros
  agenda progressista
  com as fusões, 131
  com taxas bancárias, 133-134
  como fonte de renda econômica, 77
  competição como ameaça aos, 72
  e reforma/reconstrução partidária, 195-196
  explicando o aumento dos, 78-85
  globalização e, 104
  na China, 118-119
  no prefácio da constituição, 264
  para promover o bem-estar geral, 264-269
  sistema bancário de reservas fracionárias e, 134-135
Lutero, Martinho, 33

M

MacLean, Nancy, 182
macroeconomia, 216
Madoff, Bernie, 167, 333*n*4
Malthus, Thomas Robert, 33
Manchester, Inglaterra, 210
mandato individual mandate, 234, 235
manipulação política, 152
manufatura, tarifas e, 114-115
"mão invisível", 99
máquinas, como trabalhadores, 143
Marcha sobre Washington por Trabalho e Liberdade (1963), 196
markups, 78, 86
Marshall, John, 263
MasterCard, 83
materialismo, 52
maximização do valor para o acionista, 135
medicamentos genéricos, 83, 112
Medicare, 36, 162, 189, 232
meio ambiente
   crescimento econômico e, 196
   e ação coletiva, 175
   e verdadeira saúde econômica, 57
   falha dos economistas em cuidar do, 57
   falha dos mercados em proteger o, 46
   imposto do carbono, 216, 228
mercado de ações, 135, 228, 236, 259
mercado de ideias, 98-99
mercados de trabalho atomísticos, 88-89
mercados de trabalho, atomísticos, 87-89
mercados
   como base para a economia, 10-11
   como meios, e não fins, 46
   falha em chegar ao pleno emprego, 214-215
   falha em criar prosperidade, 19-21
   falha em fornecer bens públicos, 163-164
   falha em lidar com o equilíbrio trabalho-vida, 214
   fé excessiva nos, 176
   limites, 46
   necessidade de reestrutura os, 266
   papel do governo no gerenciamento dos, 202
mercantilismo, 32, 263
Mercer, Robert, 155
Merkel, Angela, 288*n*42
Microsoft, 81, 98, 348*n*17
mídia jornalística, *ver* mídia
mídia
   ataques de Trump à, 38
   e mercado de ideias, 98-99
   e o mito do sonho americano, 248
   e os freios e contrapesos da sociedade, 34
mídias sociais, 119, 154-158; *ver também* Facebook
MIT (Massachusetts Institute of Technology), 39
mitos, fracassos mascarados pelos, 247-249
mobilidade, políticas baseadas na localização e, 209
modelo bancário "gerar para distribuir" (criação e cessão), 133
modelo do equilíbrio competitivo, 71, 301*n*1
monopólio
   competição perfeita *vs.*, 79

ÍNDICE 395

definição, 79
e desigualdades de renda, 220
e direitos de propriedade intelectual, 97-98
e neutralidade da rede, 170
e renda econômica, 75
empresas tecnológicas e Big Data, 154
natural, 84, 157
monopólios naturais, 84, 157
monopsônio, 87, 220
movimento Tea Party, 137, 195, 198
movimentos progressistas, 195-196
movimentos, necessidade de novos, 194-197
mudança climática
  e ataques à verdade, 42-43
  e justiça intergeracional, 225-226
  efeitos do dinheiro sobre o debate, 42-43
  falha dos mercados em solucionar a, 20
mudanças tecnológicas favoráveis à qualificação, 326n19
mulheres
  desigualdade salarial, 63-64
  e crescimento da força de trabalho, 203
  e salários dos professores, 221
  expectativa de vida e status socioeconômico, 63-64
mundo pós-industrial, facilitando a transição para o, 208-210
Murdoch, Robert, 156, 197
Muro de Berlim, queda do, 27
Musk, Elon, 286n33
Myriad, 150

N

nativismo, 18, 48, 262
neoliberalismo, 172, 261, 262; *ver também* fundamentalismo de mercado; liberalização do mercado
Netflix, 170
Netscape, 81
Neumann, John von, 143
neutralidade da rede, 170
Never Trumpers, 48
New Deal, 35, 264
Nixon, Richard M., 232
normas
  e dança das cadeiras, 193-194
  fragilidade das, 253-258
  violação republicana das, 188
"nova economia", 55, 84
Nuance, 308n34
nutrição, acesso à, 224

O

OASDI (pensão para idosos, sobreviventes e inválidos), 36
Obama, Barack, e administração
  ações antitruste, 85
  indicação de Merrick Garland, 90
  opção pública na Lei de Cuidados de Saúde Acessíveis, 233
  questão da desigualdade, 61-62
  resgate do sistema bancário (2008), 126, 137
Obamacare (Lei de Cuidados de Saúde Acessíveis), 62, 233-235
obesidade, 169, 298n37
OCDE (Organização de Cooperação e Desenvolvimento Econômico), 59

oferta e demanda, trabalho e, 106, 145, 219
OGM (organismos geneticamente modificados), 112
oligopólio, nas publicações acadêmicas, 99
"onda de excitação", com a lei fiscal de 2017, 207, 259-260
opção pública, 232-233, 241
   e Lei dos Cuidados de Saúde acessíveis, 235
   para aposentadorias, 236-237
   para hipotecas, 238-240
opinião política, 98
oportunidades
   desigualdade de, 67-68
   envolvimento do governo para gerar, 164
   restaurando as, 219-222
   transmissão intergeracional de vantagens/desvantagens, 221-222
Opportunity Insights, 67-68
Ordem da Internet Aberta, 169
organismos geneticamente modificados (OGM), 112
Organização Mundial do Comércio (OMC), 107
organizações não governamentais, 171, 267
Orwell, George, 151
overdoses de drogas, 65
Oxfam, 66

P

pacote de produtos, 81-82
padrão de comércio, 114
padrão fiduciário, 336-337n21, 371n10
padrões de vida
   após 1800, 284n23
   comparações internacionais, 58-60
   conhecimento e, 205-206, 262, 283n22
   crescimento e, 203
   elevações nos últimos 250 anos, 34-35
   pesquisa financiada pelo governo e, 255
   tarifas e, 115
Pai, Ajit, 169
painéis de arbitragem, 80
painéis solares, chineses, 115
"paraísos fiscais", 109-110
Parceria Transpacífica, 111
parcerias público-privadas, 165
paridade do poder de compra, 293n12
parte do capital, 76
participação na força de trabalho, 65, 203-205, 215
Partido Democrata
   apoio popular, 30
   e Grande Recessão, 174
   e privação de direitos dos eleitores, 183
   efeito do *gerrymandering* no, 181
   necessidade de reinvenção, 195
   renovação, 264
Partido Republicano
   busca pelo poder, 181-182
   composição do, 195-196
   e ausência de consequências para as elites na Grande Recessão, 174
   e *Citizens United,* 191
   e dinheiro na política, 189
   e *gerrymandering,* 30, 181
   e impostos corporativos, 109

e Lei de Cuidados de Saúde Acessíveis, 234
e lei fiscal de 2017, 260
e perda do status de árbitro justo da Suprema Corte, 186-188
estímulo fiscal durante a Grande Recessão, 145
indiferença por aqueles deixados para trás pela globalização/tecnologia, 208
posição anticiência, 42-43
privação de direitos dos eleitores pelo, 182-184
Trump vs. Reagan, 13-15
partidos políticos, desencanto do público com os, 195
patenteamento de genes, 97-98
patentes, 82, 97-98, 150
Paul, Rand, 15
Paxton, Robert O., 38
penitenciárias privadas, 346n8
pensamento de soma zero, 41
pequenas e médias empresas (PMEs), 126, 129
pesquisa aplicada, 47; *ver também* pesquisa de cláusulas de arbitragem, 96
pesquisa
  ataque de Trump à, 38-40
  Big Data e, 149-151
  falha dos mercados em financiar a, 46-47
  na nova economia, 85
  necessidade de financiamento governamental, 164, 206
  retornos do investimento público, 216-217, 255
Petersen, Matthew Spencer, 40

Phishing for Phools: The Economics of Manipulation e Deception (Akerlof e Shiller), 87
PIB
  como falsa medida de prosperidade, 56, 250
  elites e, 44
  porção cada vez maior do setor financeiro no, 133
Piketty, Thomas, 299n38
pleno emprego, 107, 214-215, 217-219
pobreza
  e desigualdade de oportunidades, 67-68
  educação e, 221-222
  expectativa de vida e, 64
  transmissão intergeracional de, 221-222
poder de mercado, 71-101
  aumento, 78-85
  criando riqueza *vs.* tomando riqueza, 73-74
  diminuindo a participação do labor e do capital, 76-78
  dos empregadores sobre os funcionários, 87-90
  e Big Data, 151
  e direitos de propriedade intelectual, 97-98
  e divisão da torta nacional de renda, 74-76
  e divisão política, 257
  e fusões, 95-96, 131
  e IA, 147-157
  e inovação, 80-84, 86-87
  e investimento privado em pesquisa, 206

e mercados de trabalho, 87-90
e renda econômica, 77
e supressão de salários, 88-89
e tecnologia, 96-97, 146
inimigo do crescimento, 85-87, 205
leis antitruste para restringir o, 91-99
necessidade de restringir os excessos do, 93-95
no mercado de ideias, 98-99
razões para o aumento, 84-85
regras implícitas do jogo econômico, 85
poder de precificação, 72, 73
poder local de mercado, 84
poder político, poder de mercado e, 100
poder
abusos de, *ver* abusos de poder
competição *vs.*, 45
de mercado, *ver* poder de mercado
polarização, do mercado de trabalho, 143
política fiscal, 144, 215-217
política monetária, 107, 145
política
fracassos, 29-30
para gerenciar as consequências econômicas da inovação, 144-145
poder do setor financeiro na, 139
reformando as regras da, 23
políticas ativas de mercado de trabalho, 208
políticas baseadas na localidade, 209-210
políticas baseadas na localização, 209-210
políticas industriais, 209
poluição, 165; *ver também* meio ambiente

populismo, 48
posse de dados, 152-153
posse de dados, 152-153
posse de residências, 238-240
poupadores de longo prazo, 129
poupança para a aposentadoria, 236-237
poupança, pessoal, 207
precificação hedonista, 371n13
precificação predatória, 92
pré-distribuição, 22, 220
prêmio de risco, 77
previdência corporativa, 130-131
previdência social, 36, 165, 210-211, 232, 235-237, 264
princípio do orçamento equilibrado, 216
prisões, *ver* encarceramento
privação de direitos, 49, 182-184
privacidade, 150-154, 158
problema do agente principal, 313n58
problema do caronista, 90, 177, 248-249
produtividade
aumentando a, 204-205
conhecimento e, 21, 205-207
horas trabalhadas e, 213
investimento em capital humano/físico e, 59-60
nos EUA *vs.* outros países desenvolvidos, 59-60
restaurando a, 203-207
riqueza das nações e, 32
salários já não estão relacionados à, 61
professores, 147, 221, 222
programas de segurança social, 164, 210-211
proibição de ingresso de muçulmanos, 186

Projeto Genoma Humano, 150
Projeto Pew Mobility, 68
proporção capital-renda, 77
proporção riqueza-renda, 78
proteção social, 210-213
   governo e, 254
   renda básica universal, 211-213
   seguro-desemprego, 211-212
protecionismo, 58, 103, 113-115, 117, 262
provisão "Mickey Mouse", 97
publicações acadêmicas, 99
publicidade, 147-148, 155
Putin, Vladimir, 258

Q

Qualcomm, 83
qualidade de vida; *ver também* padrões de vida
   acesso à assistência médica, 234-235
   aposentadoria segura, 235-237
   assegurando uma vida decente para todos, 231-243
   educação, 240-242
   posse de residência, 238-240

R

racismo, 225, 263-264; *ver também* discriminação; discriminação racial
razão, 34, 251-252
Reagan, Ronald, e administração
   Dogma econômico, 135
   e aumento da desigualdade, 68
   leis permitindo maior poder de mercado, 100-101
   Liberalização financeira, 10
   paralelos entre Trump e, 13-14

redirecionamento de valores, 50
reduções fiscais, 47
reaganomia, 12-13, 48-49; *ver também* economia pelo lado da oferta
recompra de ações, 132-133
Reconstrução, 263
redistribuição de riqueza, 74, 87
redistribuição, 22, 146, 177-178, 220
reduções fiscais
   crescimento desacelerado pelas, 47-49
   efeitos das, 289n43, 289n44
   sob Trump, *ver* lei fiscal (2017)
reforma eleitoral e, 183-185
reforma eleitoral, 182-185
reforma protestante, 33
reformas estruturais, 93
regime de sobreaviso, 89, 219
regra Hastert, 356n31
regulamentação
   acordos comerciais e, 107, 108
   crise financeira de 2008 e, 125-126
   das gigantes tecnológicas, 148
   das mídias sociais, 157-158
   dos dados, 152-154
   falha em acompanhar a economia, 168-169
   freios e contrapesos na, 255-256
   governo e, 165-171
   importância da, 172
   inovação e, 157
   liberdade e, 166
   processo de, 168-169
   restauração da, 169-171
   setor financeiro, 138-139
regulamentações expropriatórias, 323n8
Reino Unido, mídia pública independente no, 156

relacionamento bancário, 133-134
religião, 33, 167
remuneração por desempenho para professores, 222
Renascimento, 32
renda básica universal, 212-213
renda básica universal, 212-213
renda do trabalho, 75, 77
renda econômica
    capitalizada, 303n17
    e apropriação de riqueza pelos 1%, 266
    e torta da renda nacional, 74-76, 77-78
    falha em partilhar com os trabalhadores, 303-304n19
    lucros como fonte de, 77
    taxação da, 227
renda média nos EUA antes dos impostos (1974-2014), 56t
renda nacional, 77
renda *per capita*, China, 60, 119
renda; *ver também* salários
rendimentos do capital, 77
rent-seeking, 21, 76, 136, 190, 252, 266
Representante Comercial dos Estados Unidos (USTR), 122-123
resgate do setor bancário (2008), 126-127, 136-137, 166, 173
resolução de disputas, 80, 331n40
responsabilidade fiscal, 259
retorno do capital, 77
retorno livre de risco sobre o capital, 77
revolução industrial, 32, 35, 285n24
riqueza das nações
    ataque às fontes da, 37-44
    economia pelo lado da oferta e, 47
    elementos, 11-12, 21
    mercados livres e, 45-47
    teorias alternativas sobre a fonte da, 44-53
    verdadeiras fontes, 32-33
riqueza das nações, A (Smith), 32-33
riqueza herdada, 66, 299n38
riqueza nacional, 77
riqueza
    concentração entre os três americanos mais ricos, 29
    criação *vs.* tomada, 73-74
    e controle da mídia, 156
    e desigualdade de oportunidades, 67-68
    e manipulação da opinião pública via novas tecnologias, 155
    limitando sua influência sobre a democracia, 197-199
risco hipotecário, 131
riscos
    administrações pelos banqueiros, 135
    proteção social contra, 210-213
    seguro-desemprego e, 211-212
Rise and Fall of American Growth, The (Gordon), 142-143
RMBS (títulos lastreados em hipotecas residenciais), 333n5
Romney, Mitt, 199
Roosevelt, Franklin Delano, 36
rótulos dos alimentos, 112
Rússia, 155, 156, 261

S

Sabre, 309n38
Saez, Emmanuel, 47
salário mínimo, 110, 221, 294n21

salários dos CEOs, 61, 220, 320n89
salários
　após a Grande Recessão, 215
　disparidades de classe, 61-62
　globalização e, 104, 106
　novas tecnologias e, 146-147
　poder de mercado e, 88-89
　produtividade e, 61
　professores e remuneração por desempenho, 222
Samsung, 80, 83
saúde
　desigualdade na, 64-65
　e participação na força de trabalho, 204
Schenck v. Estados Unidos, 156
segregação econômica, 222
Segunda Guerra Mundial, 144, 232
segurança cibernética, 150-151
seguro-desemprego, 211-212
seleção de clientes, 148-150
Senado, 30, 181-182
sentimentos morais, 252
setor de serviços, 146
setor de tecnologia da informação, 78; *ver também* empresas hi-tech
setor privado, eficiência do governo comparado ao, 164-165
setor público, 139; *ver também* governo
Shiller, Robert, 87
Sinclair, Upton, 167
sindicatos, 89-90, 110
sistema bancário de reserva fracionária, 134-135
sistema hipotecário, 238-240
sistema legal, evitado pelos painéis de arbitragem, 80

sistemas comerciais baseados em regras, 116, 257
sistemas governamentais de saúde, 236
Smith, Adam, 174
　A riqueza das nações, 32-33
　e Iluminismo, 33
　e limites dos mercados, 46
　e sentimentos morais, 252
　sobre a colusão entre os negociantes, 75, 89
Snowden, Edward, 151
sociedade aberta, 207
sociedade de aprendizado, criando, 205-207
sociedade, comportamento econômico e, 52
sociedades de classe média, 36
soft power, 50, 258
Solow, Robert, 283n22
sonho americano
　e desigualdade de oportunidades, 67-68
　fracassado e mascarado por mitos, 247-249
SpeechNow.org v. Comissão Federal Eleitoral, 355n29
splinternet, 158
Standard Oil, 157
Staples, 149
streaming de vídeo, 170
subsídios agrícolas, 120
subsídios às companhias aéreas, 120
subsídios, 120
Suécia, 47, 156, 290n45
Suíça, 215
suicídio, 65
supercomitês de ação política, 355n29

supervisão, judicial/do Congresso, *ver* regulamentação

Suprema Corte
  ausência de poder de imposição, 263
  casos de patenteamento de genes, 97-98, 150
  e o poder do dinheiro na política, 190-191
  Lei de Direito ao Voto destroçada pela, 223
  perda do status de árbitro justo, 186-188
  Senado e, 30
  sobre os limites da liberdade de expressão, 156

supressão/privação de direitos de eleitores, 182-183

Syprine, 94

T

tarifas, 58, 111, 113-117
taxa de câmbio, 113, 329n28, 329n32
taxa de retorno sobre o capital, 77
taxação progressiva, 220
taxação regressiva, 288n41
taxação
  das instituições financeiras, 228
  de dados, 154
  de universidades, 39, 206
  e mudanças tecnológicas, 146
  e o problema do caronista, 178
  e o sucesso econômico da Suécia, 47
  e transformação estrutural em função das mudanças tecnológicas, 147
  rent-seeking e, 289n43
  restaurando justiça ao sistema de, 227-229

sistema educacional e, 242
taxas de juros, 107, 134, 236
taxas pagas pelos lojistas, 83, 93
taxas
  cartões de crédito, 83, 93, 129
  contas privadas de aposentadoria e, 236
  em fusões e aquisições, 131
  hipotecas e, 131, 239
  lucros dos bancos com, 129, 133
  modelo bancário "gerar para distribuir" (criação e cessão), 133

tecnologia
  ameaça à democracia apresentada pela, 154-157
  Big Data, *ver* Big Data
  desafios apresentados pela, 141-159
  destruição de empregos e, 110
  efeitos nos indivíduos/interações sociais, 159
  emprego e, 142-147
  IA, *ver* inteligência artificial
  poder de mercado e, 96-97, 147-157
  privacidade e, 150-151
  regulamentação de dados, 152-154
  riqueza da nação e, 11
  ritmo real da inovação, 142-143
  salários mais baixos e maior desigualdade em função da, 145-147
  seleção de clientes, 148-150

Thaler, Richard, 149
Thatcher, Margaret, 12
Thiel, Peter, 71, 128
Thomas, Clarence, 186
Time Warner, 347-348n17
titularização de hipotecas, 239
títulos do governo, 236

títulos lastreados em hipotecas residenciais (RMBS), 333n5
títulos, 236
tolerância, 251
torpeza moral, 30, 52, 127, 262
trabalhadores de baixa qualificação
    acordos comerciais e, 104
    automação e, 142, 143, 145-146
    globalização e, 43, 106, 110
    justiça social e, 142
    mercados de trabalho competitivos e, 142
    polarização do trabalho e, 143
trabalhadores não qualificados, *ver* trabalhadores com baixa qualificação
trabalho em tempo parcial, 89, 215, 236
trabalho migrante, 184
trabalho organizado, 89-90, 110
trabalho, *ver* empregos
trade de curto prazo, 228
trânsito público, retornos do, 217
transmissão intergeracional de vantagens/desvantagens, 22-23, 221-222, 240
transparência, leis de divulgação e, 192
TRIPS (Aspectos Relacionados ao Comércio dos Direitos de Propriedade Intelectual), 112-113
trolls das patentes, 307n34
Trump, Donald, e administração; *ver também* lei fiscal (2017)
    análise de custo-benefício sob, 226
    ascensão nazista na Alemanha comparada a, 38
    ataque à pesquisa financiada com recursos públicos, 206
    ataque à verdade, 197, 256
    ataque ao judiciário, 40, 186
    ataque ao sistema político, 185-186
    ataque aos freios e contrapesos, 256-257
    ataque aos ideais do Iluminismo, 37-44
    ataque às instituições reveladoras da verdade, 37-41
    ausência de discussão racional sobre os problemas da nação, 262-263
    e a comunidade empresarial, 37-38
    e ausência de consequências para as elites na Grande Recessão, 174
    e globalização, 104-105
    e guerras comerciais, 116-117
    e imigração, 203
    e Lei de Cuidados de Saúde Acessíveis, 234
    e necessidade de boa governança, 256-257
    e Parceria Transpacífica, 111
    e protecionismo, 113
    e sistema "fraudado", 43
    eleição de, 27
    estado de direito desdenhado por, 104-105
    instituições públicas minadas por, 254-256
    paralelos com a administração Reagan, 13-14
    "reforma" fiscal, ver lei fiscal [2017]
    resgate do sistema bancário em 2008 e ascensão de, 137-138
    revogação da neutralidade da rede, 169-170
trumponomia, xx; *ver também* lei fiscal (2017)
Tüfekçi, Zeynep, 149

Turing Pharmaceuticals, 318*n*72
turnos interrompidos, 89, 218-219
Twitter, 155

U

Ulukaya, Hamdi, 286*n*32
Universidade da Califórnia, Berkeley, 39
Universidade de Chicago, 91
Universidade de Harvard, 39
Universidade de Stanford, 39
Universidade de Yale, 150
universidades de pesquisa, 206, 267
universidades sem fins lucrativos, 171
universidades
  ataque de Trump às, 38-40
  desigualdade de renda e, 221-222
  e lei fiscal de 2017, 39, 206
urbanização, 175, 209
USTR (Representante Comercial dos Estados Unidos), 122-123
utilidade pública, reclassificando o Facebook como de, 157

V

Vale do Silício, 39, 141
Valeant, 94
valor capitalizado da renda econômica, 303*n*17
valor patrimonial, renda econômica como porção do, 77
valores
  americanos, 245-246
  como causa dos problemas atuais, 262-263
  conservadorismo *vs.* aceitação das mudanças, 249-251
  economia de mercado e, 52
  globalização e sistemas múltiplos de, 117-120
  mitos e, 247-249
  partilhados, 251-253
  realidade social *vs.*, 246-251
vantagem comparativa, 106-108
vantagens, transmissão intergeracional de, 221-222
verdade
  ataque de Trump à, 37-38, 256
  preocupação do Iluminismo com a, 33
verificação de fatos, 155, 197
vida, qualidade de, 231-243; *ver também* padrões de vida
viés de confirmação, 248
viés, *ver* discriminação
Visa, 83
Vlingo, 308*n*34
votação, 268
voto obrigatório, 193

W

Wall Street, 193; *ver também* mercado de ações
Walmart, 94-95
Wells Fargo, 127
WhatsApp, 93, 96, 148
Wynn, Steve, 354*n*26

Y

Youn, Monica, 357*n*35

Z

Zuckerberg, Mark, 141

Este livro foi composto na tipografia
Bembo Std, em corpo 11,5/15,5, e impresso
em papel off-white no Sistema Cameron
da Divisão Gráfica da Distribuidora Record.